V ENCUENTRO

Queridos hermanos y hermanas en Cristo,

Es motivo de gran alegría presentarles estos Evangelios de bolsillo para acompañar el Quinto Encuentro Nacional de Pastoral Hispana/Latina.

El Papa Francisco enfatiza la importancia de animar la acción pastoral con la Palabra de Dios. Nuestra vida personal y pastoral se enriquece mucho más cuando la Palabra de Dios es reflexionada, orada, compartida y puesta en acción por cada discípulo misionero.

Recibamos con el corazón abierto la invitación que el Papa Francisco nos hace a vivir con la Palabra de Dios todos los días:

Tómenla, llévenla con ustedes, y léeanla cada día: es precisamente Jesús quien les habla . . . Lo importante es leer la Palabra de Dios, con todos los medios, pero leer la Palabra de Dios: es Jesús quien nos habla allí. Y acogerla con corazón abierto. Entonces la buena semilla da fruto.

Es nuestra oración que este librito de los Evangelios sea para ustedes motivo cotidiano de esperanza, alegría, sabiduría y consuelo, en su experiencia del V Encuentro, en sus familias y en su vida diaria.

Agradecemos a la Editorial Verbo Divino y a la Fundación Palabra de Vida por otorgarnos el permiso gratuito de utilizar esta bella traducción de los Evangelios.

Sus hermanos en Cristo,

Mons. Gustavo García-Siller, MSpS
Arzobispo de San Antonio
Presidente, Comité de Diversidad Cultural en la Iglesia
Conferencia de Obispos Católicos de los Estados Unidos

Mons. Nelson Pérez
Obispo Auxiliar de Rockville Centre
Presidente, Subcomité para Asuntos Hispanos
Conferencia de Obispos Católicos de los Estados Unidos

13 de junio, 2017

Oración del Quinto Encuentro

Dios de infinita misericordia,
tú que enviaste a tu Hijo resucitado
a salir al encuentro de los discípulos de Emaús,
concédenos hoy un espíritu misionero
y envíanos a salir al encuentro
de nuestras hermanas y hermanos:

 a caminar junto a ellos en amistad,
 a escuchar sus tristezas y alegrías
   con compasión,
 y proclamar tu Palabra con valentía,
 para que puedan reconocerte de nuevo
 en la Fracción del Pan.

Envíanos a todos como tus discípulos misioneros,
y quédate con nosotros siempre,
mientras nos dedicamos a compartir la alegría
   del Evangelio
con generaciones de toda raza, lengua, cultura y nación.

Te lo pedimos desde nuestros corazones ardientes,
llenos del Espíritu Santo,
en nombre de nuestro Señor Jesucristo
y por la amorosa intercesión de nuestra Santa Madre,
María de Guadalupe,
Estrella de la Nueva Evangelización en las Américas.
Amen.

V ENCUENTRO

DISCÍPULOS MISIONEROS: TESTIGOS DEL AMOR DE DIOS
MISSIONARY DISCIPLES: WITNESSES OF GOD'S LOVE

vencuentro.org

facebook.com/ENAHVE.org
twitter.com/ENAHVE
plus.google.com/+ENAHVEorg
linkedin.com/company/enahve
youtube.com, buscar ENAVE
instagram.com/enahve
vencuentro.org/blog

EVANGELIOS
Y HECHOS
DE LOS APÓSTOLES

EVANGELIOS Y HECHOS DE LOS APÓSTOLES

evd

EVANGELIOS Y HECHOS DE LOS APÓSTOLES

1ª edición, 2017

Traducción del texto bíblico de *La Biblia. Libro del Pueblo de Dios*:
Armando J. Levoratti y Alfredo B. Trusso.

Texto bíblico

Nihil obstat
   Luis Heriberto Rivas

Imprimátur
   Mons. Raúl Francisco Cardenal Primatesta Arzobispo de Córdoba (Argentina), presidente de la Conferencia Episcopal Argentina (mayo de 1981).

Notas, introducciones, preliminares y apéndices

Imprimátur
   Mons. Guillermo José Garlatti, arzobispo de Bahía Blanca (Argentina), presidente de la Fundación Palabra de Vida (julio de 2014).

Primero impresión, julio de 2017

ISBN: 978-1-60137-896-5

ÍNDICE

ÍNDICE

LOS EVANGELIOS

INTRODUCCIÓN

La «Buena Noticia» del Evangelio

La palabra *evangelio* significa *buena noticia* y designa el anuncio gozoso por excelencia: el de la salvación por la fe en Jesucristo. Todo el Nuevo Testamento contiene esta Buena Noticia, pero de una manera especial los cuatro libros que, a partir del siglo II, recibieron el nombre de *evangelios*. Antes de ser una «proclamación», el Evangelio es un «acontecimiento»: la visita de Dios al mundo que, por medio de Jesús, «nos libró del poder de las tinieblas y nos hizo entrar en el Reino de su Hijo muy querido, en quien tenemos la redención y el perdón de los pecados» (Col 1,13-14). Este «acontecimiento» —anunciado y aceptado alegremente— es la Buena Noticia, «el poder de Dios para la salvación de todos los que creen» (Rom 1,16).

El tema central de la Buena Noticia de Jesucristo es el *Reino de Dios*. Su misión terrena consistió en anunciar la llegada de ese Reino, y en preparar la acción decisiva de Dios, destinada a destruir el poder del mal y a establecer la soberanía divina sobre todo el universo.

Al separarse de sus Apóstoles, él les ordenó: *Vayan por todo el mundo, anuncien la Buena Noticia a toda la creación* (Mc 16,15). Los Apóstoles, fieles a la orden del Maestro, comenzaron a «evangelizar», y el núcleo de su predicación era el misterio pascual de la muerte y la resurrección del Señor. Ellos proclamaban que el Mesías, para ser glorificado, debía pasar por la humillación. Por eso, según el designio previamente establecido por Dios, Jesús fue condenado a muerte y crucificado. Pero Dios lo resucitó y lo glorificó, constituyéndolo Señor y Juez de vivos y muertos. Al ser glorificado, él recibió del Padre el Espíritu Santo, y lo derramó sobre todos los que confiesan su Nombre, convirtiéndose y haciéndose bautizar para obtener el perdón de los pecados.

Del Evangelio oral al Evangelio escrito

Este Evangelio que predicaron los Apóstoles es el fundamento de la fe que conduce a la salvación, y su primera proclamación recibe el nombre de *kerygma*. Pero el *ministerio de la Palabra* (Hch 6,4) al que ellos estaban consagrados no consistía únicamente en anunciar la Buena Noticia a los no creyentes para llamarlos a la fe. También incluía una «catequesis», ordenada a instruir a los miembros de la Iglesia, presentándoles un desarrollo más amplio y detallado del mensaje que habían recibido.

Por eso, los Apóstoles trataron de conservar y formular las enseñanzas de que eran depositarios como testigos del Señor. Con ese fin, investigaron las Escrituras y, a la luz de la Resurrección de Cristo, recordaron y consignaron cuidadosamente lo que él había dicho y realizado. Así nacieron los libros que designamos con el nombre de *evangelios*, y que fueron fijados por escrito a partir de unos cuarenta años después de la Ascensión del Señor. La Iglesia fue el medio vital donde se redactaron esos evangelios, así como el pueblo de Israel había sido el medio vital donde se forjaron los libros del Antiguo Testamento.

Los evangelios «sinópticos»

Los tres primeros evangelios —que llevan los nombres de *Mateo, Marcos y Lucas*— tienen su origen en la predicación de los Apóstoles y dependen de un conjunto de tradiciones orales y escritas, que fueron surgiendo y desarrollándose en las primeras comunidades cristianas, para responder a las necesidades del culto, de la catequesis y de la disciplina eclesiástica. Se los llama evangelios «sinópticos» —*sinopsis* significa «visión de conjunto»— porque basta con ponerlos en columnas paralelas para advertir que su contenido es bastante semejante. Sin embargo, junto con estas semejanzas, se perciben notables diferencias, en las que se ponen de manifiesto la personalidad, el estilo, los destinatarios y el enfoque particular de cada evangelista.

Marcos fue el primero que, hacia el año 70, agrupó en forma de «evangelio» los materiales que le ofrecía la tradición. Luego lo hicieron Mateo y Lucas, alrededor del año 80, tomando como base el evangelio de Marcos y completándolo con una «colección de palabras de Jesús» utilizada en las comunidades cristianas.

El mensaje siempre actual de los evangelios

Los evangelios proclaman un mensaje de salvación y son un testimonio que nace de la fe en el Señor Jesucristo. Ese testimonio se funda en una historia. Pero la historia de Jesús no es algo que pertenece al pasado, sino una realidad siempre presente y actuante en la Iglesia. Así lo comprendieron sus discípulos: de ahí que los evangelios no sean una crónica, ni tampoco una mera biografía. Las acciones y las palabras de la vida terrena de Jesús fueron transmitidas y actualizadas con el fin de ahondar la fe en él y de ordenar la vida de la Iglesia en conformidad con esa fe.

A través de los evangelios, el mensaje de Jesús resuena «hoy» en nuestros días. Cada generación de cristianos tiene necesidad de interrogarse de nuevo: ¿Quién es Jesús de Nazaret? ¿Qué vino a decir a la humanidad? ¿Dónde podemos encontrar nosotros actualmente al Señor crucificado y resucitado? ¿A qué nos compromete su Evangelio en este momento de la historia? ¿Y cómo podemos transmitirlo de manera que siga siendo tan «Buena Noticia» para nuestros contemporáneos como lo fue para la primera generación cristiana? De la respuesta que demos a estos interrogantes dependerá que los evangelios nunca «pasen de moda».

EVANGELIO SEGÚN SAN MATEO

INTRODUCCIÓN

El evangelio que lleva el nombre de Mateo se dirige a una comunidad compuesta, sobre todo, por cristianos procedentes del judaísmo, que se radicó en Siria (quizá en Antioquía). Su redacción puede situarse hacia los años 80-90, y estaría vinculada a un grupo de judíos procedentes de Palestina y de Jerusalén, que antes del año 70 habían recibido a Jesús como su Mesías. Estos discípulos se sintieron enviados por Dios a anunciar el Evangelio primero a Israel (cf. 10,5-6). Pero esta misión acabó con un fracaso manifiesto, y la decepción provocada por ese fracaso se vio agravada por la persecución de parte de la Sinagoga y por la emigración a Siria, tras la destrucción de Jerusalén y del Templo en el año 70.

En Siria, y en el contacto con cristianos provenientes del paganismo, esta comunidad, de origen judeocristiano, fue llevada a ampliar sus perspectivas teológicas. Frente al fracaso de su solidaridad nacional y religiosa, la comunidad judeocristiana no se sintió obligada a proseguir por un camino particularista, predicando solo a los judíos y viviendo al estilo judío, y se abrió a la misión universal: el Evangelio se dirige a todos los pueblos, independientemente de la pertenencia al pueblo de Israel (cf. 28,16-20).

El evangelio según san Mateo se presenta como una relectura de la vida de Jesús a la luz de algunas páginas fundamentales del Antiguo Testamento. En tal sentido, el relato evangélico sique dos líneas: por una parte, narra los acontecimientos más importantes de la vida de Jesús; por la otra, propone una interpretación de los hechos basada en las Escrituras.

Mt utiliza el Antiguo Testamento de tres maneras diferentes. La primera y más conocida es la de las llamadas «citas de cumplimiento», introducidas con una fórmula más extensa, como en 1,22 *(Todo esto sucedió para que se cumpliera lo que el Señor había anunciado por el Profeta)*, o precedidas de una frase más breve, como en 21,13: *Está escrito.*

En otros casos, la cita es implícita, como sucede en 10,35-36, donde Jesús evoca libremente el texto del profeta Miqueas: *Porque el hijo denigra al padre, la hija se alza contra la madre, la nuera contra su suegra, y cada uno tiene como enemigos a los de su casa* (Miq 7,6).

El tercer modo de referirse a la Escritura es bastante más sutil, y por eso más difícil de identificar. Esta relectura de la vida de Jesús a la luz de los textos bíblicos consiste en relacionarla con los grandes acontecimientos de la historia de Israel, con sus instituciones fundamentales o con sus personajes más representativos. Así se pone de manifiesto que Jesús llevó a su cumplimiento las esperanzas del antiguo pueblo de Dios. Este cumplimiento no colmó las expectativas de los que esperaban un triunfo terreno del Mesías. Pero fue mucho más allá de lo que sugería la letra de las profecías, ya que en él se inauguró una nueva manera de estar Dios con su pueblo, como lo indica el nombre *Emanuel*: «Dios-con-nosotros» (1,22-23).

Ya en los relatos de la infancia, mediante constantes referencias al Primer Testamento, se revelan de distintas maneras los atributos y prerrogativas de Jesús: es hijo de Abrahán, hijo de David, Hijo de Dios, rey de Israel, retoño mesiánico del tronco de Jesé. En los episodios de la infancia de Jesús, como en la huida a Egipto y el regreso a la Tierra prometida, Mateo presenta al Mesías reviviendo momentos decisivos de la historia del éxodo. Luego, en el relato de las tentaciones, evoca el paso de Israel por el desierto, y el comienzo de la predicación de Jesús se introduce con el anuncio profético de Isaías: *El pueblo que se hallaba en las tinieblas vio una gran luz* (4,10).

Pero Mateo no utiliza el Antiguo Testamento solamente para confirmar el hecho de la mesianidad de Jesús, sino también, y quizá principalmente, como un medio para comprender el sentido profundo de los acontecimientos de su vida, que sus mismos discípulos no alcanzaban a comprender.

Uno de estos misterios era el modo de actuar del Maestro, que contradecía sensiblemente las expectativas que el pueblo judío se había forjado acerca del Mesías. A través de la agitada historia del pueblo de Israel, se fue gestando poco a poco la esperanza de que Dios, algún día, enviaría a un gran Rey, descendiente de David, a fin de establecer su soberanía y su reinado para siempre. Aunque en tiempos de Jesús las ideas sobre la figura del Mesías eran muy variadas, el pueblo judío vivía en un clima de ardiente expectación y anhelaba la llegada de ese día. Por eso, quienes escu-

chaban las enseñanzas y veían los milagros de Jesús solían preguntar: *¿No será este el Mesías?*

La muerte de Jesús en la cruz fue para estos primeros discípulos un momento de profundo desconcierto y desorientación. Sus sueños se hicieron añicos y sus esperanzas volaron en pedazos. El hecho de la crucifixión ponía en tela de juicio toda su predicación y su actividad, en especial el tema central de su predicación: la llegada inminente del Reino de Dios. Jesús no solo encontró una fuerte oposición y tuvo que superar toda clase de obstáculos, sino que aparentemente su proyecto terminó en el fracaso y su vida terminó en la ignominia, como la de un criminal. El suplicio de la cruz estaba reservado, efectivamente, a los esclavos y a los peores criminales.

Para sus adversarios, la crucifixión era la prueba más convincente de que Dios no estaba de su parte. Los ultrajes y las burlas padecidos en la cruz (27,39-44) ilustran perfectamente el triunfo de los adversarios sobre aquel a quien Dios parecía haber abandonado.

Sin embargo, el que habla al final del evangelio es el Señor resucitado y glorificado. El poder de que Jesús disponía ya antes de Pascua y que se manifestaba en su enseñanza (7,29), sus milagros (8,9) y su perdón (9,6.8), se extiende en adelante a toda la creación. El Resucitado ha sido investido por el Padre de un poder universal, y ese poder sobre la creación desemboca en la misión que Jesús confía a los discípulos: la de hacer discípulos en todas las naciones.

Todas las naciones sin excepción están llamadas a recibir el Evangelio. Esta declaración universalista muestra que la raigambre judeocristiana de Mateo no lo lleva a encerrarse en la colectividad nacional de la que había salido, sino a abrirse a la comunidad universal.

¿Quién es Jesús?

La pregunta sobre la identidad de Jesús está presente desde el comienzo en los cuatro evangelios y se va revelando gradualmente. En el evangelio de Mateo, una primera respuesta la dan las citas de la Escritura que iluminan el sentido de los acontecimientos protagonizados por Jesús (1,23; 2,6.15.18; 4,15-16; 12,17-21). Luego la cuestión se plantea expresamente y recibe una respuesta directa en conexión con Juan el Bautista: primero en el bautismo de Jesús (3,14.17) y después en la pregunta que Juan hace llegar a Jesús desde la prisión, por medio de sus enviados: *¿Eres tú el que tenía que venir o debemos esperar a otro?* (11,3).

Esta pregunta expresa la perplejidad de Juan el Bautista, sorprendido al ver que la conducta de Jesús no se ajustaba a la idea que él se había hecho del Mesías (3,10-12). Juan había anunciado a un justiciero terrible, con el hacha puesta a la raíz del árbol para cortar el tronco que no da fruto y arrojarlo al fuego. Pero las noticias que le llegan de Jesús hablan de una conducta por completo contraria a esas expectativas, y esto lo deja desconcertado.

Jesús responde a los enviados de Juan evocando los gestos de liberación realizados por él. Esta respuesta contiene una serie de alusiones a los oráculos de consolación del Segundo Isaías (Is

35,5-6; 42,18; 61,1), que permiten reconocer, en sus palabras y en sus milagros, el cumplimiento de las promesas del Antiguo Testamento concernientes a la era mesiánica. Al mismo tiempo, esos signos daban a entender que él no se concebía a sí mismo como el justiciero temible con que Juan amenazaba a su audiencia (3,7-10), sino como una manifestación de la misericordia de Dios hacia los débiles y menesterosos. Más aún, el último signo, el decisivo, estaba expresado en las palabras de Is 61,1: *Él me envió a llevar la buena noticia a los pobres*. Al evangelizar a los pobres, más que haciendo milagros, Jesús ofrecía la señal más segura de haber sido enviado por Dios (cf. Lc 4,17-21). En algunos momentos cruciales, el comportamiento de Jesús provocaba estupor o admiración, y la pregunta surgía espontáneamente: *¿Quién es este, que hasta el viento y el mar le obedecen?* (8,27).

En el camino hacia Cesarea de Filipo fue el mismo Jesús quien la formuló de manera expresa a los discípulos que lo han acompañado desde el comienzo de su vida pública: *Y ustedes —les preguntó— ¿quién dicen que soy yo?* (16,15). El pronombre *ustedes*, que encabeza la pregunta, la convierte en una interpelación que requiere de ellos una toma de posición personal. Ya no se trataba de informar a Jesús sobre lo que decía la gente, sino de comprometerse personalmente con él, con todas las consecuencias que este compromiso implica.

Pedro, como portavoz y representante de los discípulos, confiesa que Jesús es el *Mesías*, y Jesús acoge la respuesta de Pedro con una bienaventuranza. Pero apenas escucha el anuncio de sus padecimientos y su muerte, el discípulo queda desconcertado. Esto indica que Jesús y Pedro atribuían a la misma palabra un sentido muy distinto. De ahí la viva protesta de Pedro y la no menos encendida represión de Jesús, que lo invita a seguirlo por el mismo camino: *Ve detrás de mí* (16,23).

Jesús y la Ley

Jesús deja establecido que las prescripciones de la Ley (en hebreo, la *Torá*) no son válidas por el simple hecho de haber sido dictadas por Moisés; son válidas en la medida en que están en conformidad con la voluntad de Dios. En el Sermón de la montaña, Jesús se presenta a sí mismo como el verdadero intérprete de la Ley: *Ustedes han oído que se dijo a los antepasados... Pero yo les digo...* (cf. 5,21-48). Si la jerarquización de los mandamientos es inevitable, ¿en nombre de qué principio hay que establecerla? Mt 22,37-40 no deja ninguna duda al respecto: el mandamiento del amor a Dios y al prójimo no solo es el más grande de la Ley, sino que sirve también de criterio para valorar la importancia de todos los otros mandamientos. Este principio encuentra una confirmación en Mt 23,23: lo que tiene más peso en la ley son la *justicia*, la *misericordia* y la *fidelidad*. O para decirlo de una manera paradójica: a los ojos del Jesús, es legítimo y hasta necesario transgredir la *Torá* en nombre de la *Torá*, ya que el amor está sobre la letra de la ley y la verdadera fidelidad no tiene nada que ver con una obediencia legalista, como lo muestran las con-

troversias de Jesús sobre la observancia del sábado.

La resurrección

En virtud de su dominio cósmico *(Yo he recibido todo poder en el cielo y en la tierra)*, el Señor resucitado puede confiar a sus discípulos una misión que tiene un alcance universal (28,16-20): *Vayan, entonces, y hagan que todos los pueblos sean mis discípulos...* Esta clara referencia a la misión universal constituye un dato esencial para comprender el mensaje de Mateo. Su arraigo en la tradición judeocristiana, claramente atestiguada en su evangelio, no lo lleva a encerrarse en la colectividad nacional de la que había salido. Mt es un partidario decidido del anuncio del Evangelio a los no judíos; su iglesia confiesa la universalidad ilimitada de la fe cristiana. Así la Galilea, el lugar del envío, llega a ser, en su sentido más pleno, la Galilea de las naciones (cf. 4,15-16; Is 8,23–9,1).

La enseñanza de Jesús se presenta como un mandamiento que debe ser cumplido: *enseñándoles a cumplir todo lo que yo les he mandado* (28,20a). Él no comunica la voluntad de Dios como podría hacerlo un profeta, sino que habla con autoridad, al estilo del *pero yo les digo* (5,22.28.32.34.39.44). Se trata de la voluntad de Dios anunciada en la Ley y los profetas, interpretada de manera soberana en la enseñanza de Jesús, concretada y resumida en el mandamiento del amor (22,34-40).

El uso del tiempo pasado (les *he mandado*) pone de relieve una vez más la unidad del Resucitado y del Jesús terreno. Para conocer al Señor que actualmente vive, hay que ponerse a escuchar y a seguir al Cristo histórico del que da testimonio el evangelio. Pero al ponerse a escuchar al Jesús terreno, al dejarse instruir por él, se encuentra uno con el Resucitado.

EVANGELIO SEGÚN SAN MATEO

EL EVANGELIO DE LA INFANCIA DE JESÚS

Genealogía de Jesús
Lc 3,23-38

1 Genealogía de Jesucristo, hijo de David, hijo de Abraham:

² Abraham fue padre de Isaac;

Isaac, padre de Jacob;

Jacob, padre de Judá y de sus hermanos.

³ Judá fue padre de Fares y de Zará,

y la madre de estos fue Tamar.

Fares fue padre de Esrón;

Esrón, padre de Aram;

⁴ Aram, padre de Aminadab;

Aminadab, padre de Naasón;

Naasón, padre de Salmón.

⁵ Salmón fue padre de Booz,

y la madre de este fue Rahab.

Booz fue padre de Obed,

y la madre de este fue Rut.

Obed fue padre de Jesé;

⁶ Jesé, padre del rey David.

David fue padre de Salomón, y la madre de este fue la que había sido mujer de Urías.

⁷ Salomón fue padre de Roboam;

Roboam, padre de Abías;

Abías, padre de Asaf;

1,1. *Genealogía de Jesús:* lit. *libro de la generación o de la génesis.* Esta expresión, tomada literalmente de Gn 2,4 y 5,1, asocia el origen de Jesús con la creación del mundo y la del primer Adán.

1,2. Esta genealogía de Jesús comprende tres ciclos de *catorce generaciones,* correspondientes a los tres grandes períodos de la historia de Israel: desde Abraham hasta David, desde Salomón hasta el exilio y desde el exilio hasta Cristo. La división de la lista por períodos deja en claro que el nacimiento de Jesús no fue un acontecimiento fortuito; es el pleno cumplimiento de un designio divino al que estaba ordenada toda la historia del Antiguo Testamento (AT). Jesús es el Mesías que llega al fin del AT y que al mismo tiempo lo lleva a su término, inaugurando los tiempos mesiánicos.

[8] Asaf, padre de Josafat;
Josafat, padre de Joram;
Joram, padre de Ozías.
[9] Ozías fue padre de Joatam;
Joatam, padre de Acaz;
Acaz, padre de Ezequías;
[10] Ezequías, padre de Manasés.
Manasés fue padre de Amós;
Amós, padre de Josías;
[11] Josías, padre de Jeconías y de sus hermanos, durante el destierro en Babilonia.
[12] Después del destierro en Babilonia:
Jeconías fue padre de Salatiel;
Salatiel, padre de Zorobabel;
[13] Zorobabel, padre de Abiud;
Abiud, padre de Eliacim;
Eliacim, padre de Azor.
[14] Azor fue padre de Sadoc;
Sadoc, padre de Aquim;
Aquim, padre de Eliud;
[15] Eliud, padre de Eleazar;
Eleazar, padre de Matán;
Matán, padre de Jacob.

[16] Jacob fue padre de José,
el esposo de María,
de la cual nació Jesús,
que es llamado Cristo.

[17] El total de las generaciones es, por lo tanto: desde Abraham hasta David, catorce generaciones; desde David hasta el destierro en Babilonia, catorce generaciones; desde el destierro en Babilonia hasta Cristo, catorce generaciones.

La concepción virginal y el nacimiento de Jesús
Lc 2,1-7

[18] Este fue el origen de Jesucristo: María, su madre, estaba comprometida con José y, cuando todavía no habían vivido juntos, concibió un hijo por obra del Espíritu Santo. [19] José, su esposo, que era un hombre justo y no quería denunciarla públicamente, resolvió abandonarla en secreto. [20] Mientras pensaba en

---

1,16. El nombre *Cristo* proviene de la palabra griega que significa «Ungido». Con este término se tradujo al griego la palabra hebrea «Mesías».

1,18. De acuerdo con la ley judía, ya se había sellado el contrato de matrimonio de José y María, y ellos ya estaban desposados. Solo faltaba la ceremonia de la boda, que culminaba cuando el esposo llevaba a la novia a vivir en su casa.

esto, el Ángel del Señor se le apareció en sueños y le dijo: «José, hijo de David, no temas recibir a María, tu esposa, porque lo que ha sido engendrado en ella proviene del Espíritu Santo. [21]Ella dará a luz un hijo, a quien pondrás el nombre de Jesús, porque él salvará a su Pueblo de todos sus pecados».

[22]Todo esto sucedió para que se cumpliera lo que el Señor había anunciado por el Profeta:

[23] *La Virgen concebirá*
y dará a luz un hijo
a quien pondrán
el nombre de Emanuel,

que traducido significa «Dios con nosotros».

[24]Al despertar, José hizo lo que el Ángel del Señor le había ordenado: llevó a María a su casa, [25]y sin que hubieran hecho vida en común, ella dio a luz un hijo, y él le puso el nombre de Jesús.

La visita de los magos

2 Cuando nació Jesús, en Belén de Judea, bajo el reinado de Herodes, unos magos de Oriente se presentaron en Jerusalén [2]y preguntaron: «¿Dónde está el rey de los judíos que acaba de nacer? Porque vimos su estrella en Oriente y hemos venido a adorarlo». [3]Al enterarse, el rey Herodes quedó desconcertado y con él toda Jerusalén. [4]Entonces reunió a todos los sumos sacerdotes y a los escribas del pueblo, para preguntarles en qué lugar debía nacer el Mesías. [5]«En Belén de Judea —le respondieron—, porque así está escrito por el Profeta:

[6] *Y tú, Belén, tierra de Judá,*
ciertamente no eres la menor

2,2. Según una idea corriente en la antigüedad, el nacimiento de los grandes personajes era anunciado por un signo en el cielo o iba acompañado de la aparición de nuevas estrellas en el firmamento.

2,4. El término griego traducido por *escriba* (o *letrado*) designa a un funcionario capaz de redactar documentos escritos, desde un amanuense de aldea hasta el notario o escribano de una corte real. Solamente en el judaísmo designa la figura de un maestro religioso, debido a la excepcional importancia que tenían en Israel las Escrituras sagradas.

*entre las principales ciudades
   de Judá,
porque de ti surgirá un jefe
   que será el Pastor
   de mi pueblo, Israel».*

⁷Herodes mandó llamar secretamente a los magos y, después de averiguar con precisión la fecha en que había aparecido la estrella, ⁸los envió a Belén, diciéndoles: «Vayan e infórmense cuidadosamente acerca del niño, y cuando lo hayan encontrado, avísenme para que yo también vaya a rendirle homenaje». ⁹Después de oír al rey, ellos partieron. La estrella que habían visto en Oriente los precedía, hasta que se detuvo en el lugar donde estaba el niño. ¹⁰Cuando vieron la estrella se llenaron de alegría, ¹¹y al entrar en la casa, encontraron al niño con María, su madre, y, postrándose, le rindieron homenaje. Luego, abriendo sus cofres, le ofrecieron dones: oro, incienso y mirra. ¹²Y como recibieron en sueños la advertencia de no regresar al palacio de Herodes, volvieron a su tierra por otro camino.

El exilio de Jesús en Egipto

¹³Después de la partida de los magos, el Ángel del Señor se apareció en sueños a José y le dijo: «Levántate, toma al niño y a su madre, huye a Egipto y permanece allí hasta que yo te avise, porque Herodes va a buscar al niño para matarlo». ¹⁴José se levantó, tomó de noche al niño y a su madre, y se fue a Egipto. ¹⁵Allí permaneció hasta la muerte de Herodes, para que se cumpliera lo que el Señor había anunciado por medio del Profeta:

Desde Egipto llamé a mi hijo.

La matanza de los inocentes

¹⁶Al verse engañado por los magos, Herodes se enfureció y mandó matar, en Belén y sus alrededores, a todos los niños menores de dos años, de acuerdo con la fecha que los magos le habían indicado. ¹⁷Así se cumplió lo que había sido anunciado por el profeta Jeremías:

¹⁸*En Ramá se oyó una voz,
   hubo lágrimas y gemidos:
es Raquel, que llora a sus hijos
   y no quiere que la consuelen,
   porque ya no existen.*

El regreso de Egipto

[19]Cuando murió Herodes, el Ángel del Señor se apareció en sueños a José, que estaba en Egipto, [20]y le dijo: «Levántate, toma al niño y a su madre, y regresa a la tierra de Israel, porque han muerto los que atentaban contra la vida del niño». [21]José se levantó, tomó al niño y a su madre, y entró en la tierra de Israel. [22]Pero al saber que Arquelao reinaba en Judea, en lugar de su padre Herodes, tuvo miedo de ir allí y, advertido en sueños, se retiró a la región de Galilea, [23]donde se estableció en una ciudad llamada Nazaret. Así se cumplió lo que había sido anunciado por los profetas:

Será llamado Nazareno.

LA PROMULGACIÓN DEL REINO DE LOS CIELOS

PARTE NARRATIVA

La predicación de Juan el Bautista

Mc 1,2-8 / Lc 3,3-9.15-17 / Jn 1,23.26-27

3 En aquel tiempo se presentó Juan el Bautista, proclamando en el desierto de Judea: [2]«Conviértanse, porque el Reino de los Cielos está cerca». [3]A él se refería el profeta Isaías cuando dijo:

Una voz grita en el desierto: Preparen el camino del Señor, allanen sus senderos.

[4]Juan tenía una túnica de pelos de camello y un cinturón de cuero, y se alimentaba con langostas y miel silvestre. [5]La gente de Jerusalén, de toda la Judea y de toda la región del Jordán iba a su encuentro, [6]y se hacía bau-

---

2,18. Mateo (Mt) cita el texto de Jr 31,15, que se refiere a la primera destrucción de Jerusalén y a la partida de los habitantes de Judá deportados a Babilonia. *Ramá*, población situada a unos ocho kilómetros al norte de Jerusalén, era el lugar donde se concentraron todos los cautivos de Judá que serían llevados al exilio.

3,6. Ante la cercanía del juicio, Juan exigía que se recibiera su bautismo en las aguas del río Jordán. Con toda probabilidad, se recibía una sola vez, y debía ir acompañado de la

tizar por él en las aguas del Jordán, confesando sus pecados.

⁷Al ver que muchos fariseos y saduceos se acercaban a recibir su bautismo, Juan les dijo: «Raza de víboras, ¿quién les enseñó a escapar de la ira de Dios que se acerca? ⁸Produzcan el fruto de una sincera conversión, ⁹y no se contenten con decir: "Tenemos por padre a Abraham". Porque yo les digo que de estas piedras Dios puede hacer surgir hijos de Abraham. ¹⁰El hacha ya está puesta a la raíz de los árboles: el árbol que no produce buen fruto será cortado y arrojado al fuego. ¹¹Yo los bautizo con agua para que se conviertan; pero aquel que viene detrás de mí es más poderoso que yo, y yo ni siquiera soy digno de quitarle las sandalias. Él los bautizará en el Espíritu Santo y en el fuego. ¹²Tiene en su mano la horquilla y limpiará su era: recogerá su trigo en el granero y quemará la paja en un fuego inextinguible».

El bautismo de Jesús
Mc 1,9-11 / Lc 3,21-22

¹³Entonces Jesús fue desde Galilea hasta el Jordán y se presentó a Juan para ser bautizado por él. ¹⁴Juan se resistía, diciéndole: «Soy yo el que tiene necesidad de ser bautizado por ti, ¡y eres tú el que viene a mi encuentro!». ¹⁵Pero Jesús le respondió: «Ahora déjame hacer esto, porque conviene que así cumplamos todo lo que es justo». Y Juan se lo permitió.

¹⁶Apenas fue bautizado, Jesús salió del agua. En ese momento se le abrieron los cielos, y vio al Espíritu de Dios descender co-

---

confesión de los pecados. Por sí solo, no garantizaba el perdón, sino que atestiguaba la autenticidad del arrepentimiento.

3,7. Los *fariseos* formaban un grupo religioso que se caracterizaba por su rigurosa observancia de la Ley de Moisés, interpretada de acuerdo con sus propias traiciones. Los *saduceos*, en cambio, pertenecían principalmente a la aristocracia sacerdo-

tal y sus creencias religiosas se limitaban a las verdades que encontraban en la Ley escrita.

3,8-9. Contra la confianza presuntuosa de pertenecer al linaje de Abraham reacciona con firmeza Juan el Bautista: ante el inminente juicio de Dios de nada sirve alegar la condición de *hijos de Abraham*. La salvación está en el cambio de vida.

mo una paloma y dirigirse hacia él. [17]Y se oyó una voz del cielo que decía: «Este es mi Hijo muy querido, en quien tengo puesta toda mi predilección».

Las tentaciones de Jesús en el desierto
Mc 1,12-13 / Lc 4,1-13

4 Entonces Jesús fue llevado por el Espíritu al desierto, para que el diablo lo pusiera a prueba. [2]Después de ayunar cuarenta días con sus cuarenta noches, sintió hambre. [3]Y el tentador, acercándose, le dijo: «Si tú eres Hijo de Dios, manda que estas piedras se conviertan en panes». [4]Jesús le respondió: «Está escrito:

El hombre no vive solamente de pan,
sino de toda palabra que sale
de la boca de Dios».

[5]Luego el diablo llevó a Jesús a la Ciudad santa y lo puso en la parte más alta del Templo, [6]diciéndole: «Si tú eres Hijo de Dios, tírate abajo, porque está escrito:

Dios dará órdenes a sus ángeles,
y ellos te llevarán en sus manos
para que tu pie no tropiece
con ninguna piedra».

[7]Jesús le respondió: «También está escrito:

No tentarás al Señor, tu Dios».

[8]El diablo lo llevó luego a una montaña muy alta; desde allí le hizo ver todos los reinos del mundo con todo su esplendor, [9]y le dijo: «Te daré todo esto, si te postras para adorarme». [10]Jesús le respondió: «Retírate, Satanás, porque está escrito:

Adorarás al Señor, tu Dios,
y a él solo rendirás culto».

[11]Entonces el diablo lo dejó, y unos ángeles se acercaron para servirlo.

4,6. Sal 91,11-12.
4,7. Dt 6,16.
4,9. Esta tentación está relacionada con la idolatría, que fue la principal

tentación de Israel a lo largo de su historia.
4,10. Cf. Dt 6,13.

El comienzo de la predicación de Jesús

Mc 1,14-15 / Lc 4,14

¹²Cuando Jesús se enteró de que Juan había sido arrestado, se retiró a Galilea. ¹³Y, dejando Nazaret, se estableció en Cafarnaún, a orillas del lago, en los confines de Zabulón y Neftalí, ¹⁴para que se cumpliera lo que había sido anunciado por el profeta Isaías:

¹⁵*¡Tierra de Zabulón,*
tierra de Neftalí,
camino del mar,
país de la Transjordania,
Galilea de las naciones!
¹⁶*El pueblo que se hallaba*
en tinieblas
vio una gran luz;
sobre los que vivían
en las oscuras
regiones de la muerte,
se levantó una luz.

¹⁷A partir de ese momento, Jesús comenzó a proclamar: «Conviértanse, porque el Reino de los Cielos está cerca».

Los primeros discípulos

Mc 1,16-20 / Lc 5,1-11

¹⁸Mientras caminaba a orillas del mar de Galilea, Jesús vio a dos hermanos: a Simón, llamado Pedro, y a su hermano Andrés, que echaban las redes al mar porque eran pescadores. ¹⁹Entonces les dijo: «Síganme, y yo los haré pescadores de hombres». ²⁰Inmediatamente, ellos dejaron las redes y lo siguieron.

²¹Continuando su camino, vio a otros dos hermanos: a Santiago, hijo de Zebedeo, y a su hermano Juan, que estaban en la barca con Zebedeo, su padre, arreglando las redes; y Jesús los llamó. ²²Inmediatamente, ellos dejaron la barca y a su padre, y lo siguieron.

La actividad de Jesús en Galilea

Mc 1,39 / Lc 4,14-15

²³Jesús recorría toda la Galilea, enseñando en sus sinagogas, proclamando la Buena Noticia del Reino y curando todas las enfermedades y dolencias de la gente. ²⁴Su fama se extendió por toda la Siria, y le llevaban a todos los enfermos, afligidos por diversas enfermedades y sufrimientos: endemoniados, epilépticos y paralíticos, y él los curaba. ²⁵Lo seguían grandes

multitudes que llegaban de Galilea, de la Decápolis, de Jerusalén, de Judea y de la Transjordania.

EL SERMÓN DE LA MONTAÑA

Las Bienaventuranzas
Lc 6,20-23

5 Al ver a la multitud, Jesús subió a la montaña, se sentó, y sus discípulos se acercaron a él. ²Entonces tomó la palabra y comenzó a enseñarles, diciendo:

³«Felices los que tienen alma de pobres, porque a ellos les pertenece el Reino de los Cielos.

⁴Felices los afligidos, porque serán consolados.

⁵Felices *los pacientes*, porque *recibirán la tierra en herencia.*

⁶Felices los que tienen hambre y sed de justicia, porque serán saciados.

⁷Felices los misericordiosos, porque obtendrán misericordia.

⁸Felices los que tienen el corazón puro, porque verán a Dios.

⁹Felices los que trabajan por la paz, porque serán llamados hijos de Dios.

5,1. Moisés había subido al Sinaí, y la Ley fue proclamada desde el monte; ahora Jesús expone su enseñanza, y lo hace desde lo alto de la montaña.

5,3. El sermón comienza con una serie de nueve bienaventuranzas o exclamaciones gozosas que proclaman dichosas a una o varias personas, unas veces por lo que son (por ej., *los pobres* en Lc 6,20) y otras por lo que hacen (p. ej., *los que trabajan por la paz* en Mt 5,9). Estas fórmulas de felicitación son bastante frecuentes en la Biblia. Quienes tienen *alma de pobres* (lit. *pobres en el espíritu*) no se arrogan ni pretenden para sí ningún

mérito delante de Dios; lejos de considerarse autosuficientes, reconocen su indigencia y saben que la salvación es un don gratuito que se debe acoger con gratitud y humildad.

5,5. *Los pacientes:* Tradicionalmente se habla de *los mansos,* pero esta traducción puede sugerir la idea de una mansedumbre fría, tranquila e indiferente. Tal vez la bienaventuranza debería referirse, ante todo, a los que son humillados y sufren la violencia sin devolver mal por mal.

5,6. La *justicia,* tal como la entiende Mt, consiste fundamentalmente en el fiel cumplimiento de la voluntad de Dios.

¹⁰Felices los que son perseguidos por practicar la justicia, porque a ellos les pertenece el Reino de los Cielos.

¹¹Felices ustedes, cuando sean insultados y perseguidos, y cuando se los calumnie en toda forma a causa de mí.

¹²Alégrense y regocíjense entonces, porque ustedes tendrán una gran recompensa en el cielo; de la misma manera persiguieron a los profetas que los precedieron.

La sal de la tierra y la luz del mundo
Mc 9,50 / Lc 14,34-35 // Mc 4,21 / Lc 8,16; 11,33

¹³Ustedes son la sal de la tierra. Pero si la sal pierde su sabor, ¿con qué se la volverá a salar? Ya no sirve para nada, sino para ser tirada y pisada por los hombres.

¹⁴Ustedes son la luz del mundo. No se puede ocultar una ciudad situada en la cima de una montaña. ¹⁵Y no se enciende una lámpara para esconderla dentro de un tiesto, sino que se la pone sobre el candelero para que ilumine a todos los que están en la casa. ¹⁶Así debe brillar ante los ojos de los hombres la luz que hay en ustedes, a fin de que ellos vean sus buenas obras y glorifiquen al Padre que está en el cielo.

Jesús y la Ley
Lc 16,16-17

¹⁷No piensen que vine para abolir la Ley o los Profetas: yo no he venido a abolir, sino a dar cumplimiento. ¹⁸Les aseguro que no desaparecerá ni una i ni una coma de la Ley, antes que desaparezcan el cielo y la tierra, hasta que todo se realice. ¹⁹El que no cumpla el más pequeño de estos mandamientos, y enseñe a los otros a hacer lo mismo,

---

5,10-12. Las dos últimas bienaventuranzas llevan implícita la exhortación a enfrentar con valentía las persecuciones, afrentas y calumnias que se deriven de seguir a Cristo.

5,17. Jesús no pretende abolir el código mosaico, sino que se cumpla de una manera nueva.

5,18. Mt tiene en vista a algunos miembros de la comunidad cristiana que ya no reconocen la obligatoriedad estricta de la Ley, hasta la última tilde. Contra ellos, y no contra los escribas y fariseos, se dirige esta seria advertencia.

será considerado el menor en el Reino de los Cielos. En cambio, el que los cumpla y enseñe, será considerado grande en el Reino de los Cielos.

²⁰Les aseguro que si la justicia de ustedes no es superior a la de los escribas y fariseos, no entrarán en el Reino de los Cielos.

El homicidio

²¹Ustedes han oído que se dijo a los antepasados: *No matarás*, y el que mata, será condenado por el tribunal. ²²Pero yo les digo que todo aquel que se irrita contra su hermano, será condenado por el tribunal. Y todo aquel que lo insulta, será castigado por el Sanedrín. Y el que lo maldice, será condenado a la Gehena de fuego. ²³Por lo tanto, si al presentar tu ofrenda en el altar, te acuerdas de que tu hermano tiene alguna queja contra ti, ²⁴deja tu ofrenda ante el altar, ve a reconciliarte con tu hermano, y solo entonces vuelve a presentar tu ofrenda. ²⁵Trata de llegar enseguida a un acuerdo con tu adversario, mientras vas caminando con él, no sea que el adversario te entregue al juez, y el juez al guardia, y te pongan preso. ²⁶Te aseguro que no saldrás de allí hasta que hayas pagado el último centavo.

El adulterio

²⁷Ustedes han oído que se dijo: *No cometerás adulterio.* ²⁸Pero yo les digo: El que mira a una mujer deseándola, ya cometió adulterio con ella en su corazón. ²⁹Si tu ojo derecho es para ti una ocasión de pecado, arráncalo y arrójalo lejos de ti: es preferible que se pierda uno solo de tus miembros, y no que todo tu cuerpo sea arrojado a la Gehena. ³⁰Y si tu mano derecha es para ti una ocasión de pecado, córtala y arrójala lejos de ti: es preferible que se pierda uno solo de tus miembros, y no que todo tu cuerpo sea arrojado a la Gehena.

El divorcio
Mc 10,11-12 / Lc 16,18

³¹También se dijo: *El que se divorcia de su mujer, debe darle una declaración de divorcio.*

5,31-32. Como en el contexto judío la iniciativa del divorcio solo podía provenir del marido, al repudiar a su mujer él la expone a cometer adul-

³²Pero yo les digo: El que se divorcia de su mujer, a no ser en caso de infidelidad conyugal, la expone a cometer adulterio; y el que se casa con una mujer abandonada por su marido, comete adulterio.

El juramento

³³Ustedes han oído también que se dijo a los antepasados: *No jurarás falsamente, y cumplirás los juramentos hechos al Señor*. ³⁴Pero yo les digo que no juren de ningún modo: ni por el cielo, porque es *el trono de Dios*; ³⁵ni por la tierra, porque es el *estrado de sus pies*; ni por *Jerusalén*, porque es la *Ciudad del gran Rey*. ³⁶No jures tampoco por tu cabeza, porque no puedes convertir en blanco o negro uno solo de tus cabellos. ³⁷Cuando ustedes digan «sí», que sea sí, y cuando digan «no», que sea no. Todo lo que se dice de más, viene del Maligno.

La ley del talión
Lc 6,29-30

³⁸Ustedes han oído que se dijo: *Ojo por ojo y diente por diente*. ³⁹Pero yo les digo que no hagan frente al que les hace mal: al contrario, si alguien te da una bofetada en la mejilla derecha, preséntale también la otra. ⁴⁰Al que quiere hacerte un juicio para quitarte la túnica, déjale también el manto; ⁴¹y si te exige que lo acompañes un kilómetro, camina dos con él. ⁴²Da al que te pide, y no le vuelvas la espalda al que quiere pedirte algo prestado.

El amor a los enemigos
Lc 6,27-28.32-36

⁴³Ustedes han oído que se dijo: *Amarás a tu prójimo y odiarás a tu enemigo*. ⁴⁴Pero yo les digo:

---

terio. Así pone Jesús de manifiesto que el divorcio es una injusticia cometida contra la mujer.

5,38. La ley del talión no propiciaba la venganza sino que establecía un principio de equidad, determinando la justa medida del castigo, sin excesos ni defectos. En contra de este principio, Jesús invita a sus discípulos a no responder con violencia a la violencia y a evitar cualquier forma de represalia.

5,39. La bofetada recibida en la mejilla *derecha*, y no en la *izquierda*, se da con el revés y no con la palma de la mano. Este gesto añade al agravio una señal de profundo desprecio.

Amen a sus enemigos, rueguen por sus perseguidores; ⁴⁵así serán hijos del Padre que está en el cielo, porque él hace salir su sol sobre malos y buenos, y hace caer la lluvia sobre justos e injustos. ⁴⁶Si ustedes aman solamente a quienes los aman, ¿qué recompensa merecen? ¿No hacen lo mismo los publicanos? ⁴⁷Y si saludan solamente a sus hermanos, ¿qué hacen de extraordinario? ¿No hacen lo mismo los paganos? ⁴⁸Por lo tanto, sean perfectos como es perfecto el Padre que está en el cielo.

La limosna

6 Tengan cuidado de no practicar su justicia delante de los hombres para ser vistos por ellos: de lo contrario, no recibirán ninguna recompensa del Padre que está en el cielo. ²Por lo tanto, cuando des limosna, no lo anuncies a toque de trompetas, como hacen los hipócritas en las sinagogas y en las calles, para ser honrados por los hombres. Les aseguro que ellos ya tienen su recompensa. ³Cuando

tú des limosna, que tu mano izquierda ignore lo que hace la derecha, ⁴para que tu limosna quede en secreto; y tu Padre, que ve en lo secreto, te recompensará.

La oración

⁵Cuando ustedes oren, no hagan como los hipócritas: a ellos les gusta orar de pie en las sinagogas y en las esquinas de las calles, para ser vistos. Les aseguro que ellos ya tienen su recompensa. ⁶Tú, en cambio, cuando ores, *retírate a tu habitación, cierra la puerta y ora* a tu Padre que está en lo secreto; y tu Padre, que ve en lo secreto, te recompensará. ⁷Cuando oren, no hablen mucho, como hacen los paganos: ellos creen que por mucho hablar serán escuchados. ⁸No hagan como ellos, porque el Padre que está en el cielo sabe bien qué es lo que les hace falta, antes de que se lo pidan.

El Padrenuestro
Lc 11,2-4

⁹Ustedes oren de esta manera:

6,9-15. Tanto Mt como Lc han transmitido el texto del Padrenuestro, que ya se utilizaba en el culto litúrgico de sus respectivas comunidades. Ambas

Padre nuestro,
  que estás en el cielo,
  santificado sea tu Nombre,
¹⁰ que venga tu Reino,
  que se haga tu voluntad
  en la tierra como en el cielo.
¹¹ Danos hoy nuestro pan
  de cada día.
¹² Perdona nuestras ofensas,
  como nosotros perdonamos
  a los que nos han ofendido.
¹³ No nos dejes caer
  en la tentación,
  sino líbranos del mal.

¹⁴ Si perdonan sus faltas a los demás, el Padre que está en el cielo también los perdonará a ustedes. ¹⁵ Pero si no perdonan a los demás, tampoco el Padre los perdonará a ustedes.

El ayuno

¹⁶ Cuando ustedes ayunen, no pongan cara triste, como hacen los hipócritas, que desfiguran su rostro para que se note que ayunan. Les aseguro que con eso ya han recibido su recompensa. ¹⁷ Tú, en cambio, cuando ayunes, perfuma tu cabeza y lava tu rostro, ¹⁸ para que tu ayuno no sea conocido por los hombres, sino por tu Padre que está en lo secreto; y tu Padre, que ve en lo secreto, te recompensará.

El verdadero tesoro

Lc 12,33-34

¹⁹ No acumulen tesoros en la tierra, donde la polilla y la herrumbre los consumen, y los ladrones perforan las paredes y los roban. ²⁰ Acumulen, en cambio, tesoros en el cielo, donde no hay polilla ni herrumbre que los consuma, ni ladrones que perforen y roben. ²¹ Allí donde esté tu tesoro, estará también tu corazón.

---

versiones presentan algunas variantes, y es difícil saber cuál de las dos reproduce con mayor fidelidad la oración tal como la pronunció el Señor. Como el uso litúrgico tiende a introducir ampliaciones en los textos, cabe suponer que la versión más corta (la de Lc 11,1-4) es anterior a la más larga (la de Mt 6,9-13).

6,10. Desde la venida de Cristo, el reinado de Dios ya ha comenzado a ser una realidad presente, pero su instauración definitiva pertenece al futuro.
6,16-18. Los fariseos solían ayunar dos veces por semana.

La luz interior
Lc 11,34-36

[22]La lámpara del cuerpo es el ojo. Si el ojo está sano, todo el cuerpo estará iluminado. [23]Pero si el ojo está enfermo, todo el cuerpo estará en tinieblas. Si la luz que hay en ti se oscurece, ¡cuánta oscuridad habrá!

Dios y las riquezas
Lc 16,13

[24]Nadie puede servir a dos señores, porque aborrecerá a uno y amará al otro, o bien, se interesará por el primero y menospreciará al segundo. No se puede servir a Dios y al Dinero.

La confianza en la Providencia
Lc 12,22-31

[25]Por eso les digo: No se inquieten por su vida, pensando qué van a comer, ni por su cuerpo, pensando con qué se van a vestir. ¿No vale acaso más la vida que la comida y el cuerpo más que el vestido? [26]Miren los pájaros del cielo: ellos no siembran ni cosechan, ni acumulan en graneros, y sin embargo, el Padre que está en el cielo los alimenta. ¿No valen ustedes acaso más que ellos? [27]¿Quién de ustedes, por mucho que se inquiete, puede añadir un solo instante al tiempo de su vida? [28]¿Y por qué se inquietan por el vestido? Miren los lirios del campo, cómo van creciendo sin fatigarse ni tejer. [29]Yo les aseguro que ni Salomón, en el esplendor de su gloria, se vistió como uno de ellos. [30]Si Dios viste así la hierba de los campos, que hoy existe y mañana será echada al fuego, ¡cuánto más hará por ustedes, hombres de poca fe! [31]No se inquieten entonces, diciendo: «¿Qué comeremos, qué beberemos, o con qué nos vestiremos?». [32]Son los paganos los que van detrás de estas cosas.

6,22-23. Según una creencia común en la antigüedad, los ojos tienen un fuego o una luz interior que hace posible la visión.

6,24. Jesús denuncia el carácter seductor y casi demoníaco del dinero, frente a cuya atracción no bastan las fuerzas humanas. Pero lo que es imposible humanamente *es posible para Dios*.

El Padre que está en el cielo sabe bien que ustedes las necesitan. [33]Busquen primero el Reino y su justicia, y todo lo demás se les dará por añadidura. [34]No se inquieten por el día de mañana; el mañana se inquietará por sí mismo. A cada día le basta su aflicción.

La benevolencia para juzgar
Lc 6,37-38.41-42

[7]No juzguen, para no ser juzgados. [2]Porque con el criterio con que ustedes juzguen se los juzgará, y la medida con que midan se usará para ustedes. [3]¿Por qué te fijas en la paja que está en el ojo de tu hermano y no adviertes la viga que está en el tuyo? [4]¿Cómo puedes decirle a tu hermano: «Deja que te saque la paja de tu ojo», si hay una viga en el tuyo? [5]Hipócrita, saca primero la viga de tu ojo, y entonces verás claro para sacar la paja del ojo de tu hermano.

El respeto por las cosas sagradas

[6]No den las cosas sagradas a los perros, ni arrojen sus perlas a los cerdos, no sea que las pisoteen y después se vuelvan contra ustedes para destrozarlos.

La eficacia de la oración
Lc 11,9-13

[7]Pidan y se les dará; busquen y encontrarán; llamen y se les abrirá. [8]Porque todo el que pide, recibe; el que busca, encuentra; y al que llama, se le abrirá. [9]¿Quién de ustedes, cuando su hijo le pide pan, le da una piedra? [10]¿O si le pide un pez, le da una serpiente? [11]Si ustedes, que son malos, saben dar cosas buenas a sus hijos, ¡cuánto más el Padre de ustedes que está en el cielo dará cosas buenas a aquellos que se las pidan!

El resumen de la Ley
Lc 6,31

[12]Todo lo que deseen que los demás hagan por ustedes, há-

7,12. La «regla de oro», en forma negativa, se encontraba ya en la Biblia: *No hagas a otro lo que a ti no te agrada* (Tob 4,15). También en autores paganos como Heródoto e Isócrates, Séneca y Confucio. La nota peculiar es que Jesús la expresa en forma positiva.

ganlo por ellos: en esto consiste la Ley y los Profetas.

El camino de la Vida
Lc 13,24

[13] Entren por la puerta estrecha, porque es ancha la puerta y espacioso el camino que lleva a la perdición, y son muchos los que van por allí. [14] Pero es angosta la puerta y estrecho el camino que lleva a la Vida, y son pocos los que lo encuentran.

Los falsos profetas
Lc 6,43-44

[15] Tengan cuidado de los falsos profetas, que se presentan cubiertos con pieles de ovejas, pero por dentro son lobos rapaces. [16] Por sus frutos los reconocerán. ¿Acaso se recogen uvas de los espinos o higos de los cardos? [17] Así, todo árbol bueno produce frutos buenos y todo árbol malo produce frutos malos. [18] Un árbol bueno no puede producir frutos malos, ni un árbol malo producir frutos buenos. [19] Al árbol que no produce frutos buenos se lo corta y se lo arroja al fuego. [20] Por sus frutos, entonces, ustedes los reconocerán.

Los auténticos discípulos de Jesús
Lc 6,46; 13,25-27

[21] No son los que me dicen: «Señor, Señor», los que entrarán en el Reino de los Cielos, sino los que cumplen la voluntad de mi Padre que está en el cielo. [22] Muchos me dirán en aquel día: «Señor, Señor, ¿acaso no profetizamos en tu Nombre? ¿No expulsamos a los demonios e hicimos muchos milagros en tu Nombre?». [23] Entonces yo les manifestaré: «Jamás los conocí; *apártense de mí, ustedes, los que hacen el mal*».

Necesidad de practicar la Palabra de Dios
Lc 6,47-49

[24] Así, todo el que escucha las palabras que acabo de decir y las pone en práctica, puede compararse a un hombre sensato que edificó su casa sobre roca. [25] Cayeron las lluvias, se precipitaron los torrentes, soplaron los vientos y sacudieron la casa; pero esta no se derrumbó porque estaba construida sobre roca. [26] Al contrario, el que escucha mis palabras y no

las practica, puede compararse a un hombre insensato, que edificó su casa sobre arena. [27] Cayeron las lluvias, se precipitaron los torrentes, soplaron los vientos y sacudieron la casa: esta se derrumbó, y su ruina fue grande».

Conclusión

Mc 1,21-22 / Lc 7,1; 4,32

[28] Cuando Jesús terminó de decir estas palabras, la multitud estaba asombrada de su enseñanza, [29] porque él les enseñaba como quien tiene autoridad y no como sus escribas.

LOS SIGNOS Y LA PREDICACIÓN DEL REINO DE LOS CIELOS

PARTE NARRATIVA

Curación de un leproso

Mc 1,40-44 / Lc 5,12-14

8 Cuando Jesús bajó de la montaña, lo siguió una gran multitud. [2] Entonces un leproso fue a postrarse ante él y le dijo: «Señor, si quieres, puedes purificarme». [3] Jesús extendió la mano y lo tocó, diciendo: «Lo quiero, queda purificado». Y al instante quedó purificado de su lepra. [4] Jesús le dijo: «No se lo digas a nadie, pero ve a presentarte al sacerdote y entrega la

---

8,2. En la Biblia, la palabra traducida por *lepra* se aplica de un modo genérico a distintas enfermedades y ulceraciones de la piel. El leproso era «impuro», lo que equivalía a estar separado de Dios, inhabilitado para participar en el culto del templo, y ser fuente de contaminación. Acercarse a él, *tocarlo*, significaba contraer una impureza, lo mismo que al entrar en contacto con un cadáver. En tales condiciones, el leproso era un segregado de la sociedad, un muerto en vida.

8,3. Jesús rompe las barreras religiosas y culturales. No solo habla con el leproso, sino que también lo *toca*. Pero este gesto corporal de salvación tenía un significado especial para quien estaba condenado a evitar todo contacto con el prójimo; era, para él, la señal de que el Reino de los Cielos había llegado efectivamente.

8,4. Los sacerdotes eran los encargados de atestiguar que el enfermo de lepra había recuperado la salud. El leproso necesitaba esa declara-

ofrenda que ordenó Moisés para que les sirva de testimonio».

Curación del sirviente de un centurión

Lc 7,1-10; 13,28-29 / Jn 4,46-53

[5]Al entrar en Cafarnaún, se le acercó un centurión, rogándole: [6]«Señor, mi sirviente está en casa enfermo de parálisis y sufre terriblemente». [7]Jesús le dijo: «Yo mismo iré a curarlo». [8]Pero el centurión respondió: «Señor, no soy digno de que entres en mi casa; basta que digas una palabra y mi sirviente se sanará. [9]Porque cuando yo, que no soy más que un oficial subalterno, digo a uno de los soldados que están a mis órdenes: "Ve", él va, y a otro: "Ven", él viene; y cuando digo a mi sirviente: "Tienes que hacer esto", él lo hace».

[10]Al oírlo, Jesús quedó admirado y dijo a quienes lo seguían: «Les aseguro que no he encontrado a nadie en Israel que tenga tanta fe. [11]Por eso les digo que muchos vendrán de Oriente y de Occidente, y se sentarán a la mesa con Abraham, Isaac y Jacob, en el Reino de los Cielos; [12]en cambio, los herederos del Reino serán arrojados fuera, a las tinieblas, donde habrá llantos y rechinar de dientes». [13]Y Jesús dijo al centurión: «Ve, y que suceda como has creído». Y el sirviente se curó en ese mismo momento.

Curación de la suegra de Pedro

Mc 1,29-31 / Lc 4,38-39

[14]Cuando Jesús llegó a la casa de Pedro, encontró a la suegra de este en cama con fiebre. [15]Le tocó la mano y se le pasó la fiebre. Ella se levantó y se puso a servirlo.

Diversas curaciones

Mc 1,32-34 / Lc 4,40-41

[16]Al atardecer, le llevaron muchos endemoniados, y él, con su palabra, expulsó a los espíritus y curó a todos los que estaban enfermos, [17]para que se cumpliera lo que había sido anunciado por el profeta Isaías:

Él tomó nuestras debilidades y cargó sobre sí nuestras enfermedades.

---

ción para quedar plenamente reintegrado a la sociedad.

8,5. El *centurión* era un oficial romano que estaba al frente de cien hombres.

Exigencias de la vocación apostólica

Lc 9,57-60

¹⁸ Al verse rodeado de tanta gente, Jesús mandó a sus discípulos que cruzaran a la otra orilla. ¹⁹ Entonces se aproximó un escriba y le dijo: «Maestro, te seguiré adonde vayas». ²⁰ Jesús le respondió: «Los zorros tienen sus cuevas y las aves del cielo sus nidos; pero el Hijo del hombre no tiene dónde reclinar la cabeza».

²¹ Otro de sus discípulos le dijo: «Señor, permíteme que vaya antes a enterrar a mi padre». ²² Pero Jesús le respondió: «Sígueme, y deja que los muertos entierren a sus muertos».

La tempestad calmada

Mc 4,35-41 / Lc 8,22-25

²³ Después Jesús subió a la barca y sus discípulos lo siguieron. ²⁴ De pronto se desató en el mar una tormenta tan grande, que las olas cubrían la barca. Mientras tanto, Jesús dormía. ²⁵ Acercándose a él, sus discípulos lo despertaron, diciéndole: «¡Sálvanos, Señor, nos hundimos!». ²⁶ Él les respondió: «¿Por qué tienen miedo, hombres de poca fe?». Y levantándose, increpó al viento y al mar, y sobrevino una gran calma. ²⁷ Los hombres se decían entonces, llenos de admiración: «¿Quién es este, que hasta el viento y el mar le obedecen?».

Curación de los dos endemoniados de Gadara

Mc 5,1-20 / Lc 8,26-39

²⁸ Cuando Jesús llegó a la otra orilla, a la región de los gadarenos, fueron a su encuentro dos endemoniados que salían de los sepulcros. Eran tan feroces,

---

8,20. *Hijo del hombre* es un semitismo que significa literalmente «hombre» o «ser humano». Jesús se designó frecuentemente a sí mismo con este título, que ponía de manifiesto la humildad de su condición y era el menos comprometido para suscitar la idea de un mesianismo terreno y glorioso. Pero también lo emplea para anunciar su venida como Juez universal, aludiendo al Hijo del hombre que viene sobre las nubes del cielo, de quien se habla en Dn 7,13.

8,22. ¿Quiénes son los muertos que deben enterrar a sus muertos? Algunos intérpretes piensan que son los que rechazan a Jesús y su mensaje. Son cadáveres vivientes que han preferido la muerte a la vida en el Reino de Dios.

8,28. Los tres sinópticos refieren este episodio. Según Mc y Lc, los que

que nadie podía pasar por ese camino. ²⁹Y comenzaron a gritar: «¿Qué quieres de nosotros, Hijo de Dios? ¿Has venido aquí para atormentarnos antes de tiempo?». ³⁰A cierta distancia había una gran piara de cerdos paciendo. ³¹Los demonios suplicaron a Jesús: «Si vas a expulsarnos, envíanos a esa piara». ³²Él les dijo: «Vayan». Ellos salieron y entraron en los cerdos: estos se precipitaron al mar desde lo alto del acantilado, y se ahogaron.

³³Los cuidadores huyeron y fueron a la ciudad para llevar la noticia de todo lo que había sucedido con los endemoniados. ³⁴Toda la ciudad salió al encuentro de Jesús y, al verlo, le rogaron que se fuera de su territorio.

Curación de un paralítico
Mc 2,1-12 / Lc 5,17-26

9 Jesús subió a la barca, atravesó el lago y regresó a su ciudad. ²Entonces le presenta-

ron a un paralítico tendido en una camilla. Al ver la fe de esos hombres, Jesús dijo al paralítico: «Ten confianza, hijo, tus pecados te son perdonados». ³Algunos escribas pensaron: «Este hombre blasfema». ⁴Jesús, leyendo sus pensamientos, les dijo: «¿Por qué piensan mal? ⁵¿Qué es más fácil decir: "Tus pecados te son perdonados", o "Levántate y camina"? ⁶Para que ustedes sepan que el Hijo del hombre tiene sobre la tierra el poder de perdonar los pecados —dijo al paralítico—, levántate, toma tu camilla y vete a tu casa». ⁷Él se levantó y se fue a su casa. ⁸Al ver esto, la multitud quedó atemorizada y glorificaba a Dios por haber dado semejante poder a los hombres.

El llamado de Mateo
Mc 2,13-14 / Lc 5,27-28

⁹Al irse de allí, Jesús vio a un hombre llamado Mateo, que estaba sentado a la mesa de re-

habitaban la región eran *gerasenos*; Mt, en cambio, los llama *gadarenos*. En todo caso se trata de la región situada al sudeste del lago de Genesaret, fuertemente helenizada, donde se criaban cerdos, una práctica estrictamente prohibida por los judíos.

caudación de impuestos, y le dijo: «Sígueme». Él se levantó y lo siguió.

La actitud de Jesús hacia los pecadores
Mc 2,15-17 / Lc 5,29-32

¹⁰Mientras Jesús estaba comiendo en la casa, acudieron muchos publicanos y pecadores, y se sentaron a comer con él y sus discípulos. ¹¹Al ver esto, los fariseos dijeron a los discípulos: «¿Por qué su Maestro come con publicanos y pecadores?». ¹²Jesús, que había oído, respondió: «No son los sanos los que tienen necesidad del médico, sino los enfermos. ¹³Vayan y aprendan qué significa: *Yo quiero misericordia y no sacrificios.* Porque yo no he ve-

nido a llamar a los justos, sino a los pecadores».

Discusión sobre el ayuno
Mc 2,18-22 / Lc 5,33-39

¹⁴Entonces se acercaron los discípulos de Juan y le dijeron: «¿Por qué tus discípulos no ayunan, como lo hacemos nosotros y los fariseos?». ¹⁵Jesús les respondió: «¿Acaso los amigos del esposo pueden estar tristes mientras el esposo está con ellos? Llegará el momento en que el esposo les será quitado, y entonces ayunarán.

¹⁶Nadie usa un pedazo de género nuevo para remendar un vestido viejo, porque el pedazo añadido tira del vestido y la rotura se hace más grande. ¹⁷Tampoco se pone vino nuevo en

---

9,10. Al comer con pecadores, Jesús rompía las barreras rituales y ofrecía su amistad como camino para obtener la salvación.

9,13. Esta cita de Os 6,6 explica y confirma el significado de esta acción salvífica, a la vez que justifica el comportamiento de Jesús con los pecadores.

9,15. *El esposo les será quitado:* Esta expresión se refiere a la muerte del Maestro. Entonces los discípulos ayunarán, hasta el tiempo en que el

Esposo les sea devuelto en la resurrección y en el Reino definitivo. En el rito matrimonial judío, *los amigos del esposo* eran los que formaban el cortejo que lo acompañaba cuando salía al encuentro de su esposa.

9,16-17. ¡A vino nuevo odres nuevos! La salvación ha comenzado a resplandecer en toda su novedad. Lo antiguo ya está superado (cf. Ap 21,5). No se trata de una comparación entre lo nuevo y lo viejo, sino de una incompatibilidad: pretender

odres viejos, porque los odres revientan, el vino se derrama y los odres se pierden. ¡No, el vino nuevo se pone en odres nuevos, y así ambos se conservan!».

Curación de una mujer y resurrección de una niña
Mc 5,21-43 / Lc 8,40-56

[18]Mientras Jesús les estaba diciendo estas cosas, se presentó un alto jefe y, postrándose ante él, le dijo: «Señor, mi hija acaba de morir, pero ven a imponerle tu mano y vivirá». [19]Jesús se levantó y lo siguió con sus discípulos.

[20]Entonces se le acercó por detrás una mujer que padecía de hemorragias desde hacía doce años, y le tocó los flecos de su manto, [21]pensando: «Con solo tocar su manto, quedaré curada». [22]Jesús se dio la vuelta y al verla, le dijo: «Ten confianza, hija, tu fe te ha salvado». Y desde ese instante la mujer quedó curada.

[23]Al llegar a la casa del jefe, Jesús vio a los que tocaban música fúnebre y a la gente que gritaba, y dijo: [24]«Retírense, la niña no está muerta, sino que duerme». Y se reían de él. [25]Cuando hicieron salir a la gente, él entró, la tomó de la mano, y ella se levantó. [26]Y esta noticia se divulgó por aquella región.

Curación de dos ciegos

[27]Cuando Jesús se fue, lo siguieron dos ciegos, gritando: «Ten piedad de nosotros, Hijo de David». [28]Al llegar a la casa, los ciegos se le acercaron, y él les preguntó: «¿Creen que yo puedo hacer lo que me piden?». Ellos le respondieron: «Sí, Señor». [29]Jesús les tocó los ojos, diciendo: «Que suceda como ustedes han creído». [30]Y se les abrieron sus ojos. Entonces Jesús los conminó: «¡Cuidado! Que nadie lo sepa». [31]Pero ellos, apenas salieron, difundieron su fama por toda aquella región.

Curación de un mudo
Lc 11,14-15

[32]En cuanto se fueron los ciegos, le presentaron a un mudo que estaba endemoniado. [33]El demo-

---

asociar lo uno y lo otro sería lo mismo que arruinarlo todo.
9,20. Esas hemorragias, además de ser humillantes, ponían a la mujer en estado de impureza legal. Por eso ella, silenciosamente, se limita a tocar *los flecos de su manto*.

nio fue expulsado y el mudo comenzó a hablar. La multitud, admirada, comentaba: «Jamás se vio nada igual en Israel». [34]Pero los fariseos decían: «Él expulsa a los demonios por obra del Príncipe de los demonios».

Compasión de Jesús por la multitud

Mc 6,34 / Lc 10,2

[35]Jesús recorría todas las ciudades y los pueblos, enseñando en sus sinagogas, proclamando la Buena Noticia del Reino y curando todas las enfermedades y dolencias. [36]Al ver a la multitud, tuvo compasión, porque estaban fatigados y abatidos, como ovejas que no tienen pastor. [37]Entonces dijo a sus discípulos: «La cosecha es abundante, pero los trabajadores son pocos. [38]Rueguen al dueño de los sembrados que envíe trabajadores para su cosecha».

INSTRUCCIÓN A LOS MISIONEROS

Institución de los Doce

Mc 3,13-19 / Lc 6,13-16

10 Jesús convocó a sus doce discípulos y les dio el poder de expulsar a los espíritus impuros y de curar cualquier enfermedad o dolencia. [2]Los nombres de los doce Apóstoles son: en primer lugar, Simón, de sobrenombre Pedro, y su hermano Andrés; luego, Santiago, hijo de Zebedeo, y su hermano Juan; [3]Felipe y Bartolomé; Tomás y Mateo, el publicano; Santiago, hijo de Alfeo, y Tadeo; [4]Simón, el Cananeo, y Judas Iscariote, el mismo que lo entregó.

Misión de los Doce

Mc 6,8-11 / Lc 9,3-5; 10,10-12

[5]A estos Doce, Jesús los envió con las siguientes instrucciones: «No vayan a regiones paganas,

---

10,2. Aquí Mt menciona por primera vez a los Doce discípulos, que reciben el título de *Apóstoles* («enviados»), en virtud de la misión que Jesús les confía.

ni entren en ninguna ciudad de los samaritanos. [6]Vayan, en cambio, a las ovejas perdidas del pueblo de Israel. [7]Por el camino, proclamen que el Reino de los Cielos está cerca. [8]Curen a los enfermos, resuciten a los muertos, purifiquen a los leprosos, expulsen a los demonios. Ustedes han recibido gratuitamente, den también gratuitamente. [9]No lleven encima oro ni plata, ni monedas, [10]ni provisiones para el camino, ni dos túnicas, ni calzado, ni bastón; porque el que trabaja merece su sustento.

[11]Cuando entren en una ciudad o en un pueblo, busquen a alguna persona respetable y permanezcan en su casa hasta el momento de partir. [12]Al entrar en la casa, salúdenla invocando la paz sobre ella. [13]Si esa casa lo merece, que la paz descienda sobre ella; pero si es indigna, que esa paz vuelva a ustedes. [14]Y si no los reciben ni quieren escuchar sus palabras, al irse de esa casa o de esa ciudad, sacudan hasta el polvo de sus pies. [15]Les aseguro que, en el día del Juicio, Sodoma y Gomorra serán tratadas menos rigurosamente que esa ciudad.

La persecución a los Apóstoles

Mc 13,9-13 / Lc 10,3; 21,12-19; 12,11-12

[16]Yo los envío como a ovejas en medio de lobos: sean entonces astutos como serpientes y sencillos como palomas.

[17]Cuídense de los hombres, porque los entregarán a los tri-

---

10,9. Los enviados no debían llevar encima oro ni plata, ni un cinturón para guardar las monedas. Tampoco una bolsa con provisiones para el camino ni una túnica de repuesto. Además debían ir desarmados, ya que el bastón, aparte de ser una ayuda para el caminante, servía para defenderse en caso de necesidad. Este modo de vida habría sido imposible sin la hospitalidad brindada a los misioneros. Por eso el discurso no se limita a dar consignas a los enviados, sino que también se refiere a las personas que los reciben. La comunidad tiene la obligación de practicar la hospitalidad con los profetas itinerantes: el que trabaja merece su sustento.

10,14. El gesto de sacudirse hasta el polvo de los pies era una forma simbólica de manifestar que los misioneros ya no tenían nada en común con los habitantes de aquella ciudad.

10,17-18. Todo lo que se dice a los Doce está también referido a la Igle-

bunales y los azotarán en sus sinagogas. [18]A causa de mí, serán llevados ante gobernadores y reyes, para dar testimonio delante de ellos y de los paganos. [19]Cuando los entreguen, no se preocupen de cómo van a hablar o qué van a decir: lo que deban decir se les dará a conocer en ese momento, [20]porque no serán ustedes los que hablarán, sino que el Espíritu de su Padre hablará en ustedes.

[21]El hermano entregará a su hermano para que sea condenado a muerte, y el padre a su hijo; los hijos se rebelarán contra sus padres y los harán morir. [22]Ustedes serán odiados por todos a causa de mi Nombre, pero aquel que persevere hasta el fin se salvará. [23]Cuando los persigan en una ciudad, huyan a otra, y si los persiguen en esta, huyan a una tercera. Les aseguro que no acabarán de recorrer las ciudades de Israel,

antes de que llegue el Hijo del hombre.

La valentía de los Apóstoles

Lc 6,40 / Jn 13,16; 15,20 //
Mc 4,22 / Lc 8,17; 12,2-7 //
Mc 8,38 / Lc 9,26; 12,8-9

[24]El discípulo no es más que el maestro ni el servidor más que su dueño. [25]Al discípulo le basta ser como su maestro y al servidor como su dueño. Si al dueño de casa lo llamaron Belzebul, ¡cuánto más a los de su casa! [26]No los teman. No hay nada oculto que no deba ser revelado, y nada secreto que no deba ser conocido. [27]Lo que yo les digo en la oscuridad, repítanlo en pleno día; y lo que escuchen al oído, proclámenlo desde lo alto de las casas. [28]No teman a los que matan el cuerpo, pero no pueden matar el alma. Teman más bien a aquel que puede arrojar el alma y el cuerpo a la Gehena. [29]¿Acaso no se vende un par de pájaros

---

sia, cuya misión continúa la obra iniciada por Jesús y por sus primeros enviados.

10,21. Jesús no trae la paz mesiánica tal como muchos la esperaban. Trae más bien un tiempo de división y

enfrentamientos, porque su mensaje, aceptado gozosamente por unos y rechazado por otros, provoca disensiones y enemistades aun en el interior de una misma familia (cf. Lc 2,34).

por unas monedas? Sin embargo, ni uno solo de ellos cae en tierra, sin el consentimiento del Padre que está en el cielo. [30]Ustedes tienen contados todos sus cabellos. [31]No teman entonces, porque valen más que muchos pájaros. [32]Al que me reconozca abiertamente ante los hombres, yo lo reconoceré ante mi Padre que está en el cielo. [33]Pero yo renegaré ante mi Padre que está en el cielo de aquel que reniegue de mí ante los hombres.

Jesús, signo de contradicción

Lc 12,51-53 // Lc 14,26-27 //
Lc 9,23-24; Lc 17,33 / Mc 8,34-35

[34]No piensen que he venido a traer la paz sobre la tierra. No vine a traer la paz, sino la espada. [35]Porque he venido a enfrentar *al hijo con su padre, a la hija con su madre y a la nuera con su suegra*; [36]*y así, el hombre tendrá como enemigos a los de su propia casa.*

[37]El que ama a su padre o a su madre más que a mí, no es digno de mí; y el que ama a su hijo o a su hija más que a mí, no es digno de mí. [38]El que no toma su cruz y me sigue, no es digno de mí. [39]El que encuentre su vida, la perderá; y el que pierda su vida por mí, la encontrará.

La manera de recibir a los Apóstoles

Mc 9,37 / Lc 9,48 // Lc 10,16 /
Jn 12,44-45; 13,20 // Mc 9,41

[40]El que los recibe a ustedes, me recibe a mí; y el que me recibe, recibe a aquel que me envió. [41]El que recibe a un profeta por ser profeta, tendrá la recompensa de un profeta; y el que recibe a un justo por ser justo, tendrá la recompensa de un justo. [42]Les aseguro que cualquiera que dé de beber, aunque solo sea un vaso de agua fresca, a uno de estos pequeños por ser mi discípulo, no quedará sin recompensa».

10,41. Este versículo atestigua la existencia, en el cristianismo primitivo, de profetas itinerantes que se desplazaban de una comunidad a otra desprendidos de todo.

EL MISTERIO DEL REINO DE LOS CIELOS

PARTE NARRATIVA

Los signos mesiánicos

Lc 7,18-23

11 Cuando Jesús terminó de dar estas instrucciones a sus doce discípulos, partió de allí, para enseñar y predicar en las ciudades de la región.

² Juan el Bautista oyó hablar en la cárcel de las obras de Cristo, y mandó a dos de sus discípulos para preguntarle: ³ «¿Eres tú el que tenía que venir o debemos esperar a otro?». ⁴ Jesús les respondió: «Vayan a contar a Juan lo que ustedes oyen y ven: ⁵ los ciegos ven y los paralíticos caminan; los leprosos son purificados y los sordos oyen; los muertos resucitan y la Buena Noticia es anunciada a los pobres. ⁶ ¡Y feliz aquel para quien yo no sea motivo de tropiezo!».

Testimonio de Jesús sobre Juan el Bautista

Lc 7,24-28

⁷ Mientras los enviados de Juan se retiraban, Jesús empezó a hablar de él a la multitud, diciendo: «¿Qué fueron a ver al desierto? ¿Una caña agitada por el viento? ⁸ ¿Qué fueron a ver? ¿Un hombre vestido con refinamiento? Los que se visten de esa manera viven en los palacios de los reyes. ⁹ ¿Qué fueron a ver entonces? ¿Un profeta? Les aseguro que sí, y más que un profeta. ¹⁰ Él es aquel de quien está escrito:

Yo envío a mi mensajero
delante de ti,
para prepararte el camino.

¹¹ Les aseguro que no ha nacido ningún hombre más grande que Juan el Bautista; y sin embargo, el más pequeño en el Reino de los Cielos es más grande que él. ¹² Desde la época de Juan el Bautista hasta ahora, el Reino de los Cielos es combatido violentamente, y los violentos intentan arrebatarlo. ¹³ Porque todos los

---

11,3. Juan había anunciado a un justiciero terrible. Pero lo desconcierta la conducta de Jesús, por completo contraria a esas expectativas.

Profetas, lo mismo que la Ley, han profetizado hasta Juan. ¹⁴Y si ustedes quieren creerme, él es aquel Elías que debe volver. ¹⁵¡El que tenga oídos, que oiga!

Reproche de Jesús a sus compatriotas

Lc 7,31-35

¹⁶¿Con quién puedo comparar a esta generación? Se parece a esos muchachos que, sentados en la plaza, gritan a los otros:

¹⁷ "¡Les tocamos la flauta,
y ustedes no bailaron!
¡Entonamos cantos fúnebres,
y no lloraron!".

¹⁸Porque llegó Juan, que no come ni bebe, y ustedes dicen: "¡Ha perdido la cabeza!". ¹⁹Llegó el Hijo del hombre, que come y bebe, y dicen: "Es un glotón y un borracho, amigo de publicanos y pecadores". Pero la Sabiduría ha quedado justificada por sus obras».

Lamentación por las ciudades de Galilea

Lc 10,12-15

²⁰Entonces Jesús comenzó a recriminar a aquellas ciudades donde había realizado más milagros, porque no se habían convertido. ²¹«¡Ay de ti, Corozaín! ¡Ay de ti, Betsaida! Porque si los milagros realizados entre ustedes se hubieran hecho en Tiro y en Sidón, hace tiempo que se habrían convertido, poniéndose cilicio y cubriéndose con ceniza. ²²Yo les aseguro que, en el día del Juicio, Tiro y Sidón serán tratadas menos rigurosamente que ustedes. ²³Y tú, Cafarnaún, *¿acaso crees que serás elevada hasta el cielo? No, serás precipitada hasta el infierno.* Porque si los milagros realizados en ti se hubieran hecho en Sodoma, esa ciudad aún existiría. ²⁴Yo les aseguro que, en el día del Juicio, la tierra de Sodoma será tratada menos rigurosamente que tú».

11,16. En labios de Jesús, la palabra *generación* tiene por lo general un sentido peyorativo. Aquí designa principalmente a los dirigentes del pueblo judío.

11,20-24. La contraposición con dos ciudades paganas (*Tiro* y *Sidón*) refuerza todavía más la dureza de la amenaza.

La revelación del Evangelio a los humildes
Lc 10,21-22

²⁵ En aquel tiempo, Jesús dijo: «Te alabo, Padre, Señor del cielo y de la tierra, por haber ocultado estas cosas a los sabios y a los prudentes y haberlas revelado a los pequeños. ²⁶ Sí, Padre, porque así lo has querido. ²⁷ Todo me ha sido dado por mi Padre, y nadie conoce al Hijo sino el Padre, así como nadie conoce al Padre sino el Hijo y aquel a quien el Hijo se lo quiera revelar.

²⁸ Vengan a mí todos los que están afligidos y agobiados, y yo los aliviaré. ²⁹ Carguen sobre ustedes mi yugo y aprendan de mí, porque soy paciente y humilde de corazón, y así encontrarán alivio. ³⁰ Porque mi yugo es suave y mi carga liviana».

Discusión sobre el sábado
Mc 2,23-28 / Lc 6,1-5

12 En aquel tiempo, Jesús atravesaba unos sembrados y era un día sábado. Como sus discípulos sintieron hambre, comenzaron a arrancar y a comer las espigas. ² Al ver esto, los fariseos le dijeron: «Mira que tus discípulos hacen lo que no está permitido en sábado». ³ Pero él les respondió: «¿No han leído lo que hizo David, cuando él y sus compañeros tuvieron hambre, ⁴ cómo entró en la Casa de Dios y comieron los panes de la ofrenda, que no les estaba permitido comer ni a él ni a sus compañeros, sino solamente a los sacerdotes? ⁵ ¿Y no han leído también en la Ley, que los sacerdotes, en el Templo, violan el descanso del sábado, sin incurrir en falta? ⁶ Ahora bien,

---

12,2. El *sábado* es la fiesta más característica de Israel. Ese día está consagrado a Dios y reservado al descanso. Por eso los fariseos se escandalizan al ver que los discípulos de Jesús arrancan espigas en sábado para comer los granos.

12,3-4. *Los panes de la ofrenda* eran doce panes —ofrenda permanente de las doce tribus de Israel— que se colocaban sobre una mesa en el templo y se renovaban todos los sábados.

12,5. Para los sacerdotes, el sábado era el día de mayor actividad, porque los actos de culto y los sacrificios eran esos días mucho más numerosos.

yo les digo que aquí hay alguien más grande que el Templo. [7]Si hubieran comprendido lo que significa: *Yo quiero misericordia y no sacrificios*, no condenarían a los inocentes. [8]Porque el Hijo del hombre es dueño del sábado».

Curación de un hombre en sábado
Mc 3,1-6 / Lc 6,6-11

[9]De allí, Jesús fue a la sinagoga de los fariseos, [10]donde se encontraba un hombre que tenía una mano paralizada. Para poder acusarlo, ellos le preguntaron: «¿Está permitido curar en sábado?». [11]Él les dijo: «¿Quién de ustedes, si tiene una sola oveja y esta cae a un pozo en sábado, no la va a sacar? [12]¡Cuánto más vale un hombre que una oveja! Por lo tanto, está permitido hacer una buena acción en sábado». [13]Entonces dijo al hombre: «Extiende tu mano». Él la extendió, y la mano enferma quedó tan sana como la otra. [14]Enseguida los fariseos salieron y se confabularon para buscar la forma de acabar con él.

Jesús, el «Servidor del Señor»
[15]Al enterarse de esto, Jesús se alejó de allí. Muchos lo siguieron, y los curó a todos. [16]Pero él les ordenó severamente que no lo dieran a conocer, [17]para que se cumpliera lo anunciado por el profeta Isaías:

[18]*Este es mi servidor, a quien elegí,*
  mi muy querido,
    en quien tengo puesta
    mi predilección.
  Derramaré mi Espíritu sobre él
  y anunciará la justicia
    a las naciones.
[19]*No discutirá ni gritará,*
  y nadie oirá su voz
    en las plazas.
[20]*No quebrará la caña doblada*
  y no apagará la mecha
    humeante,
  hasta que haga triunfar
    la justicia;
[21]*y las naciones pondrán*
    la esperanza
  en su Nombre.

12,7. Jesús cita el texto de Os 6,6 (LXX) para justificar la conducta de sus discípulos.

12,18-21. Is 42,1-4.

Discusión sobre el poder de Jesús
Mc 3,22-27 / Lc 11,14-15.17-23

²²Entonces, le llevaron a un endemoniado ciego y mudo, y Jesús lo curó, devolviéndole el habla y la vista. ²³La multitud, asombrada, decía: «¿No será este el Hijo de David?». ²⁴Los fariseos, oyendo esto, dijeron: «Este expulsa a los demonios por el poder de Belzebul, el Príncipe de los demonios».

²⁵Jesús, conociendo sus pensamientos, les dijo: «Un reino donde hay luchas internas va a la ruina; y una ciudad o una familia dividida no puede subsistir. ²⁶Ahora bien, si Satanás expulsa a Satanás, lucha contra sí mismo; entonces, ¿cómo podrá subsistir su reino? ²⁷Y si yo expulso a los demonios con el poder de Belzebul, ¿con qué poder los expulsan los discípulos de ustedes? Por eso, ustedes los tendrán a ellos como jueces. ²⁸Pero si expulso a los demonios con el poder del Espíritu de Dios, quiere decir que el Reino de Dios ha llegado a ustedes. ²⁹¿Acaso alguien puede entrar en la casa de un hombre fuerte y robar sus cosas, si primero no lo ata? Solo así podrá saquear la casa.

La blasfemia contra el Espíritu Santo
Mc 3,28-30 / Lc 12,10

³⁰El que no está conmigo, está contra mí; y el que no recoge conmigo, desparrama. ³¹Por eso les digo que todo pecado o blasfemia se les perdonará a los hombres, pero la blasfemia contra el Espíritu no será perdonada. ³²Al que diga una palabra contra el Hijo del hombre, se le perdonará; pero al que hable contra el Espíritu Santo, no se le perdonará ni en este mundo ni en el futuro.

12,27. Esta pregunta se refiere a los exorcismos realizados por los adversarios de Jesús y por sus discípulos o seguidores.
12,29. El *hombre fuerte* representa a Satanás.

12,31-32. *La blasfemia contra el Espíritu* consiste en atribuir al poder de Satanás las señales con las que el Espíritu Santo confirma la obra de Jesús.

La raíz de las buenas y de las malas obras
Lc 6,43-45

[33] Supongan que el árbol es bueno: el fruto también será bueno. Supongan que el árbol es malo: el fruto también será malo. Porque el árbol se conoce por su fruto. [34] Raza de víboras, ¿cómo pueden ustedes decir cosas buenas, siendo malos? Porque la boca habla de la abundancia del corazón. [35] El hombre bueno saca cosas buenas de su tesoro de bondad; y el hombre malo saca cosas malas de su tesoro de maldad. [36] Pero les aseguro que, en el día del Juicio, los hombres rendirán cuenta de toda palabra vana que hayan pronunciado. [37] Porque por tus palabras serás justificado, y por tus palabras serás condenado».

El signo de Jonás
Mc 8,11-12 / Lc 11,16.29-32

[38] Entonces algunos escribas y fariseos le dijeron: «Maestro, queremos que nos hagas ver un signo». [39] Él les respondió: «Esta generación malvada y adúltera reclama un signo, pero no se le dará otro que el del profeta Jonás. [40] Porque así como Jonás es- *tuvo tres días y tres noches en el vientre del pez*, así estará el Hijo del hombre en el seno de la tierra tres días y tres noches.

[41] El día del Juicio, los hombres de Nínive se levantarán contra esta generación y la condenarán, porque ellos se convirtieron por la predicación de Jonás, y aquí hay alguien que es más que Jonás. [42] El día del Juicio, la Reina del Sur se levantará contra esta generación y la condenará, porque ella vino de los confines de la tierra para escuchar la sabiduría de Salomón, y aquí hay alguien que es más que Salomón.

La ofensiva de Satanás
Lc 11,24-26

[43] Cuando el espíritu impuro sale de un hombre, vaga por lugares desiertos en busca de reposo, y al no encontrarlo, [44] piensa: "Volveré a mi casa, de donde salí". Cuando llega, la encuentra vacía, barrida y ordenada. [45] Entonces va a buscar a otros siete espíritus peores que él; vienen y se instalan allí. Y al final, ese hombre se encuentra peor que al principio. Así sucederá con esta generación malvada».

La verdadera familia de Jesús

Mc 3,31-35 / Lc 8,19-21

⁴⁶Todavía estaba hablando a la multitud, cuando su madre y sus hermanos, que estaban fuera, trataban de hablar con él. ⁴⁷Alguien le dijo: «Tu madre y tus hermanos están ahí fuera y quieren hablarte». ⁴⁸Jesús le respondió: «¿Quién es mi madre y quiénes son mis hermanos?». ⁴⁹Y señalando con la mano a sus discípulos, agregó: «Estos son mi madre y mis hermanos. ⁵⁰Porque todo el que hace la voluntad de mi Padre que está en el cielo, ese es mi hermano, mi hermana y mi madre».

LAS PARÁBOLAS DEL REINO

Introducción

Mc 4,1-2 / Lc 8,4

13 Aquel día, Jesús salió de la casa y se sentó a orillas del mar. ²Una gran multitud se reunió junto a él, de manera que debió subir a una barca y sentarse en ella, mientras la multitud permanecía en la costa. ³Entonces él les habló extensamente por medio de parábolas.

La parábola del sembrador

Mc 4,3-9 / Lc 8,5-8

Les decía: «El sembrador salió a sembrar. ⁴Al esparcir las semillas, algunas cayeron al borde del camino y los pájaros las comieron. ⁵Otras cayeron en terreno pedregoso, donde no había mucha tierra, y brotaron enseguida, porque la tierra era poco profunda; ⁶pero cuando salió el sol, se quemaron y, por falta de raíz, se secaron. ⁷Otras cayeron entre espinas, y estas, al crecer, las ahogaron. ⁸Otras cayeron en tierra buena y dieron fruto: unas cien, otras sesenta, otras treinta. ⁹¡El que tenga oídos, que oiga!».

13,1-51. En labios de Jesús, las parábolas son relatos breves que tratan de iniciar a los oyentes en los *misterios del Reino de Dios*. Por medio de imágenes o comparaciones que llaman la atención e invitan a reflexionar, Jesús explica (o más bien, hace descubrir) una verdad profunda o una realidad espiritual.

Finalidad de las parábolas
Mc 4,10-12 / Lc 8,9-10

[10]Los discípulos se acercaron y le dijeron: «¿Por qué les hablas por medio de parábolas?». [11]Él les respondió: «A ustedes se les ha concedido conocer los misterios del Reino de los Cielos, pero a ellos no. [12]Porque a quien tiene, se le dará más todavía y tendrá en abundancia, pero al que no tiene, se le quitará aun lo que tiene. [13]Por eso les hablo por medio de parábolas: porque miran y no ven, oyen y no escuchan ni entienden. [14]Y así se cumple en ellos la profecía de Isaías, que dice:

Por más que oigan,
no comprenderán,
por más que vean,
no conocerán.
[15]*Porque el corazón de este pueblo*
se ha endurecido,
tienen tapados sus oídos
y han cerrado sus ojos,

para que sus ojos no vean,
y sus oídos no oigan,
y su corazón no comprenda,
y no se conviertan,
y yo no los cure.

[16]Felices, en cambio, los ojos de ustedes, porque ven; felices sus oídos, porque oyen. [17]Les aseguro que muchos profetas y justos desearon ver lo que ustedes ven, y no lo vieron; oír lo que ustedes oyen, y no lo oyeron.

Explicación de la parábola del sembrador
Mc 4,14-20 / Lc 8,11-15

[18]Escuchen, entonces, lo que significa la parábola del sembrador. [19]Cuando alguien oye la Palabra del Reino y no la comprende, viene el Maligno y arrebata lo que había sido sembrado en su corazón: este es el que recibió la semilla al borde del camino. [20]El que la recibe en terreno pedregoso es el hombre

---

13,12. *Se le quitará aun lo que tiene:* Esta expresión paradójica contrapone los discípulos, que ven y entienden, a la multitud, que cierra su inteligencia a la revelación divina. A quienes reciben la palabra de Jesús con un corazón bien dispuesto se les concederá el pleno conocimiento de los misterios del Reino. Los que la rechazan, en cambio, perderán incluso el conocimiento que antes tenían del designio de Dios revelado en el Antiguo Testamento.
13,14-15. Is 6,9-10.

que, al escuchar la Palabra, la acepta enseguida con alegría, [21] pero no la deja echar raíces, porque es inconstante: en cuanto sobreviene una tribulación o una persecución a causa de la Palabra, inmediatamente sucumbe. [22] El que recibe la semilla entre espinas es el hombre que escucha la Palabra, pero las preocupaciones del mundo y la seducción de las riquezas la ahogan, y no puede dar fruto. [23] Y el que la recibe en tierra fértil es el hombre que escucha la Palabra y la comprende. Este produce fruto, ya sea cien, ya sesenta, ya treinta por uno».

La parábola de la cizaña

[24] Y les propuso otra parábola: «El Reino de los Cielos se parece a un hombre que sembró buena semilla en su campo; [25] pero mientras todos dormían, vino su enemigo, sembró cizaña en medio del trigo y se fue. [26] Cuando creció el trigo y aparecieron las espigas, también apareció la cizaña. [27] Los peones

fueron a ver entonces al propietario y le dijeron: "Señor, ¿no habías sembrado buena semilla en tu campo? ¿Cómo es que ahora hay cizaña en él?". [28] Él les respondió: "Esto lo ha hecho algún enemigo". Los peones replicaron: "¿Quieres que vayamos a arrancarla?". [29] "No —les dijo el dueño—, porque al arrancar la cizaña, corren el peligro de arrancar también el trigo. [30] Dejen que crezcan juntos hasta la cosecha, y entonces diré a los cosechadores: Arranquen primero la cizaña y átenla en manojos para quemarla, y luego recojan el trigo en mi granero"».

La parábola del grano de mostaza
Mc 4,30-32 / Lc 13,18-19

[31] También les propuso otra parábola: «El Reino de los Cielos se parece a un grano de mostaza que un hombre sembró en su campo. [32] En realidad, esta es la más pequeña de las semillas, pero cuando crece es la más grande de las hortalizas y se

---

13,35. La cita está tomada de un Salmo y no de un escrito profético, pero la tradición judía atribuía los Sal-

mos a David, y David era tenido por un profeta.

convierte en un arbusto, de tal manera que los pájaros del cielo van a cobijarse en sus ramas».

La parábola de la levadura

Lc 13,20-21

³³Después les dijo esta otra parábola: «El Reino de los Cielos se parece a un poco de levadura que una mujer mezcla con gran cantidad de harina, hasta que fermenta toda la masa».

La enseñanza por medio de parábolas

Mc 4,33-34

³⁴Todo esto lo decía Jesús a la muchedumbre por medio de parábolas, y no les hablaba sin parábolas, ³⁵para que se cumpliera lo anunciado por el Profeta:

Hablaré en parábolas,
anunciaré cosas que estaban
   ocultas
desde la creación del mundo.

Explicación de la parábola de la cizaña

³⁶Entonces, dejando a la multitud, Jesús regresó a la casa; sus discípulos se acercaron y le dijeron: «Explícanos la parábola de la cizaña en el campo». ³⁷Él les respondió: «El que siembra la buena semilla es el Hijo del hombre; ³⁸el campo es el mundo; la buena semilla son los que pertenecen al Reino; la cizaña son los que pertenecen al Maligno, ³⁹y el enemigo que la siembra es el diablo; la cosecha es el fin del mundo y los cosechadores son los ángeles. ⁴⁰Así como se arranca la cizaña y se la quema en el fuego, de la misma manera sucederá al fin del mundo. ⁴¹El Hijo del hombre enviará a sus ángeles, y estos quitarán de su Reino todos los escándalos y a los que hicieron el mal, ⁴²y los arrojarán en el horno ardiente: allí habrá llanto y rechinar de dientes. ⁴³Entonces los justos resplandecerán como el sol en el Reino de su Padre. ¡El que tenga oídos, que oiga!

La parábola del tesoro

⁴⁴El Reino de los Cielos se parece a un tesoro escondido en un campo; un hombre lo encuen-

---

13,47-50. El destino final de los justos se expresa en forma figurada: los pescadores *recogen lo bueno en canastas.*

tra, lo vuelve a esconder, y, lleno de alegría, vende todo lo que posee y compra el campo.

La parábola de la perla

⁴⁵El Reino de los Cielos se parece también a un negociante que se dedicaba a buscar perlas finas; ⁴⁶y al encontrar una de gran valor, fue a vender todo lo que tenía y la compró.

La parábola de la red

⁴⁷El Reino de los Cielos se parece también a una red que se echa al mar y recoge toda clase de peces. ⁴⁸Cuando está llena, los pescadores la sacan a la orilla y, sentándose, recogen lo bueno en canastas y tiran lo que no sirve. ⁴⁹Así sucederá al fin del mundo: vendrán los ángeles y separarán a los malos de entre los justos, ⁵⁰para arrojarlos en el horno ardiente. Allí habrá llanto y rechinar de dientes.

Conclusión

⁵¹¿Comprendieron todo esto?». «Sí», le respondieron. ⁵²Entonces agregó: «Todo escriba convertido en discípulo del Reino de los Cielos se parece a un dueño de casa que saca de sus reservas lo nuevo y lo viejo».

LAS PRIMICIAS DEL REINO DE LOS CIELOS

Visita de Jesús a Nazaret
Mc 6,1-6 / Lc 4,16-24

⁵³Cuando Jesús terminó estas parábolas se alejó de allí ⁵⁴y, al llegar a su pueblo, se puso a enseñar a la gente en su sinagoga, de tal manera que todos estaban maravillados. «¿De dónde le vienen —decían— esta sabiduría y ese poder de hacer milagros?

13,51-52. Los *escribas* no eran exclusivos del judaísmo. En la comunidad de Mt también había escribas cristianos, depositarios de un tesoro que incluye lo *nuevo* y lo *viejo*. Ese tesoro puede ser la enseñanza de los escribas judíos, renovada por el mismo Jesús, o bien la riqueza contenida en los escritos del Antiguo Testamento, que en Cristo han llegado a su pleno cumplimiento. De ese tesoro el escriba cristiano saca lo *nuevo y lo viejo*, porque actualiza esa tradición a fin de mostrar su relevancia en situaciones siempre cambiantes.

⁵⁵¿No es este el hijo del carpintero? ¿Su madre no es la que llaman María? ¿Y no son hermanos suyos Santiago, José, Simón y Judas? ⁵⁶¿Y acaso no viven entre nosotros todas sus hermanas? ¿De dónde le vendrá todo esto?». ⁵⁷Y Jesús era para ellos un motivo de tropiezo. Entonces les dijo: «Un profeta es despreciado solamente en su pueblo y en su familia». ⁵⁸Y no hizo allí muchos milagros, a causa de la falta de fe de esa gente.

Juicio de Herodes sobre Jesús
Mc 6,14-16 / Lc 9,7-9

14 En aquel tiempo, la fama de Jesús llegó a oídos del tetrarca Herodes, ²y él dijo a sus allegados: «Este es Juan el Bautista; ha resucitado de entre los muertos, y por eso se manifiestan en él poderes milagrosos».

La muerte de Juan el Bautista
Mc 6,17-29 / Lc 3,19-20

³Herodes, en efecto, había hecho arrestar, encadenar y encarcelar a Juan, a causa de Herodías, la mujer de su hermano Felipe, ⁴porque Juan le decía: «No te es lícito tenerla». ⁵Herodes quería matarlo, pero tenía miedo del pueblo, que consideraba a Juan un profeta. ⁶El día en que Herodes festejaba su cumpleaños, la hija de Herodías bailó en público, y le agradó tanto a Herodes ⁷que prometió bajo juramento darle lo que pidiera. ⁸Instigada por su madre, ella dijo: «Tráeme aquí sobre una bandeja la cabeza de Juan el Bautista». ⁹El rey se entristeció, pero a causa de su juramento y por los convidados, ordenó que se la dieran ¹⁰y mandó decapitar a Juan en la cárcel. ¹¹Su cabeza fue llevada sobre una

---

13,55-56. De los *hermanos* de Jesús se habla varias veces en el Nuevo Testamento; de sus *hermanas*, solo aquí y en Mc 15,40. La palabra *hermano* tiene con frecuencia un sentido genérico, porque en el hebreo y el arameo bíblico no había una terminología adecuada para distinguir con exactitud los distintos grados de parentesco. De ahí que también se llame *hermano* a los parientes más o menos lejanos (cf. Gn 13,8; 14,14; 29,15; 1 Cr 23,21-22; 2 Cr 36,10).

14,1. Este *Herodes* es el llamado Antipas, hijo de Herodes el Grande. Su padre, antes de morir, le dejó en herencia los territorios de Galilea y Perea con el título de *tetrarca*, es decir, como gobernador de una cuarta parte de su territorio.

bandeja y entregada a la joven, y esta la presentó a su madre. [12]Los discípulos de Juan recogieron el cadáver, lo sepultaron y después fueron a informar a Jesús.

La primera multiplicación de los panes

Mc 6,31-44 / Lc 9,10-17 / Jn 6,1-13

[13]Al enterarse de eso, Jesús se alejó en una barca a un lugar desierto para estar a solas. Apenas lo supo la gente, dejó las ciudades y lo siguió a pie. [14]Cuando desembarcó, Jesús vio una gran muchedumbre y, compadeciéndose de ella, curó a los enfermos. [15]Al atardecer, los discípulos se acercaron y le dijeron: «Este es un lugar desierto y ya se hace tarde; despide a la multitud para que vaya a las ciudades a comprarse alimentos». [16]Pero Jesús les dijo: «No es necesario que se vayan, denles de comer ustedes mismos». [17]Ellos respondieron: «Aquí no tenemos más que cinco panes y dos pescados». [18]«Tráiganmelos aquí», les dijo. [19]Y después de ordenar a la multitud que se sentara sobre el pasto, tomó los cinco panes y los dos pescados, y levantando los ojos al cielo, pronunció la bendición, partió los panes, los dio a sus discípulos, y ellos los distribuyeron entre la multitud. [20]Todos comieron hasta saciarse y con los pedazos que sobraron se llenaron doce canastas. [21]Los que comieron fueron unos cinco mil hombres, sin contar las mujeres y los niños.

Jesús camina sobre el agua

Mc 6,45-52 / Jn 6,16-21

[22]Enseguida, obligó a los discípulos que subieran a la barca y pasaran antes que él a la otra orilla, mientras él despedía a la multitud. [23]Después, subió a la montaña para orar a solas. Y al atardecer, todavía estaba allí, solo. [24]La barca ya estaba muy lejos de la costa, sacudida por las olas, porque tenían viento en contra. [25]A la madrugada, Jesús fue hacia ellos, caminando sobre el mar. [26]Los discípulos, al verlo caminar sobre el mar, se asustaron. «Es un fantasma», dijeron, y llenos de temor se pu-

---

14,20. Como un nuevo Moisés, Jesús ofrece a Israel un nuevo maná, según el número de las tribus, como lo sugieren las *doce canastas*.

sieron a gritar. ²⁷Pero Jesús les dijo: «Tranquilícense, soy yo; no teman». ²⁸Entonces Pedro le respondió: «Señor, si eres tú, mándame ir a tu encuentro sobre el agua». ²⁹«Ven», le dijo Jesús. Y Pedro, bajando de la barca, comenzó a caminar sobre el agua en dirección a él. ³⁰Pero, al ver la violencia del viento, tuvo miedo, y como empezaba a hundirse, gritó: «Señor, sálvame». ³¹Enseguida, Jesús le tendió la mano y lo sostuvo, mientras le decía: «Hombre de poca fe, ¿por qué dudaste?». ³²En cuanto subieron a la barca, el viento se calmó. ³³Los que estaban en ella se postraron ante él, diciendo: «Verdaderamente, tú eres el Hijo de Dios».

Curaciones en la región de Genesaret
Mc 6,53-56

³⁴Al llegar a la otra orilla, fueron a Genesaret. ³⁵Cuando la gente del lugar lo reconoció, difundió la noticia por los alrededores, y le llevaban a todos los enfermos, ³⁶rogándole que los dejara tocar tan solo los flecos de su manto, y todos los que lo tocaron quedaron curados.

Jesús y las tradiciones de los antepasados
Mc 7,1-13

15 Entonces, unos fariseos y escribas de Jerusalén se acercaron a Jesús y le dijeron: ²«¿Por qué tus discípulos quebrantan la tradición de nuestros antepasados y no se lavan las manos antes de comer?». ³Él les respondió: «¿Y por qué ustedes, por seguir su tradición, no cumplen el mandamiento de Dios? ⁴En efecto, Dios dijo: *Honra a tu padre y a tu madre* y: *El que maldice a su padre o a su madre, será condenado a muerte.* ⁵Pero ustedes afirman: El que diga a su padre

---

14,36. Cf. 9,20.
15,2. Las manos sin lavar debían considerarse impuras, y su impureza se comunicaba luego a los alimentos y a las personas que los comían. Jesús opone a la pureza ritual la primacía de la pureza moral.

15,4. Ex 20,12; Dt 5,16; Ex 21,17; Lv 20,9.
15,5-6. Cuando alguien consagraba un objeto valioso al templo, nadie tenía derecho a reclamarlo. Los fariseos se valían de este pretexto para librarse de la obligación de ayudar a

o a su madre: "He ofrecido al Templo los bienes que tenía para ayudarte", [6] está libre de los deberes hacia ellos. Así ustedes, en nombre de su tradición, han anulado la Palabra de Dios. [7] ¡Hipócritas! Bien profetizó de ustedes Isaías, cuando dijo:

[8] *Este pueblo me honra*
con los labios,
pero su corazón está lejos de mí.
[9] *En vano me rinden culto:*
las doctrinas que enseñan
no son sino preceptos
humanos».

La enseñanza sobre lo puro y lo impuro
Mc 7,14-23

[10] Jesús llamó a la multitud y le dijo: «Escuchen y comprendan. [11] Lo que mancha al hombre no es lo que entra por la boca, sino lo que sale de ella». [12] Entonces se acercaron los discípulos y le dijeron: «¿Sabes que los fariseos se escandalizaron al oírte hablar así?». [13] Él les respondió: «Toda planta que no haya plantado mi

Padre celestial, será arrancada de raíz. [14] Déjenlos: son ciegos que guían a otros ciegos. Pero si un ciego guía a otro, los dos caerán en un pozo».

[15] Pedro, tomando la palabra, le dijo: «Explícanos esta parábola». [16] Jesús le respondió: «¿Ni siquiera ustedes son capaces de comprender? [17] ¿No saben que lo que entra por la boca pasa al vientre y se elimina en lugares retirados? [18] En cambio, lo que sale de la boca procede del corazón, y eso es lo que mancha al hombre. [19] Del corazón proceden las malas intenciones, los homicidios, los adulterios, las fornicaciones, los robos, los falsos testimonios, las difamaciones. [20] Estas son las cosas que hacen impuro al hombre, no el comer sin haberse lavado las manos».

Curación de la hija de una cananea
Mc 7,24-30

[21] Jesús se retiró hacia el país de Tiro y de Sidón. [22] Entonces una mujer cananea, que salió de

---

sus padres: hacían voto de consagrar al templo los bienes con que debían sostenerlos, y luego dilata-ban indefinidamente el cumplimiento del voto. **15,8-9.** Is 29,13.

aquella región, comenzó a gritar: «¡Señor, Hijo de David, ten piedad de mí! Mi hija está terriblemente atormentada por un demonio». ²³Pero él no le respondió nada. Sus discípulos se acercaron y le pidieron: «Señor, atiéndela, porque nos persigue con sus gritos». ²⁴Jesús respondió: «Yo he sido enviado solamente a las ovejas perdidas del pueblo de Israel». ²⁵Pero la mujer fue a postrarse ante él y le dijo: «¡Señor, socórreme!». ²⁶Jesús le dijo: «No está bien tomar el pan de los hijos, para tirárselo a los cachorros». ²⁷Ella respondió: «¡Y sin embargo, Señor, los cachorros comen las migas que caen de la mesa de sus dueños!». ²⁸Entonces Jesús le dijo: «Mujer, ¡qué grande es tu fe! ¡Que se cumpla tu deseo!». Y en ese momento su hija quedó curada.

Curaciones junto al lago

Mc 7,31-37

²⁹Desde allí, Jesús llegó a orillas del mar de Galilea y, subiendo a la montaña, se sentó. ³⁰Una gran multitud acudió a él, llevando paralíticos, ciegos, lisiados, mudos y muchos otros enfermos. Los pusieron a sus pies y él los curó. ³¹La multitud se admiraba al ver que los mudos hablaban, los inválidos quedaban curados, los paralíticos caminaban y los ciegos recobraban la vista. Y todos glorificaban al Dios de Israel.

La segunda multiplicación de los panes

Mc 8,1-10

³²Entonces Jesús llamó a sus discípulos y les dijo: «Me da pena esta multitud, porque hace tres días que están conmigo y no tienen qué comer. No quiero despedirlos en ayunas, porque podrían desfallecer en el camino». ³³Los discípulos le dijeron: «¿Y dónde podríamos conseguir en este lugar despoblado bastante cantidad de pan para saciar a tanta gente?». ³⁴Jesús les dijo: «¿Cuántos panes tie-

15,26-27. Los *hijos* son los israelitas; los *cachorros*, los paganos. Jesús recuerda que él tenía la misión de anunciar la salvación ante todo a los judíos, que eran los primeros depositarios de las promesas de Dios. «Perros» llamaban los judíos despectivamente a los paganos, palabra aquí mitigada en cachorros.

nen?». Ellos respondieron: «Siete y unos pocos pescados». [35]Él ordenó a la multitud que se sentara en el suelo; [36]después, tomó los panes y los pescados, dio gracias, los partió y los dio a los discípulos. Y ellos los distribuyeron entre la multitud. [37]Todos comieron hasta saciarse, y con los pedazos que sobraron se llenaron siete canastas. [38]Los que comieron eran cuatro mil hombres, sin contar las mujeres y los niños. [39]Después que despidió a la multitud, Jesús subió a la barca y se dirigió al país de Magadán.

La interpretación de los signos de los tiempos
Mc 8,11-13 / Lc 11,16.29; 12,54-56

16 Los fariseos y los saduceos se acercaron a él y, para ponerlo a prueba, le pidieron que les hiciera ver un signo del cielo. [2]Él les respondió: «Al atardecer, ustedes dicen: "Va a hacer buen tiempo, porque el cielo está rojo como el fuego". [3]Y de madrugada, dicen: "Hoy habrá tormenta, porque el cielo está rojo oscuro". ¡De manera que saben interpretar el aspecto del cielo, pero no los signos de los tiempos! [4]Esta generación malvada y adúltera reclama un signo, pero no se le dará otro signo que el de Jonás». Y enseguida los dejó y se fue.

Advertencia contra la doctrina de los fariseos y los saduceos
Mc 8,14-21 / Lc 12,1

[5]Al pasar a la otra orilla, los discípulos se olvidaron de llevar pan. [6]Jesús les dijo: «Estén atentos y cuídense de la levadura de los fariseos y de los saduceos». [7]Ellos pensaban: «Lo dice porque no hemos traído pan». [8]Jesús se dio cuenta y les dijo: «Hombres de poca fe, ¿cómo están pensando que no tienen pan? [9]¿Todavía no compren-

16,4. Jesús se refiere una vez más al signo de Jonás, es decir, a su muerte y resurrección, que ya antes había comparado con la experiencia vivida por el profeta Jonás en el vientre del cetáceo (cf. 12,38-42).

16,6-7. Los discípulos no alcanzaban a comprender que Jesús hablaba de la *levadura* en sentido metafórico, para referirse a un elemento que contamina o corrompe.

Cuando Pedro llegó a la casa, Jesús se adelantó a preguntarle: «¿Qué te parece, Simón? ¿De quiénes perciben los impuestos y las tasas los reyes de la tierra, de sus hijos o de los extraños?». [26]Y como Pedro respondió: «De los extraños», Jesús le dijo: «Eso quiere decir que los hijos están exentos. [27]Sin embargo, para no escandalizar a esta gente, ve al lago, echa el anzuelo, toma el primer pez que salga y ábrele la boca. Encontrarás en ella una moneda de plata: tómala, y paga por mí y por ti».

INSTRUCCIÓN A LOS DISCÍPULOS

La infancia espiritual
Mc 9,33-37 / Lc 9,46-48 // Mc 10,15 / Lc 18,17

18 En aquel momento los discípulos se acercaron a Jesús para preguntarle: «¿Quién es el más grande en el Reino de los Cielos?». [2]Jesús llamó a un niño, lo puso en medio de ellos [3]y dijo: «Les aseguro que si ustedes no cambian o no se hacen como niños, no entrarán en el Reino de los Cielos. [4]Por lo tanto, el que se haga pequeño como este niño, será el más grande en el Reino de los Cielos. [5]El que recibe a uno de estos pequeños en mi Nombre, me recibe a mí mismo.

La gravedad del escándalo
Mc 9,42 / Lc 17,1-2 // Mc 9,43-47

[6]Pero si alguien escandaliza a uno de estos pequeños que creen en mí, sería preferible pa-

---

17,26. La obligación de pagar los impuestos correspondía a los súbditos y no a los hijos del rey. De ahí que se haya podido establecer esta analogía: el tributo al templo era un tributo debido a Dios, y Jesús, como Pedro lo había declarado, era el Hijo de Dios. Por lo tanto, era obvio que él no estaba obligado a pagarlo. En cuanto a sus discípulos, por ser hermanos de Jesús (12,49; 25,40; 28,10), eran también hijos de Dios (5,45) e hijos del Reino (13,38), y por eso estaban igualmente exentos del pago.

18,3. La exhortación a hacerse como niños no es una invitación a la puerilidad. Jesús pone a los niños como modelo por su predisposición a recibir un regalo sin pensamientos dobles, sin cálculos y sin ningún resentimiento.

ra él que le ataran al cuello una piedra de moler y lo hundieran en el fondo del mar. [7]¡Ay del mundo a causa de los escándalos! Es inevitable que existan, pero ¡ay de aquel que los causa!

[8]Si tu mano o tu pie son para ti ocasión de pecado, córtalos y arrójalos lejos de ti, porque más te vale entrar en la Vida manco o lisiado, que ser arrojado con tus dos manos o tus dos pies en el fuego eterno. [9]Y si tu ojo es para ti ocasión de pecado, arráncalo y tíralo lejos, porque más te vale entrar con un solo ojo en la Vida, que ser arrojado con tus dos ojos en la Gehena del fuego. [10]Cuídense de despreciar a cualquiera de estos pequeños, porque les aseguro que sus ángeles en el cielo están constantemente en presencia de mi Padre celestial. [11]

La oveja perdida
Lc 15,3-7

[12]¿Qué les parece? Si un hombre tiene cien ovejas, y una de ellas se pierde, ¿no deja las noventa y nueve restantes en la montaña, para ir a buscar la que se extravió? [13]Y si llega a encontrarla, les aseguro que se alegrará más por ella que por las noventa y nueve que no se extraviaron. [14]De la misma manera, el Padre que está en el cielo no quiere que se pierda ni uno solo de estos pequeños.

La corrección fraterna
Lc 17,3

[15]Si tu hermano peca, ve y corrígelo en privado. Si te escucha, habrás ganado a tu hermano. [16]Si no te escucha, busca una o dos personas más, para que *el asunto se decida por la declaración de dos o tres testigos*. [17]Si se niega a hacerles caso, dilo a la comunidad. Y si tampoco quiere escuchar a la comunidad, considéralo como pagano o publicano. [18]Les aseguro que todo lo que ustedes aten en la tierra, quedará atado en el cielo, y lo que desaten en la tierra, quedará desatado en el cielo.

La oración en común

[19]También les aseguro que si dos de ustedes se unen en la tierra para pedir algo, mi Padre que está en el cielo se lo concederá. [20]Porque donde hay dos o tres reunidos en mi Nombre, yo estoy presente en medio de ellos».

El perdón de las ofensas
Lc 17,4

[21] Entonces se adelantó Pedro y le dijo: «Señor, ¿cuántas veces tendré que perdonar a mi hermano las ofensas que me haga? ¿Hasta siete veces?». [22] Jesús le respondió: «No te digo hasta siete veces, sino hasta setenta veces siete.

La parábola del servidor despiadado

[23] Por eso, el Reino de los Cielos se parece a un rey que quiso arreglar las cuentas con sus servidores. [24] Comenzada la tarea, le presentaron a uno que debía diez mil talentos. [25] Como no podía pagar, el rey mandó que fuera vendido junto con su mujer, sus hijos y todo lo que tenía, para saldar la deuda. [26] El servidor se arrojó a sus pies, diciéndole: "Señor, dame un plazo y te pagaré todo". [27] El rey se compadeció, lo dejó ir y, además, le perdonó la deuda.

[28] Al salir, este servidor encontró a uno de sus compañeros que le debía cien denarios y, tomándolo del cuello hasta ahogarlo, le dijo: "Págame lo que me debes". [29] El otro se arrojó a sus pies y le suplicó: "Dame un plazo y te pagaré la deuda". [30] Pero él no quiso, sino que lo hizo poner en la cárcel hasta que pagara lo que debía. [31] Los demás servidores, al ver lo que había sucedido, se apenaron mucho y fueron a contarlo a su señor. [32] Este lo mandó llamar y le dijo: "¡Miserable! Me suplicaste, y te perdoné la deuda. [33] ¿No debías también tú tener compasión de tu compañero, como yo me compadecí de ti?". [34] E indignado, el rey lo entregó en manos de los verdugos hasta que pagara todo lo que debía. [35] Lo mismo hará también mi Padre celestial con ustedes, si no perdonan de corazón a sus hermanos».

18,21-22. Por supuesto, 490 no es una cifra que se ha de tomar al pie de la letra. Lo esencial es no poner límites a la voluntad de perdonar.
18,24. *Diez mil talentos* eran una suma exorbitante: sesenta millones de veces un denario, que era el salario de un día.
18,28. *Cien denarios* eran una insignificancia, comparados con la suma anterior. En esta contraposición está la fuerza de la parábola.

LA CONSUMACIÓN DEL REINO DE LOS CIELOS

El matrimonio y el divorcio
Mc 10,1-12

19 Cuando Jesús terminó de decir estas palabras, dejó la Galilea y fue al territorio de Judea, más allá del Jordán. ²Lo siguió una gran multitud y allí curó a los enfermos. ³Se acercaron a él algunos fariseos y, para ponerlo a prueba, le dijeron: «¿Es lícito al hombre divorciarse de su mujer por cualquier motivo?». ⁴Él respondió: «¿No han leído ustedes que el Creador, desde el principio, *los hizo varón y mujer;* ⁵y que dijo: *Por eso, el hombre dejará a su padre y a su madre para unirse a su mujer, y los dos no serán sino una sola carne?* ⁶De manera que ya no son dos, sino una sola carne. Que el hombre no separe lo que Dios ha unido».

⁷Le replicaron: «Entonces, ¿por qué Moisés prescribió entregar una declaración de divorcio cuando uno se separa?». ⁸Él les dijo: «Moisés les permitió divorciarse de su mujer, debido a la dureza del corazón de ustedes, pero al principio no era así. ⁹Por lo tanto, yo les digo: El que se divorcia de su mujer, a no ser en caso de infidelidad conyugal, y se casa con otra, comete adulterio».

La continencia voluntaria

¹⁰Los discípulos le dijeron: «Si esta es la situación del hombre con respecto a su mujer, no conviene casarse». ¹¹Y él les respondió: «No todos entienden este lenguaje, sino solo aquellos a quienes se les ha concedido. ¹²En efecto, algunos no se casan, porque nacieron impotentes del seno de su madre; otros, porque fueron castrados por los hombres; y hay otros que decidieron no casarse a causa del Reino de los Cielos.

19,8. Jesús les hace notar el porqué de esa excepción —*la dureza del corazón*— y reclama un retorno al designio original de Dios: *al principio no era así.* De este modo rechaza una casuística que ponía a la esposa a disposición del marido y defiende la dignidad de la mujer.

¡El que pueda entender, que entienda!».

Jesús y los niños
Mc 10,13-16 / Lc 18,15-17

[13] Le trajeron entonces a unos niños para que les impusiera las manos y orara sobre ellos. Los discípulos los reprendieron, [14] pero Jesús les dijo: «Dejen a los niños, y no les impidan que vengan a mí, porque el Reino de los Cielos pertenece a los que son como ellos». [15] Y después de haberles impuesto las manos, se fue de allí.

El joven rico
Mc 10,17-22 / Lc 18,18-23

[16] Luego se le acercó un hombre y le preguntó: «Maestro, ¿qué obras buenas debo hacer para conseguir la Vida eterna?». [17] Jesús le dijo: «¿Cómo me preguntas acerca de lo que es bueno? Uno solo es el Bueno. Si quieres entrar en la Vida eterna, cumple los Mandamientos». [18] «¿Cuáles?», preguntó el hombre. Jesús le respondió: *«No matarás, no cometerás adulterio, no robarás, no darás falso testimonio,* [19] *honrarás a tu padre y a tu madre, y amarás a tu prójimo como a ti*

mismo». [20] El joven dijo: «Todo esto lo he cumplido: ¿qué me queda por hacer?». [21] «Si quieres ser perfecto —le dijo Jesús—, ve, vende todo lo que tienes y dalo a los pobres: así tendrás un tesoro en el cielo. Después, ven y sígueme». [22] Al oír estas palabras, el joven se retiró entristecido, porque poseía muchos bienes.

El peligro de las riquezas
Mc 10,23-27 / Lc 18,24-27

[23] Jesús dijo entonces a sus discípulos: «Les aseguro que difícilmente un rico entrará en el Reino de los Cielos. [24] Sí, les repito, es más fácil que un camello pase por el ojo de una aguja, que un rico entre en el Reino de los Cielos». [25] Los discípulos quedaron muy sorprendidos al oír esto y dijeron: «Entonces, ¿quién podrá salvarse?». [26] Jesús, fijando en ellos su mirada, les dijo: «Para los hombres esto es imposible, pero para Dios todo es posible».

La recompensa prometida a los discípulos
Mc 10,28-31 / Lc 22,30; 18,28-30

[27] Pedro, tomando la palabra, dijo: «Tú sabes que nosotros lo

hemos dejado todo y te hemos seguido. ¿Qué nos tocará a nosotros?». [28]Jesús les respondió: «Les aseguro que en la regeneración del mundo, cuando el Hijo del hombre se siente en su trono de gloria, ustedes, que me han seguido, también se sentarán en doce tronos, para juzgar a las doce tribus de Israel. [29]Y el que a causa de mi Nombre deje casa, hermanos o hermanas, padre, madre, hijos o campos, recibirá cien veces más y obtendrá como herencia la Vida eterna. [30]Muchos de los primeros serán los últimos, y muchos de los últimos serán los primeros.

La parábola de los obreros de la última hora

20 Porque el Reino de los Cielos se parece a un propietario que salió muy de madrugada a contratar obreros para trabajar en su viña. [2]Trató con ellos un denario por día y los envió a su viña. [3]Volvió a salir a media mañana y, al ver a otros desocupados en la plaza, [4]les dijo: "Vayan ustedes también a mi viña y les pagaré lo que sea justo". [5]Y ellos fueron. Volvió a salir al mediodía y a media tarde, e hizo lo mismo. [6]Al caer la tarde salió de nuevo y, encontrando todavía a otros, les dijo: "¿Cómo se han quedado todo el día aquí, sin hacer nada?". [7]Ellos le respondieron: "Nadie nos ha contratado". Entonces les dijo: "Vayan también ustedes a mi viña".

[8]Al terminar el día, el propietario llamó a su mayordomo y le dijo: "Llama a los obreros y págales el jornal, comenzando por los últimos y terminando por los primeros". [9]Fueron entonces los que habían llegado al caer la tarde y recibieron cada uno un denario. [10]Llegaron después los primeros, creyendo que iban a recibir algo más, pero recibieron igualmente un denario. [11]Y al recibirlo, protestaban contra el propietario, [12]diciendo: "Estos últimos trabajaron nada más que una hora, y tú les das lo mismo que a nosotros, que hemos soportado el peso del trabajo y el calor durante toda la jornada". [13]El propietario respondió a uno de ellos: "Amigo, no soy injusto contigo, ¿acaso no habíamos tratado en un denario? [14]Toma lo que es tuyo y vete. Quiero dar a

este que llega último lo mismo que a ti. [15]¿No tengo derecho a disponer de mis bienes como me parece? ¿Por qué tomas a mal que yo sea bueno?". [16]Así, los últimos serán los primeros y los primeros serán los últimos».

El tercer anuncio de la Pasión

Mc 10,32-34 / Lc 18,31-33

[17]Cuando Jesús se dispuso a subir a Jerusalén, llevó consigo solo a los Doce, y en el camino les dijo: [18]«Ahora subimos a Jerusalén, donde el Hijo del hombre va a ser entregado a los sumos sacerdotes y a los escribas. Ellos lo condenarán a muerte [19]y lo entregarán a los paganos para que sea maltratado, azotado y crucificado, pero al tercer día resucitará».

La petición de la madre de Santiago y Juan

Mc 10,35-40

[20]Entonces la madre de los hijos de Zebedeo se acercó a Jesús, junto con sus hijos, y se postró ante él para pedirle algo. [21]«¿Qué quieres?», le preguntó Jesús. Ella le dijo: «Manda que mis dos hijos se sienten en tu Reino, uno a tu derecha y el otro a tu izquierda». [22]«No saben lo que piden», respondió Jesús. «¿Pueden beber el cáliz que yo beberé?». «Podemos», le respondieron. [23]«Está bien —les dijo Jesús—, ustedes beberán mi cáliz. En cuanto a sentarse a mi derecha o a mi izquierda, no me toca a mí concederlo, sino que esos puestos son para quienes se los ha destinado mi Padre».

El carácter servicial de la autoridad

Mc 10,41-45 / Lc 22,24-27

[24]Al oír esto, los otros diez se indignaron contra los dos hermanos. [25]Pero Jesús los llamó y les dijo: «Ustedes saben que los jefes de las naciones dominan sobre ellas y los poderosos les hacen sentir su autoridad. [26]Entre ustedes no debe suceder así. Al contrario, el que quiera ser grande, que se haga servidor de

---

20,16. *los últimos serán los primeros.* Israel ya no puede reivindicar como propiedad exclusiva el privilegio de la elección. Jesús lo invita a no sentirse celoso de la generosidad de Dios hacia los pueblos paganos.

ustedes; [27]y el que quiera ser el primero, que se haga su esclavo: [28]como el Hijo del hombre, que no vino para ser servido, sino para servir y dar su vida en rescate por una multitud».

Curación de los dos ciegos de Jericó
Mc 10,46-52 / Lc 18,35-43

[29]Cuando salieron de Jericó, mucha gente siguió a Jesús. [30]Había dos ciegos sentados al borde del camino y, al enterarse de que pasaba Jesús, comenzaron a gritar: «¡Señor, Hijo de David, ten piedad de nosotros!». [31]La multitud los reprendía para que se callaran, pero ellos gritaban más: «¡Señor, Hijo de David, ten piedad de nosotros!». [32]Jesús se detuvo, los llamó y les preguntó: «¿Qué quieren que haga por ustedes?». [33]Ellos le respondieron: «Señor, que se abran nuestros ojos». [34]Jesús se compadeció de ellos y tocó sus ojos. Inmediatamente, recobraron la vista y lo siguieron.

La entrada mesiánica en Jerusalén
Mc 11,1-10 / Lc 19,28-38 / Jn 12,12-15

21 Cuando se acercaron a Jerusalén y llegaron a Betfagé, al monte de los Olivos, Jesús envió a dos discípulos, [2]diciéndoles: «Vayan al pueblo que está enfrente, e inmediatamente encontrarán un asna atada, junto con su cría. Desátenla y tráiganmelos. [3]Y si alguien les dice algo, respondan: "El Señor los necesita y los va a devolver enseguida"». [4]Esto sucedió para que se cumpliera lo anunciado por el Profeta:

[5] *Digan a la hija de Sion:*
Mira que tu rey viene hacia ti,
humilde y montado
* sobre un asna,*
sobre la cría de un animal
* de carga.*

[6]Los discípulos fueron e hicieron lo que Jesús les había mandado; [7]trajeron el asna y su cría, pusieron sus mantos sobre ellos

---

21,4. En Zac 9,9.
21,5. Is 62,11; Zac 9,9; *La hija de Sion* es Jerusalén.

21,13. Is 56,7; Jr 7,11.
21,16. Sal 8,3.

y Jesús se montó. ⁸Entonces la mayor parte de la gente comenzó a extender sus mantos sobre el camino, y otros cortaban ramas de los árboles y lo cubrían con ellas. ⁹La multitud que iba delante de Jesús y la que lo seguía gritaba:

> *«¡Hosana al Hijo de David!*
> *¡Bendito el que viene*
> *en nombre del Señor!*
> *¡Hosana* en las alturas!».

¹⁰Cuando entró en Jerusalén, toda la ciudad se conmovió, y preguntaban: «¿Quién es este?». ¹¹Y la gente respondía: «Es Jesús, el profeta de Nazaret en Galilea».

La expulsión de los vendedores del Templo
Mc 11,15-17 / Lc 19,45-46 / Jn 2,13-16

¹²Después Jesús entró en el Templo y echó a todos los que vendían y compraban allí, derribando las mesas de los cambistas y los asientos de los vendedores de palomas. ¹³Y les

decía: «Está escrito: *Mi casa será llamada casa de oración*, pero ustedes la han convertido en *una cueva de ladrones*». ¹⁴En el Templo se le acercaron varios ciegos y paralíticos, y él los curó. ¹⁵Al ver los prodigios que acababa de hacer y a los niños que gritaban en el Templo: «¡Hosana al Hijo de David!», los sumos sacerdotes y los escribas se indignaron ¹⁶y le dijeron: «¿Oyes lo que dicen estos?». «Sí —respondió Jesús—, ¿pero nunca han leído este pasaje:

> *De la boca de las criaturas*
> *y de los niños de pecho,*
> *has hecho brotar*
> *una alabanza*?».

¹⁷Enseguida los dejó y salió de la ciudad para ir a Betania, donde pasó la noche.

Maldición de la higuera estéril
Mc 11,12-14.20-24 // Lc 17,6

¹⁸A la mañana temprano, mientras regresaba a la ciudad, tuvo hambre. ¹⁹Al ver una higuera

---

21,19. Israel es la higuera que, al rechazar a Jesús, no produce los frutos esperados y por eso recibe su castigo.

cerca del camino, se acercó a ella, pero no encontró más que hojas. Entonces le dijo: «Nunca volverás a dar fruto». Y la higuera se secó de inmediato. [20] Cuando vieron esto, los discípulos dijeron llenos de asombro: «¿Cómo se ha secado la higuera tan repentinamente?». [21] Jesús les respondió: «Les aseguro que si tienen fe y no dudan, no solo harán lo que yo acabo de hacer con la higuera, sino que podrán decir a esta montaña: "Retírate de ahí y arrójate al mar", y así lo hará. [22] Todo lo que pidan en la oración con fe, lo alcanzarán».

Discusión sobre la autoridad de Jesús
Mc 11,27-33 / Lc 20,1-8

[23] Jesús entró en el Templo y, mientras enseñaba, se le acercaron los sumos sacerdotes y los ancianos del pueblo, para decirle: «¿Con qué autoridad haces estas cosas? ¿Y quién te ha dado esa autoridad?». [24] Jesús les respondió: «Yo también quiero hacerles una sola pregunta. Si me responden, les diré con qué autoridad hago estas cosas. [25] ¿De dónde venía el bautismo de Juan? ¿Del cielo o de los hombres?». Ellos se hacían este razonamiento: «Si respondemos: "Del cielo", él nos dirá: "Entonces, ¿por qué no creyeron en él?". [26] Y si decimos: "De los hombres", debemos temer a la multitud, porque todos consideran a Juan un profeta». [27] Por eso respondieron a Jesús: «No sabemos». Él, por su parte, les respondió: «Entonces yo tampoco les diré con qué autoridad hago esto».

La parábola de los dos hijos

[28] «¿Qué les parece? Un hombre tenía dos hijos y, dirigiéndose al primero, le dijo: "Hijo, quiero que hoy vayas a trabajar a mi viña". [29] Él respondió: "No quiero". Pero después se arrepintió y fue. [30] Dirigiéndose al segundo, le dijo lo mismo y este le respondió: "Voy, Señor", pero no fue. [31] ¿Cuál de los dos cumplió la voluntad de su padre?». «El primero», le respondieron.

Jesús les dijo: «Les aseguro que los publicanos y las prostitutas llegan antes que ustedes al Reino de Dios. [32] En efecto, Juan vino a ustedes por el camino de la justicia y no creyeron en él; en cambio, los publicanos y las prostitutas creyeron en él. Pero ustedes, ni siquiera al ver este ejemplo, se han arrepentido ni han creído en él.

La parábola de los viñadores homicidas

Mc 12,1-12 / Lc 20,9-19

[33] Escuchen otra parábola: Un hombre poseía una tierra y allí *plantó una viña, la cercó, cavó un lagar y construyó una torre de vigilancia*. Después la arrendó a unos viñadores y se fue al extranjero. [34] Cuando llegó el tiempo de la vendimia, envió a sus servidores para percibir los frutos. [35] Pero los viñadores se apoderaron de ellos, y a uno lo golpearon, a otro lo mataron y al tercero lo apedrearon. [36] El propietario volvió a enviar a otros servidores, en mayor número que los primeros, pero los trataron de la misma manera. [37] Finalmente, les envió a su propio hijo, pensando: «Respetarán a mi hijo». [38] Pero, al verlo, los viñadores se dijeron: «Este es el heredero: vamos a matarlo para quedarnos con su herencia». [39] Y apoderándose de él, lo arrojaron fuera de la viña y lo mataron. [40] Cuando vuelva el dueño, ¿qué les parece que hará con aquellos viñadores?». [41] Le respondieron: «Acabará con esos miserables y arrendará la viña a otros, que le entregarán el fruto a su debido tiempo».

[42] Jesús agregó: «¿No han leído nunca en las Escrituras:

La piedra que los constructores rechazaron
ha llegado a ser la piedra angular:
esta es la obra del Señor,
admirable a nuestros ojos?

[43] Por eso les digo que el Reino de Dios les será quitado a ustedes, para ser entregado a un pueblo que le hará producir sus frutos». [44]. [45] Los sumos sacerdotes y los fariseos, al oír estas parábolas, comprendieron que se refería a ellos. [46] Entonces buscaron el modo de detenerlo, pero temían a la multitud, que lo consideraba un profeta.

La parábola del banquete nupcial

Lc 14,16-24

22 Jesús les habló otra vez en parábolas, diciendo:

²«El Reino de los Cielos se parece a un rey que celebraba las bodas de su hijo. ³Envió entonces a sus servidores para avisar a los invitados, pero estos se negaron a ir. ⁴De nuevo envió a otros servidores con el encargo de decir a los invitados: "Mi banquete está preparado; ya han sido matados mis terneros y mis mejores animales, y todo está a punto: Vengan a las bodas". ⁵Pero ellos no tuvieron en cuenta la invitación, y se fueron, uno a su campo, otro a su negocio; ⁶y los demás se apoderaron de los servidores, los maltrataron y los mataron.

⁷Al enterarse, el rey se indignó y envió a sus tropas para que acabaran con aquellos homicidas e incendiaran su ciudad. ⁸Luego dijo a sus servidores: "El banquete nupcial está preparado, pero los invitados no eran dignos de él. ⁹Salgan a los cruces de los caminos e inviten a todos los que encuentren". ¹⁰Los servidores salieron a los caminos y reunieron a todos los que encontraron, buenos y malos, y la sala nupcial se llenó de convidados.

¹¹Cuando el rey entró para ver a los comensales, encontró a un hombre que no tenía el traje de fiesta. ¹²"Amigo —le dijo—, ¿cómo has entrado aquí sin el traje de fiesta?". El otro permaneció en silencio. ¹³Entonces el rey dijo a los guardias: "Átenlo de pies y manos, y arrójenlo afuera, a las tinieblas. Allí habrá llanto y rechinar de dientes". ¹⁴Porque muchos son llamados, pero pocos son elegidos».

El impuesto debido a la autoridad
Mc 12,13-17 / Lc 20,20-26

¹⁵Los fariseos se reunieron entonces para sorprender a Jesús en alguna de sus afirmaciones. ¹⁶Y le enviaron a varios discípulos con unos herodianos, para decirle: «Maestro, sabemos que eres sincero y que enseñas con toda fidelidad el camino de Dios, sin tener en cuenta la condición de las personas, porque tú no te fijas en la categoría de nadie. ¹⁷Dinos qué te parece: ¿Está per-

---

22,17. Esta insidiosa pregunta ponía a Jesús frente a un espinoso dilema: un simple «sí» le habría atraído la antipatía del pueblo; un «no» lo ha-

mitido pagar el impuesto al César o no?». [18]Pero Jesús, conociendo su malicia, les dijo: «Hipócritas, ¿por qué me tienden una trampa? [19]Muéstrenme la moneda con que pagan el impuesto». Ellos le presentaron un denario. [20]Y él les preguntó: «¿De quién es esta figura y esta inscripción?». [21]Le respondieron: «Del César». Jesús les dijo: «Den al César lo que es del César, y a Dios, lo que es de Dios». [22]Al oír esto, quedaron admirados y, dejando a Jesús, se fueron.

Discusión sobre la resurrección de los muertos
Mc 12,18-27 / Lc 20,27-40

[23]Aquel mismo día se le acercaron unos saduceos, que son los que niegan la resurrección, y le propusieron este caso: [24]«Maestro, Moisés dijo: *"Si alguien muere sin tener hijos, que su hermano, para darle descendencia, se case con la viuda"*. [25]Ahora bien, había entre nosotros siete hermanos. El primero se casó y, como

murió sin tener hijos, dejó su esposa al hermano. [26]Lo mismo ocurrió con el segundo, después con el tercero, y así sucesivamente hasta el séptimo. [27]Finalmente, murió la mujer. [28]Respóndenos: cuando resuciten los muertos, ¿de cuál de los siete será esposa, ya que lo fue de todos?». [29]Jesús les dijo: «Están equivocados, porque desconocen las Escrituras y el poder de Dios. [30]En la resurrección ni los hombres ni las mujeres se casarán, sino que todos serán como ángeles en el cielo. [31]Y con respecto a la resurrección de los muertos, ¿no han leído la palabra de Dios, que dice: [32]*Yo soy el Dios de Abraham, el Dios de Isaac y el Dios de Jacob*? ¡Él no es un Dios de muertos, sino de vivientes!». [33]La multitud, que había oído esto, quedó asombrada de su enseñanza.

El mandamiento principal
Mc 12,28-31 / Lc 10,25-28

[34]Cuando los fariseos se enteraron de que Jesús había hecho

---

bría hecho aparecer como un revolucionario, enemigo del César.
22,24. El caso que los saduceos presentan a Jesús se funda en la «ley del levirato», que obligaba al hermano del esposo a casarse con la viuda de su hermano, si este moría sin descendencia.

callar a los saduceos, se reunieron en ese lugar, [35]y uno de ellos, que era doctor de la Ley, le preguntó para ponerlo a prueba: [36]«Maestro, ¿cuál es el mandamiento más grande de la Ley?». [37]Jesús le respondió: «Amarás *al Señor, tu Dios, con todo tu corazón, con toda tu alma y con todo tu espíritu.* [38]Este es el más grande y el primer mandamiento. [39]El segundo es semejante al primero: *Amarás a tu prójimo como a ti mismo.* [40]De estos dos mandamientos dependen toda la Ley y los Profetas».

El Mesías, hijo y Señor de David

Mc 12,35-37 / Lc 20,41-44

[41]Mientras los fariseos estaban reunidos, Jesús les hizo esta pregunta: [42]«¿Qué piensan acerca del Mesías? ¿De quién es hijo?». Ellos le respondieron: «De David». [43]Jesús les dijo: «¿Por qué entonces, David, movido por el Espíritu, lo llama "Señor", cuando dice:

[44]*Dijo el Señor a mi Señor:*
  Siéntate a mi derecha,
  hasta que ponga
   a tus enemigos
  debajo de tus pies?

[45]*Si David lo llama "Señor", ¿cómo puede ser hijo suyo?».*

[46]Ninguno fue capaz de responderle una sola palabra, y desde aquel día nadie se atrevió a hacerle más preguntas.

La hipocresía y la vanidad de los escribas y fariseos

Mc 12,38-39 / Lc 11,46; 20,45-46

23 Entonces Jesús dijo a la multitud y a sus discípulos: [2]«Los escribas y fariseos ocupan la cátedra de Moisés; [3]ustedes hagan y cumplan todo lo que ellos les digan, pero no se guíen por sus obras, porque no hacen lo que dicen. [4]Atan pesadas cargas y las ponen sobre los hombros de los demás, mientras que ellos no quieren moverlas ni siquiera con el dedo. [5]Todo lo hacen

---

22,44. Se supone, además, que quien pronuncia estas palabras es David, ya que en tiempos de Jesús era considerado autor de los Salmos. Por lo tanto, al llamar al Mesías *mi Señor*, David se considera inferior a él, ya que es el hijo quien se dirige así a su padre, y no el padre al hijo. De ahí la pregunta: si David llama al Mesías *mi Señor*, ¿cómo puede ser su hijo?

para que los vean: agrandan las filacterias y alargan los flecos de sus mantos; [6]les gusta ocupar los primeros puestos en los banquetes y los primeros asientos en las sinagogas, [7]ser saludados en las plazas y oírse llamar "mi maestro" por la gente.

[8]En cuanto a ustedes, no se hagan llamar "maestro", porque no tienen más que un Maestro y todos ustedes son hermanos. [9]A nadie en el mundo llamen "padre", porque no tienen sino uno, el Padre celestial. [10]No se dejen llamar tampoco "doctores", porque solo tienen un Doctor, que es el Mesías. [11]El más grande entre ustedes será el que los sirva, [12]porque el que se ensalza será humillado, y el que se humilla será ensalzado».

Invectivas contra los escribas y los fariseos

Lc 11,52.39-51

[13]«¡Ay de ustedes, escribas y fariseos hipócritas, que cierran a los hombres el Reino de los Cielos! Ni entran ustedes, ni dejan entrar a los que quisieran. [14]. [15]¡Ay de ustedes, escribas y fariseos hipócritas, que recorren mar y tierra para conseguir un prosélito, y cuando lo han conseguido lo hacen dos veces más digno de la Gehena que ustedes!

[16]¡Ay de ustedes, guías ciegos, que dicen: "Si se jura por el santuario, el juramento no vale; pero si se jura por el oro del santuario, entonces sí que vale"! [17]¡Insensatos y ciegos! ¿Qué es más importante: el oro o el santuario que hace sagrado el oro? [18]Ustedes dicen también: "Si se jura por el altar, el juramento no vale, pero vale si se jura por la ofrenda que está sobre el altar". [19]¡Ciegos! ¿Qué es más importante, la ofrenda o el altar que hace sagrada esa ofrenda? [20]Ahora bien, jurar por el altar, es jurar por él y por todo lo que está sobre él. [21]Jurar por el santuario, es jurar por él y por aquel que lo habita. [22]Jurar por el cielo, es jurar por el trono de Dios y por aquel que está sentado en él.

[23]¡Ay de ustedes, escribas y fariseos hipócritas, que pagan el diezmo de la menta, del hinojo y del comino, y descuidan lo

---

23,16-22. Cf. 5,33-37.

esencial de la Ley: la justicia, la misericordia y la fidelidad! Hay que practicar esto, sin descuidar aquello. ²⁴¡Guías ciegos, que filtran el mosquito y se tragan el camello!

²⁵¡Ay de ustedes, escribas y fariseos hipócritas, que limpian por fuera la copa y el plato, mientras que por dentro están llenos de codicia y desenfreno! ²⁶¡Fariseo ciego! Limpia primero la copa por dentro, y así también quedará limpia por fuera. ²⁷¡Ay de ustedes, escribas y fariseos hipócritas, que parecen sepulcros blanqueados: hermosos por fuera, pero por dentro llenos de huesos de muertos y de podredumbre! ²⁸Así también son ustedes: por fuera parecen justos delante de los hombres, pero por dentro están llenos de hipocresía y de iniquidad.

²⁹¡Ay de ustedes, escribas y fariseos hipócritas, que construyen los sepulcros de los profetas y adornan las tumbas de los justos, ³⁰diciendo: "Si hubiéramos vivido en el tiempo de nuestros padres, no nos hubiéramos unido a ellos para derramar la sangre de los profetas"! ³¹De esa manera atestiguan contra ustedes mismos que son hijos de los que mataron a los profetas. ³²¡Colmen entonces la medida de sus padres!

³³¡Serpientes, raza de víboras! ¿Cómo podrán escapar a la condenación de la Gehena? ³⁴Por eso, yo voy a enviarles profetas, sabios y escribas; ustedes matarán y crucificarán a unos, azotarán a otros en las sinagogas, y los perseguirán de ciudad en ciudad. ³⁵Así caerá sobre ustedes toda la sangre inocente derramada en la tierra, desde la sangre del justo Abel, hasta la sangre de Zacarías, hijo de Baraquías, al que ustedes asesinaron entre el santuario y el altar. ³⁶Les aseguro que todo esto sobrevendrá a la presente generación.

Reproche de Jesús a Jerusalén
Lc 13,34-35

³⁷¡Jerusalén, Jerusalén, que matas a los profetas y apedreas a los que te son enviados! ¡Cuántas veces quise reunir a tus hijos, como la gallina reúne bajo sus alas a los pollitos, y tú no quisiste! ³⁸Por eso, a ustedes la casa les quedará desierta. ³⁹Les

aseguro que ya no me verán más, hasta que digan:

¡Bendito el que viene en nombre del Señor!».

DISCURSO SOBRE EL FINAL DE LOS TIEMPOS

Anuncio de la destrucción del Templo
Mc 13,1-4 / Lc 21,5-7

24 Jesús salió del Templo y, mientras iba caminando, sus discípulos se acercaron a él para hacerle notar las construcciones del Templo. ²Pero él les dijo: «¿Ven todo esto? Les aseguro que no quedará aquí piedra sobre piedra: todo será destruido».

³Cuando llegó al monte de los Olivos, Jesús se sentó y sus discípulos le preguntaron en privado: «¿Cuándo sucederá esto y cuál será la señal de tu Venida y del fin del mundo?».

El comienzo de las tribulaciones
Mc 13,5-13 / Lc 21,8-19

⁴Él les respondió: «Tengan cuidado de que no los engañen, ⁵porque muchos se presentarán en mi Nombre, diciendo: "Yo soy el Mesías", y engañarán a mucha gente. ⁶Ustedes oirán hablar de guerras y de rumores de guerras; no se alarmen: todo esto debe suceder, pero todavía no será el fin. ⁷En efecto, se levantará nación contra nación y reino contra reino. En muchas partes habrá hambre y terremotos. ⁸Todo esto no será más que el comienzo de los dolores del parto.

⁹Ustedes serán entregados a la tribulación y a la muerte, y serán odiados por todas las naciones a causa de mi Nombre. ¹⁰Entonces muchos sucumbirán; se traicionarán y se odiarán los unos a los otros. ¹¹Aparecerá una multitud de falsos profetas, que engañarán a mucha gente. ¹²Al aumentar la maldad se enfriará el amor de muchos, ¹³pero el que persevere hasta el fin, se salvará. ¹⁴Esta Buena Noticia del Reino será proclamada en el mundo entero como testimonio delante de todos los pueblos, y entonces llegará el fin.

La gran tribulación de Jerusalén

Mc 13,14-23 / Lc 21,20-24

¹⁵Cuando vean en el Lugar santo *la Abominación de la desolación* de la que habló el profeta Daniel —el que lea esto, entiéndalo bien—, ¹⁶los que estén en Judea, que se refugien en las montañas; ¹⁷el que esté en la azotea de su casa, no baje a buscar sus cosas; ¹⁸y el que esté en el campo, que no vuelva a buscar su manto. ¹⁹¡Ay de las mujeres que estén embarazadas o tengan niños de pecho en aquellos días! ²⁰Rueguen para que no tengan que huir en invierno o en día sábado. ²¹Porque habrá entonces una gran *tribulación, como no la hubo desde* el comienzo del mundo *hasta ahora*, ni la habrá jamás. ²²Y si no fuera abreviado ese tiempo, nadie se salvaría; pero será abreviado, a causa de los elegidos.

²³Si alguien les dice entonces: "El Mesías está aquí o está allí", no lo crean. ²⁴Porque aparecerán falsos mesías y falsos profetas que harán milagros y prodigios asombrosos, capaces de engañar, si fuera posible, a los mismos elegidos. ²⁵Por eso los prevengo.

La manifestación gloriosa del Hijo del hombre

Lc 17,24.37 // Mc 13,24-27 / Lc 21,25-27

²⁶Si les dicen: "El Mesías está en el desierto", no vayan; o bien: "Está escondido en tal lugar", no lo crean. ²⁷Como el relámpago que sale del oriente y brilla hasta el occidente, así será la Venida del Hijo del hombre. ²⁸Donde esté el cadáver, se juntarán los buitres.

²⁹Inmediatamente después de la tribulación de aquellos días, el sol se oscurecerá, la luna dejará de brillar, las estrellas caerán del cielo y los astros se conmoverán. ³⁰Entonces aparecerá en el cielo la señal del Hijo del hombre. Todas las razas de la tierra se golpearán el pecho y verán al Hijo del hombre venir sobre las nubes del cielo, lleno de poder y de

---

24,15. Dn 9,27; 11,31; 12,11. La *Abominación de la desolación*: dentro del estilo apocalíptico, dicha expresión designa todas las profanaciones y apostasías que sobrevendrán en los últimos tiempos.

gloria. ³¹Y él enviará a sus ángeles para que, al sonido de la trompeta, congreguen a sus elegidos de los cuatro puntos cardinales, de un extremo al otro del horizonte.

La parábola de la higuera
Mc 13,28-32 / Lc 21,29-33

³²Aprendan esta comparación, tomada de la higuera: cuando sus ramas se hacen flexibles y brotan las hojas, ustedes se dan cuenta de que se acerca el verano. ³³Así también, cuando vean todas estas cosas, sepan que el fin está cerca, a la puerta. ³⁴Les aseguro que no pasará esta generación sin que suceda todo esto. ³⁵El cielo y la tierra pasarán, pero mis palabras no pasarán. ³⁶En cuanto a ese día y esa hora, nadie los conoce, ni los ángeles del cielo, ni el Hijo, sino solo el Padre.

Exhortación a la vigilancia y a la fidelidad
Lc 17,26-27.34-35 // Mc 13,33.35-36 / Lc 12,39-40

³⁷Cuando venga el Hijo del hombre, sucederá como en tiempos de Noé. ³⁸En los días que precedieron al diluvio, la gente comía, bebía y se casaba, hasta que Noé entró en el arca; ³⁹y no sospechaban nada, hasta que llegó el diluvio y los arrastró a todos. Lo mismo sucederá cuando venga el Hijo del hombre. ⁴⁰De dos hombres que estén en el campo, uno será llevado y el otro dejado. ⁴¹De dos mujeres que estén moliendo, una será llevada y la otra dejada.

⁴²Estén prevenidos, porque ustedes no saben qué día vendrá su Señor. ⁴³Entiéndanlo bien: si el dueño de casa supiera a qué hora de la noche va a llegar el ladrón, velaría y no dejaría perforar las paredes de su casa. ⁴⁴Ustedes también estén preparados, porque el Hijo del hombre vendrá a la hora menos pensada.

La parábola del servidor fiel
Lc 12,42-46

⁴⁵¿Cuál es, entonces, el servidor fiel y previsor, a quien el Señor ha puesto al frente de su personal, para distribuir el alimento

---

24,42-44. Cf. 1 Tes 5,2; 2 Pe 3,10.

en el momento oportuno? [46]Feliz aquel servidor a quien su señor, al llegar, encuentre ocupado en este trabajo. [47]Les aseguro que lo hará administrador de todos sus bienes. [48]Pero si es un mal servidor, que piensa: "Mi señor tardará", [49]y se dedica a golpear a sus compañeros, a comer y a beber con los borrachos, [50]su señor llegará el día y la hora menos pensada, [51]y lo castigará. Entonces él correrá la misma suerte que los hipócritas. Allí habrá llanto y rechinar de dientes.

La parábola de las diez jóvenes del cortejo

25 Por eso, el Reino de los Cielos será semejante a diez jóvenes que fueron con sus lámparas al encuentro del esposo. [2]Cinco de ellas eran necias, y cinco, prudentes. [3]Las necias tomaron sus lámparas, pero sin proveerse de aceite, [4]mientras que las prudentes tomaron sus lámparas y también llenaron de aceite sus frascos. [5]Como el esposo se hacía esperar, les entró sueño a todas y se quedaron dormidas. [6]Pero a medianoche se oyó un grito: "Ya viene el esposo, salgan a su encuentro". [7]Entonces las jóvenes se despertaron y prepararon sus lámparas. [8]Las necias dijeron a las prudentes: "¿Podrían darnos un poco de aceite, porque nuestras lámparas se apagan?". [9]Pero estas les respondieron: "No va a alcanzar para todas. Es mejor que vayan a comprarlo al mercado". [10]Mientras tanto, llegó el esposo: las que estaban preparadas entraron con él en la sala nupcial y se cerró la puerta. [11]Después llegaron las otras jóvenes y dijeron: "Señor, señor, ábrenos", [12]pero él respondió: "Les aseguro que no las conozco". [13]Estén prevenidos, porque no saben el día ni la hora.

25,1. El matrimonio judío se celebraba con grandes festejos, que duraban varios días y se realizaban por separado en la casa de ambos esposos. Al llegar la noche del último día, el esposo, rodeado de sus amigos, se dirigía a la casa de la esposa, donde esta lo esperaba junto con sus amigas, que tenían lámparas de aceite encendidas.

La parábola de los talentos

Lc 19,12-27

[14] El Reino de los Cielos es también como un hombre que, al salir de viaje, llamó a sus servidores y les confió sus bienes. [15] A uno le dio cinco talentos, a otro dos, y uno solo a un tercero, a cada uno según su capacidad; y después partió. Enseguida, [16] el que había recibido cinco talentos, fue a negociar con ellos y ganó otros cinco. [17] De la misma manera, el que recibió dos, ganó otros dos, [18] pero el que recibió uno solo, hizo un pozo y enterró el dinero de su señor.

[19] Después de un largo tiempo, llegó el señor y arregló las cuentas con sus servidores. [20] El que había recibido los cinco talentos se adelantó y le presentó otros cinco. "Señor —le dijo—, me has confiado cinco talentos: aquí están los otros cinco que he ganado". [21] "Está bien, servidor bueno y fiel —le dijo su señor—, ya que respondiste fielmente en lo poco, te encargaré de mucho más: entra a participar en el gozo de tu señor".

[22] Llegó luego el que había recibido dos talentos y le dijo: "Señor, me has confiado dos talentos: aquí están los otros dos que he ganado". [23] "Está bien, servidor bueno y fiel, ya que respondiste fielmente en lo poco, te encargaré de mucho más: entra a participar en el gozo de tu señor".

[24] Llegó luego el que había recibido un solo talento. "Señor —le dijo—, sé que eres un hombre exigente: cosechas donde no has sembrado y recoges donde no has esparcido. [25] Por eso tuve miedo y fui a enterrar tu talento: ¡aquí tienes lo tuyo!". [26] Pero el señor le respondió: "Servidor malo y perezoso, si sabías que cosecho donde no he sembrado y recojo donde no he esparcido, [27] tendrías que haber colocado el dinero en el banco, y así, a mi regreso, lo hubiera recuperado con intereses. [28] Quítenle el talento para dárselo al que tiene diez, [29] por-

---

25,29. Esta sentencia pone de relieve que quien no hace fructificar los dones recibidos de Dios, aunque sea con el pretexto de asegurarlos, al fin pierde esos mismos dones.

que a quien tiene, se le dará y tendrá de más, pero al que no tiene, se le quitará aun lo que tiene. [30]Echen afuera, a las tinieblas, a este servidor inútil; allí habrá llanto y rechinar de dientes".

El Juicio final

[31]Cuando el Hijo del hombre venga en su gloria rodeado de todos los ángeles, se sentará en su trono glorioso. [32]Todas las naciones serán reunidas en su presencia, y él separará a unos de otros, como el pastor separa las ovejas de los cabritos, [33]y pondrá a aquellas a su derecha y a estos a la izquierda.

[34]Entonces el Rey dirá a los que tenga a su derecha: "Vengan, benditos de mi Padre, y reciban en herencia el Reino que les fue preparado desde el comienzo del mundo, [35]porque tuve hambre, y ustedes me dieron de comer; tuve sed, y me dieron de beber; estaba de paso, y me alojaron; [36]desnudo, y me vistieron; enfermo, y me visitaron; preso, y me vinieron a ver". [37]Los justos le responderán: "Señor, ¿cuándo te vimos hambriento, y te dimos de comer; sediento, y te dimos de beber? [38]¿Cuándo te vimos de paso, y te alojamos; desnudo, y te vestimos? [39]¿Cuándo te vimos enfermo o preso, y fuimos a verte?". [40]Y el Rey les responderá: "Les aseguro que cada vez que lo hicieron con el más pequeño de mis hermanos, lo hicieron conmigo".

[41]Luego dirá a los de la izquierda: "Aléjense de mí, malditos; vayan al fuego eterno que fue preparado para el diablo y sus ángeles, [42]porque tuve hambre, y ustedes no me dieron de comer; tuve sed, y no me dieron de beber; [43]estaba de paso, y no me alojaron; desnudo, y no me vistieron; enfermo y preso, y no me visitaron". [44]Estos, a su vez, le preguntarán: "Señor, ¿cuándo te vimos hambriento o sediento, de paso o desnudo, enfermo o preso, y no te hemos socorrido?". [45]Y él les responderá: "Les aseguro que cada vez que no lo hicieron con el más pequeño de mis hermanos, tampoco lo hicieron conmigo". [46]Estos irán al castigo eterno, y los justos a la Vida eterna».

LA PASIÓN Y LA RESURRECCIÓN DE JESÚS

La conspiración contra Jesús
Mc 14,1-2 / Lc 22,1-2

26 Cuando Jesús terminó de decir todas estas palabras, dijo a sus discípulos: [2]«Ya saben que dentro de dos días se celebrará la Pascua, y el Hijo del hombre será entregado para ser crucificado». [3]Entonces los sumos sacerdotes y los ancianos del pueblo se reunieron en el palacio del Sumo Sacerdote, llamado Caifás, [4]y se pusieron de acuerdo para detener a Jesús con astucia y darle muerte. [5]Pero decían: «No lo hagamos durante la fiesta, para que no se produzca un tumulto en el pueblo».

La unción de Jesús en Betania
Mc 14,3-9 / Jn 12,1-8

[6]Cuando Jesús se encontraba en Betania, en casa de Simón el leproso, [7]se acercó una mujer con un frasco de alabastro, que contenía un perfume valioso, y lo derramó sobre su cabeza, mientras él estaba comiendo. [8]Al ver esto, sus discípulos, indignados, dijeron: «¿Para qué este derroche? [9]Se hubiera podido vender el perfume a buen precio para repartir el dinero entre los pobres». [10]Jesús se dio cuenta y les dijo: «¿Por qué molestan a esta mujer? Ha hecho una buena obra conmigo. [11]A los pobres los tendrán siempre con ustedes, pero a mí no me tendrán siempre. [12]Al derramar este perfume sobre mi cuerpo, ella preparó mi sepultura. [13]Les aseguro que allí donde se proclame esta Buena Noticia, en todo el mundo, se contará también en su memoria lo que ella hizo».

La traición de Judas
Mc 14,10-11 / Lc 22,3-6

[14]Entonces uno de los Doce, llamado Judas Iscariote, fue a ver a los sumos sacerdotes [15]y les dijo: «¿Cuánto me darán si se lo entrego?». Y resolvieron darle *treinta monedas de plata*. [16]Desde ese momento, Judas buscaba una ocasión favorable para entregarlo.

Los preparativos para la comida pascual

Mc 14,12-16 / Lc 22,7-13

[17]El primer día de los Ácimos, los discípulos fueron a preguntar a Jesús: «¿Dónde quieres que te preparemos la comida pascual?». [18]Él respondió: «Vayan a la ciudad, a la casa de tal persona, y díganle: "El Maestro dice: Se acerca mi hora, voy a celebrar la Pascua en tu casa con mis discípulos"». [19]Ellos hicieron como Jesús les había ordenado y prepararon la Pascua.

El anuncio de la traición de Judas

Mc 14,17-21 / Lc 22,14.21-23 / Jn 13,21-30

[20]Al atardecer, estaba a la mesa con los Doce [21]y, mientras comían, Jesús les dijo: «Les aseguro que uno de ustedes me entregará». [22]Profundamente apenados, ellos empezaron a preguntarle uno por uno: «¿Seré yo, Señor?». [23]Él respondió: «El que acaba de servirse de la misma fuente que yo, ese me va a entregar. [24]El Hijo del hombre se va, como está escrito de él, pero ¡ay de aquel por quien el Hijo del hombre será entregado: más le valdría no haber nacido!». [25]Judas, el que lo iba a entregar, le preguntó: «¿Seré yo, Maestro?». «Tú lo has dicho», le respondió Jesús.

La institución de la Eucaristía

Mc 14,22-25 / Lc 22,19-20 / 1 Cor 11,23-25

[26]Mientras comían, Jesús tomó el pan, pronunció la bendición, lo partió y lo dio a sus discípulos, diciendo: «Tomen y coman, esto es mi Cuerpo». [27]Después tomó una copa, dio gracias y se la entregó, diciendo: «Beban todos de ella, [28]porque esta es mi Sangre, la Sangre de la Alianza, que se derrama por muchos pa-

---

26,17. El *primer día de los panes ácimos* es el primero de la semana que comienza con la Pascua y durante la cual los judíos comen panes ácimos, es decir, sin levadura.

26,28. Así como la antigua alianza de Dios con Israel fue sellada con la sangre de los animales sacrificados (Ex 24,4-8), así también la sangre derramada de Jesús sella la nueva alianza de Dios con su nuevo pueblo, que es la Iglesia (cf. 20,28).

ra la remisión de los pecados. ²⁹Les aseguro que desde ahora no beberé más de este fruto de la vid, hasta el día en que beba con ustedes el vino nuevo en el Reino de mi Padre».

El anuncio de las negaciones de Pedro
Mc 14,26-31 / Lc 22,39.31-34 / Jn 13,37-38

³⁰Después del canto de los Salmos, salieron hacia el monte de los Olivos. ³¹Entonces Jesús les dijo: «Esta misma noche, ustedes se van a escandalizar a causa de mí. Porque dice la Escritura: *Heriré al pastor, y se dispersarán las ovejas del rebaño.* ³²Pero después que yo resucite, iré antes que ustedes a Galilea». ³³Pedro, tomando la palabra, le dijo: «Aunque todos se escandalicen por tu causa, yo no me escandalizaré jamás». ³⁴Jesús le respondió: «Te aseguro que esta misma noche, antes que cante el gallo, me habrás negado tres veces». ³⁵Pedro le dijo: «Aunque tenga que morir contigo, jamás te negaré». Y todos los discípulos dijeron lo mismo.

La oración de Jesús en Getsemaní
Mc 14,26.32-42 / Lc 22,40-46 / Jn 18,1

³⁶Cuando Jesús llegó con sus discípulos a una propiedad llamada Getsemaní, les dijo: «Quédense aquí, mientras yo voy allí a orar». ³⁷Y llevando con él a Pedro y a los dos hijos de Zebedeo, comenzó a entristecerse y a angustiarse. ³⁸Entonces les dijo: «Mi alma siente una tristeza de muerte. Quédense aquí, velando conmigo». ³⁹Y adelantándose un poco, cayó con el rostro en tierra, orando así: «Padre mío, si es posible, que pase lejos de mí este cáliz, pero no se haga mi voluntad, sino la tuya».

⁴⁰Después volvió junto a sus discípulos y los encontró durmiendo. Jesús dijo a Pedro: «¿Es posible que no hayan podido quedarse despiertos conmigo, ni siquiera una hora? ⁴¹Estén prevenidos y oren para no caer en la

---

26,30. La comida pascual concluye con los Salmos de acción de gracias, que comprende desde el Sal 113 al 118.

26,31. Zac 13,7.
26,39. Cf. 20,22.

tentación, porque el espíritu está dispuesto, pero la carne es débil». 42Se alejó por segunda vez y suplicó: «Padre mío, si no puede pasar este cáliz sin que yo lo beba, que se haga tu voluntad».

43Al regresar los encontró otra vez durmiendo, porque sus ojos se cerraban de sueño. 44Nuevamente se alejó de ellos y oró por tercera vez, repitiendo las mismas palabras. 45Luego volvió junto a sus discípulos y les dijo: «Ahora pueden dormir y descansar: ha llegado la hora en que el Hijo del hombre va a ser entregado en manos de los pecadores. 46¡Levántense! ¡Vamos! Ya se acerca el que me va a entregar».

El arresto de Jesús

Mc 14,43-52 / Lc 22,47-53 / Jn 18,2-11

47Jesús estaba hablando todavía, cuando llegó Judas, uno de los Doce, acompañado de una multitud con espadas y palos, enviada por los sumos sacerdotes y los ancianos del pueblo. 48El traidor les había dado esta señal: «Es aquel a quien voy a besar. Deténganlo». 49Inmediatamente se acercó a Jesús, diciéndole: «Salud, Maestro», y lo besó. 50Jesús le dijo: «Amigo, ¡cumple tu cometido!». Entonces se abalanzaron sobre él y lo detuvieron.

51Uno de los que estaban con Jesús sacó su espada e hirió al servidor del Sumo Sacerdote, cortándole la oreja. 52Jesús le dijo: «Guarda tu espada, porque el que a hierro mata, a hierro muere. 53¿O piensas que no puedo recurrir a mi Padre? Él pondría inmediatamente a mi disposición más de doce legiones de ángeles. 54Pero entonces, ¿cómo se cumplirían las Escrituras, según las cuales debe suceder así?». 55Y en ese momento dijo Jesús a la multitud: «¿Soy acaso un bandido, para que salgan a arrestarme con espadas y palos? Todos los días me sentaba a enseñar en el Templo, y ustedes no me detuvieron». 56Todo esto sucedió para que se cumpliera lo que escribieron los profetas. Entonces todos los discípulos lo abandonaron y huyeron.

Jesús ante el Sanedrín

Mc 14,53-65 / Lc 22,54-55.63-71 / Jn 18,24.15-16

57Los que habían arrestado a Jesús lo condujeron a la casa del Sumo Sacerdote Caifás, donde se habían reunido los escribas y los ancianos. [58]Pedro lo seguía de lejos hasta el palacio del Sumo Sacerdote; entró y se sentó con los servidores, para ver cómo terminaba todo.

[59]Los sumos sacerdotes y todo el Sanedrín buscaban un falso testimonio contra Jesús para poder condenarlo a muerte; [60]pero no lo encontraron, a pesar de haberse presentado numerosos testigos falsos. Finalmente, se presentaron dos [61]que declararon: «Este hombre dijo: "Yo puedo destruir el Templo de Dios y reconstruirlo en tres días"».

[62]El Sumo Sacerdote, poniéndose de pie, dijo a Jesús: «¿No respondes nada? ¿Qué es lo que estos declaran contra ti?». [63]Pero Jesús callaba. El Sumo Sacerdote insistió: «Te conjuro por el Dios vivo a que me digas si tú eres el Mesías, el Hijo de Dios». [64]Jesús le respondió: «Tú lo has dicho. Además, les aseguro que de ahora en adelante verán *al Hijo del hombre sentarse a la derecha del Todopoderoso y venir sobre las nubes del cielo*». [65]Entonces el Sumo Sacerdote rasgó sus vestiduras, diciendo: «Ha blasfemado. ¿Qué necesidad tenemos ya de testigos? Ustedes acaban de oír la blasfemia. [66]¿Qué les parece?». Ellos respondieron: «Merece la muerte».

[67]Luego le escupieron en la cara y lo abofetearon. Otros lo golpeaban, [68]diciéndole: «Tú, que eres el Mesías, profetiza, dinos quién te golpeó».

Las negaciones de Pedro
Mc 14,66-72 / Lc 22,56-62 / Jn 18,17.25-27

[69]Mientras tanto, Pedro estaba sentado fuera, en el patio. Una sirvienta se acercó y le dijo: «Tú también estabas con Jesús, el Galileo». [70]Pero él lo negó delante de todos, diciendo: «No sé lo que quieres decir». [71]Al retirarse hacia la puerta, lo vio otra sirvienta y dijo a los que estaban allí: «Este es uno de los que acompañaban a Jesús, el Nazareno». [72]Y nuevamente Pedro negó con juramento: «Yo no co-

---

26,60. *Se presentaron dos:* Aquí se aplica la regla establecida en Dt 17,61, que prohíbe condenar a muer- te a una persona sobre la base de un solo testigo: siempre se requieren dos o tres.

nozco a ese hombre». [73] Un poco más tarde, los que estaban allí se acercaron a Pedro y le dijeron: «Seguro que tú también eres uno de ellos; hasta tu acento te traiciona». [74] Entonces Pedro se puso a maldecir y a jurar que no conocía a ese hombre. Enseguida cantó el gallo, [75] y Pedro recordó las palabras que Jesús había dicho: «Antes que cante el gallo, me negarás tres veces». Y saliendo, lloró amargamente.

Jesús conducido ante Pilato
Mc 15,1 / Lc 23,1 / Jn 18,28

27 Cuando amaneció, todos los sumos sacerdotes y ancianos del pueblo deliberaron sobre la manera de hacer ejecutar a Jesús. [2] Después de haberlo atado, lo llevaron ante Pilato, el gobernador, y se lo entregaron.

La muerte de Judas
[3] Judas, el que lo entregó, viendo que Jesús había sido condenado, lleno de remordimiento, devolvió las treinta monedas de plata a los sumos sacerdotes y a los ancianos, [4] diciendo: «He pecado, entregando sangre inocente». Ellos respondieron: «¿Qué nos importa? Es asunto tuyo». [5] Entonces él, arrojando las monedas en el Templo, salió y se ahorcó. [6] Los sumos sacerdotes, juntando el dinero, dijeron: «No está permitido ponerlo en el tesoro, porque es precio de sangre». [7] Después de deliberar, compraron con él un campo, llamado «del alfarero», para sepultar a los extranjeros. [8] Por esta razón se lo llama hasta el día de hoy «Campo de sangre». [9] Así se cumplió lo anunciado por el profeta Jeremías: *Y ellos recogieron las treinta monedas de plata, cantidad en que fue tasado aquel a quien pusieron precio los israelitas.* [10] *Con el dinero se compró el «Campo del alfarero», como el Señor me lo había ordenado.*

27,1. Poncio Pilato, el prefecto romano, residía habitualmente en Cesarea del Mar, pero durante las fiestas judías importantes subía a Jerusalén con sus tropas auxiliares para controlar los disturbios que pudieran producirse debido a la gran afluencia de peregrinos.

27,9-10. Este pasaje contiene una cita bastante libre de Zac 11,12-13, combinada con la compra de un campo, sugerida por el relato de Jr 32,6-15.

Jesús ante Pilato
Mc 15,2-5 / Lc 23,2-5.13-16 /
Jn 18,33-38

[11] Jesús compareció ante el gobernador, y este le preguntó: «¿Tú eres el rey de los judíos?». Él respondió: «Tú lo dices». [12] Al ser acusado por los sumos sacerdotes y los ancianos, no respondió nada. [13] Pilato le dijo: «¿No oyes todo lo que declaran contra ti?». [14] Jesús no respondió a ninguna de sus preguntas, y esto dejó muy admirado al gobernador.

Jesús y Barrabás
Mc 15,6-15 / Lc 23,18-25 /
Jn 18,39-40; 19,1.4-16

[15] En cada Fiesta, el gobernador acostumbraba a poner en libertad a un preso, a elección del pueblo. [16] Había entonces uno famoso, llamado Jesús Barrabás. [17] Pilato preguntó al pueblo que estaba reunido: «¿A quién quieren que ponga en libertad, a Jesús Barrabás o a Jesús, llamado el Mesías?». [18] Él sabía bien que lo habían entregado por envidia. [19] Mientras estaba sentado en el tribunal, su mujer le mandó decir: «No te mezcles en el asunto de ese justo, porque hoy, por su causa, tuve un sueño que me hizo sufrir mucho».

[20] Mientras tanto, los sumos sacerdotes y los ancianos convencieron a la multitud de que pidiera la libertad de Barrabás y la muerte de Jesús. [21] Tomando de nuevo la palabra, el gobernador les preguntó: «¿A cuál de los dos quieren que ponga en libertad?». Ellos respondieron: «A Barrabás». [22] Pilato continuó: «¿Y qué haré con Jesús, llamado el Mesías?». Todos respondieron: «¡Que sea crucificado!». [23] Él insistió: «¿Qué mal ha hecho?». Pero ellos gritaban cada vez más fuerte: «¡Que sea crucificado!».

[24] Al ver que no se llegaba a nada, sino que aumentaba el tumulto, Pilato hizo traer agua y se lavó las manos delante de la multitud, diciendo: «Yo soy inocente de esta sangre. Es asunto

---

27,11. En labios de Pilato, y desde la perspectiva del Imperio romano, esta era la pregunta decisiva.

de ustedes». ²⁵Y todo el pueblo respondió: «Que su sangre caiga sobre nosotros y sobre nuestros hijos». ²⁶Entonces, Pilato puso en libertad a Barrabás; y a Jesús, después de haberlo hecho azotar, lo entregó para que fuera crucificado.

La coronación de espinas
Mc 15,16-20 / Jn 19,2-3

²⁷Los soldados del gobernador llevaron a Jesús al pretorio y reunieron a toda la guardia alrededor de él. ²⁸Entonces lo desvistieron y le pusieron un manto rojo. ²⁹Luego tejieron una corona de espinas y la colocaron sobre su cabeza, pusieron una caña en su mano derecha y, doblando la rodilla delante de él, se burlaban, diciendo: «Salud, rey de los judíos». ³⁰Y escupiéndolo, le quitaron la caña y con ella le golpeaban la cabeza. ³¹Después de haberse burlado de él, le quitaron el manto, le pusieron de nuevo sus vestiduras y lo llevaron a crucificar.

La crucifixión de Jesús
Mc 15,21-27 / Lc 23,26.33.38 / Jn 19,17-24

³²Al salir, se encontraron con un hombre de Cirene, llamado Simón, y lo obligaron a llevar la cruz. ³³Cuando llegaron al lugar llamado Gólgota, que significa «lugar del Cráneo», ³⁴le dieron de beber vino con hiel. Él lo probó, pero no quiso tomarlo. ³⁵Después de crucificarlo, los soldados *sortearon sus vestiduras y se las repartieron*; ³⁶y sentándose allí, se quedaron para custodiarlo. ³⁷Colocaron sobre su cabeza una inscripción con el motivo de su condena: «Este es Jesús, el rey de los judíos». ³⁸Al mismo tiempo, fueron crucificados con él dos bandidos, uno a su derecha y el otro a su izquierda.

Injurias a Jesús crucificado
Mc 15,29-32 / Lc 23,35-37.39

³⁹Los que pasaban, lo insultaban y, moviendo la cabeza, ⁴⁰decían: «Tú, que destruyes el Templo y en tres días lo vuelves

---

27,33. *Lugar del cráneo*, en latín «Calvaria», de donde proviene el término *Calvario*.

27,35. Sal 22,19.

a edificar, ¡sálvate a ti mismo, si eres Hijo de Dios, y baja de la cruz!». ⁴¹De la misma manera, los sumos sacerdotes, junto con los escribas y los ancianos, se burlaban, diciendo: ⁴²«¡Ha salvado a otros y no puede salvarse a sí mismo! Es rey de Israel: que baje ahora de la cruz y creeremos en él. ⁴³*Ha confiado en Dios; que él lo libre ahora si lo ama*, ya que él dijo: "Yo soy Hijo de Dios"». ⁴⁴También lo insultaban los bandidos crucificados con él.

La muerte de Jesús

Mc 15,33-39 / Lc 23,44-48 /
Jn 19,29-30

⁴⁵Desde el mediodía hasta las tres de la tarde, las tinieblas cubrieron toda la región. ⁴⁶Hacia las tres de la tarde, Jesús excla-

mó en voz alta: *«Elí, Elí, lemá sabactani»*, que significa *«Dios mío, Dios mío, ¿por qué me has abandonado?»*. ⁴⁷Algunos de los que se encontraban allí, al oírlo, dijeron: «Está llamando a Elías». ⁴⁸Enseguida, uno de ellos corrió a tomar una esponja, la empapó en vinagre y, poniéndola en la punta de una caña, le dio de beber. ⁴⁹Pero los otros le decían: «Espera, veamos si Elías viene a salvarlo». ⁵⁰Entonces Jesús, clamando otra vez con voz potente, entregó su espíritu.

⁵¹Inmediatamente, el velo del Templo se rasgó en dos, de arriba abajo, la tierra tembló, las rocas se partieron ⁵²y las tumbas se abrieron. Muchos cuerpos de santos que habían muerto resucitaron ⁵³y, salien-

---

27,46. Esta plegaria de Jesús ha llevado a los cristianos a preguntarse una y otra vez: ¿Cómo pudo el Hijo de Dios ser abandonado por Dios? En la mentalidad hebrea antigua, pronunciar un versículo de un salmo significaba remitirse a todo el Salmo, en este caso, a la acción de gracias que le sirve de conclusión: *Porque [Dios] no miró con desdén ni ha despreciado la miseria del pobre: no le ocultó su rostro y lo escuchó cuando*

pidió auxilio. Por eso lo alabaré en la gran asamblea... (vv. 25-26). El grito de abandono en el extremo tormento es al mismo tiempo esperanza en la respuesta divina.

27,48. El *vinagre* era una bebida refrescante que bebían los soldados romanos.

27,51. *El velo del Templo se rasgó en dos:* lit. *fue rasgado.* El uso de la voz pasiva indica que el sujeto agente de esta acción es Dios.

do de las tumbas después que Jesús resucitó, entraron en la Ciudad santa y se aparecieron a mucha gente. ⁵⁴ El centurión y los hombres que custodiaban a Jesús, al ver el terremoto y todo lo que pasaba, se llenaron de miedo y dijeron: «¡Verdaderamente, este era Hijo de Dios!».

Las mujeres que siguieron a Jesús

Mc 15,40-41 / Lc 23,49 / Jn 19,25

⁵⁵ Había allí muchas mujeres que miraban de lejos: eran las mismas que habían seguido a Jesús desde Galilea para servirlo. ⁵⁶ Entre ellas estaban María Magdalena, María —la madre de Santiago y de José— y la madre de los hijos de Zebedeo.

La sepultura de Jesús

Mc 15,42-47 / Lc 23,50-55 / Jn 19,38-42

⁵⁷ Al atardecer, llegó un hombre rico de Arimatea, llamado José, que también se había hecho discípulo de Jesús, ⁵⁸ y fue a ver a Pilato para pedirle el cuerpo de Jesús. Pilato ordenó que se lo entregaran. ⁵⁹ Entonces José tomó el cuerpo, lo envolvió en una sábana limpia ⁶⁰ y lo depositó en un sepulcro nuevo que se había hecho cavar en la roca. Después hizo rodar una gran piedra a la entrada del sepulcro, y se fue. ⁶¹ María Magdalena y la otra María estaban sentadas frente al sepulcro.

⁶² A la mañana siguiente, es decir, después del día de la Preparación, los sumos sacerdotes y los fariseos se reunieron y se presentaron ante Pilato, ⁶³ diciéndole: «Señor, nosotros nos hemos acordado de que ese impostor, cuando aún vivía, dijo: "A los tres días resucitaré". ⁶⁴ Ordena que el sepulcro sea custodiado hasta el tercer día, no sea que sus discípulos roben el cuerpo y luego digan al pueblo:

27.54. *Hijo de Dios:* Los evangelios sinópticos describen explícitamente la muerte de Jesús como un acontecimiento cósmico (el sol se oscurece, la tierra tiembla). Pero hay un proceso de fe más importante aún: el centurión romano que había dirigido la ejecución de Jesús, conmovido por todo lo que ve, reconoce a Jesús como Hijo de Dios.

27.62. El *día de la Preparación*, llamado en griego *Parasceve*, es el viernes, y en él se dispone todo lo necesario para el sábado.

"¡Ha resucitado!". Este último engaño sería peor que el primero». [65]Pilato les respondió: «Ahí tienen la guardia, vayan y aseguren la vigilancia como lo crean conveniente». [66]Ellos fueron y aseguraron la vigilancia del sepulcro, sellando la piedra y dejando allí la guardia.

El anuncio de la resurrección

Mc 16,1-8 / Lc 24,1-10 / Jn 20,1-2

28 Pasado el sábado, al amanecer del primer día de la semana, María Magdalena y la otra María fueron a visitar el sepulcro. [2]De pronto, se produjo un gran temblor de tierra: el Ángel del Señor bajó del cielo, hizo rodar la piedra del sepulcro y se sentó sobre ella. [3]Su aspecto era como el de un relámpago y sus vestiduras eran blancas como la nieve. [4]Al verlo, los guardias temblaron de espanto y quedaron como muertos. [5]El Ángel dijo a las mujeres: «No teman, yo sé que ustedes buscan a Jesús, el Crucificado. [6]No está aquí, porque ha resucitado como lo había dicho. Vengan a ver el lugar donde estaba, [7]y vayan enseguida a decir a sus discípulos: "Ha resucitado de entre los muertos, e irá antes que ustedes a Galilea: allí lo verán". Esto es lo que tenía que decirles». [8]Las mujeres, atemorizadas pero llenas de alegría, se alejaron rápidamente del sepulcro y corrieron a dar la noticia a los discípulos.

La aparición de Jesús a las mujeres

Mc 16,9-11 / Lc 24,10-11 / Jn 20,14-18

[9]De pronto, Jesús salió a su encuentro y las saludó, diciendo: «Alégrense». Ellas se acercaron y, abrazándole los pies, se postraron delante de él. [10]Y Jesús les dijo: «No teman; avisen a mis hermanos que vayan a Galilea, y allí me verán».

El soborno a los soldados

[11]Mientras ellas se alejaban, algunos guardias fueron a la ciudad para contar a los sumos

---

28,2. El Ángel del Señor retira la piedra, signo de la muerte implacable, y se sienta sobre ella simbolizando la muerte vencida.

sacerdotes todo lo que había sucedido. [12] Estos se reunieron con los ancianos y, de común acuerdo, dieron a los soldados una gran cantidad de dinero, [13] con esta consigna: «Digan así: "Sus discípulos vinieron durante la noche y robaron su cuerpo, mientras dormíamos". [14] Si el asunto llega a oídos del gobernador, nosotros nos encargaremos de apaciguarlo y de evitarles a ustedes cualquier contratiempo». [15] Ellos recibieron el dinero y cumplieron la consigna. Esta versión se ha difundido entre los judíos hasta el día de hoy.

La misión universal de los Apóstoles

[16] Los once discípulos fueron a Galilea, a la montaña donde Jesús los había citado. [17] Al verlo, se postraron delante de él; sin embargo, algunos todavía dudaron. [18] Acercándose, Jesús les dijo: «Yo he recibido todo poder en el cielo y en la tierra. [19] Vayan, entonces, y hagan que todos los pueblos sean mis discípulos, bautizándolos en el nombre del Padre y del Hijo y del Espíritu Santo, [20] y enseñándoles a cumplir todo lo que yo les he mandado. Y yo estoy con ustedes hasta el fin del mundo».

28,18. La expresión *cielo y tierra* designa en la Biblia el mundo como un todo, unas veces en su unidad y otras en su diversidad. Cristo recibe pleno poder no solo sobre el mundo terreno, sino también sobre el mundo celestial.

28,19. Durante su vida terrena Jesús había enviado a sus apóstoles sola-

mente *a las ovejas perdidas de la casa de Israel* (10,5-7); ahora esa restricción ha quedado eliminada. La misión se extiende geográficamente a *todos los pueblos* y se desarrolla, a través del tiempo, hasta el fin del mundo.

EVANGELIO SEGÚN SAN MARCOS

INTRODUCCIÓN

El evangelio de Marcos comienza con un breve prólogo que presenta a Jesús como *Mesías* e *Hijo de Dios*. Cuando, a continuación, los diferentes actores se pregunten por la identidad de Jesús, el lector ya tendrá una respuesta, al menos parcial. Pero no le bastará el conocimiento de esos títulos. A lo largo del relato tendrá que descubrir qué significado exacto les da el evangelista y en qué sentido hay que invocar a Jesús como Mesías e Hijo de Dios.

La palabra *euangelion* aparece siete veces en el evangelio de Mc (1,1.14.15; 8,35; 10,29; 13,10 y 14,9, sin contar 16,15, que se considera habitualmente como un añadido posterior). A través de toda la narración, el evangelista utiliza ese término con un significado uniforme. Es el anuncio del Reino de Dios proclamado por el Mesías Jesús y que se resume en las palabras de Mc 1,15: *El tiempo se ha cumplido: el Reino de Dios está cerca. Conviértanse y crean en la Buena Noticia.* Esta expresión está en consonancia con la de Pablo, que define el Evangelio como *fuerza de Dios para todo el que cree* (Rom 1,16). Pero esta coincidencia incluye también una diferencia: el Apóstol anuncia a Jesucristo muerto y resucitado (cf. 1 Cor 15,1-8) y alude solo ocasionalmente a la vida terrena de Jesús; Marcos, en cambio, dirige una mirada retrospectiva hacia la historia del Jesús terreno, y expone el anuncio dado por el mismo Jesucristo sobre el Reino de Dios y sobre el camino de la cruz reservado al Mesías por voluntad divina.

Simultáneamente, la caracterización del escrito como *Evangelio* impide que el mensaje se interprete como la mera recordación de acontecimientos pasados, y no como una palabra viva y una interpelación dirigidas a suscitar y profundizar la fe, y capaces, por eso mismo, de transformar la existencia del creyente y de renovar la vida de la comunidad cristiana. Así, bajo la apariencia exterior de un simple relato biográfico, el evangelio hace presente la acción de Dios, que ha llevado a su cumplimiento la salvación del mundo en el destino de un hombre: Jesús de Nazaret.

El marco geográfico de la narración

La Galilea, como lugar geográfico de la primera actuación de Jesús, posee de hecho un profundo significado simbólico. Precisamente en aquel territorio, despreciado por los judíos de Jerusalén debido a la presencia de numerosos paganos, es donde Jesús, alejado del centro del judaísmo oficial, empieza a actuar y a impartir su enseñanza. Así hace brillar la luz del tiempo salvífico, aunque al principio de un modo velado y soportando la hostilidad de sus adversarios.

La manera como Marcos organiza el espacio de la actividad de Jesús tiene un sentido preciso. Ante todo, hay una marcada oposición entre *Galilea* y *Jerusalén*. La primera parte del relato se desarrolla en Galilea (1,14–9,52), y en esta etapa se enfrentan dos posiciones radicalmente opuestas: una es la de los escribas y fariseos que se cierran sobre sí mismos y se niegan a creer si no ven un signo extraordinario; la otra es el camino que Jesús abre delante de sí al adentrarse en territorio pagano. Marcos insiste en esa apertura, ya que Jesús inaugura el movimiento que tiende a impedir que el evangelio quede reducido a un espacio cerrado.

La ruptura que se traduce en el cambio del marco geográfico se puede ilustrar con algunos ejemplos. En la discusión sobre la pureza de los alimentos (7,1–23), Jesús rompe abiertamente con una importante tradición del judaísmo, y él confirma con un desplazamiento esta ruptura: Jesús sale del territorio judío y va al país de Tiro, donde cura a la hija de una mujer de origen sirofenicio (7,24-28). A partir de entonces se multiplican las indicaciones geográficas y se habla de regiones donde viven paganos: Tiro, Sidón, Cesarea de Filipo y la Decápolis, al otro lado del Jordán.

Después de la multiplicación de los panes, cuando Jesús regresa a la orilla occidental del lago, se encuentra una vez más con la hostilidad de los fariseos (cf. 3,6), que se niegan a creer en él si no realiza ante ellos un signo extraordinario. Jesús se niega a complacerlos, y *dejándolos, volvió a embarcarse hacia la otra orilla* (8,13).

En la primera etapa de su ministerio, siempre se menciona a Jerusalén en un sentido hostil (7,1); en la etapa final, cuando Jesús sube a Judea (cap. 10) y su misión acaba en Jerusalén (caps. 11–16), el ataque más violento contra él procede de las autoridades del Templo y de la nación, que son los responsables últi-

mos de su condena a muerte y de la entrega a sus verdugos.

El desarrollo de la narración

El evangelio de Marcos es profundamente original, pero esto no significa que haya surgido de la nada. Como en los otros evangelios, es posible discernir, por debajo de su plan de conjunto, estratos anteriores de tradición oral y escrita, que el evangelista selecciona, ordena, enriquece y reinterpreta con una libertad difícilmente apreciable en todos sus detalles.

Marcos distingue en la actividad de Jesús dos etapas bien características, separadas una de la otra por un acontecimiento capital (cf. 8,27-30). Así su evangelio se presenta como una especie de apocalipsis que adopta el doble esquema: *ocultamiento-revelación*.

Al comienzo de su actividad pública, Jesús se presenta ante sus contemporáneos en los poblados de la Galilea, sobre todo en Cafarnaún, donde hace milagros, practica exorcismos y predica en parábolas (1,14–8,30). Ya en 1,21-45, Marcos reúne materiales que hablan, paralelamente, de los milagros de Jesús y de su enseñanza *con autoridad*.

En esta primera etapa, Jesús impone silencio de distintas formas. Ante todo, prohíbe a los demonios anunciar claramente su mesianidad y su filiación divina (1,34; 3,12). Sus discípulos reciben de él prohibiciones análogas (8,30; 9,9), y a los que han sido sanados les manda que no hablen de los milagros que se han obrado en ellos (1,44; 5,43; 7,36; cf. 8,26). Este es el período del llamado *secreto mesiánico*.

En Mc 1,24-25, un espíritu impuro proclama a Jesús el *Santo de Dios*, pero él le ordena severamente: *Cállate y sal de este hombre*. Esta consigna de guardar silencio, junto con el exorcismo que la acompaña y con la pregunta que poco antes le había hecho el demonio (*¿Has venido para acabar con nosotros?*), revela un aspecto decisivo de la misión de Jesús: él vino a instaurar el Reino de Dios, y, como consecuencia necesaria, a destruir el imperio del mal en todas sus formas. Sin embargo, una revelación demasiado prematura de su identidad podía inducir a error, porque no basta

con apelar a los títulos de Jesús (*Mesías, Hijo de Dios*) para comprender su verdadero significado. De hecho, esos títulos fueron malinterpretados antes de la crucifixión (cf. 8,31-33; 15,31-32), y solo al pie de la cruz ha sido posible confesar a Jesús como Hijo de Dios (15,39).

Relacionado con el secreto mesiánico está la reiterada insistencia del evangelista en la incomprensión de los discípulos. Incluso el círculo más allegado a Jesús fue testigo de su actuación y escuchó su palabra mesiánica sin llegar a comprender: *¿Todavía no comprenden ni entienden? Ustedes tienen la mente enceguecida. Tienen ojos y no ven, oídos y no oyen* (8,17b-18; cf. 4,40; 6,53; 9,10.32).

Los milagros y la enseñanza de Jesús llevan naturalmente a plantear la pregunta capital acerca de su persona: *¿Quién es este, que hasta el viento y el mar le obedecen?* (4,41). Sin embargo, la persona y la actividad de Jesús están todavía envueltas en el misterio. Más aún, su verdadera identidad, al menos momentáneamente, debe permanecer secreta (3,12).

La confesión de Pedro en Cesarea es el acontecimiento capital que sirve de eje a la trama narrativa (8,27-30). Al aceptar la respuesta de Pedro, Jesús se deja reconocer por primera vez como el Mesías. Él ya había preparado a sus discípulos para este reconocimiento; o quizá, más precisamente, Marcos, mediante acercamientos sucesivos, había ido preparando al lector para este momento crucial. Pero el duro reproche que Jesús dirige a Pedro (8,33) pone bien de manifiesto un profundo desacuerdo sobre el significado que uno y otro atribuyen al título *Mesías*. Aunque los dos emplean el mismo vocablo, lo que piensan en realidad es totalmente distinto. Por eso Jesús reprende a Pedro (y también a los demás discípulos, de los que él se constituye en portavoz), diciéndoles que sus *pensamientos no son los de Dios, sino los de los hombres*, y a continuación empieza a enseñarles claramente de qué manera entiende él su mesianismo: *Y comenzó a enseñarles que el Hijo del hombre debía sufrir mucho y ser rechazado por los ancianos, los sumos sacerdotes y los escribas; que debía ser condenado a muerte y resucitar después de tres días* (8,31).

Hasta aquel momento, Jesús se había contentado con imponer silencio a los demonios y a los enfermos que habían sido sanados, pero no había dicho el porqué. Con este primer anuncio de la Pasión, empieza a revelarse el misterio del Hijo del hombre, rechazado, condenado a muerte, crucificado y resucitado. Marcos, que había preparado esta tensión psicológica, siente ahora la necesidad de explicar qué significado tiene para Jesús el título de Mesías. Su explicación es precisamente el contenido del secreto: *la necesidad del sufrimiento mesiánico*. Por lo tanto, no se podría insistir bastante en el violento contraste entre la afirmación triunfal de Pedro: *¡Tú eres el Mesías!* y el primer anuncio de la Pasión que sigue después.

La cuestión esencial era determinar en qué sentido Jesús debía ser confesado como el Mesías y en qué consistía la salvación que él aportaba. Por eso, al presentar a Jesús como el

Mesías sufriente, Marcos corregía la idea triunfalista que muchos cristianos podían hacerse de él cuando evocaban la memoria de sus milagros y exorcismos. Una idea que sin duda se encontraba más o menos difusa en su propia comunidad, como lo sugiere la reacción de Pedro al escuchar por primera vez el anuncio de la Pasión y el severo reproche que recibe de parte de Jesús (8,32-33).

Es natural, entonces, que los miembros de la comunidad a la que el evangelista comunicaba esa enseñanza hayan sido presentados como los espectadores y los beneficiarios de una revelación que *los de fuera* no alcanzaban a comprender (4,11). Al mismo tiempo, les advertía con toda seriedad que el Mesías Jesús no llegó a la resurrección sin pasar primero por la cruz. Más aún, el secreto mesiánico servía para expresar la irrevocable y libre decisión de Jesús de aceptar los sufrimientos de su Pasión, porque esa era la voluntad de Dios (14,35-36). Tal era el pensamiento de Dios (8,33) y Jesús se mantuvo fiel a él hasta el final (10,45).

A pesar de las múltiples objeciones que se han propuesto, resulta difícil negar que el «secreto mesiánico» es un procedimiento literario reelaborado por Marcos con distintas finalidades. Ante todo, esa teoría le permitió asegurar la unidad de los materiales heterogéneos reunidos en su evangelio. La mención del acuerdo entre fariseos y herodianos con el fin de matar a Jesús (3,6), como asimismo los reiterados anuncios de la Pasión (8,31; 10,32-34.38-39), le sirvieron además para unir los relatos de milagros y exorcismos con el relato de la Pasión, que Marcos recogió de la tradición de las comunidades cristianas. Aquí se requiere prestar atención a las frases que encuadran el primer anuncio de la Pasión, ya que difieren de las usadas habitualmente para introducir y concluir las palabras de Jesús. En 8,31 se dice simplemente *y comenzó a enseñarles*; pero al término del anuncio, en el v. 32, se añade: *y les hablaba de esto con toda claridad*. Por lo tanto, Jesús ya no emplea un lenguaje metafórico (deja de hablar en parábolas), y su enseñanza se comunica en el lenguaje claro y directo que sugiere el término griego *parrêsía*. Tampoco se hace referencia al *poder* con que Jesús transmitía su enseñanza, sino que toda la atención se centra en el *contenido* de su palabra: *es necesario que el Hijo del hombre sufra y sea condenado a muerte*. Es decir, en el momento mismo en que induce a sus discípulos a confesar su dignidad de Mesías, Jesús empieza a corregir la idea que ellos tenían de su condición mesiánica y los instruye sobre el verdadero sentido de su misión.

EVANGELIO SEGÚN SAN MARCOS

PREPARACIÓN DEL MINISTERIO DE JESÚS

La predicación de Juan el Bautista

Mt 3,1-6.11-12 / Lc 3,3-6.15-16 / Jn 1,23.26-27

1 Comienzo de la Buena Noticia de Jesús, Mesías, Hijo de Dios. ²Como está escrito en el libro del profeta Isaías:

*Mira, yo envío a mi mensajero
    delante de ti
para prepararte el camino.*
³ *Una voz grita en el desierto:
Preparen el camino del Señor,
allanen sus senderos,*

⁴así se presentó Juan el Bautista en el desierto, proclamando un bautismo de conversión para el perdón de los pecados. ⁵Toda la gente de Judea y todos los habitantes de Jerusalén acudían a él, y se hacían bautizar en las aguas del Jordán, confesando sus pecados.

⁶Juan estaba vestido con una piel de camello y un cinturón de cuero, y se alimentaba con langostas y miel silvestre. Y predicaba, diciendo: ⁷«Detrás de mí vendrá el que es más poderoso que yo, y yo ni siquiera soy digno de ponerme a sus pies para desatar la correa de sus sandalias. ⁸Yo los he bautizado a ustedes con agua, pero

1,1. Marcos elige para caracterizar su obra la palabra *Buena Noticia (Evangelio)*, porque es la que mejor expresa la índole del mensaje que él se propone anunciar. Ese término aparece con frecuencia en los escritos paulinos, y Pablo lo define como el *poder de Dios para la salvación de todos los que creen* (Rom 1,16). Es decir, el Evangelio no es una palabra vacía, sino la *Buena Noticia* que anuncia y realiza la salvación en las personas que la reciben con fe.

1,2-3. La cita atribuida al profeta Isaías combina en realidad varios pasajes de las Escrituras, conforme a la versión griega de los Setenta (LXX): Ex 23,20; Mal 3,1 e Is 40,3.

él los bautizará con el Espíritu Santo».

El bautismo de Jesús

Mt 3,13-17 / Lc 3,21-22

[9]En aquellos días, Jesús llegó desde Nazaret de Galilea y fue bautizado por Juan en el Jordán. [10]Y al salir del agua, vio que los cielos se abrían y que el Espíritu Santo descendía sobre él como una paloma; [11]y una voz desde el cielo dijo: «Tú eres mi Hijo muy querido, en ti tengo puesta toda mi predilección».

La tentación de Jesús en el desierto

Mt 4,1-11 / Lc 4,1-13

[12]Enseguida el Espíritu lo llevó al desierto, [13]donde estuvo cuarenta días y fue tentado por Satanás. Vivía entre las fieras, y los ángeles lo servían.

LA ACTIVIDAD DE JESÚS EN GALILEA

El comienzo de la predicación de Jesús

Mt 4,12-17 / Lc 4,14-15

[14]Después que Juan fue arrestado, Jesús se dirigió a Galilea. Allí proclamaba la Buena Noticia de Dios, diciendo: [15]«El tiempo se ha cumplido: el Reino de Dios está cerca. Conviértanse y crean en la Buena Noticia».

Los primeros discípulos

Mt 4,18-22 / Lc 5,1-11

[16]Mientras iba por la orilla del mar de Galilea, vio a Simón y a su hermano Andrés, que echaban las redes en el agua, porque eran pescadores. [17]Jesús les dijo: «Síganme, y yo los haré pescadores de hombres». [18]Inmediatamente, ellos dejaron sus redes y lo siguieron.

[19]Y avanzando un poco, vio a Santiago, hijo de Zebedeo, y a su hermano Juan, que estaban también en su barca arreglando las redes. Enseguida los llamó, [20]y ellos, dejando en la barca a su padre Zebedeo con los jornaleros, lo siguieron.

1,11. Sal 2,7; Is 42,1.

1,19-20. La palabra que mejor caracteriza el comportamiento del discípulo no es *aprender* sino *seguir*; o quizá, más precisamente, aprender en y a través del seguimiento. Ser

Enseñanza de Jesús en la sinagoga de Cafarnaún

Lc 4,31-32

²¹ Entraron en Cafarnaún, y cuando llegó el sábado, Jesús fue a la sinagoga y comenzó a enseñar. ²² Todos estaban asombrados de su enseñanza, porque les enseñaba como quien tiene autoridad y no como los escribas.

Curación de un endemoniado

Lc 4,33-37

²³ Y había en la sinagoga un hombre poseído de un espíritu impuro, que comenzó a gritar: ²⁴ «¿Qué quieres de nosotros, Jesús Nazareno? ¿Has venido para acabar con nosotros? Ya sé quién eres: el Santo de Dios». ²⁵ Pero Jesús lo increpó, diciendo: «Cállate y sal de este hombre». ²⁶ El espíritu impuro lo sacudió violentamente y, dando un gran alarido, salió de ese hombre. ²⁷ Todos quedaron asombrados y se preguntaban unos a otros: «¿Qué es esto? ¡Enseña de una manera nueva, llena de autoridad; da órdenes a los espíritus impuros, y estos le obedecen!». ²⁸ Y su fama se extendió rápidamente por todas partes, en toda la región de Galilea.

Curación de la suegra de Pedro

Mt 8,14-15 / Lc 4,38-39

²⁹ Cuando salió de la sinagoga, fue con Santiago y Juan a casa de Simón y Andrés. ³⁰ La suegra de Simón estaba en cama con fiebre, y se lo dijeron de inmediato. ³¹ Él se acercó, la tomó de la mano y la hizo levantar. Entonces ella no tuvo más fiebre y se puso a servirlos.

---

discípulo, en sentido evangélico, es asumir como propio el proyecto del Maestro, recorrer su mismo camino y compartir su estilo de vida al servicio del Reino.

1,23. Lo que en los tiempos bíblicos se entendía como posesión por el diablo u otros espíritus malignos se explica hoy, al menos en gran parte, como enfermedades de distintas clases, especialmente de carácter mental (cf. 5,2-5).

1,25. Esta imposición de silencio se debe a que una revelación demasiado prematura de la identidad de Jesús se prestaría a malentendidos, porque no basta con reconocerlo como *Mesías* o *Hijo de Dios* para comprender esos títulos en su verdadero sentido (cf. 8,32-33).

Diversas curaciones

Mt 8,16 / Lc 4,40-41

[32] Al atardecer, después de ponerse el sol, le llevaron a todos los enfermos y endemoniados, [33] y la ciudad entera se reunió delante de la puerta. [34] Jesús curó a muchos enfermos, que sufrían de diversos males, y expulsó a muchos demonios; pero a estos no los dejaba hablar, porque sabían quién era él.

La misión de Jesús

Lc 4,42-44

[35] Por la mañana, antes que amaneciera, Jesús se levantó, salió y fue a un lugar desierto; allí estuvo orando. [36] Simón salió a buscarlo con sus compañeros, [37] y cuando lo encontraron, le dijeron: «Todos te andan buscando». [38] Él les respondió: «Vayamos a otra parte, a predicar también en las poblaciones vecinas, porque para eso he salido». [39] Y fue predicando en las sinagogas de toda la Galilea y expulsando demonios.

Curación de un leproso

Mt 8,2-4 / Lc 5,12-14

[40] Entonces se le acercó un leproso para pedirle ayuda y, cayendo de rodillas, le dijo: «Si quieres, puedes purificarme». [41] Jesús, conmovido, extendió la mano y lo tocó, diciendo: «Lo quiero, queda purificado». [42] Enseguida la lepra desapareció y quedó purificado. [43] Jesús lo despidió, advirtiéndole severamente: [44] «No le digas nada a nadie, pero ve a presentarte al sacerdote y entrega por tu purificación la ofrenda que ordenó Moisés, para que les sirva de testimonio». [45] Sin embargo, apenas se fue, empezó a proclamarlo a todo el mundo, divulgando lo sucedido, de tal manera que Jesús ya no podía entrar públicamente en ninguna ciudad, sino que debía quedarse fuera, en lugares desiertos. Y acudían a él de todas partes.

Curación de un paralítico

Mt 9,1-8 / Lc 5,17-26

2 Unos días después, Jesús volvió a Cafarnaún y se difundió la noticia de que estaba en la casa. [2] Se reunió tanta gente, que no había más lugar ni siquiera delante de la puerta, y él les anunciaba la Palabra. [3] Le trajeron entonces a un paralítico, llevándolo entre cuatro

hombres. [4]Y como no podían acercarlo a él, a causa de la multitud, levantaron el techo sobre el lugar donde Jesús estaba, y haciendo un agujero descolgaron la camilla con el paralítico. [5]Al ver la fe de esos hombres, Jesús dijo al paralítico: «Hijo, tus pecados te son perdonados».

[6]Unos escribas que estaban sentados allí pensaban en su interior: [7]«¿Qué está diciendo este hombre? ¡Está blasfemando! ¿Quién puede perdonar los pecados, sino solo Dios?». [8]Jesús, advirtiendo enseguida que pensaban así, les dijo: «¿Qué están pensando? [9]¿Qué es más fácil, decir al paralítico: "Tus pecados te son perdonados", o "Levántate, toma tu camilla y camina"? [10]Para que ustedes sepan que el Hijo del hombre tiene sobre la tierra el poder de perdonar los pecados [11]—dijo al paralítico—, yo te lo mando, levántate, toma tu camilla y vete a tu casa». [12]Él se levantó enseguida, tomó su camilla y salió a la vista de todos. La gente quedó asombrada y glorificaba a Dios, diciendo: «Nunca hemos visto nada igual».

El llamado de Leví
Mt 9,9 / Lc 5,27-28

[13]Jesús salió nuevamente a la orilla del mar; toda la gente acudía allí, y él les enseñaba. [14]Al pasar vio a Leví, hijo de Alfeo, sentado a la mesa de recaudación de impuestos, y le dijo: «Sígueme». Él se levantó y lo siguió.

La actitud de Jesús hacia los pecadores
Mt 9,10-13 / Lc 5,29-32

[15]Mientras Jesús estaba comiendo en su casa, muchos publicanos y pecadores se sentaron a comer con él y sus discípulos; porque eran muchos los que lo seguían. [16]Los escribas del grupo de los fariseos, al ver que comía con pecadores y publicanos, decían a los discípulos: «¿Por qué come con publicanos y pecadores?». [17]Jesús, que había oído, les dijo: «No

---

2,14. Significativamente, el llamamiento al publicano Leví se sitúa entre la afirmación de Jesús para perdonar los pecados (2,1-12) y su comida con los pecadores (2,15-17).

son los sanos los que tienen necesidad del médico, sino los enfermos. Yo no he venido a llamar a los justos, sino a los pecadores».

Discusión sobre el ayuno

Mt 9,14-17 / Lc 5,33-39

[18] Un día en que los discípulos de Juan y los fariseos ayunaban, fueron a decirle a Jesús: «¿Por qué tus discípulos no ayunan, como lo hacen los discípulos de Juan y los discípulos de los fariseos?». [19] Jesús les respondió: «¿Acaso los amigos del esposo pueden ayunar cuando el esposo está con ellos? Es natural que no ayunen, mientras tienen consigo al esposo. [20] Llegará el momento en que el esposo les será quitado, y entonces ayunarán.

[21] Nadie usa un pedazo de género nuevo para remendar un vestido viejo, porque el pedazo añadido tira del vestido viejo y la rotura se hace más grande. [22] Tampoco se pone vino nuevo en odres viejos, porque hará reventar los odres, y ya no servirán más ni el vino ni los odres. ¡A vino nuevo, odres nuevos!».

Discusión sobre el sábado

Mt 12,1-8 / Lc 6,1-5

[23] Un sábado en que Jesús atravesaba unos sembrados, sus discípulos comenzaron a arrancar espigas al pasar. [24] Entonces los fariseos le dijeron: «¡Mira! ¿Por qué hacen en sábado lo que no está permitido?». [25] Él les respondió: «¿Ustedes no han leído nunca lo que hizo David, cuando él y sus compañeros se vieron obligados por el hambre, [26] cómo entró en la Casa de Dios, en el tiempo del Sumo Sacerdote Abiatar, y comió y dio a sus compañeros los panes de la ofrenda, que solo pueden comer los sacerdotes?». [27] Y agregó: «El sábado ha sido hecho para el hombre, y no el hombre para el sábado. [28] De manera que el Hijo del hombre es dueño también del sábado».

Curación de un hombre en sábado

Mt 12,9-14 / Lc 6,6-11

3 Jesús entró nuevamente en una sinagoga, y había allí un hombre que tenía una mano paralizada. [2] Los fariseos observaban atentamente a Jesús para ver si lo curaba en sábado, con el fin de acusarlo. [3]Jesús dijo al hombre de la mano paralizada: «Ven y colócate aquí delante». [4]Y les dijo: «¿Está permitido en sábado hacer el bien o el mal, salvar una vida o perderla?». Pero ellos callaron. [5]Entonces, dirigiendo sobre ellos una mirada llena de indignación y apenado por la dureza de sus corazones, dijo al hombre: «Extiende tu mano». Él la extendió y su mano quedó curada. [6]Los fariseos salieron y se confabularon con los herodianos para buscar la forma de acabar con él.

La multitud sigue a Jesús
Mt 4,25; 12,15-16 / Lc 6,17-19

[7]Jesús se retiró con sus discípulos a la orilla del mar, y lo siguió mucha gente de Galilea. [8]Al enterarse de lo que hacía, también fue a su encuentro una gran multitud de Judea, de Jerusalén, de Idumea, de la Transjordania y de la región de Tiro y Sidón. [9]Entonces mandó a sus discípulos que le prepararan una barca, para que la muchedumbre no lo apretujara. [10]Porque, como curaba a muchos, todos los que padecían algún mal se arroja-

ban sobre él para tocarlo. [11]Y los espíritus impuros, apenas lo veían, se tiraban a sus pies, gritando: «¡Tú eres el Hijo de Dios!». [12]Pero Jesús les ordenaba terminantemente que no lo pusieran de manifiesto.

Institución de los Doce
Mt 10,1-4 / Lc 6,12-16

[13]Después subió a la montaña y llamó a su lado a los que quiso. Ellos fueron hacia él, [14]y Jesús instituyó a Doce, a los que llamó apóstoles, para que estuvieran con él y para enviarlos a predicar [15]con el poder de expulsar a los demonios. [16]Así instituyó a los Doce: Simón, al que puso el sobrenombre de Pedro; [17]Santiago, hijo de Zebedeo, y Juan, hermano de Santiago, a los que dio el nombre de Boanerges, es decir, hijos del trueno; [18]luego, Andrés, Felipe, Bartolomé, Mateo, Tomás, Santiago, hijo de Alfeo, Tadeo, Simón, el Cananeo, [19]y Judas Iscariote, el mismo que lo entregó.

La actitud de los parientes de Jesús
[20]Jesús regresó a la casa, y de nuevo se juntó tanta gente que ni

siquiera podían comer. ²¹Cuando sus parientes se enteraron, salieron para llevárselo, porque decían: «Es un exaltado».

Jesús y Belzebul
Mt 9,34; 12,24-29 / Lc 11,15-22

²²Los escribas que habían venido de Jerusalén decían: «Está poseído por Belzebul y expulsa a los demonios por el poder del Príncipe de los demonios». ²³Jesús los llamó y por medio de comparaciones les explicó: «¿Cómo Satanás va a expulsar a Satanás? ²⁴Un reino donde hay luchas internas no puede subsistir. ²⁵Y una familia dividida tampoco puede subsistir. ²⁶Por lo tanto, si Satanás se dividió, levantándose contra sí mismo, ya no puede subsistir, sino que ha llegado a su fin. ²⁷Pero nadie puede entrar en la casa de un hombre fuerte y saquear sus bienes, si primero no lo ata. Solo así podrá saquear la casa.

La blasfemia contra el Espíritu Santo
Mt 12,31-32 / Lc 12,10

²⁸Les aseguro que todo será perdonado a los hombres: todos los pecados y cualquier blasfemia que profieran. ²⁹Pero el que blasfeme contra el Espíritu Santo, no tendrá perdón jamás: es culpable de pecado para siempre». ³⁰Jesús dijo esto porque ellos decían: «Está poseído por un espíritu impuro».

La verdadera familia de Jesús
Mt 12,46-50 / Lc 8,19-21

³¹Entonces llegaron su madre y sus hermanos y, quedándose

3,22. *Belzebul* es el nombre de un dios pagano con el que los judíos designaban al príncipe de los demonios (cf. 1,13; nota Mt 12,29).

3,23. *Por medio de comparaciones:* lit. *en parábolas.*

3,27. Satanás es simbolizado aquí en la figura del *hombre fuerte.*

3,31-35. La llegada de sus familiares proporciona a Jesús la ocasión para brindar una enseñanza decisiva sobre el verdadero parentesco con él. Este parentesco no está constituido por vínculos de sangre, sino por la escucha obediente y activa de la Palabra de Dios. De él no están excluidos los parientes carnales. Al contrario, todos están llamados a formar parte de esta nueva familia engendrada por la Palabra de Dios, empezando por su propia madre (cf. Lc 1,38).

3,31. *Hermanos:* Cf. nota Mt 12,46.

fuera, lo mandaron llamar. ³²La multitud estaba sentada alrededor de Jesús, y le dijeron: «Tu madre y tus hermanos te buscan ahí fuera». ³³Él les respondió: «¿Quién es mi madre y quiénes son mis hermanos?». ³⁴Y dirigiendo su mirada sobre los que estaban sentados alrededor de él, dijo: «Estos son mi madre y mis hermanos. ³⁵Porque el que hace la voluntad de Dios, ese es mi hermano, mi hermana y mi madre».

La parábola del sembrador
Mt 13,1-9 / Lc 8,4-8

4 Jesús comenzó a enseñar de nuevo a orillas del mar. Una gran multitud se reunió junto a él, de manera que debió subir a una barca dentro del mar, y sentarse en ella. Mientras tanto, la multitud estaba en la orilla. ²Él les enseñaba muchas cosas por medio de parábolas, y esto era lo que les enseñaba: ³«¡Escuchen! El sembrador salió a sembrar. ⁴Mientras sembraba, parte de la semilla cayó al borde del camino, y vinieron los pájaros y se la comieron. ⁵Otra parte cayó en terreno rocoso, donde no tenía mucha tierra, y brotó enseguida porque la tierra era poco profunda; ⁶pero cuando salió el sol, se quemó y, por falta de raíz, se secó. ⁷Otra cayó entre las espinas; estas crecieron, la sofocaron, y no dio fruto. ⁸Otros granos cayeron en buena tierra y dieron fruto: fueron creciendo y desarrollándose, y rindieron ya el treinta, ya el sesenta, ya el ciento por uno». ⁹Y decía: «¡El que tenga oídos para oír, que oiga!».

Finalidad de las parábolas
Mt 13,10-11.13 / Lc 8,9-10

¹⁰Cuando se quedó solo, los que estaban alrededor de él junto con los Doce, le preguntaban por el sentido de las parábolas. ¹¹Y Jesús les decía: «A ustedes se les ha confiado el misterio del Reino de Dios; en cambio, para los de fuera, todo es parábola, ¹²a fin de que

miren y no vean,
oigan y no entiendan,
no sea que se conviertan
y alcancen el perdón».

Explicación de la parábola del sembrador

Mt 13,18-23 / Lc 8,11-15

[13] Jesús les dijo: «¿No entienden esta parábola? ¿Cómo comprenderán entonces todas las demás? [14] El sembrador siembra la Palabra. [15] Los que están al borde del camino, son aquellos en quienes se siembra la Palabra; pero, apenas la escuchan, viene Satanás y se lleva la semilla sembrada en ellos. [16] Igualmente, los que reciben la semilla en terreno rocoso son los que, al escuchar la Palabra, la acogen enseguida con alegría; [17] pero no tienen raíces, sino que son inconstantes y, en cuanto sobreviene la tribulación o la persecución a causa de la Palabra, inmediatamente sucumben. [18] Hay otros que reciben la semilla entre espinas: son los que han escuchado la Palabra, [19] pero las preocupaciones del mundo, la seducción de las riquezas y los demás deseos penetran en ellos y ahogan la Palabra, y esta resulta infructuosa. [20] Y los que reciben la semilla en tierra buena, son los que escuchan la Palabra, la aceptan y dan fruto al treinta, al sesenta y al ciento por uno».

El ejemplo de la lámpara

Mt 5,15; 10,26 / Lc 8,16-17

[21] Jesús les decía: «¿Acaso se trae una lámpara para ponerla debajo de un cajón o debajo de la cama? ¿No es más bien para colocarla sobre el candelero? [22] Porque no hay nada oculto que no deba ser revelado ni nada secreto que no deba manifestarse. [23] ¡Si alguien tiene oídos para oír, que oiga!».

El ejemplo de la medida

Mt 7,2 / Lc 6,38 // Mt 13,12 / Lc 8,18

[24] Y les decía: «¡Presten atención a lo que oyen! La medida con que midan se usará para ustedes, y les darán más todavía. [25] Porque al que tiene, se le dará,

---

4,24-25. *Al que tiene, se le dará, pero al que no tiene, se le quitará aun lo que tiene:* Aquí se expresa en forma paradójica que el pleno conocimiento del Reino de Dios le será concedido a quienes reciben la palabra de Jesús con un corazón bien dispuesto. Los que rechazan esa palabra, en cambio, perderán incluso aquel conocimiento que tenían del designio de Dios revelado en el Antiguo Testamento.

pero al que no tiene, se le quitará aun lo que tiene».

La parábola de la semilla que crece por sí sola

²⁶Y decía: «El Reino de Dios es como un hombre que echa la semilla en la tierra: ²⁷sea que duerma o se levante, de noche y de día, la semilla germina y va creciendo, sin que él sepa cómo. ²⁸La tierra por sí misma produce primero un tallo, luego una espiga, y al fin grano abundante en la espiga. ²⁹Cuando el fruto está a punto, él aplica enseguida la hoz, porque ha llegado el tiempo de la cosecha».

La parábola del grano de mostaza

Mt 13,31-32 / Lc 13,18-19

³⁰También decía: «¿Con qué podríamos comparar el Reino de Dios? ¿Qué parábola nos servirá para representarlo? ³¹Se parece a un grano de mostaza. Cuando se la siembra, es la más pequeña de todas las semillas de la tierra, ³²pero, una vez sembrada, crece y llega a ser la más grande de todas las hortalizas, y extiende tanto sus ramas que los pájaros del cielo se cobijan a su sombra».

La enseñanza por medio de parábolas

Mt 13,34-35

³³Y con muchas parábolas como estas les anunciaba la Palabra, en la medida en que ellos podían comprender. ³⁴No les hablaba sino en parábolas, pero a sus propios discípulos, en privado, les explicaba todo.

La tempestad calmada

Mt 8,23-27 / Lc 8,22-25

³⁵Al atardecer de ese mismo día, les dijo: «Crucemos a la otra orilla». ³⁶Ellos, dejando a la multitud, lo llevaron a la barca, así como estaba. Había otras barcas junto a la suya. ³⁷Entonces se desató un fuerte vendaval, y las olas entraban en la barca, que se iba llenando de agua. ³⁸Jesús estaba en la popa, durmiendo sobre el cabezal. ³⁹Lo despertaron y le dijeron: «¡Maestro! ¿No te importa que nos ahoguemos?». Despertándose, él increpó al viento y dijo al mar: «¡Silencio! ¡Cállate!». El viento se aplacó y sobrevino una gran calma. ⁴⁰Después les dijo: «¿Por qué tienen miedo? ¿Cómo no tienen fe?». ⁴¹Entonces quedaron atemorizados y se

decían unos a otros: «¿Quién es este, que hasta el viento y el mar le obedecen?».

Curación del endemoniado de Gerasa
Mt 8,28-34 / Lc 8,26-39

5 Llegaron a la otra orilla del mar, a la región de los gerasenos. ²Apenas Jesús desembarcó, le salió al encuentro desde el cementerio un hombre poseído por un espíritu impuro. ³Él habitaba en los sepulcros, y nadie podía sujetarlo, ni siquiera con cadenas. ⁴Muchas veces lo habían atado con grillos y cadenas, pero él había roto las cadenas y destrozado los grillos, y nadie podía dominarlo. ⁵Día y noche, vagaba entre los sepulcros y por la montaña, dando alaridos e hiriéndose con piedras.

⁶Al ver de lejos a Jesús, vino corriendo a postrarse ante él, ⁷gritando con fuerza: «¿Qué quieres de mí, Jesús, Hijo de Dios, el Altísimo? ¡Te conjuro por Dios, no me atormentes!». ⁸Porque Jesús le había dicho: «¡Sal de este hombre, espíritu impuro!». ⁹Después le preguntó: «¿Cuál es tu nombre?». Él respondió: «Mi nombre es Legión, porque somos muchos». ¹⁰Y le rogaba con insistencia que no lo expulsara de aquella región.

¹¹Había allí una gran piara de cerdos que estaba paciendo en la montaña. ¹²Los espíritus impuros suplicaron a Jesús: «Envíanos a los cerdos, para que entremos en ellos». ¹³Él se lo permitió. Entonces los espíritus impuros salieron de aquel hombre, entraron en los cerdos, y desde lo alto del acantilado, toda la piara —unos dos mil animales— se precipitó al mar y se ahogó.

¹⁴Los cuidadores huyeron y difundieron la noticia en la ciudad y en los poblados. La gente fue a ver qué había sucedido. ¹⁵Cuando llegaron adonde estaba Jesús, vieron sentado, vestido y en su

---

5,9. *¿Cuál es tu nombre?*: En algunas culturas, para actuar sobre un espíritu demoníaco era necesario conocer su nombre. Por eso Jesús debe arrancar el nombre al adversario, que ya lo ha reconocido como *Jesús, Hijo de Dios, el Altísimo.* Aquí el demonio se identifica a sí mismo con el nombre de *Legión.*

sano juicio, al que había estado poseído por aquella Legión, y se llenaron de temor. [16]Los testigos del hecho les contaron lo que había sucedido con el endemoniado y con los cerdos. [17]Entonces empezaron a pedir a Jesús que se alejara de su territorio.

[18]En el momento de embarcarse, el hombre que había estado endemoniado le pidió que lo dejara quedarse con él. [19]Jesús no se lo permitió, sino que le dijo: «Vete a tu casa con tu familia, y anúnciales todo lo que el Señor hizo contigo al compadecerse de ti». [20]El hombre se fue y comenzó a proclamar por la región de la Decápolis lo que Jesús había hecho por él, y todos quedaban admirados.

Curación de una mujer y resurrección de la hija de Jairo
Mt 9,18-26 / Lc 8,40-56

[21]Cuando Jesús regresó en la barca a la otra orilla, una gran multitud se reunió a su alrededor, y él se quedó junto al mar. [22]Entonces llegó uno de los jefes de la sinagoga, llamado Jairo, y al verlo, se arrojó a sus pies, [23]rogándole con insistencia: «Mi hijita se está muriendo; ven a imponerle las manos, para que se cure y viva». [24]Jesús fue con él y lo seguía una gran multitud que lo apretaba por todos lados.

[25]Se encontraba allí una mujer que desde hacía doce años padecía de hemorragias. [26]Había sufrido mucho en manos de numerosos médicos y gastado todos sus bienes sin resultado; al contrario, cada vez estaba peor. [27]Como había oído hablar de Jesús, se le acercó por detrás, entre la multitud, y tocó su manto, [28]porque pensaba: «Con solo tocar su manto quedaré curada». [29]Inmediatamente cesó la hemorragia, y ella sintió en su cuerpo que estaba curada de su mal. [30]Jesús se dio cuenta enseguida de la fuerza que había salido de él, se dio la vuelta y, dirigiéndose a la multitud, preguntó: «¿Quién tocó mi manto?». [31]Sus discípulos le dijeron: «¿Ves que la gente te aprieta por

---

5,27. *Se le acercó por detrás:* Esta reacción de la mujer se debía a su situación de impureza legal, consecuencia de su humillante enfermedad.

todas partes y preguntas quién te ha tocado?». ³²Pero él seguía mirando a su alrededor, para ver quién había sido. ³³Entonces la mujer, muy asustada y temblando, porque sabía bien lo que le había ocurrido, fue a arrojarse a sus pies y le confesó toda la verdad. ³⁴Jesús le dijo: «Hija, tu fe te ha salvado. Vete en paz, y queda curada de tu enfermedad».

³⁵Todavía estaba hablando, cuando llegaron unas personas de la casa del jefe de la sinagoga y le dijeron: «Tu hija ya murió; ¿para qué vas a seguir molestando al Maestro?». ³⁶Pero Jesús, sin tener en cuenta esas palabras, dijo al jefe de la sinagoga: «No temas, basta que creas». ³⁷Y sin permitir que nadie lo acompañara, excepto Pedro, Santiago y Juan, el hermano de Santiago, ³⁸fue a casa del jefe de la sinagoga. Allí vio un gran alboroto, y gente que lloraba y gritaba. ³⁹Al entrar, les dijo: «¿Por qué se alborotan y lloran? La niña no está muerta, sino que duerme».

⁴⁰Y se burlaban de él. Pero Jesús hizo salir a todos, y tomando consigo al padre y a la madre de la niña, y a los que venían con él, entró donde ella estaba. ⁴¹La tomó de la mano y le dijo: *Talitá kum*, que significa «¡Niña, yo te lo ordeno, levántate!». ⁴²Enseguida la niña, que ya tenía doce años, se levantó y comenzó a caminar. Ellos, entonces, se llenaron de asombro, ⁴³y él les mandó insistentemente que nadie se enterara de lo sucedido. Después dijo que dieran de comer a la niña.

Visita de Jesús a Nazaret
Mt 13,53-58 / Lc 4,16-24

6 Jesús salió de allí y se dirigió a su pueblo, seguido de sus discípulos. ²Cuando llegó el sábado, comenzó a enseñar en la sinagoga, y la multitud que lo escuchaba estaba asombrada y decía: «¿De dónde saca todo esto? ¿Qué sabiduría es esa que le ha sido dada y esos grandes milagros que se realizan por sus manos? ³¿No

---

5,34. La sentencia final, *Tu fe te ha salvado*, hace ver a la mujer que el gesto físico de tocarle el manto no había servido de nada sin la fe que la impulsó a ir a su encuentro para poder tocarlo.

es acaso el carpintero, el hijo de María, hermano de Santiago, de José, de Judas y de Simón? ¿Y sus hermanas no viven aquí entre nosotros?». Y Jesús era para ellos un motivo de tropiezo. ⁴Por eso les dijo: «Un profeta es despreciado solamente en su pueblo, en su familia y en su casa». ⁵Y no pudo hacer allí ningún milagro, fuera de curar a unos pocos enfermos, imponiéndoles las manos. ⁶Y él se asombraba de su falta de fe.

Misión de los Doce
Mt 10,1.9-14 / Lc 9,1-6

Jesús recorría las poblaciones de los alrededores, enseñando a la gente. ⁷Entonces llamó a los Doce y los envió de dos en dos, dándoles poder sobre los espíritus impuros. ⁸Y les ordenó que no llevaran para el camino más que un bastón; ni pan, ni alforja, ni dinero; ⁹que fueran calzados con sandalias y que no tuvieran dos túnicas. ¹⁰Les dijo: «Permanezcan en la casa donde les den alojamiento hasta el momento de partir. ¹¹Si no los reciben en un lugar y la gente no los escucha, al salir de allí, sacudan hasta el polvo de sus pies, en testimonio contra ellos». ¹²Entonces fueron a predicar, exhortando a la conversión; ¹³expulsaron a muchos demonios y curaron a numerosos enfermos, ungiéndolos con óleo.

Juicio de Herodes sobre Jesús
Mt 14,1-2 / Lc 9,7-9

¹⁴El rey Herodes oyó hablar de Jesús, porque su fama se había extendido por todas partes. Algunos decían: «Juan el Bautista ha resucitado, y por eso se manifiestan en él poderes milagrosos». ¹⁵Otros afirmaban: «Es Elías». Y otros: «Es un profeta como los antiguos». ¹⁶Pero Herodes, al oír todo esto, decía: «Este hombre es Juan, a quien yo mandé decapitar y que ha resucitado».

La muerte de Juan el Bautista
Mt 14,3-12 / Lc 3,19-20

¹⁷Herodes, en efecto, había hecho arrestar y encarcelar a Juan a causa de Herodías, la mujer de su hermano Felipe, con la que se había casado. ¹⁸Porque Juan

decía a Herodes: «No te es lícito tener a la mujer de tu hermano». [19]Herodías odiaba a Juan e intentaba matarlo, pero no podía, [20]porque Herodes lo respetaba, sabiendo que era un hombre justo y santo, y lo protegía. Cuando lo oía, quedaba perplejo, pero lo escuchaba con gusto.

[21]Un día se presentó la ocasión favorable. Herodes festejaba su cumpleaños, ofreciendo un banquete a sus dignatarios, a sus oficiales y a los notables de Galilea. [22]La hija de Herodías salió a bailar, y agradó tanto a Herodes y a sus convidados, que el rey dijo a la joven: «Pídeme lo que quieras y te lo daré». [23]Y le aseguró bajo juramento: «Te daré cualquier cosa que me pidas, aunque sea la mitad de mi reino». [24]Ella fue a preguntar a su madre: «¿Qué debo pedirle?». «La cabeza de Juan el Bautista», respondió esta. [25]La joven volvió rápidamente adonde estaba el rey y le hizo este pedido: «Quiero que me traigas ahora mismo, sobre una bandeja, la cabeza de Juan el Bautista». [26]El rey se entristeció mucho, pero a causa de su juramento, y por los convidados, no quiso contrariarla. [27]En-

seguida mandó a un guardia que trajera la cabeza de Juan. [28]El guardia fue a la cárcel y le cortó la cabeza. Después la trajo sobre una bandeja, la entregó a la joven y esta se la dio a su madre. [29]Cuando los discípulos de Juan lo supieron, fueron a recoger el cadáver y lo sepultaron.

La primera multiplicación de los panes

Mt 14,13-21 / Lc 9,10-17 / Jn 6,1-13

[30]Los Apóstoles se reunieron con Jesús y le contaron todo lo que habían hecho y enseñado. [31]Él les dijo: «Vengan ustedes solos a un lugar desierto, para descansar un poco». Porque era tanta la gente que iba y venía, que no tenían tiempo ni para comer. [32]Entonces se fueron solos en la barca a un lugar desierto. [33]Al verlos partir, muchos los reconocieron, y de todas las ciudades acudieron por tierra a aquel lugar y llegaron antes que ellos.

[34]Al desembarcar, Jesús vio una gran muchedumbre y se compadeció de ella, porque eran como ovejas sin pastor, y estuvo enseñándoles largo rato. [35]Como se había hecho tarde, sus discípulos se acercaron y le

dijeron: «Este es un lugar desierto, y ya es muy tarde. ³⁶Despide a la gente, para que vaya a los campos y pueblos cercanos a comprar algo para comer». ³⁷Él respondió: «Denles de comer ustedes mismos». Ellos le dijeron: «Habría que comprar pan por valor de doscientos denarios para dar de comer a todos». ³⁸Jesús preguntó: «¿Cuántos panes tienen ustedes? Vayan a ver». Después de averiguarlo, dijeron: «Cinco panes y dos pescados». ³⁹Él les ordenó que hicieran sentar a todos en grupos, sobre la hierba verde, ⁴⁰y la gente se sentó en grupos de cien y de cincuenta. ⁴¹Entonces él tomó los cinco panes y los dos pescados, y levantando los ojos al cielo, pronunció la bendición, partió los panes y los fue entregando a sus discípulos para que los distribuyeran. También repartió los dos pescados entre la gente. ⁴²Todos comieron hasta saciarse, ⁴³y se recogieron doce canastas llenas de sobras de pan y de restos de pescado.

⁴⁴Los que comieron eran cinco mil hombres.

Jesús camina sobre el agua
Mt 14,22-33 / Jn 6,16-21

⁴⁵Enseguida, Jesús obligó a sus discípulos a que subieran a la barca y lo precedieran en la otra orilla, hacia Betsaida, mientras él despedía a la multitud. ⁴⁶Una vez que los despidió, se retiró a la montaña para orar. ⁴⁷Al caer la tarde, la barca estaba en medio del mar y él permanecía solo en tierra. ⁴⁸Al ver que remaban muy penosamente, porque tenían viento en contra, cerca de la madrugada fue hacia ellos caminando sobre el mar, e hizo como si pasara de largo. ⁴⁹Ellos, al verlo caminar sobre el mar, pensaron que era un fantasma y se pusieron a gritar, ⁵⁰porque todos lo habían visto y estaban sobresaltados. Pero él les habló enseguida y les dijo: «Tranquilícense, soy yo; no teman». ⁵¹Luego subió a la barca con ellos y el viento se calmó. Así llegaron al colmo de su estupor,

---

6,41. *Pronunció la bendición:* La expresión se refiere a la oración de alabanza y acción de gracias que acompañaba a la fracción del pan en las comidas judías.

[52] porque no habían comprendido el milagro de los panes y su mente estaba enceguecida.

Curaciones en la región de Genesaret
Mt 14,34-36

[53] Después de atravesar el lago, llegaron a Genesaret y atracaron allí. [54] Apenas desembarcaron, la gente reconoció enseguida a Jesús, [55] y comenzaron a recorrer toda la región para llevar en camilla a los enfermos, hasta el lugar donde sabían que él estaba. [56] En todas partes donde entraba, pueblos, ciudades y poblados, ponían a los enfermos en las plazas y le rogaban que los dejara tocar tan solo los flecos de su manto, y quienes lo tocaban quedaban curados.

Discusión sobre las tradiciones
Mt 15,1-9

7 Los fariseos con algunos escribas llegados de Jerusalén se acercaron a Jesús, [2] y vieron que algunos de sus discípulos comían con las manos impuras, es decir, sin lavar.

[3] Los fariseos, en efecto, y los judíos en general, no comen sin lavarse antes cuidadosamente las manos, siguiendo la tradición de sus antepasados; [4] y al volver del mercado, no comen sin hacer primero las abluciones. Además, hay muchas otras prácticas a las que están aferrados por tradición, como el lavado de los vasos, de las jarras y de la vajilla de bronce. [5] Entonces los fariseos y los escribas preguntaron a Jesús: «¿Por qué tus discípulos no proceden de acuerdo con la tradición de nuestros antepasados, sino que comen con las manos impuras?». [6] Él les respondió: «¡Hipócritas! Bien profetizó de ustedes Isaías, en el pasaje de la Escritura que dice:

Este pueblo me honra
con los labios,
pero su corazón está lejos
de mí.
[7] *En vano me rinde culto:*
las doctrinas que enseñan
no son sino preceptos
humanos.

7,6-7. Is 28,13.

⁸Ustedes dejan de lado el mandamiento de Dios, por seguir la tradición de los hombres».

⁹Y les decía: «Por mantenerse fieles a su tradición, ustedes descartan tranquilamente el mandamiento de Dios. ¹⁰Porque Moisés dijo: *Honra a tu padre y a tu madre*, y además: *El que maldice a su padre y a su madre será condenado a muerte*. ¹¹En cambio, ustedes afirman: "Si alguien dice a su padre o a su madre: Declaro *corbán* —es decir, ofrenda sagrada— todo aquello con lo que podría ayudarte...". ¹²En ese caso, le permiten no hacer más nada por su padre o por su madre. ¹³Así anulan la palabra de Dios por la tradición que ustedes mismos se han transmitido. ¡Y como estas, hacen muchas otras cosas!».

La enseñanza sobre lo puro y lo impuro
Mt 15,10-20

¹⁴Y Jesús, llamando otra vez a la gente, les dijo: «Escúchenme todos y entiéndanlo bien. ¹⁵Ninguna cosa externa que entra en el hombre puede mancharlo; lo que lo hace impuro es aquello que sale del hombre. ¹⁶¡Si alguien tiene oídos para oír, que oiga!».

¹⁷Cuando se apartó de la multitud y entró en la casa, sus discípulos le preguntaron por el sentido de esa parábola. ¹⁸Él les dijo: «¿Ni siquiera ustedes son capaces de comprender? ¿No saben que nada de lo que entra de fuera en el hombre puede mancharlo, ¹⁹porque eso no va al corazón sino al vientre, y después se elimina en lugares retirados?». Así Jesús declaraba que eran puros todos los ali-

---

7,10. *Honra a tu padre y a tu madre:* Ex 20,12; Dt 5,16; cf. Mc 10,19; Ef 6,2. Sobre los castigos infligidos a quienes los maldicen, cf. Ex 21,17; Lv 20,9; cf. Dt 27,16; Eclo 3,16.
7,11. Marcos explica para sus lectores no judíos el valor de la palabra aramea *corbán*, que significa «ofrenda», especialmente la ofrenda hecha a Dios. Como todo lo consagrado a Dios no podía destinarse a usos profanos, algunos hacían el voto de dar al tesoro del Templo los bienes necesarios para socorrer a sus padres ancianos, y este pretexto les servía para dejarlos abandonados a su propia suerte (v. 12).
7,19. Después de criticar la falsa escrupulosidad de los fariseos (cf. v. 2) y la falta de comprensión de sus discípulos (vv. 15.18), Jesús sorprende al lector con su nueva concepción de lo

mentos. [20]Luego agregó: «Lo que sale del hombre es lo que lo hace impuro. [21]Porque es del interior, del corazón de los hombres de donde provienen las malas intenciones, las fornicaciones, los robos, los homicidios, [22]los adulterios, la avaricia, la maldad, los engaños, las deshonestidades, la envidia, la difamación, el orgullo, el desatino. [23]Todas estas cosas malas proceden del interior y son las que manchan al hombre».

LA ACTIVIDAD DE JESÚS FUERA DE GALILEA

Curación de la hija de una cananea
Mt 15,21-28

[24]Después Jesús partió de allí y fue a la región de Tiro. Entró en una casa y no quiso que nadie lo supiera, pero no pudo permanecer oculto. [25]Enseguida una mujer cuya hija estaba poseída por un espíritu impuro, oyó hablar de él y fue a postrarse a sus pies. [26]Esta mujer, que era pagana y de origen sirofenicio, le pidió que expulsara de su hija al demonio. [27]Él le respondió: «Deja que antes se sacien los hijos; no está bien tomar el pan de los hijos para tirárselo a los cachorros». [28]Pero ella le respondió: «Es verdad, Señor, pero los cachorros, debajo de la mesa, comen las migajas que dejan caer los hijos». [29]Entonces él le dijo: «A causa de lo que has dicho, puedes irte: el demonio ha salido de tu hija». [30]Ella regresó a su casa y encontró a la niña acostada en la cama y liberada del demonio.

Curación de un sordomudo
Mt 15,29-31

[31]Cuando Jesús volvía de la región de Tiro, pasó por Sidón y fue hacia el mar de Galilea, atravesando el territorio de la

puro y lo impuro, contraponiendo lo de *fuera* y lo de *dentro*, lo que *entra* del exterior y lo que *sale* del corazón. **7,29.** Esta respuesta de Jesús da a entender que *el pan de los hijos*, si bien está destinado en primer lugar a Israel, algún día se distribuirá también a los venidos de lejos (cf. 8,3). **7,31.** Esta indicación geográfica trata solo de situar en tierra pagana el segundo relato de la multiplicación de los panes.

Decápolis. [32]Entonces le presentaron a un sordomudo y le pidieron que le impusiera las manos. [33]Jesús lo separó de la multitud y, llevándolo aparte, le puso los dedos en las orejas y con su saliva le tocó la lengua. [34]Después, levantando los ojos al cielo, suspiró y le dijo: *«Efatá»*, que significa «Ábrete». [35]Y enseguida se abrieron sus oídos, se le soltó la lengua y comenzó a hablar normalmente.

[36]Jesús les mandó insistentemente que no dijeran nada a nadie, pero cuanto más insistía, ellos más lo proclamaban [37]y, en el colmo de la admiración, decían: «Todo lo ha hecho bien: hace oír a los sordos y hablar a los mudos».

La segunda multiplicación de los panes
Mt 15,32-39

8 En esos días, volvió a reunirse una gran multitud, y como no tenían qué comer, Jesús llamó a sus discípulos y les dijo: [2]«Me da pena esta multitud, porque hace tres días que están conmigo y no tienen qué comer. [3]Si los mando en ayunas a sus casas, van a desfalle-cer en el camino, y algunos han venido de lejos». [4]Los discípulos le preguntaron: «¿Cómo se podría conseguir pan en este lugar desierto para darles de comer?». [5]Él les dijo: «¿Cuántos panes tienen ustedes?». Ellos respondieron: «Siete». [6]Entonces él ordenó a la multitud que se sentara en el suelo, después tomó los siete panes, dio gracias, los partió y los fue entregando a sus discípulos para que los distribuyeran. Ellos los repartieron entre la multitud. [7]Tenían, además, unos cuantos pescados pequeños, y después de pronunciar la bendición sobre ellos, mandó que también los repartieran. [8]Comieron hasta saciarse y todavía se recogieron siete canastas con lo que había sobrado. [9]Eran unas cuatro mil personas. Luego Jesús los despidió. [10]Enseguida subió a la barca con sus discípulos y fue a la región de Dalmanuta.

El signo rehusado a los fariseos
Mt 16,1-4; 12,38-39 / Lc 11,16.29

[11]Entonces llegaron los fariseos, que comenzaron a discutir con

él; y, para ponerlo a prueba, le pedían un signo del cielo. [12]Jesús, suspirando profundamente, dijo: «¿Por qué esta generación pide un signo? Les aseguro que no se le dará ningún signo». [13]Y dejándolos, volvió a embarcarse hacia la otra orilla.

Advertencia contra la actitud de los fariseos y de Herodes
Mt 16,5-12 / Lc 12,1

[14]Los discípulos se habían olvidado de llevar pan y no tenían más que un pan en la barca. [15]Jesús les hacía esta recomendación: «Estén atentos, cuídense de la levadura de los fariseos y de la levadura de Herodes». [16]Ellos discutían entre sí, porque no habían traído pan. [17]Jesús se dio cuenta y les dijo: «¿A qué viene esa discusión porque no tienen pan? ¿Todavía no comprenden ni entienden? Ustedes tienen la mente enceguecida. [18]*Tienen ojos y no ven, oídos y no oyen.* ¿No recuerdan [19]cuántas canastas llenas de sobras recogieron cuando repartí cinco panes entre cinco mil personas?». Ellos le respondieron: «Doce». [20]«Y cuando repar-

tí siete panes entre cuatro mil personas, ¿cuántas canastas llenas de trozos recogieron?». Ellos le respondieron: «Siete». [21]Entonces Jesús les dijo: «¿Todavía no comprenden?».

Curación de un ciego

[22]Cuando llegaron a Betsaida, le trajeron a un ciego y le rogaban que lo tocara. [23]Él tomó al ciego de la mano y lo condujo a las afueras del pueblo. Después de ponerle saliva en los ojos e imponerle las manos, Jesús le preguntó: «¿Ves algo?». [24]El ciego, que comenzaba a ver, le respondió: «Veo hombres, como si fueran árboles que caminan». [25]Jesús le puso nuevamente las manos sobre los ojos, y el hombre recuperó la vista. Así quedó curado y veía todo con claridad. [26]Jesús lo mandó a su casa, diciéndole: «Ni siquiera entres en el pueblo».

La profesión de fe de Pedro
Mt 16,13-16.20 / Lc 9,18-21

[27]Jesús salió con sus discípulos hacia los poblados de Cesarea de Filipo, y en el camino les preguntó: «¿Quién dice la gente que soy yo?». [28]Ellos le respondieron: «Algunos dicen que eres

Juan el Bautista; otros, Elías; y otros, alguno de los profetas». ²⁹«Y ustedes, ¿quién dicen que soy yo?». Pedro respondió: «Tú eres el Mesías». ³⁰Jesús les ordenó terminantemente que no dijeran nada acerca de él.

El primer anuncio de la Pasión

Mt 16,21-23 / Lc 9,22

³¹Y comenzó a enseñarles que el Hijo del hombre debía sufrir mucho y ser rechazado por los ancianos, los sumos sacerdotes y los escribas; que debía ser condenado a muerte y resucitar después de tres días; ³²y les hablaba de esto con toda claridad. Pedro, llevándolo aparte, comenzó a reprenderlo. ³³Pero Jesús, dándose vuelta y mirando a sus discípulos, lo reprendió, diciendo: «¡Retírate, ve detrás de mí, Satanás! Porque tus pensamientos no son los de Dios, sino los de los hombres».

Condiciones para seguir a Jesús

Mt 16,24-28 / Lc 9,23-27

³⁴Entonces Jesús, llamando a la multitud, junto con sus discípulos, les dijo: «El que quiera venir detrás de mí, que renuncie a sí mismo, que cargue con su cruz y me siga. ³⁵Porque el que quiera salvar su vida, la perderá; y el que pierda su vida por mí y por la Buena Noticia, la salvará. ³⁶¿De qué le servirá al hombre ganar el mundo entero, si pierde su vida? ³⁷¿Y qué podrá dar el hombre a cambio de su vida? ³⁸Porque si alguien se avergüenza de mí y de mis palabras en esta generación adúltera y pecadora, también el Hijo del hombre se avergonzará de él cuando venga en la gloria de su Padre con sus santos ángeles».

9 Y les decía: «Les aseguro que algunos de los que están aquí presentes no morirán antes de haber visto que el Reino de Dios ha llegado con poder».

La transfiguración de Jesús

Mt 17,1-9 / Lc 9,28-36

²Seis días después, Jesús tomó a Pedro, Santiago y Juan, y los llevó a ellos solos a un monte elevado. Allí se transfiguró en presencia de ellos. ³Sus vestiduras se volvieron resplandecientes, tan blancas como nadie en el mundo podría blanquearlas. ⁴Y

se les aparecieron Elías y Moisés, conversando con Jesús. [5]Pedro dijo a Jesús: «Maestro, ¡qué bien estamos aquí! Hagamos tres carpas, una para ti, otra para Moisés y otra para Elías». [6]Pedro no sabía qué decir, porque estaban llenos de temor. [7]Entonces una nube los cubrió con su sombra, y salió de ella una voz: «Este es mi Hijo muy querido, escúchenlo». [8]De pronto miraron a su alrededor y no vieron a nadie, sino a Jesús solo con ellos. [9]Mientras bajaban del monte, Jesús les prohibió contar lo que habían visto, hasta que el Hijo del hombre resucitara de entre los muertos. [10]Ellos cumplieron esta orden, pero se preguntaban qué significaría «resucitar de entre los muertos».

Elías, figura de Juan el Bautista

Mt 17,10-13

[11]Y le hicieron esta pregunta: «¿Por qué dicen los escribas que antes debe venir Elías?». [12]Jesús les respondió: «Sí, Elías debe venir antes para restablecer el orden en todo. Pero, ¿no dice la Escritura que el Hijo del hombre debe sufrir mucho y ser despreciado? [13]Les aseguro que Elías ya ha venido e hicieron con él lo que quisieron, como estaba escrito».

Curación de un endemoniado epiléptico

Mt 17,14-20 / Lc 9,37-42

[14]Cuando volvieron adonde estaban los otros discípulos, los encontraron en medio de una gran multitud, discutiendo con algunos escribas. [15]En cuanto la multitud distinguió a Jesús, quedó asombrada y corrieron a saludarlo. [16]Él les preguntó: «¿Sobre qué estaban discutiendo?». [17]Uno de ellos le dijo: «Maestro, te he traído a mi hijo, que está poseído de un espíritu mudo. [18]Cuando se apodera de él, lo tira al suelo y le hace echar espu-

---

9,4. *Moisés* y *Elías* representan la Ley y los Profetas, es decir, toda la antigua alianza.

9,13. Juan el Bautista aparece como el nuevo Elías anunciado por el profeta Malaquías (3,23-24).

9,17-18. Los síntomas de este enfermo hacen pensar en un caso de epilepsia, atribuida, según la concepción popular de la época, a una posesión demoníaca.

ma por la boca; entonces le crujen sus dientes y se queda rígido. Le pedí a tus discípulos que lo expulsaran pero no pudieron». [19]«Generación incrédula —respondió Jesús—, ¿hasta cuándo estaré con ustedes? ¿Hasta cuándo tendré que soportarlos? Tráiganmelo». [20]Y ellos se lo trajeron. En cuanto vio a Jesús, el espíritu sacudió violentamente al niño, que cayó al suelo y se revolcaba, echando espuma por la boca. [21]Jesús le preguntó al padre: «¿Cuánto tiempo hace que está así?». «Desde la infancia —le respondió—, [22]y a menudo lo hace caer en el fuego o en el agua para matarlo. Si puedes hacer algo, ten piedad de nosotros y ayúdanos». [23]«¡Si puedes...!», respondió Jesús. «Todo es posible para el que cree». [24]Inmediatamente el padre del niño exclamó: «Creo, ayúdame porque tengo poca fe». [25]Al ver que llegaba más gente, Jesús increpó al espíritu impuro, diciéndole: «Espíritu mudo y sordo, yo te lo ordeno, sal de él y no vuelvas más». [26]El demonio gritó, sacudió violentamente al niño y salió de él, dejándolo como muerto, tanto que muchos decían: «Está

muerto». [27]Pero Jesús, tomándolo de la mano, lo levantó, y el niño se puso de pie. [28]Cuando entró en la casa y quedaron solos, los discípulos le preguntaron: «¿Por qué nosotros no pudimos expulsarlo?». [29]Él les respondió: «Esta clase de demonios se expulsa solo con la oración».

El segundo anuncio de la Pasión
Mt 17,22-23 / Lc 9,44-45

[30]Al salir de allí atravesaron la Galilea; Jesús no quería que nadie lo supiera, [31]porque enseñaba y les decía: «El Hijo del hombre va a ser entregado en manos de los hombres; lo matarán y, tres días después de su muerte, resucitará». [32]Pero los discípulos no comprendían esto y temían hacerle preguntas.

La verdadera grandeza
Mt 18,1-5 / Lc 9,46-48

[33]Llegaron a Cafarnaún y, una vez que estuvieron en la casa, les preguntó: «¿De qué hablaban en el camino?». [34]Ellos callaban, porque habían estado discutiendo sobre quién era el más grande. [35]Entonces, sentándose, llamó a los Doce y les

dijo: «El que quiere ser el primero, debe hacerse el último de todos y el servidor de todos». ³⁶Después, tomando a un niño, lo puso en medio de ellos y, abrazándolo, les dijo: ³⁷«El que recibe a uno de estos pequeños en mi Nombre, me recibe a mí, y el que me recibe, no es a mí al que recibe, sino a aquel que me ha enviado».

La intolerancia de los Apóstoles
Lc 9,49-50 / Mt 10,42

³⁸Juan le dijo: «Maestro, hemos visto a uno que expulsaba demonios en tu Nombre, y tratamos de impedírselo porque no es de los nuestros». ³⁹Pero Jesús les dijo: «No se lo impidan, porque nadie puede hacer un milagro en mi Nombre y luego hablar mal de mí. ⁴⁰Y el que no está contra nosotros, está con nosotros.

⁴¹Les aseguro que no quedará sin recompensa el que les dé de beber un vaso de agua por el hecho de que ustedes pertenecen a Cristo.

La gravedad del escándalo
Mt 18,6-9 / Lc 17,1-2

⁴²Si alguien llegara a escandalizar a uno de estos pequeños que creen en mí, sería preferible para él que le ataran al cuello una piedra de moler y lo arrojaran al mar. ⁴³Si tu mano es para ti ocasión de pecado, córtala, porque más te vale entrar en la Vida manco, que ir con tus dos manos a la Gehena, al fuego inextinguible. ⁴⁴. ⁴⁵Y si tu pie es para ti ocasión de pecado, córtalo, porque más te vale entrar lisiado en la Vida, que ser arrojado con tus dos pies a la Gehena. ⁴⁶. ⁴⁷Y si tu ojo es para ti ocasión de pecado, arráncalo, porque más te vale entrar con un solo ojo en el Reino de Dios, que ser arrojado con tus dos ojos a la Gehena, ⁴⁸donde *el gusano no muere y el fuego no se apaga*.

El ejemplo de la sal
Mt 5,13 / Lc 14,34-35

⁴⁹Porque cada uno será salado por el fuego. ⁵⁰La sal es una cosa excelente, pero si se vuelve insípida, ¿con qué la volverán a sa-

---

9,44 y 46. Estos versículos, que son simple repetición del v. 48, no figuran en los mejores manuscritos.

lar? Que haya sal en ustedes mismos y vivan en paz unos con otros».

El matrimonio y el divorcio
Mt 19,1-9 / Lc 16,18

10 Después que partió de allí, Jesús fue a la región de Judea y al otro lado del Jordán. Se reunió nuevamente la multitud alrededor de él y, como de costumbre, les estuvo enseñando una vez más. ²Se acercaron algunos fariseos y, para ponerlo a prueba, le plantearon esta cuestión: «¿Es lícito al hombre divorciarse de su mujer?». ³Él les respondió: «¿Qué es lo que Moisés les ha ordenado?». ⁴Ellos dijeron: «Moisés permitió redactar una declaración de divorcio y separarse de ella». ⁵Entonces Jesús les respondió: «Si Moisés les dio esta prescripción fue debido a la dureza del corazón de ustedes. ⁶Pero desde el principio de la creación, *Dios los hizo varón y mujer.* ⁷*Por eso, el hombre dejará a su padre y a su madre, y se unirá a su mujer,* ⁸*y los dos no serán sino una sola carne.* De manera que ya no son dos, sino una sola carne. ⁹Que el hombre no separe lo que Dios ha unido». ¹⁰Cuando regresaron a la casa, los discípulos le volvieron a preguntar sobre esto. ¹¹Él les dijo: «El que se divorcia de su mujer y se casa con otra, comete adulterio contra aquella; ¹²y si una mujer se divorcia de su marido y se casa con otro, también comete adulterio».

Jesús y los niños
Mt 19,13-15 / Lc 18,15-17

¹³Le trajeron entonces a unos niños para que los tocara, pero los discípulos los reprendieron. ¹⁴Al ver esto, Jesús se enojó y les dijo: «Dejen que los niños se acerquen a mí y no se lo impidan, porque el Reino de Dios pertenece a los que son como ellos. ¹⁵Les aseguro que el que no recibe el Reino de Dios como un niño, no entrará en él». ¹⁶Después los abrazó y los bendijo, imponiéndoles las manos.

El hombre rico
Mt 19,16-22 / Lc 18,18-23

¹⁷Cuando se puso en camino, un hombre corrió hacia él y, arrodillándose, le preguntó: «Maestro bueno, ¿qué debo ha-

cer para heredar la Vida eterna?». ¹⁸Jesús le dijo: «¿Por qué me llamas bueno? Solo Dios es bueno. ¹⁹Tú conoces los mandamientos: *No matarás, no cometerás adulterio, no robarás, no darás falso testimonio, no perjudicarás a nadie, honra a tu padre y a tu madre*». ²⁰El hombre le respondió: «Maestro, todo eso lo he cumplido desde mi juventud». ²¹Jesús lo miró con amor y le dijo: «Solo te falta una cosa: ve, vende lo que tienes y dalo a los pobres; así tendrás un tesoro en el cielo. Después, ven y sígueme». ²²Él, al oír estas palabras, se entristeció y se fue apenado, porque poseía muchos bienes.

El peligro de las riquezas

Mt 19,23-26 / Lc 18,24-27

²³Entonces Jesús, mirando alrededor, dijo a sus discípulos: «¡Qué difícil será para los ricos entrar en el Reino de Dios!». ²⁴Los discípulos se sorprendieron por estas palabras, pero Jesús continuó diciendo: «Hijos míos, ¡qué difícil es entrar en el Reino de Dios! ²⁵Es más fácil que un camello pase por el ojo de una aguja, que un rico entre en el Reino de Dios». ²⁶Los discípulos se asombraron aún más y se preguntaban unos a otros: «Entonces, ¿quién podrá salvarse?». ²⁷Jesús, fijando en ellos su mirada, les dijo: «Para los hombres es imposible, pero no para Dios, porque para él todo es posible».

La recompensa prometida a los discípulos

Mt 19,27-30 / Lc 18,28-30

²⁸Pedro le dijo: «Tú sabes que nosotros lo hemos dejado todo y te hemos seguido». ²⁹Jesús respondió: «Les aseguro que el que haya dejado casa, hermanos y hermanas, madre y padre, hijos o campos por mí y por la Buena Noticia, ³⁰desde ahora, en este mundo, recibirá el ciento por uno en casas, hermanos y hermanas, madres, hijos y campos, en medio de las persecuciones; y en el mundo futuro recibirá la Vida eterna. ³¹Muchos de los primeros serán los últimos y los últimos serán los primeros».

10,19. Ex 20,12-16; Dt 5,16-20.

El tercer anuncio de la Pasión

Mt 20,17-19 / Lc 18,31-33

³²Mientras iban de camino para subir a Jerusalén, Jesús se adelantaba a sus discípulos; ellos estaban asombrados y quienes lo seguían tenían miedo. Entonces reunió nuevamente a los Doce y comenzó a decirles lo que le iba a suceder: ³³«Ahora subimos a Jerusalén; allí el Hijo del hombre será entregado a los sumos sacerdotes y a los escribas. Lo condenarán a muerte y lo entregarán a los paganos: ³⁴ellos se burlarán de él, lo escupirán, lo azotarán y lo matarán. Y tres días después, resucitará».

La petición de Santiago y Juan

Mt 20,20-23

³⁵Santiago y Juan, los hijos de Zebedeo, se acercaron a Jesús y le dijeron: «Maestro, queremos que nos concedas lo que te vamos a pedir». ³⁶Él les respondió: «¿Qué quieren que haga por ustedes?». ³⁷Ellos le dijeron: «Concédenos sentarnos uno a tu derecha y el otro a tu izquierda, cuando estés en tu gloria». ³⁸Jesús les dijo: «No saben lo que piden. ¿Pueden beber el cáliz que yo beberé y recibir el bautismo que yo recibiré?». ³⁹«Podemos», le respondieron. Entonces Jesús agregó: «Ustedes beberán el cáliz que yo beberé y recibirán el mismo bautismo que yo. ⁴⁰En cuanto a sentarse a mi derecha o a mi izquierda, no me toca a mí concederlo, sino que esos puestos son para quienes han sido destinados».

El carácter servicial de la autoridad

Mt 20,24-28 / Lc 22,24-27

⁴¹Los otros diez, que habían oído a Santiago y a Juan, se indignaron contra ellos. ⁴²Jesús los llamó y les dijo: «Ustedes saben que aquellos a quienes se considera gobernantes dominan a las naciones como si fueran sus dueños, y los poderosos les hacen sentir su autoridad. ⁴³Entre ustedes no debe suceder así. Al contrario, el que quiera ser grande, que se haga servidor de ustedes; ⁴⁴y el que quiera ser el primero, que se haga servidor de todos. ⁴⁵Porque el mismo Hijo del hombre no vino para ser servido, sino para servir y dar su vida en rescate por una multitud».

Curación de un ciego de Jericó

Mt 20,29-34 / Lc 18,35-43

⁴⁶Después llegaron a Jericó. Cuando Jesús salía de allí, acompañado de sus discípulos y de una gran multitud, el hijo de Timeo —Bartimeo, un mendigo ciego— estaba sentado junto al camino. ⁴⁷Al enterarse de que pasaba Jesús, el Nazareno, se puso a gritar: «¡Jesús, Hijo de David, ten piedad de mí!». ⁴⁸Muchos lo reprendían para que se callara, pero él gritaba más fuerte: «¡Hijo de David, ten piedad de mí!». ⁴⁹Jesús se detuvo y dijo: «Llámenlo». Entonces llamaron al ciego y le dijeron: «¡Ánimo, levántate! Él te llama». ⁵⁰Y el ciego, arrojando su manto, se puso de pie de un salto y fue hacia él. ⁵¹Jesús le preguntó: «¿Qué quieres que haga por ti?». Él le respondió: «Maestro, que yo pueda ver». ⁵²Jesús le dijo: «Vete, tu fe te ha salvado». Enseguida comenzó a ver y lo siguió por el camino.

LA ACTIVIDAD DE JESÚS EN JERUSALÉN

La entrada mesiánica en Jerusalén

Mt 21,1-9 / Lc 19,28-38 / Jn 12,12-15

11 Cuando se aproximaban a Jerusalén, estando ya al pie del monte de los Olivos, cerca de Betfagé y de Betania, Jesús envió a dos de sus discípulos, ²diciéndoles: «Vayan al pueblo que está enfrente y, al entrar, encontrarán un asno atado, que nadie ha montado todavía. Desátenlo y tráiganlo; ³y si alguien les pregunta: "¿Qué están haciendo?", respondan: "El Señor lo necesita y lo va a devolver enseguida"». ⁴Ellos fueron y encontraron un asno atado cerca de una puerta, en la calle, y lo desataron. ⁵Algunos de los que estaban allí les preguntaron: «¿Qué hacen? ¿Por qué desatan ese asno?». ⁶Ellos respondieron como Jesús les había dicho y na-

---

10,50. Los mendigos solían extender sus mantos en el suelo para recoger las limosnas.

die los molestó. [7] Entonces le llevaron el asno, pusieron sus mantos sobre él y Jesús se montó. [8] Muchos extendían sus mantos sobre el camino; otros, lo cubrían con ramas que cortaban en el campo. [9] Los que iban delante y los que seguían a Jesús, gritaban:

«¡Hosana! ¡Bendito el que
viene en nombre del Señor!
[10] *¡Bendito sea el Reino*
que ya viene,
el Reino de nuestro padre
David!
¡Hosana en las alturas!».

[11] Jesús entró en Jerusalén, en el Templo, y después de observarlo todo, como ya era tarde, salió con los Doce hacia Betania.

Maldición de la higuera estéril
Mt 21,18-19

[12] Al día siguiente, cuando salieron de Betania, Jesús sintió hambre. [13] Al divisar de lejos una higuera cubierta de hojas, se acercó para ver si encontraba algún fruto, pero no había más que hojas, porque no era la época de los higos. [14] Dirigiéndose a la higuera, le dijo: «Que nadie más coma de tus frutos». Y sus discípulos lo oyeron.

La expulsión de los vendedores del Templo
Mt 21,12-13 / Lc 19,45-48 / Jn 2,13-16

[15] Cuando llegaron a Jerusalén, Jesús entró en el Templo y comenzó a echar a los que vendían y compraban en él. Derribó las mesas de los cambistas y los puestos de los vendedores de palomas, [16] y prohibió que transportaran cargas por el Templo. [17] Y les enseñaba: «¿Acaso no está escrito: *Mi Casa será llamada Casa de oración para todas las naciones*? Pero ustedes la han convertido en *una cueva de ladrones*». [18] Cuando se enteraron los sumos sacerdotes y los escribas, buscaban la forma de matarlo, porque le tenían miedo, ya que todo el pueblo estaba maravillado de su enseñanza. [19] Al caer la tarde, Jesús y sus discípulos salieron de la ciudad.

La eficacia de la fe
Mt 21,20-22

[20] A la mañana siguiente, al pasar otra vez, vieron que la hi-

guera se había secado de raíz. ²¹ Pedro, acordándose, dijo a Jesús: «Maestro, la higuera que has maldecido se ha secado». ²² Jesús le respondió: «Tengan fe en Dios. ²³ Porque yo les aseguro que si alguien dice a esta montaña: "Retírate de ahí y arrójate al mar", sin vacilar en su interior, sino creyendo que sucederá lo que dice, lo conseguirá. ²⁴ Por eso les digo: Cuando pidan algo en la oración, crean que ya lo tienen y lo conseguirán. ²⁵ Y cuando ustedes se pongan de pie para orar, si tienen algo en contra de alguien, perdónenlo, y el Padre que está en el cielo les perdonará también sus faltas». ²⁶

Discusión sobre la autoridad de Jesús

Mt 21,23-27 / Lc 20,1-8

²⁷ Y llegaron de nuevo a Jerusalén. Mientras Jesús caminaba por el Templo, los sumos sacerdotes, los escribas y los ancianos se acercaron a él ²⁸ y le dijeron: «¿Con qué autoridad haces estas cosas? ¿O quién te dio autoridad para hacerlo?». ²⁹ Jesús les respondió: «Yo también quiero hacerles una sola pregunta. Si me responden, les diré con qué autoridad hago estas cosas. ³⁰ Díganme: el bautismo de Juan, ¿venía del cielo o de los hombres?». ³¹ Ellos se hacían este razonamiento: «Si contestamos: "Del cielo", él nos dirá: "¿Por qué no creyeron en él?". ³² ¿Diremos entonces: "De los hombres"?». Pero como temían al pueblo, porque todos consideraban que Juan había sido realmente un profeta, ³³ respondieron a Jesús: «No sabemos». Y él les respondió: «Yo tampoco les diré con qué autoridad hago estas cosas».

La parábola de los viñadores homicidas

Mt 21,33-46 / Lc 20,9-19

12 Jesús se puso a hablarles en parábolas: «Un hombre plantó *una viña, la cercó, cavó un lagar y construyó una torre de vigilancia*. Después la arrendó a unos viñadores y se fue al extranjero. ² A su debido

---

tiempo, envió a un servidor para percibir de los viñadores la parte de los frutos que le correspondía. ³Pero ellos lo tomaron, lo golpearon y lo echaron con las manos vacías. ⁴De nuevo les envió a otro servidor, y a este también lo maltrataron y lo llenaron de ultrajes. ⁵Envió a un tercero, y a este lo mataron. Y también golpearon o mataron a muchos otros. ⁶Todavía le quedaba alguien, su hijo, a quien quería mucho, y lo mandó en último término, pensando: «Respetarán a mi hijo». ⁷Pero los viñadores se dijeron: «Este es el heredero: vamos a matarlo y la herencia será nuestra». ⁸Y apoderándose de él, lo mataron y lo arrojaron fuera de la viña. ⁹¿Qué hará el dueño de la viña? Vendrá, acabará con los viñadores y entregará la viña a otros.

¹⁰¿No han leído este pasaje de la Escritura:

*La piedra que
    los constructores rechazaron
ha llegado a ser la piedra
    angular:*
¹¹*esta es la obra del Señor,
    admirable a nuestros ojos*?».

¹²Entonces buscaban la manera de detener a Jesús, porque comprendían que esta parábola la había dicho por ellos, pero tenían miedo de la multitud. Y dejándolo, se fueron.

El impuesto debido a la autoridad
Mt 22,15-22 / Lc 20,20-26

¹³Le enviaron después a unos fariseos y herodianos para sorprenderlo en alguna de sus afirmaciones. ¹⁴Ellos fueron y le dijeron: «Maestro, sabemos que eres sincero y no tienes en cuenta la condición de las personas, porque no te fijas en la categoría de nadie, sino que enseñas con toda fidelidad el camino de Dios. ¿Está permitido pagar el impuesto al César o no? ¿Debemos pagarlo o no?». ¹⁵Pero él, conociendo su hipocresía, les dijo: «¿Por qué me tienden una trampa? Muéstrenme un denario». ¹⁶Cuando se lo mostraron, preguntó: «¿De quién es esta figura y esta inscripción?». Respondieron: «Del César». ¹⁷Entonces Jesús les dijo: «Den al César lo que es del César, y a Dios lo que es de Dios». Y ellos quedaron sorprendidos por la respuesta.

Discusión sobre la resurrección de los muertos

Mt 22,23-33 / Lc 20,27-40

¹⁸ Se le acercaron unos saduceos, que son los que niegan la resurrección, y le propusieron este caso: ¹⁹ «Maestro, Moisés nos ha ordenado lo siguiente: *"Si alguien está casado y muere sin tener hijos, que su hermano, para darle descendencia, se case con la viuda".* ²⁰ Ahora bien, había siete hermanos. El primero se casó y murió sin tener hijos. ²¹ El segundo se casó con la viuda y también murió sin tener hijos; lo mismo ocurrió con el tercero; ²² y así ninguno de los siete dejó descendencia. Después de todos ellos, murió la mujer. ²³ Cuando resuciten los muertos, ¿de quién será esposa, ya que los siete la tuvieron por mujer?». ²⁴ Jesús les dijo: «¿No será que ustedes están equivocados por no comprender las Escrituras ni el poder de Dios? ²⁵ Cuando resuciten los muertos, ni los hombres ni las mujeres se casarán, sino que serán como ángeles en el cielo. ²⁶ Y con respecto a la resurrección de los muertos, ¿no han leído en el Libro de Moisés, en el pasaje de la zarza, lo que Dios le dijo: *Yo soy el Dios de Abraham, el Dios de Isaac y el Dios de Jacob*? ²⁷ Él no es un Dios de muertos, sino de vivientes. Ustedes están en un grave error».

El mandamiento principal

Mt 22,34-40 / Lc 10,25-28

²⁸ Un escriba que los oyó discutir, al ver que les había respondido bien, se acercó y le preguntó: «¿Cuál es el primero de los mandamientos?». ²⁹ Jesús respondió: «El primero es: *Escucha, Israel: el Señor nuestro Dios es el único Señor;* ³⁰ *y tú amarás al Señor, tu Dios, con todo tu corazón y con toda tu alma,* con todo tu espíritu y con todas tus fuerzas. ³¹ El segundo es: *Amarás a tu prójimo como a ti mismo.* No hay otro mandamiento más grande que estos». ³² El escriba le dijo: «Muy bien, Maestro, tienes razón al decir que hay un solo Dios y no hay otro más que él, ³³ y que amarlo con todo el corazón, con toda la inteligencia y con todas las fuerzas, y amar al prójimo como a sí mismo, vale más que todos los holocaustos y todos los sacrificios». ³⁴ Jesús, al ver que había

respondido tan acertadamente, le dijo: «Tú no estás lejos del Reino de Dios». Y nadie se atrevió a hacerle más preguntas.

El Mesías, hijo y Señor de David
Mt 22,41-45 / Lc 20,41-44

³⁵Jesús se puso a enseñar en el Templo y preguntaba: «¿Cómo pueden decir los escribas que el Mesías es hijo de David? ³⁶El mismo David ha dicho, movido por el Espíritu Santo:

Dijo el Señor a mi Señor:
Siéntate a mi derecha,
hasta que ponga
*　a tus enemigos*
debajo de tus pies.

³⁷Si el mismo David lo llama "Señor", ¿cómo puede ser hijo suyo?».

Advertencia de Jesús contra los escribas
Mt 23,6-7 / Lc 20,45-47; 11,43

La multitud escuchaba a Jesús con agrado. ³⁸Y él les enseñaba: «Cuídense de los escribas, a quienes les gusta pasearse con largas vestiduras, ser saludados en las plazas ³⁹y ocupar los primeros asientos en las sinagogas y los banquetes; ⁴⁰que devoran los bienes de las viudas y fingen hacer largas oraciones. Estos serán juzgados con más severidad».

La ofrenda de la viuda
Lc 21,1-4

⁴¹Jesús se sentó frente a la sala del tesoro del Templo y miraba cómo la gente depositaba su limosna. Muchos ricos daban en abundancia. ⁴²Llegó una viuda de condición humilde y colocó dos pequeñas monedas de cobre. ⁴³Entonces él llamó a sus discípulos y les dijo: «Les aseguro que esta pobre viuda ha puesto más que cualquiera de los otros, ⁴⁴porque todos han dado de lo que les sobraba, pero ella, de su indigencia, dio todo lo que poseía, todo lo que tenía para vivir».

Anuncio de la destrucción del Templo
Mt 24,1-3 / Lc 21,5-7

13 Cuando Jesús salía del Templo, uno de sus discípulos le dijo: «¡Maestro, mira qué piedras enormes y qué construcción!». ²Jesús le respondió: «¿Ves esa gran construcción? De todo esto no quedará piedra sobre piedra: todo será destruido». ³Y después, estando sentado en el monte de los Olivos, frente al Templo, Pedro, Santiago, Juan y Andrés le preguntaron en privado: ⁴«Dinos cuándo sucederá esto y cuál será la señal de que todas estas cosas ya están por cumplirse».

El comienzo de las tribulaciones
Mt 24,4-14 / Lc 21,8-19

⁵Entonces Jesús comenzó a decirles: «Tengan cuidado de que no los engañen, ⁶porque muchos se presentarán en mi Nombre, diciendo: "Soy yo", y engañarán a mucha gente. ⁷No se alarmen cuando oigan hablar de guerras y de rumores de guerras: es necesario que esto ocurra, pero todavía no será el fin. ⁸Se levantará nación contra nación y reino contra reino. En muchas partes, habrá terremotos y hambre. Este será el comienzo de los dolores del parto.

⁹Estén atentos: los entregarán a los tribunales y los azotarán en las sinagogas, y por mi causa serán llevados ante gobernadores y reyes, para dar testimonio delante de ellos. ¹⁰Pero antes, la Buena Noticia será proclamada a todas las naciones. ¹¹Cuando los entreguen, no se preocupen por lo que van a decir: digan lo que se les enseñe en ese momento, porque no serán ustedes los que hablarán, sino el Espíritu Santo. ¹²El hermano entregará a su hermano para que sea condenado a muerte, y el padre a su hijo; los hijos se rebelarán contra sus padres y los matarán. ¹³Serán odiados por todos a causa de mi Nombre, pero el que persevere hasta el fin, se salvará.

La gran tribulación de Jerusalén
Mt 24,15-25 / Lc 21,20-24; 17,23

¹⁴Cuando vean la Abominación de la desolación usurpando el lugar que no le corresponde —el que lea esto, entiéndalo bien—, los que estén en Judea, que se refugien en las montañas; ¹⁵el que esté en la azotea de su casa, no baje a buscar sus cosas; ¹⁶y el que esté en el campo, que no vuelva atrás a buscar su manto. ¹⁷¡Ay de las mujeres que estén embaraza-

das o tengan niños de pecho en aquellos días! ¹⁸Rueguen para que no suceda en invierno. ¹⁹Porque habrá entonces *una gran tribulación, como no la hubo* desde el comienzo del mundo *hasta ahora,* ni la habrá jamás. ²⁰Y si el Señor no abreviara ese tiempo, nadie se salvaría; pero lo abreviará a causa de los elegidos.

²¹Si alguien les dice entonces: «El Mesías está aquí o está allí», no lo crean. ²²Porque aparecerán falsos mesías y falsos profetas que harán milagros y prodigios capaces de engañar, si fuera posible, a los mismos elegidos. ²³Pero ustedes tengan cuidado: yo los he prevenido de todo.

La manifestación gloriosa del Hijo del hombre

Mt 24,29-31 / Lc 21,25-27

²⁴En ese tiempo, después de esta tribulación, el sol se oscurecerá, la luna dejará de brillar, ²⁵las estrellas caerán del cielo y los astros se conmoverán. ²⁶Y se verá al Hijo del hombre venir sobre las nubes, lleno de poder y de gloria. ²⁷Y él enviará a los ángeles para que congreguen a sus elegidos desde los cuatro puntos cardinales, de un extremo al otro del horizonte.

La parábola de la higuera

Mt 24,32-36 / Lc 21,29-33

²⁸Aprendan esta comparación, tomada de la higuera: cuando sus ramas se hacen flexibles y brotan las hojas, ustedes se dan cuenta de que se acerca el verano. ²⁹Así también, cuando vean que suceden todas estas cosas, sepan que el fin está cerca, a la puerta. ³⁰Les aseguro que no pasará esta generación sin que suceda todo esto. ³¹El cielo y la tierra pasarán, pero mis palabras no pasarán. ³²En cuanto a ese día y a la hora, nadie los conoce, ni los ángeles del cielo, ni el Hijo, nadie sino el Padre.

Exhortación a la vigilancia y a la fidelidad

Mt 24,42; 25,13-15 / Lc 19,12-13; 12,38.40

³³Tengan cuidado y estén prevenidos, porque no saben cuándo llegará el momento. ³⁴Será como un hombre que se va de viaje, deja su casa al cuidado de sus servidores, asigna a cada uno su tarea, y recomienda al portero que permanezca

en vela. ³⁵Estén prevenidos, entonces, porque no saben cuándo llegará el dueño de casa, si al atardecer, a medianoche, al canto del gallo o por la mañana. ³⁶No sea que llegue de improviso y los encuentre dormidos. ³⁷Y esto que les digo a ustedes, lo digo a todos: ¡Estén prevenidos!».

LA PASIÓN Y LA RESURRECCIÓN DE JESÚS

La conspiración contra Jesús
Mt 26,1-5 / Lc 22,1-2 / Jn 11,47.53

14 Faltaban dos días para la fiesta de la Pascua y de los panes Ácimos. Los sumos sacerdotes y los escribas buscaban la manera de arrestar a Jesús con astucia, para darle muerte. ²Porque decían: «No lo hagamos durante la fiesta, para que no se produzca un tumulto en el pueblo».

La unción de Jesús en Betania
Mt 26,6-13 / Jn 12,1-8

³Mientras Jesús estaba en Betania, comiendo en casa de Simón el leproso, llegó una mujer con un frasco lleno de un valioso perfume de nardo puro, y rompiendo el frasco, derramó el perfume sobre la cabeza de Jesús. ⁴Entonces algunos de los que estaban allí se indignaron y comentaban entre sí: «¿Para qué este derroche de perfume? ⁵Se hubiera podido vender por más de trescientos denarios para repartir el dinero entre los pobres». Y la criticaban. ⁶Pero Jesús dijo: «Déjenla, ¿por qué la molestan? Ha hecho una buena obra conmigo. ⁷A los pobres los tienen siempre con ustedes y pueden hacerles bien cuando quieran, pero a mí no me tendrán siempre. ⁸Ella hizo lo que podía; ungió mi cuerpo anticipadamente para la sepultura. ⁹Les aseguro que allí donde se proclame la Buena Noticia, en todo el mundo, se contará también en su memoria lo que ella hizo».

La traición de Judas
Mt 26,14-16 / Lc 22,3-6

¹⁰Judas Iscariote, uno de los Doce, fue a ver a los sumos sacerdotes para entregarles a Jesús. ¹¹Al oírlo, ellos se alegraron y

prometieron darle dinero. Y Judas buscaba una ocasión propicia para entregarlo.

Los preparativos para la comida pascual
Mt 26,17-19 / Lc 22,7-13

¹² El primer día de la fiesta de los panes Ácimos, cuando se inmolaba la víctima pascual, los discípulos dijeron a Jesús: «¿Dónde quieres que vayamos a prepararte la comida pascual?». ¹³ Él envió a dos de sus discípulos, diciéndoles: «Vayan a la ciudad; allí se encontrarán con un hombre que lleva un cántaro de agua. Síganlo, ¹⁴ y díganle al dueño de la casa donde entre: El Maestro dice: "¿Dónde está mi sala, en la que voy a comer el cordero pascual con mis discípulos?". ¹⁵ Él les mostrará en el piso alto una pieza grande, arreglada con almohadones y ya dispuesta; prepárennos allí lo necesario». ¹⁶ Los discípulos partieron y, al llegar a la ciudad, encontraron todo como Jesús les había dicho y prepararon la Pascua.

El anuncio de la traición de Judas
Mt 26,20-25 / Lc 22,14.21-23 / Jn 13,21-30

¹⁷ Al atardecer, Jesús llegó con los Doce. ¹⁸ Y mientras estaban comiendo, dijo: «Les aseguro que uno de ustedes me entregará, uno que come conmigo». ¹⁹ Ellos se entristecieron y comenzaron a preguntarle, uno tras otro: «¿Seré yo?». ²⁰ Él les respondió: «Es uno de los Doce, uno que se sirve de la misma fuente que yo. ²¹ El Hijo del hombre se va, como está escrito de él, pero ¡ay de aquel por quien el Hijo del hombre será entregado: más le valdría no haber nacido!».

La institución de la Eucaristía
Mt 26,26-29 / Lc 22,17-20 / 1 Cor 11,23-25

²² Mientras comían, Jesús tomó el pan, pronunció la bendición, lo partió y lo dio a sus discípulos, diciendo: «Tomen, esto es mi Cuerpo». ²³ Después tomó una copa, dio gracias y se la en-

---

14,20. Según la costumbre judía, cada comensal tomaba la comida del plato común, directamente y con la mano.

tregó, y todos bebieron de ella. ²⁴Y les dijo: «Esta es mi Sangre, la Sangre de la Alianza, que se derrama por muchos. ²⁵Les aseguro que no beberé más del fruto de la vid hasta el día en que beba el vino nuevo en el Reino de Dios».

El anuncio de las negaciones de Pedro

Mt 26,30-35 / Lc 22,39.31-34 / Jn 13,36-38

²⁶Después del canto de los Salmos, salieron hacia el monte de los Olivos. ²⁷Y Jesús les dijo: «Todos ustedes se van a escandalizar, porque dice la Escritura: *Heriré al pastor y se dispersarán las ovejas*. ²⁸Pero después que yo resucite, iré antes que ustedes a Galilea». ²⁹Pedro le dijo: «Aunque todos se escandalicen, yo no me escandalizaré». ³⁰Jesús le respondió: «Te

aseguro que hoy, esta misma noche, antes que cante el gallo por segunda vez, me habrás negado tres veces». ³¹Pero él insistía: «Aunque tenga que morir contigo, jamás te negaré». Y todos decían lo mismo.

La oración de Jesús en Getsemaní

Mt 26,36-46 / Lc 22,40-46

³²Llegaron a una propiedad llamada Getsemaní, y Jesús dijo a sus discípulos: «Quédense aquí, mientras yo voy a orar». ³³Después llevó con él a Pedro, Santiago y Juan, y comenzó a sentir temor y a angustiarse. ³⁴Entonces les dijo: «Mi alma siente una tristeza de muerte. Quédense aquí velando». ³⁵Y adelantándose un poco, se postró en tierra y rogaba que, de ser posible, no tuviera que pasar por esa hora. ³⁶Y decía: «Abba

---

14,25. El *Reino de Dios* es representado aquí con la imagen del banquete mesiánico (cf. Is 25,6; Lc 13,28).

14,27-28. En este contexto, la cita de Zac 13,7 sobre el pastor herido y las *ovejas* dispersas identifica a Jesús con el *pastor* y sugiere que la huida de los discípulos estaba prevista en los planes de Dios.

14,35. La *hora* se refiere a la pasión, cuya llegada es ya inminente.

14,36. El cáliz simboliza el sufrimiento que Jesús tiene que padecer para cumplir el designio del Padre *(no se haga mi voluntad, sino la tuya)*.

—Padre—, todo te es posible: aleja de mí este cáliz, pero que no se haga mi voluntad, sino la tuya». [37] Después volvió y encontró a sus discípulos dormidos. Y Jesús dijo a Pedro: «Simón, ¿duermes? ¿No has podido quedarte despierto ni siquiera una hora? [38] Permanezcan despiertos y oren para no caer en la tentación, porque el espíritu está dispuesto, pero la carne es débil». [39] Luego se alejó nuevamente y oró, repitiendo las mismas palabras. [40] Al regresar, los encontró otra vez dormidos, porque sus ojos se cerraban de sueño, y no sabían qué responderle. [41] Volvió por tercera vez y les dijo: «Ahora pueden dormir y descansar. Esto se acabó. Ha llegado la hora en que el Hijo del hombre va a ser entregado en manos de los pecadores. [42] ¡Levántense! ¡Vamos! Ya se acerca el que me va a entregar».

El arresto de Jesús
Mt 26,47-56 / Lc 22,47-53 / Jn 18,2-11

[43] Jesús estaba hablando todavía, cuando se presentó Judas, uno de los Doce, acompañado de un grupo con espadas y palos, enviado por los sumos sacerdotes, los escribas y los ancianos. [44] El traidor les había dado esta señal: «Es aquel a quien voy a besar. Deténganlo y llévenlo bien custodiado». [45] Apenas llegó, se le acercó y le dijo: «Maestro», y lo besó. [46] Los otros se abalanzaron sobre él y lo arrestaron. [47] Uno de los que estaban allí sacó la espada e hirió al servidor del Sumo Sacerdote, cortándole la oreja. [48] Jesús les dijo: «Como si fuera un bandido, han salido a arrestarme con espadas y palos. [49] Todos los días estaba entre ustedes enseñando en el Templo y no me arrestaron. Pero esto sucede para que se cumplan las Escrituras». [50] Entonces todos lo abandonaron y huyeron. [51] Lo seguía un joven, envuelto solamente con una sábana, y lo sujetaron; [52] pero él, dejando la sábana, se escapó desnudo.

Jesús ante el Sanedrín
Mt 26,57-68 / Lc 22,54-55.63-71 / Jn 18,15-16.18

[53] Llevaron a Jesús ante el Sumo Sacerdote, y allí se reunieron todos los sumos sacerdotes, los an-

cianos y los escribas. [54] Pedro lo había seguido de lejos hasta el interior del palacio del Sumo Sacerdote y estaba sentado con los servidores, calentándose junto al fuego. [55] Los sumos sacerdotes y todo el Sanedrín buscaban un testimonio contra Jesús, para poder condenarlo a muerte, pero no lo encontraban. [56] Porque se presentaron muchos con falsas acusaciones contra él, pero sus testimonios no concordaban. [57] Algunos declaraban falsamente contra Jesús: [58] «Nosotros lo hemos oído decir: "Yo destruiré este Templo hecho por la mano del hombre, y en tres días volveré a construir otro que no será hecho por la mano del hombre"». [59] Pero tampoco en esto concordaban sus declaraciones.

[60] El Sumo Sacerdote, poniéndose de pie ante la asamblea, interrogó a Jesús: «¿No respondes nada a lo que estos atestiguan contra ti?». [61] Él permanecía en silencio y no respondía nada. El Sumo Sacerdote lo interrogó nuevamente: «¿Eres el Mesías, el Hijo del Dios bendito?». [62] Jesús respondió: «Sí, yo lo soy: y ustedes verán *al Hijo del hombre sentarse a la dere-* *cha del Todopoderoso y venir* *entre las nubes del cielo*». [63] Entonces el Sumo Sacerdote rasgó sus vestiduras y exclamó: «¿Qué necesidad tenemos ya de testigos? [64] Ustedes acaban de oír la blasfemia. ¿Qué les parece?». Y todos sentenciaron que merecía la muerte.

[65] Después algunos comenzaron a escupirlo y, tapándole el rostro, lo golpeaban, mientras le decían: «¡Profetiza!». Y también los servidores le daban bofetadas.

Las negaciones de Pedro

Mt 26,69-75 / Lc 22,55-62 / Jn 18,17.25-27

[66] Mientras Pedro estaba abajo, en el patio, llegó una de las sirvientas del Sumo Sacerdote [67] y, al ver a Pedro junto al fuego, lo miró fijamente y le dijo: «Tú también estabas con Jesús, el Nazareno». [68] Él lo negó, diciendo: «No sé nada; no entiendo de qué estás hablando». Luego salió al vestíbulo y cantó el gallo. [69] La sirvienta, al verlo, volvió a decir a los presentes: «Este es uno de ellos». [70] Pero él lo negó nuevamente. Un poco más tarde, los que estaban allí dijeron a

Pedro: «Seguro que eres uno de ellos, porque tú también eres galileo». [71]Entonces él se puso a maldecir y a jurar que no conocía a ese hombre del que estaban hablando. [72]Enseguida cantó el gallo por segunda vez. Pedro recordó las palabras que Jesús le había dicho: «Antes que cante el gallo por segunda vez, tú me habrás negado tres veces». Y se puso a llorar.

Jesús ante Pilato
Mt 27,1-2.11-14 / Lc 23,1-5.13-16 / Jn 18,33-38

15 En cuanto amaneció, los sumos sacerdotes se reunieron en Consejo con los ancianos, los escribas y todo el Sanedrín. Y después de atar a Jesús, lo llevaron y lo entregaron a Pilato. [2]Este lo interrogó: «¿Tú eres el rey de los judíos?». Jesús le respondió: «Tú lo dices». [3]Los sumos sacerdotes multiplicaban las acusaciones contra él. [4]Pilato lo interrogó nuevamente: «¿No respondes nada? ¡Mira de todo lo que te acusan!». [5]Pero Jesús ya no respondió a nada más, y esto dejó muy admirado a Pilato.

Jesús y Barrabás
Mt 27,15-26 / Lc 23,18-25 / Jn 18,39-40; 19,1.4-16

[6]En cada Fiesta, Pilato ponía en libertad a un preso, a elección del pueblo. [7]Había en la cárcel uno llamado Barrabás, arrestado con otros revoltosos que habían cometido un homicidio durante la sedición. [8]La multitud subió y comenzó a pedir el indulto acostumbrado. [9]Pilato les dijo: «¿Quieren que les ponga en libertad al rey de los judíos?». [10]Él sabía, en efecto, que los sumos sacerdotes lo habían entregado por envidia. [11]Pero los sumos sacerdotes incitaron a la multitud a pedir la libertad de Barrabás. [12]Pilato continuó diciendo: «¿Qué quieren que haga, entonces, con el que ustedes llaman rey de los judíos?». [13]Ellos gritaron de nuevo: «¡Crucifícalo!». [14]Pilato les dijo: «¿Qué mal ha hecho?». Pero ellos gritaban cada vez más fuerte: «¡Crucifícalo!». [15]Pilato, para contentar a la

---

15,15. La flagelación era un paso previo a la crucifixión, destinado a debilitar al condenado y acelerar su muerte.

multitud, les puso en libertad a Barrabás; y a Jesús, después de haberlo hecho azotar, lo entregó para que fuera crucificado.

La coronación de espinas

Mt 27,27-31 / Jn 19,2-3

[16] Los soldados lo llevaron dentro del palacio, al pretorio, y convocaron a toda la guardia. [17] Lo vistieron con un manto de púrpura, hicieron una corona de espinas y se la colocaron. [18] Y comenzaron a saludarlo: «¡Salud, rey de los judíos!». [19] Y le golpeaban la cabeza con una caña, le escupían y, doblando la rodilla, le rendían homenaje. [20] Después de haberse burlado de él, le quitaron el manto de púrpura y le pusieron de nuevo sus vestiduras. Luego lo hicieron salir para crucificarlo.

El camino hacia el Calvario

Mt 27,32-33 / Lc 23,26.33a / Jn 19,17

[21] Como pasaba por allí Simón de Cirene, padre de Alejandro y de Rufo, que regresaba del campo, lo obligaron a llevar la cruz de Jesús. [22] Y condujeron a Jesús a un lugar llamado Gólgota, que significa «lugar del Cráneo».

La crucifixión de Jesús

Mt 27,34-38 / Lc 23,33b-34 / Jn 19,18-24

[23] Le ofrecieron vino mezclado con mirra, pero él no lo tomó. [24] Después lo crucificaron. Los soldados se repartieron sus vestiduras, sorteándolas para ver qué le tocaba a cada uno. [25] Ya mediaba la mañana cuando lo crucificaron. [26] La inscripción que indicaba la causa de su condena decía: «El rey de los judíos». [27] Con él crucificaron a dos bandidos, uno a su derecha y el otro a su izquierda. [28]

Injurias a Jesús crucificado

Mt 27,39-44 / Lc 23,35-37.39

[29] Los que pasaban lo insultaban, movían la cabeza y decían: «¡Eh, tú, que destruyes el Templo y en tres días lo vuelves a edificar, [30] sálvate a ti mismo y baja de la cruz!». [31] De la misma manera, los sumos sacerdotes y los escribas se burlaban y decían entre sí: «¡Ha salvado a otros y no pue-

---

15,16. Se llamaba *pretorio* a la residencia de los gobernadores.

15,24. Sal 22,19.

de salvarse a sí mismo! [32]Es el Mesías, el rey de Israel, ¡que baje ahora de la cruz, para que veamos y creamos!». También lo insultaban los que habían sido crucificados con él.

La muerte de Jesús

Mt 27,45-54 / Lc 23,44-47 / Jn 19,29-30

[33]Al mediodía, se oscureció toda la tierra hasta las tres de la tarde; [34]y a esa hora, Jesús exclamó en voz alta: *«Eloi, Eloi, lamá sabactani»*, que significa *«Dios mío, Dios mío, ¿por qué me has abandonado?»*. [35]Algunos de los que se encontraban allí, al oírlo, dijeron: «Está llamando a Elías». [36]Uno corrió a mojar una esponja en vinagre y, poniéndola en la punta de una caña, le dio de beber, diciendo: «Vamos a ver si Elías viene a bajarlo». [37]Entonces Jesús, dando un gran grito, expiró.

[38]El velo del Templo se rasgó en dos, de arriba abajo. [39]Al ver-lo expirar así, el centurión que estaba frente a él exclamó: «¡Verdaderamente, este hombre era Hijo de Dios!».

Las mujeres que siguieron a Jesús

Mt 27,55-56 / Lc 23,49 / Jn 19,25

[40]Había también allí algunas mujeres que miraban de lejos. Entre ellas estaban María Magdalena, María, la madre de Santiago el menor y de José, y Salomé, [41]que seguían a Jesús y lo habían servido cuando estaba en Galilea; y muchas otras que habían subido con él a Jerusalén.

La sepultura de Jesús

Mt 27,57-61 / Lc 23,50-55 / Jn 19,38-42

[42]Era un día de Preparación, es decir, víspera de sábado. Por eso, al atardecer, [43]José de Arimatea —miembro notable del Sanedrín, que también esperaba el Reino de Dios— tuvo la audacia de presentarse ante Pilato para

---

15,38. *El velo del Templo se rasgó:* Se trata de la cortina que tapaba el Santo de los santos (Ex 26,33) o a la entrada al edificio del Templo (Ex 26,36-37).
15,42. La ley judía mandaba sepultar a los condenados a muerte an-tes de la caída del sol (Dt 21,22-23). El relato de Marcos sugiere que se hacía urgente retirar de la cruz el cuerpo de Jesús, porque a la caída del sol comenzaba el descanso del sábado.

pedirle el cuerpo de Jesús. ⁴⁴Pilato se asombró de que ya hubiera muerto; hizo llamar al centurión y le preguntó si hacía mucho que había muerto. ⁴⁵Informado por el centurión, entregó el cadáver a José. ⁴⁶Este compró una sábana, bajó el cuerpo de Jesús, lo envolvió en ella y lo depositó en un sepulcro cavado en la roca. Después, hizo rodar una piedra a la entrada del sepulcro. ⁴⁷María Magdalena y María, la madre de José, miraban dónde lo habían puesto.

El anuncio de la resurrección de Jesús

Mt 28,1-8 / Lc 24,1-10 / Jn 20,1-2

16 Pasado el sábado, María Magdalena, María, la madre de Santiago, y Salomé compraron perfumes para ungir el cuerpo de Jesús. ²A la madrugada del primer día de la semana, cuando salía el sol, fueron al sepulcro. ³Y decían entre ellas: «¿Quién nos correrá la piedra de la entrada del sepulcro?». ⁴Pero, al mirar, vieron que la piedra había sido corrida; era una piedra muy grande.

⁵Al entrar al sepulcro, vieron a un joven sentado a la derecha, vestido con una túnica blanca. Ellas quedaron sorprendidas, ⁶pero él les dijo: «No teman. Ustedes buscan a Jesús de Nazaret, el Crucificado. Ha resucitado, no está aquí. Miren el lugar donde lo habían puesto. ⁷Vayan ahora a decir a sus discípulos y a Pedro que él irá antes que ustedes a Galilea; allí lo verán, como él se lo había dicho». ⁸Ellas salieron corriendo del sepulcro, porque estaban temblando y fuera de sí. Y no dijeron nada a nadie, porque tenían miedo.

APÉNDICE

La aparición de Jesús a María Magdalena

Mt 28,9-10 / Lc 24,10-11 / Jn 20,14-18

⁹Jesús, que había resucitado a la mañana del primer día de la semana, se apareció primero a María Magdalena, aquella de quien había echado siete demonios. ¹⁰Ella fue a contarlo a los que siempre lo habían acompañado, que estaban afligidos y lloraban. ¹¹Cuando la oyeron de-

cir que Jesús estaba vivo y que lo había visto, no la creyeron.

La aparición de Jesús a dos discípulos
Lc 24,13-35

¹²Después, se mostró con otro aspecto a dos de ellos, que iban caminando hacia un poblado. ¹³Y ellos fueron a anunciarlo a los demás, pero tampoco los creyeron.

La misión universal de los Apóstoles
Mt 28,16-20 / Lc 24,36-51 / Jn 20,21 / Hch 1,8

¹⁴Enseguida, se apareció a los Once, mientras estaban comiendo, y les reprochó su incredulidad y su obstinación porque no habían creído a quienes lo habían visto resuci-tado. ¹⁵Entonces les dijo: «Vayan por todo el mundo, anuncien la Buena Noticia a toda la creación. ¹⁶El que crea y se bautice, se salvará. El que no crea, se condenará.

¹⁷Y estos prodigios acompañarán a los que crean: arrojarán a los demonios en mi Nombre y hablarán nuevas lenguas; ¹⁸podrán tomar a las serpientes con sus manos, y si beben un veneno mortal no les hará ningún daño; impondrán las manos sobre los enfermos y los curarán».

¹⁹Después de decirles esto, el Señor Jesús fue llevado al cielo y está sentado a la derecha de Dios. ²⁰Ellos fueron a predicar por todas partes, y el Señor los asistía y confirmaba su palabra con los milagros que la acompañaban.

EVANGELIO SEGÚN SAN LUCAS

INTRODUCCIÓN

Lucas es el único de los cuatro evangelistas que comienza su evangelio con un prólogo (1,1-4). De acuerdo con una costumbre bastante generalizada entre los escritores helenísticos, él anuncia desde el comienzo que va a narrar las cosas que se han verificado entre nosotros —es decir, la vida de Jesús—, y explica el procedimiento que ha seguido para llevar a cabo su propósito.

Ante todo, Lucas declara que no ha sido el primero en ocuparse de ese tema. Hay otros que lo hicieron antes que él, y existe además una tradición que procede de quienes fueron desde el principio testigos oculares de los hechos y luego se convirtieron en servidores de la Palabra. Basado en estas fuentes de in-

formación, el evangelista declara que él quiere disponer los hechos *ordenadamente*.

En el prólogo, el evangelista no menciona su propio nombre, que tampoco aparece en el resto del libro. Solo el título —*Evangelio según san Lucas*— lo menciona. Pero este título fue añadido en el siglo II, cuando se recopilaron los cuatro evangelios, para distinguirlos unos de otros. Al escoger el nombre de Lucas, los primeros cristianos eligieron la figura de un gran admirador del Apóstol Pablo, que estaba informado sobre sus viajes misioneros, pero no por un contacto directo, sino a través de una generación intermedia, como lo atestiguan su gran veneración hacia el Apóstol y la curiosa total ausencia de referencias a las cartas paulinas en la segunda parte de su obra (*Los Hechos de los apóstoles*).

Lo que Lucas (Lc) da, en cambio, es el nombre de la persona a la que dedica su obra. Se trata de un tal *Teófilo*, cuyo nombre griego significa «amigo de Dios». Este personaje pudo haber contribuido económicamente a la publicación de una obra tan extensa, que necesitaba una especie de mecenas para facilitar su composición. Al dedicársela a Teófilo, Lucas abrigaba la esperanza de que este amigo diera cierta publicidad a su evangelio y ayudara a difundirlo.

Sin embargo, es indudable que la obra no está dedicada solamente a Teófilo. Lc piensa en un público más amplio, especialmente en los cristianos de origen no judío, que, como él, provenían del mundo pagano. Como todo parece indicar que la obra de Lc fue compuesta durante los años 90 del siglo I, el evangelista se sitúa a sí mismo en la tercera generación cristiana: después de la venida de Jesús (*los acontecimientos que se cumplieron entre nosotros*, 1,1) y la generación de los apóstoles (*los que han sido desde el comienzo testigos oculares y servidores de la Palabra*, 1,2). Esta ampliación del marco espacio-temporal manifiesta la distancia desde la que el autor ve la historia de Jesús, y atestigua a la vez su interés por el decurso histórico continuado, que llega hasta el presente de la Iglesia.

La obra de Lc es ciertamente personal, con su lengua, su estilo y su arte propios. Pero lo que el evangelista pretende, por encima de todo, es presentar la fe de la Iglesia, el evangelio de los apóstoles, y por eso apela constantemente a la tradición recibida. Lc expresa con firmeza el *hoy* de la salvación. Él ve en los acontecimientos que narra la intervención de Dios, y los narra con la intención de suscitar o de profundizar la fe. Él, como el resto de la Iglesia, había tomado conciencia de que el Reino de Dios, aunque diferido en su realización definitiva, era una realidad actuante en la experiencia de fe de los discípulos. Dios se ha acordado de su misericordia y ha visitado a su pueblo; el Reino está en medio de él (17,21), y vivir ya en el Reino, aun cuando sea en espera de su plena manifestación futura, significa vivir en la alegría de las promesas divinas, en trance ya de realización.

Como el libro de los Hechos de los Apóstoles empieza con una dedicatoria al *ilustre Teófilo* y remite expresamente a un primer libro, es hoy opinión unánime entre los exegetas que el tercer evangelio y el libro de los Hechos son obra de un mismo autor. Esta convicción se ve confirmada por las semejanzas existentes en el lenguaje, el estilo literario y el plan que caracteriza a los dos escritos.

El plan del evangelio

Lucas es el evangelista que señala con más nitidez las tres fases sucesivas en el desarrollo del plan divino de salvación: el *Antiguo Testamento*, el *tiempo de Jesús* y el *tiempo de la Iglesia*, que culminará al fin de los tiempos con la venida gloriosa del Hijo del hombre (21,27). En la primera etapa, el pueblo de Israel es el portador de las promesas divinas. En la segunda —que es «el centro de la historia»—, el grupo de creyentes que respondieron al llamado de Jesús y fueron los testigos de su vida, de su muerte y su resurrección, se convirtieron luego en servidores de la Palabra. En la tercera etapa, la Iglesia, convocada por los apóstoles, se fue difundiendo poco a poco hasta los confines de la tierra. De esta manera, nos indica cómo fueron recibidas y prolongadas por sus discípulos las palabras y las acciones de Jesús.

Los tres sinópticos mencionan el viaje de Jesús desde Galilea a Jerusalén, pero Lc es el único que incluye una sección original, organizada en torno al camino de Jesús hacia la Ciudad santa. La sección se inicia en 9,51 con una frase solemne: *Cuando estaba por cumplirse el tiempo de su elevación al cielo, Jesús se encaminó decididamente hacia Jerusalén*. En ella narra varios episodios y recoge muchas enseñanzas de Jesús que no se encuentran en los otros evangelios: la parábola del buen samaritano (10,25-37), las parábolas de la misericordia (15,1-32), la del fariseo y del publicano (18,9-14) y la conversión de Zaqueo. Estos pasajes reflejan con claridad los rasgos característicos del tercer evangelio: la misericordia de Dios, la universalidad de la salvación llevada a cabo por Jesús y la alegría de la conversión.

Lc presta especial atención a la entrada de los paganos en el nuevo pueblo de Dios. Dado que él escribe para una iglesia inmersa en grandes dificultades y preocupada por la gran distancia que la separa de los comienzos, es preciso que se sirva de todos los recursos necesarios para dirigirle un escrito estimulante, capaz de reconducirla a un clima de renovada confianza. De ahí su insistencia en el tema de la alegría mesiánica y la invitación a entrar de lleno en el ámbito de la salvación, con la alegría de los pobres cuya fe les ha hecho ver que están bajo la mirada misericordiosa de Dios. Jesús ha sido elevado al cielo (24,51), pero la iglesia vive en misterioso contacto con el Señor resucitado, en el mismo clima de alegría y alabanza que experi-

mentaron los testigos de la ascensión (24,52-53).

El evangelio de la infancia

Los dos primeros capítulos del evangelio lucano relatan una serie de episodios vinculados al nacimiento y la infancia de Jesús. Estos relatos son propios de Lc, y toda la sección está inspirada en las ideas, la espiritualidad y el lenguaje de las Escrituras de Israel, sobre todo en la versión griega de los Setenta (LXX). Los procedimientos literarios utilizados muestran que la finalidad fundamental de estos relatos es presentar el misterio de Jesús y, accesoriamente, la misión de Juan el Bautista.

La narración ofrece un paralelo entre Juan el Bautista y Jesús. Este paralelismo no significa que los dos se puedan igualar. Juan es solamente el precursor que va delante del Señor, preparando sus caminos. Jesús, en cambio, es el *Sol naciente, que viene para iluminar a los que están en las tinieblas, y guiar nuestros pasos por el camino de la paz* (1,76.78-79).

La influencia del Antiguo Testamento se advierte, sobre todo, en la forma literaria de las dos anunciaciones (1,5-38) y de los dos cánticos, el de María (1,46-55) y el de Zacarías (1,67-79). Los oráculos de Simeón y de Ana, dos personajes estrechamente vinculados al Templo de Jerusalén, aportan nuevos datos sobre la persona de Jesús. Preanuncian su misión para Israel y para los paganos; insisten en la división que se va a crear en el pueblo de Dios y dejan entrever que se puede rechazar al Mesías Jesús. Como en los escritos más tardíos del Antiguo Testamento, Dios envía a sus ángeles como mensajeros, y los tres himnos (incluido el de Simeón) han sido compuestos de acuerdo con los rasgos característicos de la poesía hebrea.

La organización del relato

Lucas divide la vida adulta de Jesús en tres períodos, a los que antepone diversos relatos sobre el nacimiento y la infancia de Jesús y de Juan el Bautista. A continuación, la primera parte (3,1–9,50) narra el ministerio itinerante de Jesús en Galilea. En ella lo presenta como enviado divino, lleno de autoridad y de poder, a la vez como profeta e Hijo de Dios. Al discurso en que expone su programa (4,14-30) sigue su realización en forma de palabras (por ejemplo, el sermón del llano, 6,20-49) y de actos (exorcismos, curaciones, vocación de los discípulos). La sombra de la cruz se proyecta ya discretamente: Simeón ha declarado a Jesús *signo de contradicción* (2,34-35), los habitantes de Nazaret rechazan a su compatriota (4,28-29), Moisés y Elías *hablaban de la partida de Jesús*, eufemismo que designa su muerte (9,31), y él mismo anuncia su Pasión (9,22).

El destino trágico del Maestro se precisa a partir del viaje de Galilea a Jerusalén, pasando por Samaría (9,51–19,27). Jesús tiene conciencia del sufrimiento inevitable y comienza a anunciárselo a sus discípulos (17,25; 18,32-33). Este camino hacia la Ciudad santa, bajo el signo de la cruz inminente, permite una reflexión sobre la paradoja de un *Kyrios* servidor, y ofrece la enseñanza de Jesús destinada a formar a sus discípulos y a dibujar anticipadamente los límites de la fe, la ética y la Iglesia cristianas.

Al dedicar tanta atención a la subida a Jerusalén, Lc señala la importancia de la Ciudad santa en el designio salvífico de Dios. En su Templo, Jesús, todavía niño (2,43), manifiesta con plena conciencia que él debe ocuparse de las cosas de su Padre (2,49). En Jerusalén debe cumplirse su «éxodo», del que habla con Moisés y Elías en el diálogo de la transfiguración, como para indicar que lo que debe suceder en aquella ciudad, y la ciudad misma, ya han sido designados por las palabras proféticas (9,30-31). Por eso no sorprende leer en 9,51 que él emprendió decididamente la subida a Jerusalén, y en 13,31 se da el motivo de esta firme decisión: *no es posible que un profeta muera fuera de Jerusalén*.

Al término de su viaje, Jesús entra en Jerusalén (19,28-44), y allí se cumplen las cosas que debía padecer para entrar en su gloria: el arresto, la condena a muerte, la crucifixión, la resurrección y la ascensión al cielo (24,46-49; Hch 1,9). También allí él anuncia a sus discípulos que recibirán el Espíritu Santo, que los capacitará para anunciar a todas las naciones la conversión para el perdón de los pecados, *comenzando por Jerusalén* (24,46-49; cf. Hch 1,9). En conformidad con este anuncio, los primeros discípulos recibieron en Jerusalén *la fuerza que viene de lo alto* (24,49) y dieron comienzo a la evangelización de las naciones (Hch 2,1-13). Finalmente, en Jerusalén Pablo es arrestado para que llegue a ser testigo de Cristo hasta los confines del mundo (Hch 21,27-36; 23,11).

La última parte del evangelio (19,27–24,53), situada en un mismo tiempo (la preparación de la Pascua judía) y en un mismo lugar (Jerusalén, su templo y sus alrededores), describe una única acción: el rechazo del Hijo del hombre y el restablecimiento de esta víctima por el propio Dios. La obra concluye con la resurrección y después con la ascensión al cielo de quien deja a los suyos, no sin haberles dado su bendición y prometido la fuerza divina del Espíritu.

EVANGELIO SEGÚN SAN LUCAS

Prólogo

1 Muchos han tratado de relatar ordenadamente los acontecimientos que se cumplieron entre nosotros, [2] tal como nos fueron transmitidos por aquellos que han sido desde el comienzo testigos oculares y servidores de la Palabra. [3] Por eso, después de informarme cuidadosamente de todo desde los orígenes, yo también he decidido escribir para ti, ilustre Teófilo, un relato ordenado, [4] a fin de que conozcas bien la solidez de las enseñanzas que has recibido.

EL EVANGELIO DE LA INFANCIA DE JESÚS

El anuncio del nacimiento de Juan el Bautista

[5] En tiempos de Herodes, rey de Judea, había un sacerdote llamado Zacarías, de la clase sacerdotal de Abías. Su mujer, llamada Isabel, era descendiente de Aarón. [6] Ambos eran justos a

---

1,3. Lucas da cuenta de su preocupación por informarse cuidadosamente y dedica su obra a un personaje llamado *Teófilo* (nombre que significa «amigo de Dios»). El título de *ilustre* (lit. «el más fuerte») solía darse a las personas o funcionarios que ejercían cargos oficiales (cf. Hch 23,26; 24,2), pero con frecuencia se usaba como fórmula de cortesía más bien corriente.

1,4. La mención de las *enseñanzas* recibidas parece indicar que el destinatario del evangelio era un cristiano que ya tenía un conocimiento de la fe en Jesús.

1,5. *Herodes* «el Grande» fue designado por el senado romano rey de Judea en el año 40 a. C. y murió en el año 4 a. C. (cf. Mt 2,1). *Judea* se ha de entender aquí en un sentido amplio, ya que el reino de Herodes incluía también a Idumea y Samaría. La *clase sacerdotal de Abías* era una de las veinticuatro clases que se turnaban semanalmente en el culto del Templo (1 Cr 24,10.19).

los ojos de Dios y seguían en forma irreprochable todos los mandamientos y preceptos del Señor. ⁷ Pero no tenían hijos, porque Isabel era estéril; y los dos eran de edad avanzada.

⁸ Un día en que su clase estaba de turno y Zacarías ejercía la función sacerdotal delante de Dios, ⁹ le tocó en suerte, según la costumbre litúrgica, entrar en el Santuario del Señor para quemar el incienso. ¹⁰ Toda la asamblea del pueblo permanecía fuera, en oración, mientras se ofrecía el incienso.

¹¹ Entonces se le apareció el Ángel del Señor, de pie, a la derecha del altar del incienso. ¹² Al verlo, Zacarías quedó desconcertado y tuvo miedo. ¹³ Pero el Ángel le dijo: «No temas, Zacarías; tu súplica ha sido escuchada. Isabel, tu esposa, te dará un hijo al que llamarás Juan. ¹⁴ Él será para ti un motivo de gozo y de alegría, y muchos se alegrarán de su nacimiento, ¹⁵ porque será grande a los ojos del Señor. No beberá vino ni bebida alco-

hólica; estará lleno del Espíritu Santo desde el seno de su madre, ¹⁶ y hará que muchos israelitas vuelvan al Señor, su Dios. ¹⁷ Precederá al Señor con el espíritu y el poder de Elías, para reconciliar a los padres con sus hijos y atraer a los rebeldes a la sabiduría de los justos, preparando así al Señor un Pueblo bien dispuesto». ¹⁸ Pero Zacarías dijo al Ángel: «¿*Cómo puedo estar seguro de esto?* Porque yo soy anciano y mi esposa es de edad avanzada». ¹⁹ El Ángel le respondió: «Yo soy Gabriel, el que está delante de Dios, y he sido enviado para hablarte y anunciarte esta buena noticia. ²⁰ Te quedarás mudo, sin poder hablar hasta el día en que sucedan estas cosas, por no haber creído en mis palabras, que se cumplirán a su debido tiempo». ²¹ Mientras tanto, el pueblo estaba esperando a Zacarías, extrañado de que permaneciera tanto tiempo en el Santuario. ²² Cuando salió, no podía hablarles, y todos comprendieron que había tenido al-

1,9. El altar donde se ofrecía *el incienso* estaba en el interior del santuario, ante el Santo de los santos (cf. 1 Re 6,20-21; 7,48). Esta ofrenda se realizaba de mañana y de tarde, a la hora en que se ofrecían los sacrificios cotidianos.

guna visión en el Santuario. Él se expresaba por señas, porque se había quedado mudo.

[23] Al cumplirse el tiempo de su servicio en el Templo, regresó a su casa. [24] Poco después, su esposa Isabel concibió un hijo y permaneció oculta durante cinco meses. [25] Ella pensaba: «Esto es lo que el Señor ha hecho por mí, cuando decidió librarme de lo que me avergonzaba ante los hombres».

El anuncio del nacimiento de Jesús

[26] En el sexto mes, el Ángel Gabriel fue enviado por Dios a una ciudad de Galilea, llamada Nazaret, [27] a una virgen que estaba comprometida con un hombre perteneciente a la familia de David, llamado José. El nombre de la virgen era María. [28] El Ángel entró en su casa y la saludó, diciendo: «¡Alégrate!, llena de gracia, el Señor está contigo». [29] Al oír estas palabras, ella quedó desconcertada y se preguntaba qué podía significar ese saludo. [30] Pero el Ángel le dijo: «No temas, María, porque Dios te ha favorecido. [31] Concebirás y darás a luz un hijo, y le pondrás por nombre Jesús; [32] él será grande y será llamado Hijo del Altísimo. El Señor Dios le dará el trono de David, su padre, [33] reinará sobre la casa de Jacob para siempre y su reino no tendrá fin». [34] María dijo al Ángel: «¿Cómo puede ser eso, si yo no tengo relaciones con ningún hombre?». [35] El Ángel le respondió: «El Espíritu

---

1,27. *Comprometida:* De hecho, María ya estaba unida legalmente en matrimonio con José, pero aún no habían vivido juntos, de acuerdo con las costumbres judías, que dividían los esponsales en dos etapas. En la primera, el novio entregaba al padre la dote correspondiente y la novia era ya reconocida como su esposa. Pero solo en el momento oficial de la boda (generalmente un año después) el esposo llevaba a la esposa a vivir con él.

1,32. En virtud del desposorio de María con José, que era *un hombre de la casa de David* (v. 27), Jesús fue constituido miembro del linaje davídico y pudo ser invocado y aclamado como *hijo de David* (18,38-39).

1,35. Las frases *descenderá sobre ti* y *te cubrirá con su sombra* evocan la nube que cubría al pueblo en el desierto, a su salida de Egipto, y que representaba la presencia y el poder de Dios (Ex 13,21-22). El Espíritu Santo *cubrirá*

Santo descenderá sobre ti y el poder del Altísimo te cubrirá con su sombra. Por eso el niño será Santo y será llamado Hijo de Dios. [36] También tu parienta Isabel concibió un hijo a pesar de su vejez, y la que era considerada estéril, ya se encuentra en su sexto mes, [37] *porque no hay nada imposible para Dios*». [38] María dijo entonces: «Yo soy la servidora del Señor, que se cumpla en mí lo que has dicho». Y el Ángel se alejó.

La visita de María a Isabel

[39] En aquellos días, María partió y fue sin demora a un pueblo de la montaña de Judá. [40] Entró en la casa de Zacarías y saludó a Isabel. [41] Apenas esta oyó el saludo de María, el niño saltó de alegría en su seno, e Isabel, llena del Espíritu Santo, [42] exclamó: «¡Tú eres bendita entre todas las mujeres y bendito es el fruto de tu vientre! [43] ¿Quién soy yo para que la madre de mi Señor venga a visitarme? [44] Apenas oí tu saludo, el niño saltó de alegría en mi seno. [45] Feliz de ti por haber creído que se cumplirá lo que te fue anunciado de parte del Señor».

El canto de la Virgen María

[46] María dijo entonces:

«Mi alma canta la grandeza
del Señor,
[47] y mi espíritu *se estremece de gozo en Dios, mi Salvador,*
[48] porque él *miró con bondad la pequeñez de su servidora.*
En adelante todas las generaciones me llamarán feliz,
[49] porque el Todopoderoso ha hecho en mí grandes cosas:
¡su Nombre es santo!
[50] *Su misericordia se extiende de generación en generación sobre aquellos que le temen.*
[51] Desplegó la fuerza de su brazo, dispersó a los soberbios de corazón.

---

con su sombra a María en el momento de la encarnación, para convertirla en Morada de la presencia divina (Ex 40,34-38).
1,46-55. El cántico de María, designado habitualmente con el nombre de *Magníficat*, se inspira en el cántico de Ana, la madre de Samuel (1 Sm 2,1-10), pero su tono es mucho más íntimo y personal.
1,49. *¡Su nombre es Santo!*: Sal 11,9.
1,50. Sal 103,17-18.

⁵² *Derribó a los poderosos*
de su trono
y elevó a los humildes.
⁵³ *Colmó de bienes*
a los hambrientos
y despidió a los ricos
con las manos vacías.
⁵⁴ *Socorrió a Israel, su servidor,*
acordándose de
su misericordia,
⁵⁵ como lo había prometido
a nuestros padres,
en favor de Abraham
y de su descendencia
para siempre».

⁵⁶ María permaneció con Isabel unos tres meses y luego regresó a su casa.

El nacimiento de Juan el Bautista

⁵⁷ Cuando llegó el tiempo en que Isabel debía ser madre, dio a luz un hijo. ⁵⁸ Al enterarse sus vecinos y parientes de la gran misericordia con que Dios la había tratado, se alegraban con ella.

La circuncisión de Juan el Bautista

⁵⁹ A los ocho días, se reunieron para circuncidar al niño, y querían llamarlo Zacarías, como su padre; ⁶⁰ pero la madre dijo: «No, debe llamarse Juan». ⁶¹ Ellos le decían: «No hay nadie en tu familia que lleve ese nombre». ⁶² Entonces preguntaron por señas al padre qué nombre quería que le pusieran. ⁶³ Este pidió una pizarra y escribió: «Su nombre es Juan». Todos quedaron admirados. ⁶⁴ Y en ese mismo momento, Zacarías recuperó el habla y comenzó a alabar a Dios. ⁶⁵ Este acontecimiento produjo una gran impresión entre la gente de los alrededores, y se comentaba en toda la región montañosa de Judea. ⁶⁶ Todos los que se enteraron guardaban este recuerdo en su corazón y se decían: «¿Qué llegará a ser este niño?». Porque la mano del Señor estaba con él.

El canto de Zacarías

⁶⁷ Entonces Zacarías, su padre, quedó lleno del Espíritu Santo y dijo proféticamente:

⁶⁸ *«Bendito sea el Señor,*
el Dios de Israel,
porque ha visitado y
redimido a su Pueblo,

1,52. Cf. Job 12,19; 5,11.   **1,68.** Cf. Sal 41,14; 72,18; 106,48; 111,9.

⁶⁹ y nos ha dado un poderoso
   Salvador
en la casa de David, su servidor,
⁷⁰ como lo había anunciado
   mucho tiempo antes
   por boca de sus santos profetas,
⁷¹ para salvarnos de nuestros
   enemigos
   y de las manos de todos
   los que nos odian.
⁷² Así tuvo misericordia
   de nuestros padres
   y *se acordó de su santa Alianza*,
⁷³ del juramento que hizo
   a nuestro padre Abraham
⁷⁴ de concedernos que,
   libres de temor,
   arrancados de las manos
   de nuestros enemigos,
⁷⁵ lo sirvamos en santidad
   y justicia bajo su mirada,
   durante toda nuestra vida.
⁷⁶ Y tú, niño, serás llamado
   Profeta del Altísimo,
   porque irás delante del Señor
   preparando sus caminos,
⁷⁷ para hacer conocer
   a su Pueblo la salvación
   mediante el perdón
   de los pecados;
⁷⁸ gracias a la misericordiosa
   ternura de nuestro Dios,

que nos traerá del cielo
   la visita del Sol naciente,
⁷⁹ para iluminar *a los que están
   en las tinieblas
   y en la sombra de la muerte*,
   y guiar nuestros pasos
   por el camino de la paz».

⁸⁰ El niño iba creciendo y se
fortalecía en su espíritu; y vivió en lugares desiertos hasta
el día en que se manifestó a Israel.

El nacimiento de Jesús
Mt 1,18-25

2 En aquella época apareció
un decreto del emperador
Augusto, ordenando que se realizara un censo en todo el mundo. ² Este primer censo tuvo lugar cuando Quirino gobernaba
la Siria. ³ Y cada uno iba a inscribirse a su ciudad de origen.
⁴ José, que pertenecía a la familia de David, salió de Nazaret,
ciudad de Galilea, y se dirigió a
Belén de Judea, la ciudad de
David, ⁵ para inscribirse con
María, su esposa, que estaba
embarazada. ⁶ Mientras se encontraban en Belén, le llegó el

1,72. Lv 26,42; Sal 106,45.   **1,79.** Is 9,1; 42,7.

tiempo de ser madre; [7] y María dio a luz a su Hijo primogénito, lo envolvió en pañales y lo acostó en un pesebre, porque no había lugar para ellos en el albergue.

La visita de los pastores

[8] En esa región acampaban unos pastores, que vigilaban por turno sus rebaños durante la noche. [9] De pronto, se les apareció el Ángel del Señor y la gloria del Señor los envolvió con su luz. Ellos sintieron un gran temor, [10] pero el Ángel les dijo: «No teman, porque les traigo una buena noticia, una gran alegría para todo el pueblo: [11] Hoy, en la ciudad de David, les ha nacido un Salvador, que es el Mesías, el Señor. [12] Y esto les servirá de señal: encontrarán a un niño recién nacido envuelto en pañales y acostado en un pesebre». [13] Y junto con el Ángel, apareció de pronto una multitud del ejército celestial, que alababa a Dios, diciendo:

[14] «¡Gloria a Dios en las alturas, y en la tierra, paz a los hombres amados por él!».

[15] Después que los ángeles volvieron al cielo, los pastores se decían unos a otros: «Vayamos a Belén, y veamos lo que ha sucedido y que el Señor nos ha anunciado». [16] Fueron rápidamente y encontraron a María, a José y al recién nacido acostado en el pesebre. [17] Al verlo, contaron lo que habían oído decir sobre este niño, [18] y todos los que los escuchaban queda-

---

2,7. La palabra *primogénito* no implica que María haya tenido después otros hijos. Una inscripción funeraria judía del año 5 a. C., encontrada en Leontópolis (Egipto), recuerda a una joven «muerta en los dolores del parto de su hijo primogénito». Aquí, la mención del *hijo primogénito* para preparar la presentación del niño en el templo, de acuerdo con lo establecido por la Ley de Moisés (vv. 22-24).

2,9. En el lenguaje bíblico, la *gloria del Señor* es la manifestación luminosa que acompaña las apariciones divinas.

2,17. La Buena Noticia, comunicada primero por los ángeles, se transmite luego por el testimonio de los pastores, como la transmitirán después, bajo el impulso del Espíritu Santo, el anciano Simeón (2,28-32), la profetisa Ana (2,38) y la predicación apostólica (Hch 2,14).

ron admirados de lo que decían los pastores.

¹⁹ Mientras tanto, María conservaba estas cosas y las meditaba en su corazón. ²⁰ Y los pastores volvieron, alabando y glorificando a Dios por todo lo que habían visto y oído, conforme al anuncio que habían recibido.

La circuncisión de Jesús

²¹ Ocho días después, llegó el tiempo de circuncidar al niño y se le puso el nombre de Jesús, nombre que le había sido dado por el Ángel antes de su concepción.

La presentación de Jesús en el Templo

²² Cuando llegó el día fijado por la Ley de Moisés para la purificación, llevaron al niño a Jerusalén para presentarlo al Señor, ²³ como está escrito en la Ley: *Todo varón primogénito será consagrado al Señor*. ²⁴ También debían ofrecer en sacrificio *un par de tórtolas o de pichones de paloma*, como ordena la Ley del Señor.

El canto de Simeón

²⁵ Vivía entonces en Jerusalén un hombre llamado Simeón, que era justo y piadoso, y esperaba el consuelo de Israel. El Espíritu Santo estaba en él ²⁶ y le había revelado que no moriría antes de ver al Mesías del Señor. ²⁷ Conducido por el mismo Espíritu, fue al Templo, y cuando los padres de Jesús llevaron al niño para cumplir con él las prescripciones de la Ley, ²⁸ Simeón lo tomó en sus brazos y alabó a Dios, diciendo:

²⁹ «Ahora, Señor, puedes dejar
    que tu servidor muera
    en paz,
    como lo has prometido,
³⁰ porque mis ojos han visto
    la salvación
³¹ que preparaste delante
    de todos los pueblos:
³² luz para iluminar a
    las naciones paganas
    y gloria de tu pueblo Israel».

La profecía de Simeón

³³ Su padre y su madre estaban admirados por lo que oían decir

---

2,23. Ex 13,2.

de él. ³⁴ Simeón, después de bendecirlos, dijo a María, la madre: «Este niño será causa de caída y de elevación para muchos en Israel; será signo de contradicción, ³⁵ y a ti misma una espada te atravesará el corazón. Así se manifestarán claramente los pensamientos íntimos de muchos».

La profecía de Ana

³⁶ Había también allí una profetisa llamada Ana, hija de Fanuel, de la familia de Aser, mujer ya entrada en años, que, casada en su juventud, había vivido siete años con su marido. ³⁷ Desde entonces había permanecido viuda, y tenía ochenta y cuatro años. No se apartaba del Templo, sirviendo a Dios noche y día con ayunos y oraciones. ³⁸ Se presentó en ese mismo momento y se puso a dar gracias a Dios. Y hablaba acerca del niño a todos los que esperaban la redención de Jerusalén.

La infancia de Jesús en Nazaret

³⁹ Después de cumplir todo lo que ordenaba la Ley del Señor, volvieron a su ciudad de Nazaret, en Galilea. ⁴⁰ El niño iba creciendo y se fortalecía, lleno de sabiduría, y la gracia de Dios estaba con él.

Jesús entre los doctores de la Ley

⁴¹ Sus padres iban todos los años a Jerusalén en la fiesta de la Pascua. ⁴² Cuando el niño cumplió doce años, subieron como de costumbre, ⁴³ y acabada la fiesta, María y José regresaron, pero Jesús permaneció en Jerusalén sin que ellos se dieran cuenta. ⁴⁴ Creyendo que estaba en la caravana, caminaron todo un día y después comenzaron a buscarlo entre los parientes y conocidos. ⁴⁵ Como no lo encontraron, volvieron a Jerusalén en busca de él.

⁴⁶ Al tercer día, lo hallaron en el Templo en medio de los doctores de la Ley, escuchándolos y haciéndoles preguntas. ⁴⁷ Y todos los que lo oían estaban asombrados de su inteligencia y sus respuestas. ⁴⁸ Al verlo, sus padres quedaron maravillados y su madre le dijo: «Hijo mío, ¿por qué nos has hecho esto? Piensa que tu pa-

dre y yo te buscábamos angustiados». ⁴⁹ Jesús les respondió: «¿Por qué me buscaban? ¿No sabían que yo debo ocuparme de los asuntos de mi Padre?». ⁵⁰ Ellos no entendieron lo que les decía.

⁵¹ Él regresó con sus padres a Nazaret y vivía sujeto a ellos. Su madre conservaba estas cosas en su corazón. ⁵² Jesús iba creciendo en sabiduría, en estatura y en gracia delante de Dios y de los hombres.

PREPARACIÓN DEL MINISTERIO DE JESÚS

La predicación de Juan el Bautista
Mt 3,1-12 / Mc 1,2-8 / Jn 1,23.26-27

3 El año decimoquinto del reinado del emperador Tiberio, cuando Poncio Pilato gobernaba la Judea, siendo Herodes tetrarca de Galilea, su hermano Filipo tetrarca de Iturea y Traconítide, y Lisanias tetrarca de Abilene, ² bajo el pontificado de Anás y Caifás, Dios dirigió su palabra a Juan, hijo de Zacarías, que estaba en el desierto. ³ Este comenzó entonces a recorrer toda la región del río Jordán, anunciando un bautismo de conversión para el perdón de los pecados, ⁴ como está escrito en el libro del profeta Isaías:

Una voz grita en el desierto:
Preparen el camino del Señor,
allanen sus senderos.
⁵ *Los valles serán rellenados,*
las montañas y las colinas
serán aplanadas.
Serán enderezados
los senderos sinuosos
y nivelados los caminos
desparejos.
⁶ *Entonces, todos los hombres*
verán la Salvación de Dios.

⁷ Juan decía a la multitud que venía a hacerse bautizar por él: «Raza de víboras, ¿quién les enseñó a escapar de la ira de Dios que se acerca? ⁸ Produzcan los frutos de una sincera conversión, y no piensen: "Tenemos por padre a Abraham". Porque yo les digo que de estas piedras

---

3,5-6. Is 40,3-5.

Dios puede hacer surgir hijos de Abraham. [9] El hacha ya está puesta a la raíz de los árboles; el árbol que no produce buen fruto será cortado y arrojado al fuego».

[10] La gente le preguntaba: «¿Qué debemos hacer entonces?». [11] Él les respondía: «El que tenga dos túnicas, dé una al que no tiene; y el que tenga qué comer, haga otro tanto». [12] Algunos publicanos vinieron también a hacerse bautizar y le preguntaron: «Maestro, ¿qué debemos hacer?». [13] Él les respondió: «No exijan más de lo estipulado». [14] A su vez, unos soldados le preguntaron: «Y nosotros, ¿qué debemos hacer?». Juan les respondió: «No extorsionen a nadie, no hagan falsas denuncias y conténtense con su sueldo».

[15] Como el pueblo estaba a la expectativa y todos se preguntaban si Juan no sería el Mesías, [16] él tomó la palabra y les dijo a todos: «Yo los bautizo con agua, pero viene uno que es más poderoso que yo, y yo ni siquiera soy digno de desatar la correa de sus sandalias; él los bautizará en el Espíritu Santo y en el fuego. [17] Tiene en su mano la horquilla para limpiar su era y recoger el trigo en su granero. Pero consumirá la paja en el fuego inextinguible». [18] Y por medio de muchas otras exhortaciones anunciaba al pueblo la Buena Noticia.

El encarcelamiento de Juan el Bautista
Mt 14,3-4 / Mc 6,17-18

[19] Mientras tanto el tetrarca Herodes, a quien Juan censuraba a causa de Herodías —la mujer de su hermano— y por todos los delitos que había cometido, [20] cometió uno más haciendo encarcelar a Juan.

El bautismo de Jesús
Mt 3,13-17 / Mc 1,9-11

[21] Todo el pueblo se hacía bautizar, y también fue bautizado Jesús. Y mientras estaba orando, se abrió el cielo [22] y el Espíritu Santo descendió sobre él en forma corporal, como una paloma. Se oyó entonces una voz del cielo: «Tú eres mi Hijo muy querido, en quien tengo puesta toda mi predilección».

3,22. Cf. Sal 2,7; Is 42,1.

Genealogía de Jesús

Mt 1,1-16

23 Cuando comenzó su ministerio, Jesús tenía unos treinta años y se lo consideraba hijo de José.

José era hijo de Elí; 24 Elí, hijo de Matat; Matat, hijo de Leví; Leví, hijo de Melquí; Melquí, hijo de Janai; Janai, hijo de José; 25 José, hijo de Matatías; Matatías, hijo de Amós; Amós, hijo de Naúm; Naúm, hijo de Eslí; Eslí, hijo de Nagai; 26 Nagai, hijo de Maat; Maat, hijo de Matatías; Matatías, hijo de Semein; Semein, hijo de Iosec; Iosec, hijo de Iodá; 27 Iodá, hijo de Joanán; Joanán, hijo de Resá; Resá, hijo de Zorobabel.

Zorobabel era hijo de Salatiel; Salatiel, hijo de Nerí; 28 Nerí, hijo de Melquí; Melquí, hijo de Adí; Adí, hijo de Cosam; Cosam, hijo de Elmadam; Elmadam, hijo de Er; 29 Er, hijo de Jesús; Jesús, hijo de Eliezer; Eliezer, hijo de Jorim; Jorim, hijo de Matat; Matat, hijo de Leví; 30 Leví, hijo de Simeón; Simeón, hijo de Judá; Judá, hijo

de José; José, hijo de Jonam; Jonam, hijo de Eliaquim; 31 Eliaquim, hijo de Meleá; Meleá, hijo de Mená; Mená, hijo de Matatá; Matatá, hijo de Natán; Natán, hijo de David.

32 David era hijo de Jesé; Jesé, hijo de Jobed; Jobed, hijo de Booz; Booz, hijo de Sela; Sela, hijo de Naasón; 33 Naasón, hijo de Aminadab; Aminadab, hijo de Admín; Admín, hijo de Arní; Arní, hijo de Esrom; Esrom, hijo de Fares; Fares, hijo de Judá; 34 Judá, hijo de Jacob; Jacob, hijo de Isaac; Isaac, hijo de Abraham.

Abraham era hijo de Tera; Tera, hijo de Najor; 35 Najor, hijo de Seruj; Seruj, hijo de Ragau; Ragau, hijo de Péleg; Péleg, hijo de Eber; Eber, hijo de Sela; 36 Sela, hijo de Cainán; Cainán, hijo de Arfaxad; Arfaxad, hijo de Sem.

Sem era hijo de Noé; Noé, hijo de Lamec; 37 Lamec, hijo de Matusalén; Matusalén, hijo de Henoc; Henoc, hijo de Jaret; Jaret, hijo de Malaleel; Malaleel, hijo de Cainán; 38 Cainán, hijo de

---

3,38. *Hijo de Dios:* Al hacer remontar la genealogía de Jesús en orden ascendente hasta el mismo Dios, Lc da a entender que Dios ha guiado toda la historia humana para hacerla culminar en el nacimiento de Jesús.

Enós; Enós, hijo de Set; Set, hijo de Adán; Adán, hijo de Dios.

Las tentaciones de Jesús en el desierto

Mt 4,1-11 / Mc 1,12-13

4 Jesús, lleno del Espíritu Santo, regresó de las orillas del Jordán y fue conducido por el Espíritu al desierto, ² donde fue puesto a prueba por el diablo durante cuarenta días. No comió nada durante esos días, y al cabo de ellos tuvo hambre. ³ El diablo le dijo entonces: «Si tú eres Hijo de Dios, manda a esta piedra que se convierta en pan». ⁴ Pero Jesús le respondió: «Dice la Escritura:

El hombre no vive solamente de pan».

⁵ Luego el diablo lo llevó a un lugar más alto, le mostró en un instante todos los reinos de la tierra ⁶ y le dijo: «Te daré todo este poder y el esplendor de estos reinos, porque me han sido entregados, y yo los doy a quien quiero. ⁷ Si tú te postras delante de mí, todo eso te pertenecerá». ⁸ Pero Jesús le respondió: «Está escrito:

Adorarás al Señor, tu Dios, y a él solo rendirás culto».

⁹ Después el diablo lo condujo a Jerusalén, lo puso en la parte más alta del Templo y le dijo: «Si tú eres Hijo de Dios, tírate de aquí abajo, ¹⁰ porque está escrito:

Él dará órdenes a sus ángeles para que ellos te cuiden.

¹¹ Y también:

Ellos te llevarán en sus manos para que tu pie no tropiece con ninguna piedra».

¹² Pero Jesús le respondió: «Está escrito:

No tentarás al Señor, tu Dios».

¹³ Una vez agotadas todas las formas de tentación, el diablo se alejó de él, hasta el momento oportuno.

4,8. Dt 6,13.
4,10-11. Dt 6,16.

4,13. *Hasta el momento oportuno*, es decir, hasta la hora de su pasión.

LA ACTIVIDAD DE JESÚS EN GALILEA

El comienzo de la predicación de Jesús

Mt 4,12-17 / Mc 1,14-15

¹⁴ Jesús volvió a Galilea con el poder del Espíritu y su fama se extendió en toda la región. ¹⁵ Enseñaba en sus sinagogas y todos lo alababan.

Enseñanza de Jesús en Nazaret

Mt 13,53-58 / Mc 6,1-6

¹⁶ Jesús fue a Nazaret, donde se había criado; el sábado entró como de costumbre en la sinagoga y se levantó para hacer la lectura. ¹⁷ Le presentaron el libro del profeta Isaías y, abriéndolo, encontró el pasaje donde estaba escrito:

¹⁸ *El Espíritu del Señor
    está sobre mí,*

*porque me ha consagrado
    por la unción.
Él me envió a llevar la Buena
    Noticia a los pobres,
a anunciar la liberación
    a los cautivos
y la vista a los ciegos,
a dar la libertad
    a los oprimidos*
¹⁹ *y proclamar un año de gracia
    del Señor.*

²⁰ Jesús cerró el Libro, lo devolvió al ayudante y se sentó. Todos en la sinagoga tenían los ojos fijos en él. ²¹ Entonces comenzó a decirles: «Hoy se ha cumplido este pasaje de la Escritura que acaban de oír». ²² Todos daban testimonio a favor de él y estaban llenos de admiración por las palabras de gracia que salían de su boca. Y decían: «¿No es este el

---

4,16. Las indicaciones de lugar y tiempo determinan el marco particular de la escena: Jesús vuelve a Nazaret, *donde se había criado*, y el sábado entra en la sinagoga, *como de costumbre*. Para los habitantes de Nazaret, Jesús era uno de los suyos: *el hijo de José* (v. 22; cf. 3,23).

4,18. Is 61,1-2.

4,19. *Un año de gracia del Señor:* Se alude aquí al año del Jubileo, que según Lv 25,10 debía celebrarse en Israel cada cincuenta años. La característica esencial de esta celebración es la cancelación de las deudas y la práctica del perdón.

4,22. *¿No es este el hijo de José?:* Esta pregunta parece indicar que el audi-

hijo de José?». ²³ Pero él les respondió: «Sin duda ustedes me citarán el refrán: "Médico, cúrate a ti mismo". Realiza también aquí, en tu patria, todo lo que hemos oído que sucedió en Cafarnaún». ²⁴ Después agregó: «Les aseguro que ningún profeta es bien recibido en su tierra.

²⁵ Yo les aseguro que había muchas viudas en Israel en el tiempo de Elías, cuando durante tres años y seis meses no hubo lluvia del cielo y el hambre azotó a todo el país. ²⁶ Sin embargo, a ninguna de ellas fue enviado Elías, sino *a una viuda de Sarepta, en el país de Sidón*. ²⁷ También había muchos leprosos en Israel, en el tiempo del profeta Eliseo, pero ninguno de ellos fue curado, sino Naamán, el sirio». ²⁸ Al oír estas palabras, todos los que estaban en la sinagoga se enfurecieron ²⁹ y, levantándose, lo empujaron fuera de la ciudad, hasta un lugar escarpado de la colina sobre la que se levantaba la ciudad, con intención de despeñarlo. ³⁰ Pero Jesús, pasando en medio de ellos, continuó su camino.

Enseñanza de Jesús en la sinagoga de Cafarnaún
Mc 1,21-22

³¹ Jesús bajó a Cafarnaún, ciudad de Galilea, y enseñaba los sábados. ³² Y todos estaban asombrados de su enseñanza, porque hablaba con autoridad.

Curación de un endemoniado
Mc 1,23-28

³³ En la sinagoga había un hombre que estaba poseído por el espíritu de un demonio impuro; y comenzó a gritar con fuerza: ³⁴ «¿Qué quieres de nosotros, Jesús Nazareno? ¿Has venido para acabar con nosotros? Ya sé quién eres: el Santo de Dios». ³⁵ Pero Jesús lo increpó, diciendo: «Cállate y sal de este hombre». El demonio salió de él, arrojándolo al suelo en medio de todos, sin hacerle ningún daño. ³⁶ El temor se apoderó de todos, y se decían unos a otros: «¿Qué tiene su palabra? ¡Manda

---

torio ha pasado de la admiración al desconcierto y la animosidad. El brusco cambio de actitud explica la dura respuesta de Jesús y el sorprendente desenlace de la acción (cf. vv. 28-29).
4,26. 1 Re 17,7-16.

con autoridad y poder a los espíritus impuros, y ellos salen!». [37] Y su fama se extendía por todas partes en aquella región.

Curación de la suegra de Pedro
Mt 8,14-15 / Mc 1,29-31

[38] Al salir de la sinagoga, entró en la casa de Simón. La suegra de Simón tenía mucha fiebre, y le pidieron que hiciera algo por ella. [39] Inclinándose sobre ella, Jesús increpó a la fiebre y esta desapareció. Enseguida, ella se levantó y se puso a servirlos.

Diversas curaciones
Mt 8,16 / Mc 1,32-34

[40] Al atardecer, todos los que tenían enfermos afectados de diversas dolencias se los llevaron, y él, imponiendo las manos sobre cada uno de ellos, los curaba. [41] De muchos salían demonios, gritando: «¡Tú eres el Hijo de Dios!». Pero él los increpaba y no los dejaba hablar, porque ellos sabían que era el Mesías.

La misión de Jesús
Mc 1,35-39

[42] Cuando amaneció, Jesús salió y se fue a un lugar desierto. La multitud comenzó a buscarlo y, cuando lo encontraron, querían retenerlo para que no se alejara de ellos. [43] Pero él les dijo: «También a las otras ciudades debo anunciar la Buena Noticia del Reino de Dios, porque para eso he sido enviado». [44] Y predicaba en las sinagogas de toda la Judea.

La pesca milagrosa
Mt 4,18-22 / Mc 1,16-20

5 En una oportunidad, la multitud se amontonaba alrededor de Jesús para escuchar la Palabra de Dios, y él estaba de pie a la orilla del lago de Genesaret. [2] Desde allí vio dos barcas junto a la orilla del lago; los pescadores habían bajado y estaban limpiando las redes. [3] Jesús subió a una de las barcas, que era de Simón, y le pidió que se apartara un poco de la orilla; después se sentó, y enseñaba a la multitud desde la barca.

[4] Cuando terminó de hablar, dijo a Simón: «Navega mar adentro, y echen las redes». [5] Simón le respondió: «Maestro, hemos trabajado la noche entera y no hemos sacado nada, pero si

tú lo dices, echaré las redes». ⁶ Así lo hicieron, y sacaron tal cantidad de peces, que las redes estaban a punto de romperse. ⁷ Entonces hicieron señas a los compañeros de la otra barca para que fueran a ayudarlos. Ellos acudieron, y llenaron tanto las dos barcas, que casi se hundían.

⁸ Al ver esto, Simón Pedro se echó a los pies de Jesús y le dijo: «Aléjate de mí, Señor, porque soy un pecador». ⁹ El temor se había apoderado de él y de quienes lo acompañaban, por la cantidad de peces que habían recogido; ¹⁰ y lo mismo les pasaba a Santiago y a Juan, hijos de Zebedeo, compañeros de Simón. Pero Jesús dijo a Simón: «No temas, de ahora en adelante serás pescador de hombres». ¹¹ Ellos atracaron las barcas a la orilla y, abandonándolo todo, lo siguieron.

Curación de un leproso
Mt 8,2-4 / Mc 1,40-44

¹² Mientras Jesús estaba en una ciudad, se presentó un hombre cubierto de lepra. Al ver a Jesús, se postró ante él y le rogó: «Señor, si quieres, puedes purificarme». ¹³ Jesús extendió la mano y lo tocó, diciendo: «Lo quiero, queda purificado». Y al instante la lepra desapareció. ¹⁴ Él le ordenó que no se lo dijera a nadie, pero añadió: «Ve a presentarte al sacerdote, y entrega por tu purificación la ofrenda que ordenó Moisés, para que les sirva de testimonio».

¹⁵ Su fama se extendía cada vez más y acudían grandes multitudes para escucharlo y hacerse curar de sus enfermedades. ¹⁶ Pero él se retiraba a lugares desiertos para orar.

Curación de un paralítico
Mt 9,1-8 / Mc 2,1-12

¹⁷ Un día, mientras Jesús enseñaba, había entre los presentes algunos fariseos y doctores de la Ley, llegados de todas las regiones de Galilea, de Judea y de Jerusalén. La fuerza del Señor le daba poder para curar. ¹⁸ Llegaron entonces unas personas transportando a un paralítico sobre una camilla y buscaban el modo de entrar, para llevarlo ante Jesús. ¹⁹ Como no sabían por dónde introducirlo a causa de la multitud, subieron a la terraza y, separando las tejas, lo bajaron con su camilla en medio de la

concurrencia y lo pusieron delante de Jesús. [20] Al ver la fe de ellos, Jesús le dijo: «Hombre, tus pecados te son perdonados».

[21] Los escribas y los fariseos comenzaron a preguntarse: «¿Quién es este que blasfema? ¿Quién puede perdonar los pecados, sino solo Dios?». [22] Pero Jesús, conociendo sus pensamientos, les dijo: «¿Qué es lo que están pensando? [23] ¿Qué es más fácil decir: "Tus pecados están perdonados" o "Levántate y camina"? [24] Para que ustedes sepan que el Hijo del hombre tiene sobre la tierra el poder de perdonar los pecados —dijo al paralítico—, yo te lo mando, levántate, toma tu camilla y vuelve a tu casa». [25] Inmediatamente se levantó a la vista de todos, tomó su camilla y se fue a su casa alabando a Dios. [26] Todos quedaron llenos de asombro y glorificaban a Dios, diciendo con gran temor: «Hoy hemos visto cosas maravillosas».

El llamado de Leví
Mt 9,9 / Mc 2,13-14

[27] Después Jesús salió y vio a un publicano llamado Leví, que estaba sentado junto a la mesa de recaudación de impuestos, y le dijo: «Sígueme». [28] Él, dejándolo todo, se levantó y lo siguió.

La actitud de Jesús hacia los pecadores
Mt 9,10-13 / Mc 2,15-17

[29] Leví ofreció a Jesús un gran banquete en su casa. Había numerosos publicanos y otras personas que estaban a la mesa con ellos. [30] Los fariseos y sus escribas murmuraban y decían a los discípulos de Jesús: «¿Por qué ustedes comen y beben con publicanos y pecadores?». [31] Pero Jesús tomó la palabra y les dijo: «No son los sanos los que tienen necesidad del médico, sino los enfermos. [32] Yo no he venido a llamar a los justos, sino a los pecadores, para que se conviertan».

5,29-31. En el judaísmo antiguo, la comida en común era un signo de comunidad de vida, no solo entre los comensales, sino también, una vez pronunciada la bendición, con el mismo Dios. Por eso los fariseos condenaban la conducta de Jesús y de sus discípulos, que comían con gente que no se atenía estrictamente a su manera de interpretar las prescripciones de la Ley.

Discusión sobre el ayuno
Mt 9,14-17 / Mc 2,18-22

³³ Luego le dijeron: «Los discípulos de Juan ayunan frecuentemente y hacen oración, lo mismo que los discípulos de los fariseos; en cambio, los tuyos comen y beben». ³⁴ Jesús les contestó: «¿Ustedes pretenden hacer ayunar a los amigos del esposo mientras él está con ellos? ³⁵ Llegará el momento en que el esposo les será quitado; entonces tendrán que ayunar».

³⁶ Les hizo además esta comparación: «Nadie corta un pedazo de un vestido nuevo para remendar uno viejo, porque se romperá el nuevo, y el pedazo sacado a este no quedará bien en el vestido viejo. ³⁷ Tampoco se pone vino nuevo en odres viejos, porque hará reventar los odres; entonces el vino se derramará y los odres ya no servirán más. ³⁸ ¡A vino nuevo, odres nuevos! ³⁹ Nadie, después de haber gustado el vino viejo, quiere vino nuevo, porque dice: El añejo es mejor».

Discusión sobre el sábado
Mt 12,1-8 / Mc 2,23-28

6 Un sábado en que Jesús atravesaba unos sembrados, sus discípulos arrancaban espigas y, frotándolas entre las manos, las comían. ² Algunos fariseos les dijeron: «¿Por qué ustedes hacen lo que no está permitido en sábado?». ³ Jesús les respondió: «¿Ni siquiera han leído lo que hizo David cuando él y sus compañeros tuvieron hambre, ⁴ cómo entró en la Casa de Dios y, tomando los panes de la ofrenda, que solo pueden comer los sacerdotes, comió él y dio de comer a sus compañeros?». ⁵ Después les dijo: «El Hijo del hombre es dueño del sábado».

Curación de un hombre en sábado
Mt 12,9-14 / Mc 3,1-6

⁶ Otro sábado, entró en la sinagoga y comenzó a enseñar. Había allí un hombre que tenía la mano derecha paralizada. ⁷ Los escribas y los fariseos observaban atentamente a Jesús para ver si curaba en sábado, porque querían encontrar algo de qué acusarlo. ⁸ Pero Jesús, conociendo sus intenciones, dijo al hombre que tenía la mano paralizada: «Levántate y quédate de pie delante de todos». Él se levantó

y permaneció de pie. ⁹Luego les dijo: «Yo les pregunto: ¿Está permitido en sábado hacer el bien o el mal, salvar una vida o perderla?». ¹⁰Y dirigiendo una mirada a todos, dijo al hombre: «Extiende tu mano». Él la extendió y su mano quedó curada. ¹¹Pero ellos se enfurecieron, y deliberaban entre sí para ver qué podían hacer contra Jesús.

Institución de los Doce
Mt 10,1-4 / Mc 3,13-19

¹²En esos días, Jesús se retiró a una montaña para orar, y pasó toda la noche en oración con Dios. ¹³Cuando se hizo de día, llamó a sus discípulos y eligió a doce de ellos, a los que dio el nombre de Apóstoles: ¹⁴Simón, a quien puso el sobrenombre de Pedro, Andrés, su hermano, Santiago, Juan, Felipe, Bartolomé, ¹⁵Mateo, Tomás, Santiago, hijo de Alfeo, Simón, llamado el Zelote, ¹⁶Judas, hijo de Santiago, y Judas Iscariote, que fue el traidor.

La multitud sigue a Jesús
Mt 4,24-25 / Mc 3,7-11

¹⁷Al bajar con ellos se detuvo en una llanura. Estaban allí muchos de sus discípulos y una gran muchedumbre que había llegado de toda la Judea, de Jerusalén y de la región costera de Tiro y Sidón, ¹⁸para escucharlo y hacerse curar de sus enfermedades. Los que estaban atormentados por espíritus impuros quedaban curados; ¹⁹y toda la gente quería tocarlo, porque salía de él una fuerza que sanaba a todos.

Las Bienaventuranzas
Mt 5,1-12

²⁰Entonces Jesús, fijando la mirada en sus discípulos, dijo:

«¡Felices ustedes, los pobres, porque el Reino de Dios les pertenece!

²¹¡Felices ustedes, los que ahora tienen hambre, porque serán saciados!

¡Felices ustedes, los que ahora lloran, porque reirán!

²²¡Felices ustedes, cuando los hombres los odien, los excluyan, los insulten y proscriban su nombre, considerándolo infame, a causa del Hijo del hombre!

²³¡Alégrense y llénense de gozo en ese día, porque la recompensa de ustedes será grande en el cielo. De la misma manera los padres de ellos trataban a los profetas!

La falsa felicidad

²⁴ Pero ¡ay de ustedes los ricos, porque ya tienen su consuelo!

²⁵ ¡Ay de ustedes, los que ahora están satisfechos, porque tendrán hambre!

¡Ay de ustedes, los que ahora ríen, porque conocerán la aflicción y las lágrimas!

²⁶ ¡Ay de ustedes cuando todos los elogien! ¡De la misma manera los padres de ellos trataban a los falsos profetas!

El amor a los enemigos

Mt 5,38-48; 7,12

²⁷ Pero yo les digo a ustedes que me escuchan: Amen a sus enemigos, hagan el bien a quienes los odian. ²⁸ Bendigan a quienes los maldicen, rueguen por quienes los difaman. ²⁹ Al que te pegue en una mejilla, preséntale también la otra; al que te quite el manto, no le niegues la túnica. ³⁰ Dale a todo el que te pida, y al que tome lo tuyo no se lo reclames. ³¹ Hagan por los demás lo que quieren que los hombres hagan por ustedes. ³² Si aman a aquellos que los aman, ¿qué mérito tienen? Porque hasta los pecadores aman a aquellos que los aman. ³³ Si hacen el bien a aquellos que se lo hacen a ustedes, ¿qué mérito tienen? Eso lo hacen también los pecadores. ³⁴ Y si prestan a aquellos de quienes esperan recibir, ¿qué mérito tienen? También los pecadores prestan a los pecadores, para recibir de ellos lo mismo. ³⁵ Amen a sus enemigos, hagan el bien y presten sin esperar nada a cambio. Entonces la recompensa de ustedes será grande y serán hijos del Altísimo, porque él es bueno con los desagradecidos y los malos.

La misericordia y la benevolencia para juzgar

Mt 5,48; 7,1-5; 15,14; 10,24-25 / Mc 4,24

³⁶ Sean misericordiosos, como el Padre de ustedes es misericordioso. ³⁷ No juzguen y no serán juzgados; no condenen y no serán condenados; perdonen y

---

6,26. El calificativo de *falsos* se aplica a los *profetas* que el pueblo escuchaba de buen grado, porque predicaban lo que ellos querían oír (cf. Jr 23,9-14).

6,38. La generosidad de la recompensa divina está expresada con la imagen gráfica de la *medida*, es decir, del recipiente utilizado como

serán perdonados. ³⁸ Den, y se les dará. Les volcarán sobre el regazo una buena medida, apretada, sacudida y desbordante. Porque la medida con que ustedes midan también se usará para ustedes».

³⁹ Les hizo también esta comparación: «¿Puede un ciego guiar a otro ciego? ¿No caerán los dos en un pozo? ⁴⁰ El discípulo no es superior al maestro; cuando el discípulo llegue a ser perfecto, será como su maestro. ⁴¹ ¿Por qué miras la paja que hay en el ojo de tu hermano y no ves la viga que está en el tuyo? ⁴² ¿Cómo puedes decir a tu hermano: "Hermano, deja que te saque la paja de tu ojo", tú, que no ves la viga que tienes en el tuyo? ¡Hipócrita!, saca primero la viga de tu ojo, y entonces verás claro para sacar la paja del ojo de tu hermano.

La raíz de las buenas y de las malas obras
Mt 7,16-18; 12,33-35

⁴³ No hay árbol bueno que dé frutos malos, ni árbol malo que dé frutos buenos: ⁴⁴ cada árbol se reconoce por su fruto. No se recogen higos de los espinos ni se cosechan uvas de las zarzas. ⁴⁵ El hombre bueno saca el bien del tesoro de bondad que tiene en su corazón. El malo saca el mal de su maldad, porque de la abundancia del corazón habla la boca.

Necesidad de practicar la Palabra de Dios
Mt 7,21.24-27

⁴⁶ ¿Por qué ustedes me llaman: "Señor, Señor", y no hacen lo que les digo? ⁴⁷ Yo les diré a quién se parece todo aquel que viene a mí, escucha mis palabras y las practica. ⁴⁸ Se parece a un hombre que, queriendo construir una casa, cavó profundamente y puso los cimientos sobre la roca. Cuando vino la creciente, las aguas se precipitaron con fuerza contra esa casa, pero no pudieron derribarla, porque estaba bien construida. ⁴⁹ En cambio, el que escucha la Palabra y no la pone en práctica, se parece a un hombre que

---

unidad de volumen. Esta medida era llenada con granos; luego se la apretaba y se la sacudía, se la colmaba hasta desbordar y se la vaciaba en los pliegues de la túnica, que servían a modo de un gran bolsillo.

construyó su casa sobre tierra, sin cimientos. Cuando las aguas se precipitaron contra ella, enseguida se derrumbó, y el desastre que sobrevino a esa casa fue grande».

Curación del sirviente de un centurión

Mt 8,5-10.13 / Jn 4,46-53

7 Cuando Jesús terminó de decir todas estas cosas al pueblo, entró en Cafarnaún. [2] Había allí un centurión que tenía un sirviente enfermo, a punto de morir, al que estimaba mucho. [3] Como había oído hablar de Jesús, envió a unos ancianos judíos para rogarle que viniera a curar a su servidor. [4] Cuando estuvieron cerca de Jesús, le suplicaron con insistencia, diciéndole: «Él merece que le hagas este favor, [5] porque ama a nuestra nación y nos ha construido la sinagoga». [6] Jesús fue con ellos, y cuando ya estaba cerca de la casa, el centurión le mandó decir por unos amigos: «Señor, no te molestes, porque no soy digno de que entres en mi casa; [7] por eso no me consideré digno de ir a verte personalmente. Basta que digas una palabra y mi sirviente se sanará. [8] Porque yo —que no soy más que un oficial subalterno, pero tengo soldados a mis órdenes— cuando digo a uno: "Ve", él va; y a otro: "Ven", él viene; y cuando digo a mi sirviente: "¡Tienes que hacer esto!", él lo hace». [9] Al oír estas palabras, Jesús se admiró de él y, volviéndose a la multitud que lo seguía, dijo: «Yo les aseguro que ni siquiera en Israel he encontrado tanta fe». [10] Cuando los enviados regresaron a la casa, encontraron al sirviente completamente sano.

Resurrección del hijo de una viuda

[11] Enseguida, Jesús se dirigió a una ciudad llamada Naim, acompañado de sus discípulos y de una gran multitud. [12] Justamente cuando se acercaba a la puerta de la ciudad, llevaban a enterrar al hijo único de una mujer viuda, y mucha gente del lugar la acompañaba. [13] Al verla, el Señor se conmovió y le dijo: «No llores». [14] Después se acercó y tocó el féretro. Los que lo llevaban se detuvieron y Jesús dijo: «Joven, yo te lo ordeno, le-

vántate». ¹⁵ El muerto se incorporó y empezó a hablar. Y Jesús se lo entregó a su madre. ¹⁶ Todos quedaron sobrecogidos de temor y alababan a Dios, diciendo: «Un gran profeta ha aparecido en medio de nosotros y Dios ha visitado a su Pueblo». ¹⁷ El rumor de lo que Jesús acababa de hacer se difundió por toda la Judea y en toda la región vecina.

Los signos mesiánicos

Mt 11,2-6

¹⁸ Juan fue informado de todo esto por sus discípulos y, llamando a dos de ellos, ¹⁹ los envió a decir al Señor: «¿Eres tú el que tenía que venir o debemos esperar a otro?». ²⁰ Cuando se presentaron ante él, le dijeron: «Juan el Bautista nos envía a preguntarte: "¿Eres tú el que tenía que venir o debemos esperar a otro?"». ²¹ En esa ocasión, Jesús curó a mucha gente de sus enfermedades, de sus dolencias y de los malos espíritus, y devolvió la vista a muchos ciegos. ²² Entonces respondió a los enviados: «Vayan a contar a Juan lo que han visto y oído: los ciegos ven, los paralíticos caminan, los leprosos son purificados y los sordos oyen, los muertos resucitan, la Buena Noticia es anunciada a los pobres. ²³ ¡Y feliz aquel para quien yo no sea motivo de tropiezo!».

Testimonio de Jesús sobre Juan el Bautista

Mt 11,7-15; 21,31b-32

²⁴ Cuando los enviados de Juan partieron, Jesús comenzó a hablar de él a la multitud, diciendo: «¿Qué salieron a ver en el desierto? ¿Una caña agitada por el viento? ²⁵ ¿Qué salieron a ver? ¿Un hombre vestido con refinamiento? Los que llevan suntuosas vestiduras y viven en la opulencia, están en los palacios de los reyes. ²⁶ ¿Qué salieron a ver entonces? ¿Un profeta? Les aseguro que sí, y más que un profeta. ²⁷ Él es aquel de quien está escrito:

Yo envío a mi mensajero
delante de ti
para prepararte el camino.

²⁸ Les aseguro que no ha nacido ningún hombre más grande que Juan, y sin embargo, el más pequeño en el Reino de Dios es

más grande que él. ²⁹ Todo el pueblo que lo escuchaba, incluso los publicanos, reconocieron la justicia de Dios, recibiendo el bautismo de Juan. ³⁰ Pero los fariseos y los doctores de la Ley, al no hacerse bautizar por él, frustraron el designio de Dios para con ellos.

Reproche de Jesús a sus compatriotas
Mt 11,16-19

³¹ ¿Con quién puedo comparar a los hombres de esta generación? ¿A quién se parecen? ³² Se parecen a esos muchachos que están sentados en la plaza y se dicen entre ellos:

"¡Les tocamos la flauta,
y ustedes no bailaron!
¡Entonamos cantos fúnebres,
y no lloraron!".

³³ Porque llegó Juan el Bautista, que no come pan ni bebe vino, y ustedes dicen: "¡Ha perdido la cabeza!". ³⁴ Llegó el Hijo del hombre, que come y bebe, y dicen: "¡Es un glotón y un borracho, amigo de publicanos y pecadores!". ³⁵ Pero la Sabiduría ha sido reconocida como justa por todos sus hijos».

La pecadora perdonada
Mt 26,6-13 / Mc 14,3-9 / Jn 12,1-8

³⁶ Un fariseo invitó a Jesús a comer con él. Jesús entró en la casa y se sentó a la mesa. ³⁷ Entonces una mujer pecadora que vivía en la ciudad, al enterarse de que Jesús estaba comiendo en casa del fariseo, se presentó con un frasco de perfume. ³⁸ Y colocándose detrás de él, se puso a llorar a sus pies y comenzó a bañarlos con sus lágrimas; los secaba con sus cabellos, los cubría de besos y los ungía con perfume.

³⁹ Al ver esto, el fariseo que lo había invitado pensó: «Si este hombre fuera profeta, sabría quién es la mujer que lo toca y lo que ella es: ¡una pecadora!». ⁴⁰ Pero Jesús le dijo: «Simón, tengo algo que decirte». «Di, Maestro», respondió él. ⁴¹ «Un presta-

---

7,38. La unción de los pies era una de las atenciones de la esposa a su marido o una señal de respeto de la hija por su padre. Fuera de ese marco, se interpretaba como una falta de pudor.

mista tenía dos deudores: uno le debía quinientos denarios, el otro cincuenta. [42] Como no tenían con qué pagar, perdonó a ambos la deuda. ¿Cuál de los dos lo amará más?». [43] Simón contestó: «Pienso que aquel a quien perdonó más». Jesús le dijo: «Has juzgado bien».

[44] Y volviéndose hacia la mujer, dijo a Simón: «¿Ves a esta mujer? Entré en tu casa y tú no derramaste agua sobre mis pies; en cambio, ella los bañó con sus lágrimas y los secó con sus cabellos. [45] Tú no me besaste; ella, en cambio, desde que entré, no cesó de besar mis pies. [46] Tú no ungiste mi cabeza; ella derramó perfume sobre mis pies. [47] Por eso te digo que sus pecados, sus numerosos pecados, le han sido perdonados porque ha demostrado mucho amor. Pero aquel a quien se le perdona poco, demuestra poco amor». [48] Después dijo a la mujer: «Tus pecados te son perdonados». [49] Los invitados pensaron: «¿Quién es este hombre, que llega hasta perdonar los pecados?». [50] Pero Jesús dijo a la mujer: «Tu fe te ha salvado, vete en paz».

Las mujeres que acompañaban a Jesús

Mt 9,35; 27,55-56; 4,23 /
Mc 6,6b; 16,9; 15,40-41; 1,39

8 Después, Jesús recorría las ciudades y los pueblos, predicando y anunciando la Buena Noticia del Reino de Dios. Lo acompañaban los Doce [2] y también algunas mujeres que habían sido curadas de malos espíritus y enfermedades: María, llamada Magdalena, de la que habían salido siete demonios; [3] Juana, esposa de Cusa, intendente de Herodes, Susana y muchas otras, que los ayudaban con sus bienes.

La parábola del sembrador

Mt 13,1-9 / Mc 4,1-9

[4] Como se reunía una gran multitud y acudía a Jesús gente de todas las ciudades, él les dijo, valiéndose de una parábola:

7,49. Cf. 5,21.
8,2. La presencia de estas mujeres en compañía de Jesús, confirmada por Mt 27,55 y Mc 15,41, era un hecho excepcional en el mundo palestinense de aquella época (cf. Jn 4,27).

[5] «El sembrador salió a sembrar su semilla. Al sembrar, una parte de la semilla cayó al borde del camino, donde fue pisoteada y se la comieron los pájaros del cielo. [6] Otra parte cayó sobre las piedras y, al brotar, se secó por falta de humedad. [7] Otra cayó entre las espinas, y estas, brotando al mismo tiempo, la ahogaron. [8] Otra parte cayó en tierra fértil, brotó y produjo fruto al ciento por uno». Y una vez que dijo esto, exclamó: «¡El que tenga oídos para oír, que oiga!».

Finalidad de las parábolas

Mt 13,10-11.13 / Mc 4,10-12

[9] Sus discípulos le preguntaron qué significaba esta parábola, [10] y Jesús les dijo: «A ustedes se les ha concedido conocer los misterios del Reino de Dios; a los demás, en cambio, se les habla en parábolas, para que

miren sin ver
y oigan sin comprender.

Explicación de la parábola del sembrador

Mt 13,18-23 / Mc 4,14-20

[11] La parábola quiere decir esto: La semilla es la Palabra de Dios. [12] Los que están al borde del camino son los que escuchan, pero luego viene el demonio y arrebata la Palabra de sus corazones, para que no crean y se salven. [13] Los que están sobre las piedras son los que reciben la Palabra con alegría, apenas la oyen; pero no tienen raíces: creen por un tiempo, y en el momento de la tentación se vuelven atrás. [14] Lo que cayó entre espinas son los que escuchan, pero con las preocupaciones, las riquezas y los placeres de la vida, se van dejando ahogar poco a poco, y no llegan a madurar. [15] Lo que cayó en tierra fértil son los que escuchan la Palabra con un corazón bien dispuesto, la retienen, y dan fruto gracias a su constancia.

La parábola de la lámpara

Mt 5,15; 10,26 / Mc 4,21-23 //
Mt 13,12 / Mc 4,25

[16] No se enciende una lámpara para cubrirla con un recipiente o para ponerla debajo de la cama, sino que se la coloca sobre un candelero, para que los que entren vean la luz. [17] Porque no hay nada oculto que no se des-

cubra algún día, ni nada secreto que no deba ser conocido y divulgado. [18] Presten atención y oigan bien, porque al que tiene, se le dará, pero al que no tiene, se le quitará hasta lo que cree tener».

La verdadera familia de Jesús

Mt 12,46-50 / Mc 3,31-35

[19] Su madre y sus hermanos fueron a verlo, pero no pudieron acercarse a causa de la multitud. [20] Entonces le anunciaron a Jesús: «Tu madre y tus hermanos están ahí fuera y quieren verte». [21] Pero él les respondió: «Mi madre y mis hermanos son los que escuchan la Palabra de Dios y la practican».

La tempestad calmada

Mt 8,23-27 / Mc 4,35-41

[22] Un día, Jesús subió con sus discípulos a una barca y les dijo: «Pasemos a la otra orilla del lago». Ellos partieron, [23] y mientras navegaban, Jesús se durmió. Entonces se desencadenó sobre el lago un fuerte vendaval; la barca se iba llenando de agua, y ellos corrían peligro. [24] Los discípulos se acercaron y lo despertaron, diciendo: «¡Maestro, Maestro, nos hundimos!». Él se despertó e increpó al viento y a las olas; estas se apaciguaron y sobrevino la calma. [25] Después les dijo: «¿Dónde está la fe de ustedes?». Y ellos, llenos de temor y admiración, se decían unos a otros: «¿Quién es este que ordena incluso al viento y a las olas, y le obedecen?».

Curación del endemoniado de Gerasa

Mt 8,28-34 / Mc 5,1-20

[26] Después llegaron a la región de los gerasenos, que está situada frente a Galilea. [27] Jesús acababa de desembarcar, cuando salió a su encuentro un hombre de la ciudad, que estaba endemoniado. Desde hacía mucho tiempo no se vestía, y no vivía en una casa, sino en los sepulcros.

[28] Al ver a Jesús, comenzó a gritar, cayó a sus pies y dijo con voz potente: «¿Qué quieres de mí, Jesús, Hijo de Dios, el Altísimo? Te ruego que no me atormentes». [29] Jesús, en efecto, estaba ordenando al espíritu impuro que saliera de aquel hombre. Muchas veces el espíritu se había apoderado de él, y

aunque lo ataban con cadenas y grillos para sujetarlo, él rompía sus ligaduras y el demonio lo arrastraba a lugares desiertos. ³⁰ Jesús le preguntó: «¿Cuál es tu nombre?». «Legión», respondió, porque eran muchos los demonios que habían entrado en él. ³¹ Y le suplicaban que no les ordenara precipitarse al abismo. ³² Había allí una gran piara de cerdos que estaba paciendo en la montaña. Los demonios suplicaron a Jesús que les permitiera entrar en los cerdos. Él se lo permitió. ³³ Entonces salieron de aquel hombre, entraron en los cerdos, y desde lo alto del acantilado, la piara se precipitó al mar y se ahogó.

³⁴ Al ver lo que había pasado, los cuidadores huyeron y difundieron la noticia en la ciudad y en los poblados. ³⁵ Enseguida la gente fue a ver lo que había sucedido. Cuando llegaron adonde estaba Jesús, vieron sentado a sus pies, vestido y en su sano juicio, al hombre del que habían salido los demonios, y se llenaron de temor. ³⁶ Los que habían presenciado el hecho les contaron cómo había sido curado el endemoniado. ³⁷ Todos los gerasenos pidieron a Jesús que se alejara de allí, porque estaban atemorizados; y él, subiendo a la barca, emprendió el regreso.

³⁸ El hombre del que salieron los demonios le rogaba que lo llevara con él, pero Jesús lo despidió, diciéndole: ³⁹ «Vuelve a tu casa y cuenta todo lo que Dios ha hecho por ti». Él se fue y proclamó en toda la ciudad lo que Jesús había hecho por él.

Curación de una mujer y resurrección de la hija de Jairo
Mt 9,18-26 / Mc 5,21-43

⁴⁰ A su regreso, Jesús fue recibido por la multitud, porque todos lo estaban esperando. ⁴¹ De pronto, se presentó un hombre llamado Jairo, que era jefe de la sinagoga, y cayendo a los pies de Jesús, le suplicó que fuera a su casa, ⁴² porque su única hija, que tenía unos doce años, se estaba muriendo. Mientras iba, la multitud lo apretaba hasta sofocarlo.

⁴³ Una mujer que padecía de hemorragias desde hacía doce años y a quien nadie había podido curar, ⁴⁴ se acercó por de-

trás y tocó los flecos de su manto; inmediatamente cesó la hemorragia. ⁴⁵ Jesús preguntó: «¿Quién me ha tocado?». Como todos lo negaban, Pedro y sus compañeros le dijeron: «Maestro, es la multitud que te está apretujando». ⁴⁶ Pero Jesús respondió: «Alguien me ha tocado, porque he sentido que una fuerza salía de mí». ⁴⁷ Al verse descubierta, la mujer se acercó temblando, y echándose a sus pies, contó delante de todos por qué lo había tocado y cómo fue curada instantáneamente. ⁴⁸ Jesús le dijo entonces: «Hija, tu fe te ha salvado, vete en paz».

⁴⁹ Todavía estaba hablando, cuando llegó alguien de la casa del jefe de la sinagoga y le dijo: «Tu hija ha muerto, no molestes más al Maestro». ⁵⁰ Pero Jesús, que había oído, respondió: «No temas, basta que creas y se salvará». ⁵¹ Cuando llegó a la casa no permitió que nadie entrara con él, sino Pedro, Juan y Santiago, junto con el padre y la madre de la niña. ⁵² Todos lloraban y se lamentaban. «No lloren —dijo Jesús—, no está muerta, sino que duerme». ⁵³ Y se burlaban de él, porque sabían que la niña estaba muerta. ⁵⁴ Pero Jesús la tomó de la mano y la llamó, diciendo: «Niña, levántate». ⁵⁵ Ella recuperó el aliento y se levantó en el acto. Después Jesús ordenó que le dieran de comer. ⁵⁶ Sus padres se quedaron asombrados, pero él les prohibió contar lo que había sucedido.

Misión de los Doce

Mt 10,1.7-11.14 / Mc 6,7-13

9 Jesús convocó a los Doce y les dio poder y autoridad para expulsar a toda clase de demonios y para curar las enfermedades. ² Y los envió a proclamar el Reino de Dios y a sanar a los enfermos, ³ diciéndoles: «No lleven nada para el camino, ni bastón, ni alforja, ni pan, ni dinero, ni tampoco dos túnicas cada uno. ⁴ Permanezcan en la casa donde se alojen, hasta el momento de partir. ⁵ Si no los reciben, al salir de esa ciudad sacudan hasta el polvo de sus pies, en testimonio contra ellos». ⁶ Fueron entonces de pueblo en pueblo, anunciando la Buena Noticia y curando enfermos en todas partes.

Incertidumbre de Herodes frente a Jesús

Mt 14,1-2 / Mc 6,14-16

[7] El tetrarca Herodes se enteró de todo lo que pasaba, y estaba muy desconcertado porque algunos decían: «Es Juan, que ha resucitado». [8] Otros decían: «Es Elías, que se ha aparecido», y otros: «Es uno de los antiguos profetas que ha resucitado». [9] Pero Herodes decía: «A Juan lo hice decapitar. Entonces, ¿quién es este del que oigo decir semejantes cosas?». Y trataba de verlo.

La multiplicación de los panes

Mt 14,13-21 / Mc 6,30-44 / Jn 6,1-13

[10] Al regresar, los Apóstoles contaron a Jesús todo lo que habían hecho. Él los llevó consigo, y se retiró a solas con ellos hacia una ciudad llamada Betsaida. [11] Pero la multitud se dio cuenta y lo siguió. Él los recibió, les habló del Reino de Dios y devolvió la salud a los que tenían necesidad de ser sanados.

[12] Al caer la tarde, se acercaron los Doce y le dijeron: «Despide a la multitud, para que vayan a los pueblos y caseríos de los alrededores en busca de albergue y alimento, porque estamos en un lugar desierto». [13] Él les respondió: «Denles de comer ustedes mismos». Pero ellos dijeron: «No tenemos más que cinco panes y dos pescados, a no ser que vayamos nosotros a comprar alimentos para toda esta gente». [14] Porque eran alrededor de cinco mil hombres. Entonces Jesús les dijo a sus discípulos: «Háganlos sentar en grupos de cincuenta». [15] Y ellos hicieron sentar a todos. [16] Jesús tomó los cinco panes y los dos pescados y, levantando los ojos al cielo, pronunció sobre ellos la bendición, los partió y los fue entregando a sus discípulos para que se los sirvieran a la multitud. [17] Todos comieron hasta saciarse y con lo que sobró se llenaron doce canastas.

La profesión de fe de Pedro

Mt 16,13-16.20 / Mc 8,27-30

[18] Un día en que Jesús oraba a solas y sus discípulos estaban con él, les preguntó: «¿Quién dice la gente que soy yo?». [19] Ellos le respondieron: «Unos dicen que eres Juan el Bautista; otros, Elías; y otros, alguno de los antiguos profetas que ha resucitado». [20] «Pero

ustedes —les preguntó—, ¿quién dicen que soy yo?». Pedro, tomando la palabra, respondió: «Tú eres el Mesías de Dios». [21] Y él les ordenó terminantemente que no lo dijeran a nadie.

El primer anuncio de la Pasión
Mt 16,21 / Mc 8,31

[22] «El Hijo del hombre —les dijo— debe sufrir mucho, ser rechazado por los ancianos, los sumos sacerdotes y los escribas, ser condenado a muerte y resucitar al tercer día».

Condiciones para seguir a Jesús
Mt 16,24-28; 10,38-39 / Mc 8,34–9,1

[23] Después dijo a todos: «El que quiera venir detrás de mí, que renuncie a sí mismo, que cargue con su cruz cada día y me siga. [24] Porque el que quiera salvar su vida, la perderá, y el que pierda su vida por mí, la salvará. [25] ¿De qué le servirá al hombre ganar el mundo entero, si pierde y arruina su vida? [26] Porque si alguien se avergüenza de mí y de mis palabras, el Hijo del hombre se avergonzará de él cuando venga en su gloria y en la gloria del Padre y de los santos ángeles. [27] Les aseguro que algunos de los que están aquí presentes no morirán antes de ver el Reino de Dios».

La transfiguración de Jesús
Mt 17,1-9 / Mc 9,2-10

[28] Unos ocho días después de decir esto, Jesús tomó a Pedro, Juan y Santiago, y subió a la montaña para orar. [29] Mientras oraba, su rostro cambió de aspecto y sus vestiduras se volvieron de una blancura deslumbrante. [30] Y dos hombres conversaban con él: eran Moisés y Elías, [31] que aparecían revestidos de gloria y hablaban de la partida de Jesús, que iba a cumplirse en Jerusalén. [32] Pedro y sus compañeros tenían mucho sueño, pero permanecieron despiertos, y vieron la gloria de Jesús y a los dos hombres que estaban con él. [33] Mientras estos se alejaban, Pedro dijo a Jesús: «Maestro, ¡qué bien estamos aquí! Hagamos tres carpas, una para ti, otra para Moisés y otra para Elías». Él no sabía lo que decía. [34] Mientras hablaba, una nube los cubrió con su sombra y, al

entrar en ella, los discípulos se llenaron de temor. [35] Desde la nube se oyó entonces una voz que decía: «Este es mi Hijo, el Elegido, escúchenlo». [36] Y cuando se oyó la voz, Jesús estaba solo. Los discípulos callaron y durante todo ese tiempo no dijeron a nadie lo que habían visto.

Curación de un endemoniado epiléptico

Mt 17,14-20 / Mc 9,14-29

[37] Al día siguiente, cuando bajaron de la montaña, una multitud vino a su encuentro. [38] De pronto, un hombre gritó: «Maestro, por favor, mira a mi hijo, el único que tengo. [39] Cada tanto un espíritu se apodera de él y se pone a gritar; lo sacude con violencia y le hace echar espuma por la boca. A duras penas se aparta de él, dejándolo extenuado. [40] Les pedí a tus discípulos que lo expulsaran, pero no pudieron». [41] Jesús le respondió: «Generación incrédula y perversa, ¿hasta cuándo estaré con ustedes y tendré que soportarlos? Trae aquí a tu hijo». [42] El niño se estaba acercando, cuando el demonio lo arrojó al suelo y lo sacudió violentamente. Pero Jesús increpó al espíritu impuro, curó al niño y lo entregó a su padre. [43] Todos estaban maravillados de la grandeza de Dios.

El segundo anuncio de la Pasión

Mt 17,22 / Mc 9,30-32

Mientras todos se admiraban por las cosas que hacía, Jesús dijo a sus discípulos: [44] «Escuchen bien esto que les digo: El Hijo del hombre va a ser entregado en manos de los hombres». [45] Pero ellos no entendían estas palabras: su sentido les estaba velado de manera que no podían comprenderlas, y temían interrogar a Jesús acerca de esto.

9.45. *No entendían estas palabras:* La persona y la obra de Jesús siguieron siendo incomprensibles para sus discípulos, hasta que él mismo les reveló su sentido, no solo con palabras, sino con su pasión, muerte y resurrección. Antes de esta revelación, les resultaba imposible aceptar la paradoja de la pasión en aquel a quien ellos reconocían como el Mesías (cf. Mc 8,31-33).

La verdadera grandeza

Mt 18,1-5 / Mc 9,33-37

⁴⁶Entonces se les ocurrió preguntarse quién sería el más grande. ⁴⁷Pero Jesús, conociendo sus pensamientos, tomó a un niño y acercándolo ⁴⁸les dijo: «El que recibe a este niño en mi Nombre, me recibe a mí, y el que me recibe a mí, recibe a aquel que me envió; porque el más pequeño de ustedes, ese es el más grande».

La intolerancia de los Apóstoles

Mc 9,38-40

⁴⁹Juan, dirigiéndose a Jesús, le dijo: «Maestro, hemos visto a uno que expulsaba demonios en tu Nombre y tratamos de impedírselo, porque no es de los nuestros». ⁵⁰Pero Jesús le dijo: «No se lo impidan, porque el que no está contra ustedes, está con ustedes».

LA SUBIDA DE JESÚS A JERUSALÉN

El paso de Jesús por Samaría

⁵¹Cuando estaba por cumplirse el tiempo de su elevación al cielo, Jesús se encaminó decididamente hacia Jerusalén ⁵²y envió mensajeros delante de él. Ellos partieron y entraron en un pueblo de Samaría para prepararle alojamiento. ⁵³Pero no lo recibieron porque se dirigía a Jerusalén. ⁵⁴Cuando sus discípulos Santiago y Juan vieron esto, le dijeron: «Señor, ¿quieres que mandemos *caer fuego del cielo para consumirlos*?». ⁵⁵Pero él se dio la vuelta y los reprendió. ⁵⁶Y se fueron a otro pueblo.

Exigencias de la vocación apostólica

Mt 8,18-22

⁵⁷Mientras iban caminando, alguien le dijo a Jesús: «¡Te seguiré adonde vayas!». ⁵⁸Jesús le respondió: «Los zorros tienen sus cuevas y las aves del cielo sus nidos, pero el Hijo del hombre no tiene dónde reclinar la cabeza».

⁵⁹Y dijo a otro: «Sígueme». Él respondió: «Permíteme que vaya primero a enterrar a mi padre». ⁶⁰Pero Jesús le respondió: «Deja que los muertos entierren a sus muertos; tú ve a anunciar el Reino de Dios».

⁶¹Otro le dijo: «Te seguiré, Señor, pero permíteme antes des-

pedirme de los míos». ⁶²Jesús le respondió: «El que ha puesto la mano en el arado y mira hacia atrás, no sirve para el Reino de Dios».

Misión de los setenta y dos discípulos
Mt 9,37-38; 10,9-15 / Mc 6,6.8-11

10 Después de esto, el Señor designó a otros setenta y dos, y los envió de dos en dos para que lo precedieran en todas las ciudades y sitios adonde él debía ir. ²Y les dijo: «La cosecha es abundante, pero los trabajadores son pocos. Rueguen al dueño de los sembrados que envíe trabajadores para la cosecha. ³¡Vayan! Yo los envío como a ovejas en medio de lobos. ⁴No lleven dinero, ni alforja, ni calzado, y no se detengan a saludar a nadie por el camino. ⁵Al entrar en una casa, digan primero: "¡Que descienda la paz sobre esta casa!". ⁶Y si hay allí alguien digno de recibirla, esa paz reposará sobre él; de lo contrario, volverá a ustedes. ⁷Permanezcan en esa misma casa, comiendo y bebiendo de lo que haya, porque el que trabaja merece su salario. No vayan de casa en ca-

sa. ⁸En las ciudades donde entren y sean recibidos, coman lo que les sirvan; ⁹curen a sus enfermos y digan a la gente: "El Reino de Dios está cerca de ustedes". ¹⁰Pero en todas las ciudades donde entren y no los reciban, salgan a las plazas y digan: ¹¹"¡Hasta el polvo de esta ciudad que se ha adherido a nuestros pies, lo sacudimos sobre ustedes! Sepan, sin embargo, que el Reino de Dios está cerca". ¹²Les aseguro que, en aquel Día, Sodoma será tratada menos rigurosamente que esa ciudad.

Lamentación de Jesús por las ciudades de Galilea
Mt 11,21-23 // Mt 10,40 / Jn 13,20

¹³¡Ay de ti, Corozaín! ¡Ay de ti, Betsaida! Porque si en Tiro y en Sidón se hubieran hecho los milagros realizados entre ustedes, hace tiempo que se habrían convertido, poniéndose cilicio y sentándose sobre ceniza. ¹⁴Por eso Tiro y Sidón, en el día del Juicio, serán tratadas menos rigurosamente que ustedes. ¹⁵Y tú, Cafarnaún, ¿acaso crees que *serás elevada hasta el cielo? No, serás precipitada hasta el infierno.*

¹⁶ El que los escucha a ustedes, me escucha a mí; el que los rechaza a ustedes, me rechaza a mí; y el que me rechaza, rechaza a aquel que me envió».

Regreso de los setenta y dos discípulos

Mc 16,17-18

¹⁷ Los setenta y dos volvieron y le dijeron llenos de gozo: «Señor, hasta los demonios se nos someten en tu Nombre». ¹⁸ Él les dijo: «Yo veía a Satanás caer del cielo como un rayo. ¹⁹ Les he dado poder para caminar sobre serpientes y escorpiones y para vencer todas las fuerzas del enemigo; y nada podrá dañarlos. ²⁰ No se alegren, sin embargo, de que los espíritus se les sometan; alégrense más bien de que sus nombres estén escritos en el cielo».

La revelación del Evangelio a los humildes

Mt 11,25-27; 13,16-17

²¹ En aquella hora Jesús se estremeció de gozo, movido por el Espíritu Santo, y dijo: «Te alabo, Padre, Señor del cielo y de la tierra, por haber ocultado estas cosas a los sabios y a los prudentes y haberlas revelado a los pequeños. Sí, Padre, porque así lo has querido. ²² Todo me ha sido dado por mi Padre, y nadie sabe quién es el Hijo, sino el Padre, como nadie sabe quién es el Padre, sino el Hijo y aquel a quien el Hijo se lo quiera revelar».

²³ Después, volviéndose hacia sus discípulos, Jesús les dijo a ellos solos: «¡Felices los ojos que ven lo que ustedes ven! ²⁴ ¡Les aseguro que muchos profetas y reyes quisieron ver lo que ustedes ven y no lo vieron, oír lo que ustedes oyen y no lo oyeron!».

El mandamiento principal

Mt 22,34-40 / Mc 12,28-31

²⁵ Y entonces, un doctor de la Ley se levantó y le preguntó para ponerlo a prueba: «Maestro, ¿qué tengo que hacer para heredar la Vida eterna?». ²⁶ Jesús le preguntó a su vez: «¿Qué está escrito en la Ley? ¿Qué lees en ella?». ²⁷ Él le respondió: «*Amarás al Señor,*

10,27. La respuesta del doctor de la Ley combina en su cita bíblica Dt 6,5 y Lv 19,18.

causa de su insistencia y le dará todo lo necesario.

La eficacia de la oración
Mt 7,7-11

⁹ También les aseguro: pidan y se les dará, busquen y encontrarán, llamen y se les abrirá. ¹⁰ Porque el que pide, recibe; el que busca, encuentra; y al que llama, se le abrirá. ¹¹ ¿Hay algún padre entre ustedes que dé a su hijo una serpiente cuando le pide un pescado? ¹² ¿Y si le pide un huevo, le dará un escorpión? ¹³ Si ustedes, que son malos, saben dar cosas buenas a sus hijos, ¡cuánto más el Padre del cielo dará el Espíritu Santo a aquellos que se lo pidan!».

El Reino de Dios y Belzebul
Mt 12,22-29 / Mc 3,22-27

¹⁴ Jesús estaba expulsando a un demonio que era mudo. Apenas salió el demonio, el mudo empezó a hablar. La muchedumbre quedó admirada, ¹⁵ pero algunos de ellos decían: «Este expulsa a los demonios por el poder de Belzebul, el Príncipe de los demonios». ¹⁶ Otros, para ponerlo a prueba, exigían de él un signo que viniera del cielo. ¹⁷ Jesús, que conocía sus pensamientos, les dijo: «Un reino donde hay luchas internas va a la ruina y sus casas caen una sobre otra. ¹⁸ Si Satanás lucha contra sí mismo, ¿cómo podrá subsistir su reino? Porque —como ustedes dicen— yo expulso a los demonios con el poder de Belzebul. ¹⁹ Si yo expulso a los demonios con el poder de Belzebul, ¿con qué poder los expulsan los discípulos de ustedes? Por eso, ustedes los tendrán a ellos como jueces. ²⁰ Pero si yo expulso a los demonios con la fuerza del dedo de Dios, quiere decir que el Reino de Dios ha llegado a ustedes.

²¹ Cuando un hombre fuerte y bien armado hace guardia en su palacio, todas sus posesiones están seguras, ²² pero si viene otro más fuerte que él y lo domina, le quita el arma en la que confiaba y reparte sus bienes. ²³ El que no está conmigo, está contra mí; y el que no recoge conmigo, desparrama.

La ofensiva de Satanás
Mt 12,43-45

²⁴ Cuando el espíritu impuro sale de un hombre, vaga por lugares desiertos en busca de reposo, y al

no encontrarlo, piensa: "Volveré a mi casa, de donde salí". ²⁵ Cuando llega, la encuentra barrida y ordenada. ²⁶ Entonces va a buscar a otros siete espíritus peores que él; entran y se instalan allí. Y al final, ese hombre se encuentra peor que al principio».

El valor de la fe

²⁷ Cuando Jesús terminó de hablar, una mujer levantó la voz en medio de la multitud y le dijo: «¡Feliz el seno que te llevó y los pechos que te amamantaron!». ²⁸ Jesús le respondió: «Felices más bien los que escuchan la Palabra de Dios y la practican».

El signo de Jonás
Mt 12,39-42 / Mc 8,12

²⁹ Al ver Jesús que la multitud se apretujaba, comenzó a decir: «Esta es una generación malvada. Pide un signo y no le será dado otro que el de Jonás. ³⁰ Así como Jonás fue un signo para los ninivitas, también el Hijo del hombre lo será para esta generación.

³¹ El día del Juicio, la Reina del Sur se levantará contra los hombres de esta generación y los condenará, porque ella vino de los confines de la tierra para escuchar la sabiduría de Salomón y aquí hay alguien que es más que Salomón.

³² El día del Juicio, los hombres de Nínive se levantarán contra esta generación y la condenarán, porque ellos se convirtieron por la predicación de Jonás y aquí hay alguien que es más que Jonás.

La parábola de la lámpara
Mt 5,15 / Mc 4,21 // Mt 6,22-23

³³ Cuando uno enciende una lámpara, no la esconde ni la cu-

11,26. *Va a buscar a otros siete espíritus peores que él:* Esta expresión, desconcertante a primera vista, se refiere a las personas que han sido liberadas del demonio por los exorcismos (incluso de los judíos), pero que luego no aceptan el mensaje del Reino. Así vuelven a ser presa de Satanás y su nueva situación llega a ser peor que la primera.

11,29-30. *Signo de Jonás:* Se refiere al signo que fue en sí mismo el profeta Jonás para los ninivitas, en virtud de su misión, ratificada por la intervención divina (Jon 2). Jesús es un signo para su pueblo, a través de su misión, confirmada por prodigios y milagros. La resurrección es el mayor de esos signos.

11,31. Cf. 1 Re 10,10-11.

bre, sino que la pone sobre el candelero, para que los que entran vean la claridad. ³⁴ La lámpara del cuerpo es tu ojo. Cuando tu ojo está sano, todo tu cuerpo está iluminado; pero si tu ojo está enfermo, también tu cuerpo estará en tinieblas. ³⁵ Ten cuidado de que la luz que hay en ti no se oscurezca. ³⁶ Si todo tu cuerpo está iluminado, sin nada de sombra, tendrá tanta luz como cuando la lámpara te ilumina con sus rayos».

Invectivas contra los fariseos y los doctores de la Ley

Mt 23,23.6-7.27.4.29-31.34.36.13 / Mc 12,38-39

³⁷ Cuando terminó de hablar, un fariseo lo invitó a cenar a su casa. Jesús entró y se sentó a la mesa. ³⁸ El fariseo se extrañó de que no se lavara antes de comer. ³⁹ Pero el Señor le dijo: «¡Así son ustedes, los fariseos! Purifican por fuera la copa y el plato, y por dentro están llenos de voracidad y perfidia. ⁴⁰ ¡In-

sensatos! El que hizo lo de fuera, ¿no hizo también lo de dentro? ⁴¹ Den más bien como limosna lo que tienen y todo será puro para ustedes.

⁴² Pero ¡ay de ustedes, fariseos, que pagan el impuesto de la menta, de la ruda y de todas las legumbres, y descuidan la justicia y el amor de Dios! Hay que practicar esto, sin descuidar aquello.

⁴³ ¡Ay de ustedes, fariseos, porque les gusta ocupar el primer asiento en las sinagogas y ser saludados en las plazas! ⁴⁴ ¡Ay de ustedes, porque son como esos sepulcros que no se ven y sobre los cuales se camina sin saber!».

⁴⁵ Un doctor de la Ley tomó entonces la palabra y dijo: «Maestro, cuando hablas así, nos insultas también a nosotros». ⁴⁶ Él le respondió: «¡Ay de ustedes también, porque imponen a los demás cargas insoportables, pero ustedes no las tocan ni siquiera con un dedo! ⁴⁷ ¡Ay de ustedes, que construyen los sepulcros de los profe-

---

11,40. Cf. Mt 23,26.

11,42. De nada vale pagar un diezmo extra por plantas insignificantes como la menta y la ruda (cf. Lv 27,30), si se descuida lo fundamental de la Ley: *la justicia y el amor de Dios* (cf. Is 58,3).

tas, a quienes sus mismos padres han matado! [48] Así se convierten en testigos y aprueban los actos de sus padres: ellos los mataron y ustedes les construyen sepulcros.

[49] Por eso la Sabiduría de Dios ha dicho: Yo les enviaré profetas y apóstoles: matarán y perseguirán a muchos de ellos. [50] Así se pedirá cuenta a esta generación de la sangre de todos los profetas, que ha sido derramada desde la creación del mundo: [51] desde la sangre de Abel hasta la sangre de Zacarías, que fue asesinado entre el altar y el santuario. Sí, les aseguro que a esta generación se le pedirá cuenta de todo esto.

[52] ¡Ay de ustedes, doctores de la Ley, porque se han apoderado de la llave de la ciencia! No han entrado ustedes, y a los que quieren entrar, se lo impiden».

[53] Cuando Jesús salió de allí, los escribas y los fariseos comenzaron a acosarlo, exigiéndole respuesta sobre muchas cosas [54] y tendiéndole trampas para sorprenderlo en alguna afirmación.

Advertencia contra la hipocresía

Mt 10,26-27 / Mc 4,22

12 Mientras tanto se reunieron miles de personas, hasta el punto de atropellarse unos a otros. Jesús comenzó a decir, dirigiéndose primero a sus discípulos: «Cuídense de la levadura de los fariseos, que es la hipocresía. [2] No hay nada oculto que no deba ser revelado, ni nada secreto que no deba ser conocido. [3] Por eso, todo lo que ustedes han dicho en la oscuridad, será escuchado en pleno día; y lo que han hablado al oído, en las habitaciones más ocultas, será proclamado desde lo alto de las casas.

El verdadero y el falso temor

Mt 10,28-31

[4] A ustedes, mis amigos, les digo: No teman a los que matan el cuerpo y después no pueden hacer nada más. [5] Yo les indicaré a quién deben temer: teman a aquel que, después de matar, tiene el poder de arrojar a la Gehena. Sí, les repito, teman a ese. [6] ¿No se venden acaso cinco pájaros por dos monedas? Sin

embargo, Dios no olvida a ninguno de ellos. [7] Ustedes tienen contados todos sus cabellos: no teman, porque valen más que muchos pájaros.

La valentía para reconocer al Hijo del hombre

Mt 10,32-33 / Mc 8,38 // Mt 12,32 / Mc 3,29 // Mt 10,19-20 / Mc 13,11

[8] Les aseguro que a aquel que me reconozca abiertamente delante de los hombres, el Hijo del hombre lo reconocerá ante los ángeles de Dios. [9] Pero el que no me reconozca delante de los hombres, no será reconocido ante los ángeles de Dios.

[10] Al que diga una palabra contra el Hijo del hombre, se le perdonará; pero al que blasfeme contra el Espíritu Santo, no se le perdonará.

[11] Cuando los lleven ante las sinagogas, ante los magistrados y las autoridades, no se preocupen de cómo se van a defender o qué van a decir, [12] porque el Espíritu Santo les enseñará en ese momento lo que deban decir».

El desprendimiento cristiano

[13] Uno de la multitud le dijo: «Maestro, dile a mi hermano que comparta conmigo la herencia». [14] Jesús le respondió: «Amigo, ¿quién me ha constituido juez o árbitro entre ustedes?». [15] Después les dijo: «Cuídense de toda avaricia, porque aun en medio de la abundancia, la vida de un hombre no está asegurada por sus riquezas».

La parábola del rico insensato

[16] Les dijo entonces una parábola: «Había un hombre rico, cuyas tierras habían producido mucho, [17] y se preguntaba a sí mismo: "¿Qué voy a hacer? No

---

12,6-7. Jesús no promete librar a sus discípulos del sufrimiento y de la muerte, sino que les garantiza la protección divina para que puedan dar testimonio de su lealtad hasta el día final (cf. 22,39-46; Ap 13,10).

12,11. Como fuente de persecución se menciona a las *sinagogas* y también a *los magistrados y las autoridades*, principales responsables en el proceso de Jesús y en la oposición a sus seguidores después de Pentecostés (cf. Hch 4,1-3; 7,54-60; 23,12).

tengo dónde guardar mi cosecha". [18] Después pensó: "Voy a hacer esto: demoleré mis graneros, construiré otros más grandes y amontonaré allí todo mi trigo y mis bienes, [19] y diré a mi alma: Alma mía, tienes bienes almacenados para muchos años; descansa, come, bebe y date buena vida". [20] Pero Dios le dijo: "Insensato, esta misma noche vas a morir. ¿Y para quién será lo que has amontonado?". [21] Esto es lo que sucede al que acumula riquezas para sí, y no es rico a los ojos de Dios».

La confianza en la Providencia

Mt 6,25-33

[22] Después dijo a sus discípulos: «Por eso les digo: No se inquieten por la vida, pensando qué van a comer, ni por el cuerpo, pensando con qué se van a vestir. [23] Porque la vida vale más que la comida, y el cuerpo más que el vestido. [24] Fíjense en los cuervos: no siembran ni cosechan, no tienen despensa ni granero, y Dios los alimenta. ¡Cuánto más valen ustedes que los pájaros! [25] ¿Y quién de ustedes, por mucho que se inquiete, puede añadir un instante al tiempo de su vida? [26] Si aun las cosas más pequeñas superan sus fuerzas, ¿por qué se inquietan por las otras? [27] Fíjense en los lirios: no hilan ni tejen; sin embargo, les aseguro que ni Salomón, en el esplendor de su gloria, se vistió como uno de ellos. [28] Si Dios viste así a la hierba, que hoy está en el campo y mañana es echada al fuego, ¡cuánto más hará por ustedes, hombres de poca fe! [29] Tampoco tienen que preocuparse por lo que van a comer o beber; no se inquieten, [30] porque son los paganos de este mundo los que van detrás de esas cosas. El Padre sabe que ustedes las necesitan. [31] Busquen más bien

---

12,21. La vida no está asegurada por las riquezas (v. 15) y es una necedad acumular bienes materiales solo para uno mismo (vv. 16-20). La verdadera riqueza *a los ojos de Dios* y la posesión de *un tesoro en el cielo* (v. 33) se obtienen mediante la li-

mosna y la generosidad con los pobres.

12,31. Jesús no exhorta a la pereza o a la falta de previsión, sino a confiar en el Señor. En una comunidad que busca realmente el Reino, todos los demás bienes se dan *por añadidura*,

su Reino, y lo demás se les dará por añadidura.

³² No temas, pequeño Rebaño, porque el Padre de ustedes ha querido darles el Reino.

El verdadero tesoro
Mt 6,20-21

³³ Vendan sus bienes y denlos como limosna. Háganse bolsas que no se desgasten y acumulen un tesoro inagotable en el cielo, donde no se acerca el ladrón ni destruye la polilla. ³⁴ Porque allí donde tengan su tesoro, tendrán también su corazón.

Exhortación a la vigilancia y a la fidelidad
Mt 24,42-44 / Mc 13,33-37

³⁵ Estén preparados, ceñidos y con las lámparas encendidas. ³⁶ Sean como los hombres que esperan el regreso de su señor, que fue a una boda, para abrirle apenas llegue y llame a la puerta. ³⁷ ¡Felices los servidores a quienes el señor encuentra velando a su llegada! Les aseguro que él mismo recogerá su túnica, los hará sentar a la mesa y se pondrá a servirlos. ³⁸ ¡Felices ellos, si el señor llega a medianoche o antes del alba y los encuentra así! ³⁹ Entiéndanlo bien: si el dueño de casa supiera a qué hora va a llegar el ladrón, no dejaría perforar las paredes de su casa. ⁴⁰ Ustedes también estén preparados, porque el Hijo del hombre llegará a la hora menos pensada».

La parábola del servidor fiel
Mt 24,45-51

⁴¹ Pedro preguntó entonces: «Señor, ¿esta parábola la dices para nosotros o para todos?». ⁴² El Señor le dijo: «¿Cuál es el administrador fiel y previsor, a quien el Señor pondrá al frente de su personal para distribuirle la ración de trigo en el momento oportuno? ⁴³ ¡Feliz aquel a quien su señor, al llegar, encuentre ocupado en este trabajo! ⁴⁴ Les aseguro que lo hará administrador de todos sus bienes. ⁴⁵ Pero

---

es decir, como fruto espontáneo del amor a Dios y al prójimo (cf. Hch 4,32-35; 5,12-16).
12,34. La posesión de un *tesoro* mantiene el corazón adherido a él.

Si el tesoro se ha puesto en el cielo, y no en los bienes de la tierra, la persona se sentirá permanentemente atraída hacia él.

si este servidor piensa: "Mi señor tardará en llegar", y se dedica a golpear a los servidores y a las sirvientas, y se pone a comer, a beber y a emborracharse, [46] su señor llegará el día y la hora menos pensada, lo castigará y le hará correr la misma suerte que los infieles.

[47] El servidor que, conociendo la voluntad de su señor, no tuvo las cosas preparadas y no actuó conforme a lo que él había dispuesto, recibirá un castigo severo. [48] Pero aquel que, sin saberlo, se hizo también culpable, será castigado menos severamente. Al que se le dio mucho, se le pedirá mucho; y al que se le confió mucho, se le reclamará mucho más.

Jesús ante su Pasión
Mt 10,38

[49] Yo he venido a traer fuego sobre la tierra, ¡y cómo desearía que ya estuviera ardiendo! [50] Tengo que recibir un bautis-

mo, ¡y qué angustia siento hasta que esto se cumpla plenamente!

Jesús, signo de contradicción
Mt 10,34-36

[51] ¿Piensan ustedes que he venido a traer la paz a la tierra? No, les digo que he venido a traer la división. [52] De ahora en adelante, cinco miembros de una familia estarán divididos, tres contra dos y dos contra tres: [53] el padre contra el hijo y *el hijo contra el padre*, la madre contra la hija y *la hija contra la madre*, la suegra contra la nuera y *la nuera contra la suegra*».

La interpretación de los signos de los tiempos
Mt 16,2-3; 5,25-26

[54] Dijo también a la multitud: «Cuando ven que una nube se levanta en occidente, ustedes dicen enseguida que va a llover, y así sucede. [55] Y cuando sopla viento del sur, dicen que hará calor, y así sucede. [56] ¡Hipócri-

---

12,51-53. *No, les digo que he venido a traer la división:* No es que Jesús se proponga provocar la división. Pero frente a su misión y su mensaje hay que decidirse, y esto trae inevitablemente la división entre quienes

aceptan y quienes rechazan sus palabras. Cf. Miq 7,6.

12,54-56. Jesús recrimina a sus contemporáneos que no saben discernir la época de salvación que él ha hecho presente (cf. 7,22-23; 11,20).

tas! Ustedes saben discernir el aspecto de la tierra y del cielo; ¿cómo entonces no saben discernir el tiempo presente?

[57] ¿Por qué no juzgan ustedes mismos lo que es justo? [58] Cuando vas con tu adversario a presentarte ante el magistrado, trata de llegar a un acuerdo con él en el camino, no sea que el adversario te lleve ante el juez, y el juez te entregue al guardia, y este te ponga en la cárcel. [59] Te aseguro que no saldrás de allí hasta que hayas pagado el último centavo».

Exhortación a la conversión

13 En ese momento se presentaron unas personas que comentaron a Jesús el caso de aquellos galileos cuya sangre Pilato mezcló con la de las víctimas de sus sacrificios. [2] Él les respondió: «¿Creen ustedes que esos galileos sufrieron todo esto porque eran más pecadores que los demás? [3] Les aseguro que no, y si ustedes no se convierten, todos acabarán de la misma manera. [4] ¿O creen que las dieciocho personas que murieron cuando se desplomó la torre de Siloé eran más culpables que los demás habitantes de Jerusalén? [5] Les aseguro que no, y si ustedes no se convierten, todos acabarán de la misma manera».

La parábola de la higuera estéril

[6] Les dijo también esta parábola: «Un hombre tenía una higuera plantada en su viña. Fue a buscar frutos y no los encontró. [7] Dijo entonces al viñador: "Hace tres años que vengo a buscar frutos en esta higuera y no los encuentro. Córtala, ¿para qué malgastar la tierra?". [8] Pero él respondió: "Señor, déjala todavía este año; yo removeré la tierra alrededor de ella y la abonaré.

13,1. De la acción de Pilato, como de la desgracia pública referida en el v. 4, no tenemos otra noticia fuera de este pasaje. Jesús alude a estos hechos y los reinterpreta como una invitación providencial a la conversión.

13,6. La parábola de la higuera pone de manifiesto la paciencia divina, aplicada a la actitud de Dios respecto del *pueblo* elegido: ese pueblo no da fruto, pero él, en su misericordia, le da un plazo para el arrepentimiento y espera pacientemente su conversión.

⁹ Puede ser que así dé frutos en adelante. Si no, la cortarás"».

Curación de una mujer en sábado

¹⁰ Un sábado, Jesús enseñaba en una sinagoga. ¹¹ Había allí una mujer poseída de un espíritu, que la tenía enferma desde hacía dieciocho años. Estaba completamente encorvada y no podía enderezarse de ninguna manera. ¹² Jesús, al verla, la llamó y le dijo: «Mujer, estás curada de tu enfermedad», ¹³ y le impuso las manos. Ella se enderezó enseguida y glorificaba a Dios. ¹⁴ Pero el jefe de la sinagoga, indignado porque Jesús había curado en sábado, dijo a la multitud: «Los días de trabajo son seis; vengan durante esos días para hacerse curar, y no el sábado». ¹⁵ El Señor le respondió: «¡Hipócritas! Cualquiera de ustedes, aunque sea sábado, ¿no desata del pesebre a su buey o a su asno para llevarlo a beber? ¹⁶ Y esta hija de Abraham, a la que Satanás tuvo aprisionada durante dieciocho años, ¿no podía ser librada de sus cadenas el día sábado?». ¹⁷ Al oír estas palabras, todos sus adversarios se llenaron de confusión, pero la multitud se alegraba de las maravillas que él hacía.

La parábola del grano de mostaza

Mt 13,31-32 / Mc 4,30-32

¹⁸ Jesús dijo entonces: «¿A qué se parece el Reino de Dios? ¿Con qué podré compararlo? ¹⁹ Se parece a un grano de mostaza que un hombre sembró en su huerta; creció, se convirtió en un arbusto y los pájaros del cielo se cobijaron en sus ramas».

La parábola de la levadura

Mt 13,33

²⁰ Dijo también: «¿Con qué podré comparar el Reino de Dios? ²¹ Se parece a un poco de levadura que una mujer mezcló con gran cantidad de harina, hasta que fermentó toda la masa».

Los nuevos elegidos del Reino

Mt 7,13-14.22-23; 25,10-12;
Mt 8,11-12 // Mt 19,30; 20,16 / Mc 10,31

²² Jesús iba enseñando por las ciudades y pueblos, mientras se

13,19. Ez 17,23; 31,6; Dn 4,9.18.

dirigía a Jerusalén. ²³ Una persona le preguntó: «Señor, ¿es verdad que son pocos los que se salvan?». Él respondió: ²⁴ «Luchen para abrirse camino por la puerta estrecha, porque les aseguro que muchos querrán entrar y no lo conseguirán. ²⁵ En cuanto el dueño de casa se levante y cierre la puerta, ustedes, desde fuera, se pondrán a golpear la puerta, diciendo: "Señor, ábrenos". Y él les responderá: "No sé de dónde son ustedes". ²⁶ Entonces comenzarán a decir: "Hemos comido y bebido contigo, y tú enseñaste en nuestras plazas". ²⁷ Pero él les dirá: "No sé de dónde son ustedes; ¡apártense de mí todos los que hacen el mal!".

²⁸ Allí habrá llantos y rechinar de dientes, cuando vean a Abraham, a Isaac, a Jacob y a todos los profetas en el Reino de Dios, y ustedes sean arrojados fuera. ²⁹ Y vendrán muchos de Oriente y de Occidente, del Norte y del Sur, a ocupar su lugar en el banquete del Reino de Dios. ³⁰ Hay algunos que son los últimos y serán los primeros, y hay otros que son los primeros y serán los últimos».

Actitud de Jesús ante la amenaza de Herodes

³¹ En ese momento se acercaron algunos fariseos que le dijeron: «Aléjate de aquí, porque Herodes quiere matarte». ³² Él les respondió: «Vayan a decir a ese zorro: hoy y mañana expulso a los demonios y realizo curaciones, y al tercer día habré terminado. ³³ Pero debo seguir mi camino hoy, mañana y pasado, porque no puede ser que un profeta muera fuera de Jerusalén.

13,27. Sal 6,9.

13,31-33. Herodes temía que la actividad de Jesús provocara una agitación en sus dominios, y por eso trata de alejarlo con una amenaza. Los fariseos dan a Jesús un consejo aparentemente benévolo, aunque tal vez no haya que excluir una cierta complicidad con el tetrarca. Jesús responde diciendo que la estratagema es inútil: la astucia humana —representada en el epíteto *zorro* aplicada a Herodes— no puede impedir que él cumpla la misión que el Padre le ha encomendado. *Hoy y mañana*, es decir, durante un breve tiempo, Jesús debe continuar sanando enfermos y expulsando demonios. Después, *al tercer día*, irá a Jerusalén para morir y dar así pleno cumplimiento a su misión (cf. Jn 9,4).

Reproche de Jesús a Jerusalén

Mt 23,37-39

34 ¡Jerusalén, Jerusalén, que matas a los profetas y apedreas a los que te son enviados! ¡Cuántas veces quise reunir a tus hijos, como la gallina reúne bajo sus alas a los pollitos, y tú no quisiste! 35 Por eso, a ustedes la casa les quedará vacía. Les aseguro que ya no me verán más, hasta que llegue el día en que digan:

¡Bendito el que viene
en nombre del Señor!».

Curación de un hidrópico en sábado

14 Un sábado, Jesús entró a comer en casa de uno de los principales fariseos. Ellos lo observaban atentamente. 2 Delante de él había un hombre enfermo de hidropesía. 3 Jesús preguntó a los doctores de la Ley y a los fariseos: «¿Está permitido curar en sábado o no?». 4 Pero ellos guardaron silencio. Entonces Jesús tomó de la mano al enfermo, lo curó y lo despidió. 5 Y volviéndose hacia ellos, les dijo: «Si a alguno de ustedes se le cae en un pozo su hijo o su buey, ¿acaso no lo saca enseguida, aunque sea sábado?». 6 A esto no pudieron responder nada.

La humildad cristiana

7 Y al notar cómo los invitados buscaban los primeros puestos, les dijo esta parábola: 8 «Si te invitan a un banquete de bodas, no te coloques en el primer lugar, porque puede suceder que haya sido invitada otra persona más importante que tú, 9 y cuando llegue el que los invitó a los dos, tenga que decirte: "Déjale el sitio", y así, lleno de vergüenza, tengas que ponerte en el último lugar. 10 Al contrario, cuando te inviten, ve a colocarte en el último sitio, de manera que cuando llegue el que te invitó, te diga: "Amigo, acércate más", y así quedarás bien delante de todos los invitados. 11 Porque todo el que se ensalza será humilla-

---

13,35. Sal 118,26; cf. 1 Re 9,7-8; Jr 12,7; 22,5.

do, y el que se humilla será ensalzado».

¹²Después dijo al que lo había invitado: «Cuando des un almuerzo o una cena, no invites a tus amigos, ni a tus hermanos, ni a tus parientes, ni a los vecinos ricos, no sea que ellos te inviten a su vez, y así tengas tu recompensa. ¹³ Al contrario, cuando des un banquete, invita a los pobres, a los lisiados, a los paralíticos, a los ciegos. ¹⁴¡Feliz de ti, porque ellos no tienen cómo retribuirte, y así tendrás tu recompensa en la resurrección de los justos!».

La parábola de los invitados descorteses
Mt 22,1-10

¹⁵ Al oír estas palabras, uno de los invitados le dijo: «¡Feliz el que se siente a la mesa en el Reino de Dios!». ¹⁶ Jesús le respondió: «Un hombre preparó un gran banquete y convidó a mucha gente. ¹⁷ A la hora de cenar, mandó a su sirviente que dijera a los invitados: "Vengan, todo está preparado". ¹⁸ Pero todos, sin excepción, empezaron a excusarse. El primero le dijo: "Acabo de comprar un campo y ten-

go que ir a verlo. Te ruego me disculpes". ¹⁹ El segundo dijo: "He comprado cinco yuntas de bueyes y voy a probarlos. Te ruego me disculpes". ²⁰ Y un tercero respondió: "Acabo de casarme y por esa razón no puedo ir".

²¹ A su regreso, el sirviente contó todo esto al dueño de casa, y este, irritado, le dijo: "Recorre enseguida las plazas y las calles de la ciudad, y trae aquí a los pobres, a los lisiados, a los ciegos y a los paralíticos". ²² Volvió el sirviente y dijo: "Señor, tus órdenes se han cumplido y aún sobra lugar". ²³ El señor le respondió: "Ve a los caminos y a lo largo de los cercos, e insiste a la gente para que entre, de manera que se llene mi casa. ²⁴ Porque les aseguro que ninguno de los que antes fueron invitados ha de probar mi cena"».

Necesidad del desprendimiento
Mt 10,37-38; 19,29 / Mc 10,29 //
Mt 16,24 / Mc 8,34

²⁵ Junto con Jesús iba un gran gentío, y él, dándose vuelta, les dijo: ²⁶ «Cualquiera que venga a mí y no me ame más que a su padre y a su madre, a su mujer y a

sus hijos, a sus hermanos y hermanas, y hasta a su propia vida, no puede ser mi discípulo. ²⁷ El que no carga con su cruz y me sigue, no puede ser mi discípulo.

²⁸ ¿Quién de ustedes, si quiere edificar una torre, no se sienta primero a calcular los gastos, para ver si tiene con qué terminarla? ²⁹ No sea que, una vez puestos los cimientos, no pueda acabar y todos los que lo vean se rían de él, diciendo: ³⁰ "Este comenzó a edificar y no pudo terminar".

³¹ ¿Y qué rey, cuando sale en campaña contra otro, no se sienta antes a considerar si con diez mil hombres puede enfrentar al que viene contra él con veinte mil? ³² Por el contrario, mientras el otro rey está todavía lejos, envía una embajada para negociar la paz. ³³ De la misma manera, cualquiera de ustedes que no renuncie a todo lo que posee, no puede ser mi discípulo.

El ejemplo de la sal
Mt 5,13 / Mc 9,50

³⁴ La sal es una cosa excelente, pero si pierde su sabor, ¿con qué se la volverá a salar? ³⁵ Ya no sirve ni para la tierra ni para abono: hay que tirarla. ¡El que tenga oídos para oír, que oiga!».

Parábolas de la misericordia de Dios: la oveja perdida y encontrada
Mt 18,12-14

15 Todos los publicanos y pecadores se acercaban a Jesús para escucharlo. ² Los fariseos y los escribas murmuraban, diciendo: «Este hombre recibe a los pecadores y come con ellos». ³ Jesús les dijo entonces esta parábola: ⁴ «Si alguien tiene cien ovejas y pierde una, ¿no deja acaso las noventa y nueve en el campo y va a buscar la que se había perdido, hasta encontrarla? ⁵ Y cuando la encuentra, la carga sobre sus hombros, lleno de alegría, ⁶ y al llegar a su casa llama a sus amigos y vecinos, y les dice: "Alégrense conmigo, porque encontré la oveja que se me había perdido". ⁷ Les aseguro que, de la misma manera, habrá más alegría en el cielo por un solo pecador que se convierta, que por noventa y nueve justos que no necesitan convertirse».

La moneda perdida y encontrada

[8] Y les dijo también: «Si una mujer tiene diez dracmas y pierde una, ¿no enciende acaso la lámpara, barre la casa y busca con cuidado hasta encontrarla? [9] Y cuando la encuentra, llama a sus amigas y vecinas, y les dice: "Alégrense conmigo, porque encontré la dracma que se me había perdido". [10] Les aseguro que, de la misma manera, se alegran los ángeles de Dios por un solo pecador que se convierte».

El padre misericordioso

[11] Jesús dijo también: «Un hombre tenía dos hijos. [12] El menor de ellos dijo a su padre: "Padre, dame la parte de herencia que me corresponde". Y el padre les repartió sus bienes. [13] Pocos días después, el hijo menor recogió todo lo que tenía y se fue a un país lejano, donde malgastó sus bienes en una vida licenciosa. [14] Ya había gastado todo, cuando sobrevino mucha miseria en aquel país, y comenzó a sufrir privaciones. [15] Entonces se puso al servicio de uno de los habitantes de esa región, que lo envió a su campo para cuidar cerdos.

[16] Él hubiera deseado calmar su hambre con las bellotas que comían los cerdos, pero nadie se las daba. [17] Entonces recapacitó y dijo: "¡Cuántos jornaleros de mi padre tienen pan en abundancia, y yo estoy aquí muriéndome de hambre! [18] Ahora mismo iré a la casa de mi padre y le diré: Padre, pequé contra el Cielo y contra ti; [19] ya no merezco ser llamado hijo tuyo, trátame como a uno de tus jornaleros". [20] Entonces partió y volvió a la casa de su padre.

Cuando todavía estaba lejos, su padre lo vio y se conmovió profundamente; corrió a su encuentro, lo abrazó y lo besó. [21] El joven le dijo: "Padre, pequé contra el Cielo y contra ti; no merezco ser llamado hijo tuyo". [22] Pero el padre dijo a sus servidores: "Traigan enseguida la mejor ropa y vístanlo, pónganle un anillo en el dedo y sandalias en los pies. [23] Traigan el ternero engordado y mátenlo. Comamos y festejemos, [24] porque mi hijo estaba muerto y ha vuelto a la vida, estaba perdido y fue encontrado". Y comenzó la fiesta.

[25] El hijo mayor estaba en el campo. Al volver, ya cerca de la casa, oyó la música y los coros

que acompañaban la danza. [26] Y llamando a uno de los sirvientes, le preguntó qué significaba eso. [27] Él le respondió: "Tu hermano ha regresado, y tu padre hizo matar el ternero engordado, porque lo ha recobrado sano y salvo". [28] Él se enojó y no quiso entrar. Su padre salió para rogarle que entrara, [29] pero él le respondió: "Hace tantos años que te sirvo, sin haber desobedecido jamás ni una sola de tus órdenes, y nunca me diste un cabrito para hacer una fiesta con mis amigos. [30] ¡Y ahora que ese hijo tuyo ha vuelto, después de haber gastado tus bienes con mujeres, haces matar para él el ternero engordado!". [31] Pero el padre le dijo: "Hijo mío, tú estás siempre conmigo, y todo lo mío es tuyo. [32] Es justo que haya fiesta y alegría, porque tu hermano estaba muerto y ha vuelto a la vida, estaba perdido y ha sido encontrado"».

La parábola del administrador sagaz

16 Decía también a los discípulos: «Había un hombre rico que tenía un administrador, al cual acusaron de malgastar sus bienes. [2] Lo llamó y le dijo: "¿Qué es lo que me han contado de ti? Dame cuenta de tu administración, porque ya no ocuparás más ese puesto". [3] El administrador pensó entonces: "¿Qué voy a hacer ahora que mi señor me quita el cargo? ¿Cavar? No tengo fuerzas. ¿Pedir limosna? Me da vergüenza. [4] ¡Ya sé lo que voy a hacer para que, al dejar el puesto, haya quienes me reciban en su casa!". [5] Llamó uno por uno a los deudores de su señor y preguntó al primero: "¿Cuánto debes a mi señor?". [6] "Veinte barriles de aceite", le respondió. El administrador le dijo: "Toma tu recibo, siéntate enseguida, y anota diez". [7] Después preguntó a otro: "Y tú, ¿cuánto debes?". "Cuatrocientos quintales de trigo", le respondió. El administrador le dijo: "Toma tu recibo y anota trescientos". [8] Y el señor alabó a este administrador deshonesto, por haber obrado tan hábilmente. Porque los hijos de este

---

15,31. La actitud del hijo representa la incapacidad de los fariseos para comprender la conducta de Dios (cf. 15,2).

mundo son más astutos en su trato con los demás que los hijos de la luz.

El buen uso del dinero

[9] Pero yo les digo: Gánense amigos con el dinero de la injusticia, para que, el día en que este les falte, ellos los reciban en las moradas eternas.

[10] El que es fiel en lo poco, también es fiel en lo mucho, y el que es deshonesto en lo poco, también es deshonesto en lo mucho. [11] Si ustedes no son fieles en el uso del dinero injusto, ¿quién les confiará el verdadero bien? [12] Y si no son fieles con lo ajeno, ¿quién les confiará lo que les pertenece a ustedes?

Dios y las riquezas
Mt 6,24

[13] Ningún servidor puede servir a dos señores, porque aborrecerá a uno y amará al otro, o bien se interesará por el primero y menospreciará al segundo. No se puede servir a Dios y al Dinero».

[14] Los fariseos, que eran amigos del dinero, escuchaban todo esto y se burlaban de Jesús. [15] Él les dijo: «Ustedes aparentan rectitud ante los hombres, pero Dios conoce sus corazones. Porque lo que es estimable a los ojos de los hombres, resulta despreciable para Dios.

La Ley y el Reino de Dios
Mt 11,12-13; 5,18

[16] La Ley y los Profetas llegan hasta Juan. Desde entonces se proclama el Reino de Dios, y todos tienen que esforzarse para entrar en él.

[17] Es más fácil que dejen de existir el cielo y la tierra, antes

---

16,9. El *dinero de la injusticia*: El juicio de Lc sobre la riqueza es más bien severo. Esta es sencillamente injusta, casi por su propia naturaleza, y no solo porque con demasiada frecuencia las fortunas se logran por medios moralmente poco recomendables (cf. Eclo 26,29–27,2). La única manera de rescatar y de dar un valor a las riquezas y al dinero es prodigarlos generosamente en beneficio de los pobres y necesitados.

16,12. *Lo que les pertenece a ustedes:* Las riquezas son bienes externos a la persona, contrapuestos a los bienes espirituales, que radican principalmente en el interior de cada uno.

que desaparezca una coma de la Ley.

El divorcio
Mt 5,32; 19,9 / Mc 10,11-12

¹⁸ El que se divorcia de su mujer y se casa con otra, comete adulterio, y el que se casa con una mujer abandonada por su marido, comete adulterio.

La parábola del hombre rico y el pobre Lázaro

¹⁹ Había un hombre rico que se vestía de púrpura y lino finísimo y cada día hacía espléndidos banquetes. ²⁰ A su puerta, cubierto de llagas, yacía un pobre llamado Lázaro, ²¹ que ansiaba saciarse con lo que caía de la mesa del rico; y hasta los perros iban a lamer sus llagas. ²² El pobre murió y fue llevado por los ángeles al seno de Abraham. El rico también murió y fue sepultado.

²³ En la morada de los muertos, en medio de los tormentos, levantó los ojos y vio de lejos a Abraham, y a Lázaro junto a él. ²⁴ Entonces exclamó: "Padre Abraham, ten piedad de mí y envía a Lázaro para que moje la punta de su dedo en el agua y refresque mi lengua, porque estas llamas me atormentan". ²⁵ "Hijo mío —respondió Abraham—, recuerda que has recibido tus bienes en vida, y Lázaro, en cambio, recibió males; ahora él encuentra aquí su consuelo, y tú, el tormento. ²⁶ Además, entre ustedes y nosotros se abre un gran abismo. De manera que los que quieren pasar de aquí hasta allí no pueden hacerlo, y tampoco se puede pasar de allí hasta aquí". ²⁷ El rico contestó: "Te ruego entonces, padre, que envíes a Lázaro a la casa de mi padre, ²⁸ porque tengo cinco hermanos: que él los prevenga, no sea que ellos también caigan en este lugar de tormento". ²⁹ Abraham respondió: "Tienen a Moisés y a los Profetas; que los escuchen". ³⁰ "No, padre Abraham —insistió el rico—. Pero si alguno de los muertos va a verlos, se arrepentirán". ³¹ Abraham respondió: "Si no escuchan a Moisés y a los Profetas, aunque resucite alguno de entre los muertos, tampoco se convencerán"».

La gravedad del escándalo
Mt 18,6-7 / Mc 9,42

17 Después dijo a sus discípulos: «Es inevitable que haya escándalos, pero ¡ay de aquel que los ocasiona! ² Más le valdría que le ataran al cuello una piedra de moler y lo precipitaran al mar, antes que escandalizar a uno de estos pequeños. ³ Por lo tanto, ¡tengan cuidado!

La corrección fraterna
Mt 18,15.21-22

Si tu hermano peca, repréndelo, y si se arrepiente, perdónalo. ⁴ Y si peca siete veces al día contra ti, y otras tantas vuelve a ti, diciendo: "Me arrepiento", perdónalo».

El poder de la fe
Mt 17,20; 21,21 / Mc 11,22-23

⁵ Los Apóstoles dijeron al Señor: «Auméntanos la fe». ⁶ Él respondió: «Si ustedes tuvieran fe del tamaño de un grano de mostaza, y dijeran a esa morera que está ahí: "Arráncate de raíz y plántate en el mar", ella les obedecería.

La parábola del servidor humilde

⁷ Supongamos que uno de ustedes tiene un servidor para arar o cuidar el ganado. Cuando este regresa del campo, ¿acaso le dirá: "Ven pronto y siéntate a la mesa"? ⁸ ¿No le dirá más bien: "Prepárame la cena y recógete la túnica para servirme hasta que yo haya comido y bebido, y tú comerás y beberás después"? ⁹ ¿Deberá mostrarse agradecido con el servidor porque hizo lo que se le mandó? ¹⁰ Así también ustedes, cuando hayan hecho todo lo que se les mande, digan: "Somos simples servidores, no hemos hecho más que cumplir con nuestro deber"».

Curación de diez leprosos

¹¹ Mientras se dirigía a Jerusalén, Jesús pasaba a través de Samaría y Galilea. ¹² Al entrar en un poblado, le salieron al encuentro diez leprosos, que se detuvieron a distancia ¹³ y empezaron a gritarle: «¡Jesús, Maestro, ten compasión de no-

---

17,1. En la Biblia, el *escándalo* no es un mal ejemplo o un hecho condenable, sino un obstáculo, una piedra de tropiezo que hace caer (cf. Is 8,14-15; Rom 9,33; 1 Pe 2,8).

sotros!». ¹⁴ Al verlos, Jesús les dijo: «Vayan a presentarse a los sacerdotes». Y en el camino quedaron purificados.

¹⁵ Uno de ellos, al comprobar que estaba curado, volvió atrás alabando a Dios en voz alta ¹⁶ y se arrojó a los pies de Jesús con el rostro en tierra, dándole gracias. Era un samaritano. ¹⁷ Jesús le dijo entonces: «¿Cómo, no quedaron purificados los diez? Los otros nueve, ¿dónde están? ¹⁸ ¿Ninguno volvió a dar gracias a Dios, sino este extranjero?». ¹⁹ Y agregó: «Levántate y vete, tu fe te ha salvado».

La venida del Reino de Dios

²⁰ Los fariseos le preguntaron cuándo llegaría el Reino de Dios. Él les respondió: «El Reino de Dios no viene ostensiblemente, ²¹ y no se podrá decir: "Está aquí" o "Está allí". Porque el Reino de Dios está entre ustedes».

El Día del Hijo del hombre
Mt 24,23.26-27.37-39.17-18; 10,39; 24,40-41.28 / Mc 13,19-23.13-16

²² Jesús dijo después a sus discípulos: «Vendrá el tiempo en que ustedes desearán ver uno solo de los días del Hijo del hombre y no lo verán. ²³ Les dirán: "Está aquí" o "Está allí", pero no corran a buscarlo. ²⁴ Como el relámpago brilla de un extremo al otro del cielo, así será el Hijo del hombre cuando llegue su Día. ²⁵ Pero antes tendrá que sufrir mucho y será rechazado por esta generación.

²⁶ En los días del Hijo del hombre sucederá como en tiempos de Noé. ²⁷ La gente comía, bebía y se casaba, hasta el día en que *Noé entró en el arca* y llegó el diluvio, que los hizo morir a todos. ²⁸ Sucederá como en tiempos de Lot: se comía y se bebía, se compraba y se vendía, se plantaba y se construía. ²⁹ Pero el día en que Lot salió de Sodoma, cayó *del cielo una lluvia de fuego y de azufre* que los hizo morir a todos. ³⁰ Lo mismo sucederá el Día en que se manifieste el Hijo del hombre.

³¹ En ese Día, el que esté en la azotea y tenga sus cosas en la casa, no baje a buscarlas. Igualmente, el que esté en el campo, no vuelva atrás. ³² Acuérdense

---

de la mujer de Lot. [33] El que trate de salvar su vida, la perderá; y el que la pierda, la conservará. [34] Les aseguro que en esa noche, de dos hombres que estén comiendo juntos, uno será llevado y el otro dejado; [35] de dos mujeres que estén moliendo juntas, una será llevada y la otra dejada». [36]. [37] Entonces le preguntaron: «¿Dónde sucederá esto, Señor?». Jesús les respondió: «Donde esté el cadáver, se juntarán los buitres».

Oración constante y justicia

18 Después Jesús les enseñó con una parábola que era necesario orar siempre sin desanimarse: [2] «En una ciudad había un juez que no temía a Dios ni le importaban los hombres; [3] y en la misma ciudad vivía una viuda que recurría a él, diciéndole: "Te ruego que me hagas justicia contra mi adversario". [4] Durante mucho tiempo el juez se negó, pero después dijo: "Yo no temo a Dios ni me importan los hombres, [5] pero como esta viuda me molesta, le haré justicia para que no venga continuamente a fastidiarme"».

[6] Y el Señor dijo: «Oigan lo que dijo este juez injusto. [7] Y Dios, ¿no hará justicia a sus elegidos, que claman a él día y noche, aunque los haga esperar? [8] Les aseguro que en un abrir y cerrar de ojos les hará justicia. Pero cuando venga el Hijo del hombre, ¿encontrará fe sobre la tierra?».

La parábola del fariseo y el publicano

[9] Y refiriéndose a algunos que se tenían por justos y despreciaban a los demás, dijo también esta parábola: [10] «Dos hombres subieron al Templo para orar: uno era fariseo y el otro, publicano. [11] El fariseo, de pie, oraba en voz baja: "Dios mío, te doy gracias porque no soy como los demás hombres, que son ladrones, in-

---

18,1. Cf. Rom 1,10; 12,12; 1 Tes 5,17.
18,10. Hoy la palabra *fariseo* suele tener una connotación peyorativa, pero en tiempos de Jesús los fariseos eran personas admiradas por su estricta fidelidad a la Ley de Moisés. Esta parábola intenta confrontar, en la figura del fariseo, al hombre socialmente bien considerado con el públicamente despreciado, cuyo paradigma es el publicano.

justos y adúlteros; ni tampoco como ese publicano. [12] Ayuno dos veces por semana y pago la décima parte de todas mis entradas". [13] En cambio el publicano, manteniéndose a distancia, no se animaba siquiera a levantar los ojos al cielo, sino que se golpeaba el pecho, diciendo: "¡Dios mío, ten piedad de mí, que soy un pecador!". [14] Les aseguro que este último volvió a su casa justificado, pero no el primero. Porque todo el que se ensalza será humillado y el que se humilla será ensalzado».

Jesús y los niños
Mt 19,13-15 / Mc 10,13-16

[15] También le presentaban a los niños pequeños, para que los tocara; pero, al ver esto, los discípulos los reprendían. [16] Entonces Jesús los hizo llamar y dijo: «Dejen que los niños se acerquen a mí y no se lo impidan, porque el Reino de Dios pertenece a los que son como ellos. [17] Les aseguro que el que no recibe el Reino de Dios como un niño, no entrará en él».

El hombre rico
Mt 19,16-22 / Mc 10,17-22

[18] Un hombre importante le preguntó: «Maestro bueno, ¿qué debo hacer para heredar la Vida eterna?». [19] Jesús le dijo: «¿Por qué me llamas bueno? Solo Dios es bueno. [20] Tú conoces los mandamientos: *No cometerás adulterio, no matarás, no robarás, no darás falso testimonio, honra a tu padre y a tu madre*». [21] El hombre le respondió: «Todo esto lo he cumplido desde mi juventud». [22] Al oírlo, Jesús le dijo: «Una cosa te falta todavía: vende todo lo que tienes y distribúyelo entre los pobres, y tendrás un tesoro en el cielo. Después ven y sígueme». [23] Al oír estas palabras, el hombre se entristeció, porque era muy rico.

El peligro de las riquezas
Mt 19,23-26 / Mc 10,23-27

[24] Viéndolo así, Jesús dijo: «¡Qué difícil será para los ricos entrar en el Reino de Dios! [25] Sí, es más fácil que un camello pase por el ojo de una aguja, que un rico entre en el Reino de Dios». [26] Los que escuchaban dijeron:

18,20. Ex 20,12-16; Dt 5,16-20.

«Pero entonces, ¿quién podrá salvarse?». ²⁷ Jesús respondió: «Lo que es imposible para los hombres, es posible para Dios».

La recompensa prometida a los discípulos
Mt 19,27-29 / Mc 10,28-30

²⁸ Pedro le dijo: «Nosotros hemos dejado todo lo que teníamos y te hemos seguido». ²⁹ Jesús respondió: «Les aseguro que el que haya dejado casa, mujer, hermanos, padres o hijos, por el Reino de Dios, ³⁰ recibirá mucho más en este mundo; y en el mundo futuro, recibirá la Vida eterna».

El tercer anuncio de la Pasión
Mt 20,17-19 / Mc 10,32-34

³¹ Después, Jesús llevó aparte a los Doce y les dijo: «Ahora subimos a Jerusalén, donde se cumplirá todo lo que anunciaron los profetas sobre el Hijo del hombre. ³² Será entregado a los paganos, se burlarán de él, lo insultarán, lo escupirán ³³ y, después de azotarlo, lo matarán. Pero al tercer día resucitará». ³⁴ Ellos no comprendieron nada de todo esto; les resultaba oscuro y no captaban el sentido de estas palabras.

Curación de un ciego de Jericó
Mt 20,29-34 / Mc 10,46-52

³⁵ Cuando se acercaba a Jericó, un ciego estaba sentado al borde del camino, pidiendo limosna. ³⁶ Al oír que pasaba mucha gente, preguntó qué sucedía. ³⁷ Le respondieron que pasaba Jesús de Nazaret. ³⁸ El ciego se puso a gritar: «¡Jesús, Hijo de David, ten compasión de mí!». ³⁹ Los que iban delante lo reprendían para que se callara, pero él gritaba más fuerte: «¡Hijo de David, ten compasión de mí!». ⁴⁰ Jesús se detuvo y mandó que se lo trajeran. Cuando lo tuvo a su lado, le preguntó: ⁴¹ «¿Qué quieres que haga por ti?». «Señor, que yo vea otra vez». ⁴² Y Jesús le dijo: «Recupera la vista, tu fe te ha salvado». ⁴³ En el mismo momento, el ciego recuperó la vista y siguió a Jesús, glorificando a Dios. Al ver esto, todo el pueblo alababa a Dios.

La conversión de Zaqueo

19 Jesús entró en Jericó y atravesaba la ciudad.

² Allí vivía un hombre muy rico llamado Zaqueo, que era jefe de los publicanos. ³ Él quería ver quién era Jesús, pero no podía a causa de la multitud, porque era de baja estatura. ⁴ Entonces se adelantó y subió a un sicomoro para poder verlo, porque iba a pasar por allí. ⁵ Al llegar a ese lugar, Jesús miró hacia arriba y le dijo: «Zaqueo, baja pronto, porque hoy tengo que alojarme en tu casa». ⁶ Zaqueo bajó rápidamente y lo recibió con alegría.

⁷ Al ver esto, todos murmuraban, diciendo: «Se ha ido a alojar en casa de un pecador». ⁸ Pero Zaqueo dijo resueltamente al Señor: «Señor, ahora mismo voy a dar la mitad de mis bienes a los pobres, y si he perjudicado a alguien, le daré cuatro veces más». ⁹ Y Jesús le dijo: «Hoy ha llegado la salvación a esta casa, ya que también este hombre es un hijo de Abraham, ¹⁰ porque el Hijo del hombre vino a buscar y a salvar lo que estaba perdido».

La parábola de las monedas de plata
Mt 25,14-30

¹¹ Como la gente seguía escuchando, añadió una parábola, porque estaba cerca de Jerusalén y ellos pensaban que el Reino de Dios iba a aparecer de un momento a otro. ¹² Él les dijo: «Un hombre de familia noble fue a un país lejano para recibir la investidura real y regresar enseguida. ¹³ Llamó a diez de sus servidores y les entregó cien monedas de plata a cada uno, diciéndoles: "Háganlas producir hasta que yo vuelva". ¹⁴ Pero sus conciudadanos lo odiaban y enviaron detrás de él una embajada encargada de decir: "No queremos que este sea nuestro rey".

¹⁵ Al regresar, investido de la dignidad real, hizo llamar a los servidores a quienes había dado el dinero, para saber lo que había ganado cada uno. ¹⁶ El primero se presentó y le dijo: "Señor, tus cien monedas de plata han producido diez veces más".

19,9. *Hoy ha llegado la salvación:* El rico publicano Zaqueo se salva en el preciso momento en que renuncia a la posesión egoísta de sus riquezas.

La presencia de Jesús, al mismo tiempo que trae a su casa la salvación, le hace descubrir a los pobres necesitados de su ayuda.

¹⁷ "Está bien, buen servidor —le respondió—, ya que has sido fiel en tan poca cosa, recibe el gobierno de diez ciudades". ¹⁸ Llegó el segundo y le dijo: "Señor, tus cien monedas de plata han producido cinco veces más". ¹⁹ A él también le dijo: "Tú estarás al frente de cinco ciudades".

²⁰ Llegó el otro y le dijo: "Señor, aquí tienes tus cien monedas de plata, que guardé envueltas en un pañuelo. ²¹ Porque tuve miedo de ti, que eres un hombre exigente, que quieres percibir lo que no has depositado y cosechar lo que no has sembrado". ²² Él le respondió: "Yo te juzgo por tus propias palabras, mal servidor. Si sabías que soy un hombre exigente, que quiero percibir lo que no deposité y cosechar lo que no sembré, ²³ ¿por qué no entregaste mi dinero en préstamo? A mi regreso yo lo hubiera recuperado con intereses". ²⁴ Y dijo a los que estaban allí: "Quítenle las cien monedas y dénselas al que tiene diez veces más". ²⁵ "¡Pero, señor —le respondieron—, ya tiene mil!". ²⁶ Les aseguro que al que tiene, se le dará; pero al que no tiene, se le quitará aun lo que tiene. ²⁷ En cuanto a mis enemigos, que no me han querido por rey, tráiganlos aquí y mátenlos en mi presencia». ²⁸ Después de haber dicho esto, Jesús siguió adelante, subiendo a Jerusalén.

LA ACTIVIDAD DE JESÚS EN JERUSALÉN

La entrada mesiánica en Jerusalén

Mt 21,1-9 / Mc 11,1-10 / Jn 12,12-13

²⁹ Cuando se acercó a Betfagé y Betania, al pie del monte llamado de los Olivos, envió a dos de sus discípulos, diciéndoles: ³⁰ «Vayan al pueblo que está enfrente y, al entrar, encontrarán un asno atado, que nadie ha

---

19,30. Jesús pide a dos de sus discípulos que le traigan un *asno*. Así se cumplía el oráculo del profeta Zacarías (9,9; cf. Mt 21,4), que anunciaba la llegada de un Mesías justo y humilde, montado en un asno y no a caballo o en un carro de guerra, presentándose así como el príncipe de la paz (cf. Is 9,5).

montado todavía. Desátenlo y tráiganlo; [31] y si alguien les pregunta: "¿Por qué lo desatan?", respondan: "El Señor lo necesita"». [32] Los enviados partieron y encontraron todo como él les había dicho. [33] Cuando desataron el asno, sus dueños les dijeron: «¿Por qué lo desatan?». [34] Y ellos respondieron: «El Señor lo necesita».

[35] Luego llevaron el asno adonde estaba Jesús y, poniendo sobre él sus mantos, lo hicieron montar. [36] Mientras él avanzaba, la gente extendía sus mantos sobre el camino. [37] Cuando Jesús se acercaba a la pendiente del monte de los Olivos, todos los discípulos, llenos de alegría, comenzaron a alabar a Dios en voz alta, por todos los milagros que habían visto. [38] Y decían:

«¡Bendito sea el Rey que viene en nombre del Señor!
¡Paz en el cielo
y gloria en las alturas!».

[39] Algunos fariseos que se encontraban entre la multitud le dijeron: «Maestro, reprende a tus discípulos». [40] Pero él respondió: «Les aseguro que si ellos callan, gritarán las piedras».

Lamentación de Jesús sobre Jerusalén

[41] Cuando estuvo cerca y vio la ciudad, se puso a llorar por ella, [42] diciendo: «¡Si tú también hubieras comprendido en este día el mensaje de paz! Pero ahora está oculto a tus ojos. [43] Vendrán días desastrosos para ti, en que tus enemigos te cercarán con empalizadas, te sitiarán y te atacarán por todas partes. [44] Te arrasarán junto con tus hijos, que están dentro de ti, y no dejarán en ti piedra sobre piedra, porque no has sabido reconocer el tiempo en que fuiste visitada por Dios».

La expulsión de los vendedores del Templo
Mt 21,12-13 / Mc 11,15-17 / Jn 2,13-16

[45] Y al entrar al Templo, se puso a echar a los vendedores, [46] diciéndoles: «Está escrito: *Mi casa será una casa de oración*, pero ustedes la han convertido en *una cueva de ladrones*».

19,38. Sal 118,26; cf. Lc 2,14.

19,46. Is 56,7; Jr 7,11.

La enseñanza de Jesús en el Templo
Mc 11,18

⁴⁷ Y diariamente enseñaba en el Templo. Los sumos sacerdotes, los escribas y los más importantes del pueblo buscaban la forma de matarlo. ⁴⁸ Pero no sabían cómo hacerlo, porque todo el pueblo lo escuchaba y estaba pendiente de sus palabras.

Discusión sobre la autoridad de Jesús
Mt 21,23-27 / Mc 11,27-33

20 Un día en que Jesús enseñaba al pueblo en el Templo y anunciaba la Buena Noticia, se le acercaron los sumos sacerdotes y los escribas con los ancianos, ²y le dijeron: «Dinos con qué autoridad haces estas cosas o quién te ha dado esa autoridad». ³ Jesús les respondió: «Yo también quiero preguntarles algo. Díganme: ⁴ El bautismo de Juan, ¿venía del cielo o de los hombres?». ⁵ Ellos se hacían este razonamiento: «Si respondemos: "Del cielo", él nos dirá: "¿Por qué no creyeron en él?". ⁶ Y si respondemos: "De los

hombres", todo el pueblo nos apedreará, porque está convencido de que Juan es un profeta». ⁷ Y le dijeron que no sabían de dónde venía. ⁸ Jesús les respondió: «Yo tampoco les diré con qué autoridad hago esto».

La parábola de los viñadores homicidas
Mt 21,33-46 / Mc 12,1-12

⁹ Y luego dijo al pueblo esta parábola: «Un hombre plantó una viña, la arrendó a unos viñadores y se fue por largo tiempo al extranjero. ¹⁰ Llegado el momento, les envió a un servidor para que le entregaran la parte de los frutos que le correspondía. Pero los viñadores lo golpearon y lo echaron con las manos vacías. ¹¹ Envió a otro servidor, y también a este lo golpearon, lo ultrajaron y lo echaron con las manos vacías. ¹² Mandó después a un tercero, y a él también lo hirieron y lo arrojaron fuera. ¹³ El dueño de la viña pensó entonces: "¿Qué haré? Voy a enviar a mi hijo muy querido: quizá tengan consideración con él". ¹⁴ Pero los viñadores, al verlo, se dijeron: "Este

es el heredero, vamos a matarlo y la herencia será nuestra". ¹⁵ Y arrojándolo fuera de la viña, lo mataron.

¿Qué hará con ellos el dueño de la viña? ¹⁶ Vendrá, acabará con esos viñadores y entregará la viña a otros». Al oír estas palabras, dijeron: «¡Dios no lo permita!». ¹⁷ Pero fijando en ellos su mirada, Jesús les dijo: «¿Qué significa entonces lo que está escrito:

*La piedra que
los constructores rechazaron
ha llegado a ser la piedra
angular?*

¹⁸ El que caiga sobre esta piedra quedará destrozado, y aquel sobre quien ella caiga, será aplastado».

¹⁹ Los escribas y los sumos sacerdotes querían detenerlo en ese mismo momento, porque comprendían que esta parábola la había dicho por ellos, pero temieron al pueblo.

El impuesto debido a la autoridad
Mt 22,15-22 / Mc 12,13-17

²⁰ Ellos comenzaron a acecharlo y le enviaron espías, que fingían ser hombres de bien, para lograr sorprenderlo en alguna de sus afirmaciones, y entregarlo al poder y a la autoridad del gobernador. ²¹ Y le dijeron: «Maestro, sabemos que hablas y enseñas con rectitud y que no tienes en cuenta la condición de las personas, sino que enseñas con toda fidelidad el camino de Dios. ²² ¿Nos está permitido pagar el impuesto al César o no?». ²³ Pero Jesús, conociendo su astucia, les dijo: ²⁴ «Muéstrenme un denario. ¿De quién es la figura y la inscripción que tiene?». «Del César», respondieron. ²⁵ Jesús les dijo: «Den al César lo que es del César, y a Dios lo que es de Dios».

²⁶ Así no pudieron sorprenderlo en ninguna palabra delante del pueblo y, llenos de admiración por su respuesta, tuvieron que callarse.

20,22. *¿Nos está permitido...?*: Este modo de introducir la pregunta es la más apropiada para un israelita, ya que los otros pueblos sometidos a los romanos no tenían detrás de sí una historia en la que el único Dios exigía que Israel no tuviera otro Señor fuera de él (cf. Ex 20,3; Dt 5,7; 6,4).

Discusión sobre la resurrección de los muertos

Mt 22,23-33 / Mc 12,18-27

²⁷ Se le acercaron algunos saduceos, que niegan la resurrección, ²⁸ y le dijeron: «Maestro, Moisés nos ha ordenado: *Si alguien está casado y muere sin tener hijos, que su hermano, para darle descendencia, se case con la viuda.* ²⁹ Ahora bien, había siete hermanos. El primero se casó y murió sin tener hijos. ³⁰ El segundo ³¹ se casó con la viuda, y luego el tercero. Y así murieron los siete sin dejar descendencia. ³² Finalmente, también murió la mujer. ³³ Cuando resuciten los muertos, ¿de quién será esposa, ya que los siete la tuvieron por mujer?».

³⁴ Jesús les respondió: «En este mundo los hombres y las mujeres se casan, ³⁵ pero quienes son juzgados dignos de participar del mundo futuro y de la resurrección, no se casan. ³⁶ Ya no pueden morir, porque son semejantes a los ángeles y, al ser hijos de la resurrección, son hijos de Dios. ³⁷ Que los muertos van a resucitar, Moisés lo ha dado a entender en el pasaje de la zarza, cuando llama al Señor *el Dios de Abraham, el Dios de Isaac y el Dios de Jacob.* ³⁸ Porque él no es un Dios de muertos, sino de vivientes; todos, en efecto, viven para él».

³⁹ Tomando la palabra, algunos escribas le dijeron: «Maestro, has hablado bien». ⁴⁰ Y ya no se atrevían a preguntarle nada.

El Mesías, hijo y Señor de David

Mt 22,41-45 / Mc 12,35-37

⁴¹ Jesús les dijo entonces: «¿Cómo se puede decir que el Mesías es hijo de David, ⁴² si el mismo David ha dicho en el Libro de los Salmos:

Dijo el Señor a mi Señor:
Siéntate a mi derecha,
⁴³ *hasta que ponga*
a tus enemigos
debajo de tus pies?

⁴⁴ Si David lo llama "Señor", ¿cómo puede ser hijo suyo?».

Advertencia de Jesús contra los escribas

Mt 23,6-7 / Mc 12,38-40

⁴⁵ Y dijo a los discípulos, de manera que lo oyera todo el pueblo: ⁴⁶ «Tengan cuidado de

los escribas, a quienes les gusta pasearse con largas vestiduras, ser saludados en las plazas y ocupar los primeros asientos en las sinagogas y en los banquetes; 47 que devoran los bienes de las viudas y fingen hacer largas oraciones. Esos serán juzgados con más severidad».

La ofrenda de la viuda
Mc 12,41-44

21 Después, levantando los ojos, Jesús vio a unos ricos que ponían sus ofrendas en el tesoro del Templo. 2 Vio también a una viuda de condición muy humilde, que ponía dos pequeñas monedas de cobre, 3 y dijo: «Les aseguro que esta pobre viuda ha dado más que nadie. 4 Porque todos los demás dieron como ofrenda algo de lo que les sobraba, pero ella, de su indigencia,

dio todo lo que tenía para vivir».

Anuncio de la destrucción del Templo
Mt 24,1-3 / Mc 13,1-4

5 Y como algunos, hablando del Templo, decían que estaba adornado con hermosas piedras y ofrendas votivas, Jesús dijo: 6 «De todo lo que ustedes contemplan, un día no quedará piedra sobre piedra: todo será destruido». 7 Ellos le preguntaron: «Maestro, ¿cuándo tendrá lugar esto, y cuál será la señal de que va a suceder?».

Los signos precursores del fin
Mt 24,4-14 / Mc 13,5-13

8 Jesús respondió: «Tengan cuidado, no se dejen engañar, porque muchos se presentarán en mi Nombre, diciendo: "Soy yo", y también: "El tiempo está cerca".

21,1. El tesoro del templo (griego *gazofilacio*) estaba situado en el atrio de las mujeres. Según la Mishná, había trece alcancías, como trompetas, con la abertura muy grande al exterior, por donde se echaban las ofrendas. La lección que deja el episodio de la viuda es obvia. Lo que vale realmente a los ojos de Dios no es la materialidad del don, sino la actitud de desprendimiento y entrega. Al echar todo lo que tiene en el tesoro del templo, la viuda confía enteramente su propia vida a Dios. De este modo acumula un tesoro en el cielo y es rica a los ojos de Dios (cf. 12,21.32-34; 18,22).

No los sigan. [9] Cuando oigan hablar de guerras y revoluciones no se alarmen; es necesario que esto ocurra antes, pero no llegará tan pronto el fin». [10] Después les dijo: «Se levantará nación contra nación y reino contra reino. [11] Habrá grandes terremotos, peste y hambre en muchas partes; se verán también fenómenos aterradores y grandes señales en el cielo.

[12] Pero antes de todo eso, los detendrán, los perseguirán, los entregarán a las sinagogas y serán encarcelados; los llevarán ante reyes y gobernadores a causa de mi Nombre, [13] y esto les sucederá para que puedan dar testimonio de mí. [14] Tengan bien presente que no deberán preparar su defensa, [15] porque yo mismo les daré una elocuencia y una sabiduría que ninguno de sus adversarios podrá resistir ni contradecir. [16] Serán entregados hasta por sus propios padres y hermanos, por sus parientes y amigos; y a muchos de ustedes los matarán. [17] Serán odiados por todos a causa de mi Nombre. [18] Pero ni siquiera un cabello se les caerá de la cabeza.

[19] Gracias a la constancia salvarán sus vidas.

El asedio de Jerusalén
Mt 24,15-21 / Mc 13,14-19

[20] Cuando vean a Jerusalén sitiada por los ejércitos, sepan que su ruina está próxima. [21] Los que estén en Judea, que se refugien en las montañas; los que estén dentro de la ciudad, que se alejen; y los que estén en los campos, que no vuelvan a ella. [22] Porque serán días de escarmiento, en que todo lo que está escrito deberá cumplirse. [23] ¡Ay de las que estén embarazadas o tengan niños de pecho en aquellos días! Será grande la desgracia de este país y la ira de Dios pesará sobre este pueblo. [24] Caerán al filo de la espada, serán llevados cautivos a todas las naciones, y Jerusalén será pisoteada por los paganos, hasta que el tiempo de los paganos llegue a su cumplimiento.

La manifestación gloriosa del Hijo del hombre
Mt 24,29-30 / Mc 13,24-26

[25] Habrá señales en el sol, en la luna y en las estrellas; y en la tierra, los pueblos serán presa

de la angustia ante el rugido del mar y la violencia de las olas. [26] Los hombres desfallecerán de miedo ante la expectativa de lo que sobrevendrá al mundo, porque los astros se conmoverán. [27] Entonces se verá al Hijo del hombre venir sobre una nube, lleno de poder y de gloria. [28] Cuando comience a suceder esto, tengan ánimo y levanten la cabeza, porque está por llegarles la liberación».

La parábola de la higuera

Mt 24,32-35 / Mc 13,28-31

[29] Y Jesús les hizo esta comparación: «Miren lo que sucede con la higuera o con cualquier otro árbol. [30] Cuando comienza a echar brotes, ustedes se dan cuenta de que se acerca el verano. [31] Así también, cuando vean que suceden todas estas cosas, sepan que el Reino de Dios está cerca. [32] Les aseguro que no pasará esta generación hasta que se cumpla todo esto. [33] El cielo y la tierra pasarán, pero mis palabras no pasarán.

Exhortación a la vigilancia

[34] Tengan cuidado de no dejarse aturdir por los excesos, la embriaguez y las preocupaciones de la vida, para que ese día no caiga de improviso sobre ustedes [35] como una trampa, porque sobrevendrá a todos los hombres en toda la tierra. [36] Estén prevenidos y oren incesantemente, para quedar a salvo de todo lo que ha de ocurrir. Así podrán comparecer seguros ante el Hijo del hombre».

Últimos días de Jesús en Jerusalén

[37] Durante el día Jesús enseñaba en el Templo, y por la noche se retiraba al monte llamado de los Olivos. [38] Y todo el pueblo madrugaba para ir al Templo a escucharlo.

21,29-31. Los tres sinópticos ponen como ejemplo a la higuera. Cuando empiezan a brotar sus hojas, se sabe que ha pasado el invierno y se acerca el verano. El verano sucede al invierno, porque en Palestina casi no hay primavera.

21,33. Contra toda inseguridad aparente está la promesa de Jesús. Todo se cumplirá sin lugar a dudas y a pesar de todos los obstáculos (cf. Mt 13,3-9; Mc 4,3-9; Lc 8,5-8).

LA PASIÓN Y MUERTE DE JESÚS

La conspiración contra Jesús y la traición de Judas
Mt 26,1-5.14-16 / Mc 14,1-2.10-11

22 Estaba cerca la fiesta de los Ácimos, llamada Pascua. ² Los sumos sacerdotes y los escribas buscaban la manera de eliminar a Jesús, porque tenían miedo del pueblo. ³ Entonces Satanás entró en Judas, llamado Iscariote, que era uno de los Doce. ⁴ Este fue a tratar con los sumos sacerdotes y los jefes de la guardia sobre el modo de entregárselo. ⁵ Ellos se alegraron y convinieron en darle dinero. ⁶ Judas aceptó y buscaba la ocasión propicia para entregarlo sin que se enterara el pueblo.

Los preparativos para la comida pascual
Mt 26,17-19 / Mc 14,12-16

⁷ Llegó el día de los Ácimos, en el que se debía inmolar la víctima pascual. ⁸ Jesús envió a Pedro y a Juan, diciéndoles: «Vayan a prepararnos lo necesario para la comida pascual». ⁹ Ellos le preguntaron: «¿Dónde quieres que la preparemos?». ¹⁰ Jesús les respondió: «Al entrar en la ciudad encontrarán a un hombre que lleva un cántaro de agua. Síganlo hasta la casa donde entre, ¹¹ y digan a su dueño: El Maestro manda preguntarte: "¿Dónde está la sala en que podré comer la Pascua con mis discípulos?". ¹² Él les mostrará en el piso alto una pieza grande, arreglada con almohadones: preparen allí lo necesario». ¹³ Los discípulos partieron, encontraron todo como Jesús les había dicho y prepararon la Pascua.

La comida pascual

¹⁴ Llegada la hora, Jesús se sentó a la mesa con los Apóstoles y les dijo: ¹⁵ «He deseado ardientemente comer esta Pascua con ustedes antes de mi Pasión,

---

22,10-12. En el antiguo Oriente, las que iban a traer agua de las fuentes eran las mujeres (cf. Gn 24,11; Jn 4,7-8). Por eso era algo inusual ver a un hombre llevando un cántaro de agua.

[16] porque les aseguro que ya no la comeré más hasta que llegue a su pleno cumplimiento en el Reino de Dios».

[17] Y tomando una copa, dio gracias y dijo: «Tomen y compártanla entre ustedes. [18] Porque les aseguro que desde ahora no beberé más del fruto de la vid hasta que llegue el Reino de Dios».

La institución de la Eucaristía

Mt 26,26-29 / Mc 14,22-25 / 1 Cor 11,23-25

[19] Luego tomó el pan, dio gracias, lo partió y lo dio a sus discípulos, diciendo: «Esto es mi Cuerpo, que se entrega por ustedes. Hagan esto en memoria mía». [20] Después de la cena hizo lo mismo con la copa, diciendo: «Esta copa es la Nueva Alianza sellada con mi Sangre, que se derrama por ustedes.

El anuncio de la traición de Judas

Mt 26,20-25 / Mc 14,17-21 / Jn 13,21-30

[21] La mano del traidor está sobre la mesa, junto a mí. [22] Porque el Hijo del hombre va por el camino que le ha sido seña-lado, pero ¡ay de aquel que lo va a entregar!». [23] Entonces comenzaron a preguntarse unos a otros quién de ellos sería el que iba a hacer eso.

El carácter servicial de la autoridad

Mt 20,25-28 / Mc 10,42-45

[24] Y surgió una discusión sobre quién debía ser considerado como el más grande. [25] Jesús les dijo: «Los reyes de las naciones dominan sobre ellas, y los que ejercen el poder sobre el pueblo se hacen llamar bienhechores. [26] Pero entre ustedes no debe ser así. Al contrario, el que es más grande, que se comporte como el menor, y el que gobierna, como un servidor. [27] Porque, ¿quién es más grande, el que está a la mesa o el que sirve? ¿No es acaso el que está a la mesa? Y sin embargo, yo estoy entre ustedes como el que sirve.

La recompensa prometida a los discípulos

Mt 19,28

[28] Ustedes son los que han permanecido siempre conmigo en medio de mis pruebas. [29] Por eso yo les confiero la realeza, como

mi Padre me la confirió a mí. ³⁰ Y en mi Reino, ustedes comerán y beberán en mi mesa, y se sentarán sobre tronos para juzgar a las doce tribus de Israel.

El anuncio de las negaciones de Pedro
Mt 26,31-35 / Mc 14,27-31 / Jn 13,36-38

³¹ Simón, Simón, mira que Satanás ha pedido poder para zarandearlos como el trigo, ³² pero yo he rogado por ti, para que no te falte la fe. Y tú, después que hayas vuelto, confirma a tus hermanos». ³³ «Señor —le dijo Pedro—, estoy dispuesto a ir contigo a la cárcel y a la muerte». ³⁴ Pero Jesús replicó: «Yo te aseguro, Pedro, que hoy, antes que cante el gallo, habrás negado tres veces que me conoces».

El combate decisivo
³⁵ Después les dijo: «Cuando los envié sin bolsa, ni alforja, ni sandalia, ¿les faltó alguna cosa?». ³⁶ «Nada», respondieron.

Él agregó: «Pero ahora el que tenga una bolsa, que la lleve; el que tenga una alforja, que la lleve también; y el que no tenga espada, que venda su manto para comprar una. ³⁷ Porque les aseguro que debe cumplirse en mí esta palabra de la Escritura: *Fue contado entre los malhechores*. Ya llega a su fin todo lo que se refiere a mí». ³⁸ «Señor —le dijeron—, aquí hay dos espadas». Él les respondió: «Basta».

La oración de Jesús en el monte de los Olivos
Mt 26,30.36-46 / Mc 14,26.32-42 / Jn 18,1

³⁹ Enseguida Jesús salió y fue como de costumbre al monte de los Olivos, seguido de sus discípulos. ⁴⁰ Cuando llegaron, les dijo: «Oren, para no caer en la tentación». ⁴¹ Después se alejó de ellos, más o menos a la distancia de un tiro de piedra, y puesto de rodillas, oraba: ⁴² «Padre, si quieres, aleja de mí este cáliz. Pero que no se haga mi

---

22,32. *Después que hayas vuelto:* Esta expresión alude delicadamente a las negaciones de Pedro. *Confirma a tus hermanos:* Jesús confía a Pedro la misión de guiar en la fe a los miembros de la comunidad.
22,37. Is 53,12.

voluntad, sino la tuya». ⁴³ Entonces se le apareció un ángel del cielo que lo reconfortaba. ⁴⁴ En medio de la angustia, él oraba más intensamente, y su sudor era como gotas de sangre que corrían hasta el suelo.

⁴⁵ Después de orar se levantó, fue hacia donde estaban sus discípulos y los encontró adormecidos por la tristeza. ⁴⁶ Jesús les dijo: «¿Por qué están durmiendo? Levántense y oren para no caer en la tentación».

El arresto de Jesús
Mt 26,47-56 / Mc 14,43-52 / Jn 18,2-11

⁴⁷ Todavía estaba hablando, cuando llegó una multitud encabezada por el que se llamaba Judas, uno de los Doce. Este se acercó a Jesús para besarlo. ⁴⁸ Jesús le dijo: «Judas, ¿con un beso entregas al Hijo del hombre?». ⁴⁹ Los que estaban con Jesús, viendo lo que iba a suceder, le preguntaron: «Señor, ¿usamos la espada?». ⁵⁰ Y uno de ellos hirió con su espada al servidor del Sumo Sacerdote, cortándole la oreja derecha. ⁵¹ Pero Jesús dijo: «Dejen, ya está». Y tocándole la oreja, lo curó.

⁵² Después dijo a los sumos sacerdotes, a los jefes de la guardia del Templo y a los ancianos que habían venido a arrestarlo: «¿Soy acaso un bandido para que vengan con espadas y palos? ⁵³ Todos los días estaba con ustedes en el Templo y no me arrestaron. Pero esta es la hora de ustedes y el poder de las tinieblas».

Las negaciones de Pedro
Mt 26,57-58.69-75 / Mc 14,53-54.66-72 / Jn 18,15-18.25-27

⁵⁴ Después de arrestarlo, lo condujeron a la casa del Sumo Sacerdote. Pedro lo seguía de lejos. ⁵⁵ Encendieron fuego en medio del patio, se sentaron alrededor de él y Pedro se sentó entre ellos. ⁵⁶ Una sirvienta que lo vio junto al fuego, lo miró fijamente y dijo: «Este también estaba con él». ⁵⁷ Pedro lo negó, diciendo: «Mujer, no lo conozco». ⁵⁸ Poco después, otro lo vio y dijo: «Tú también eres uno de aquellos». Pero Pedro respondió: «No, hombre, no lo soy». ⁵⁹ Alrededor de una hora más tarde, otro insistió, diciendo: «No hay duda de que este hombre estaba con él; además, él también es galileo». ⁶⁰ «Hombre —dijo Pedro—, no sé

lo que dices». En ese momento, cuando todavía estaba hablando, cantó el gallo. [61] El Señor, dándose la vuelta, miró a Pedro. Este recordó las palabras que el Señor le había dicho: «Hoy, antes que cante el gallo, me habrás negado tres veces». [62] Y saliendo afuera, lloró amargamente.

Ultrajes a Jesús
Mt 26,67-68 / Mc 14,65

[63] Los hombres que custodiaban a Jesús lo ultrajaban y lo golpeaban; [64] y tapándole el rostro, le decían: «Profetiza, ¿quién te golpeó?». [65] Y proferían contra él toda clase de insultos.

Jesús ante el Sanedrín
Mt 26,62-66 / Mc 14,60-64

[66] Cuando amaneció, se reunió el Consejo de los ancianos del pueblo, junto con los sumos sacerdotes y los escribas. Llevaron a Jesús ante el tribunal [67] y le dijeron: «Dinos si eres el Mesías». Él les dijo: «Si yo les respondo, ustedes no me creerán, [68] y si los interrogo, no me responderán. [69] Pero en adelante, el Hijo del hombre *se sentará a la derecha de Dios todopoderoso*». [70] Todos preguntaron: «¿Entonces eres el Hijo de Dios?». Jesús respondió: «Tienen razón, yo lo soy». [71] Ellos dijeron: «¿Acaso necesitamos otro testimonio? Nosotros mismos lo hemos oído de su propia boca».

Jesús ante Pilato
Mt 27,1-2.11-14 / Mc 15,1-5 / Jn 18,28-38

23 Después se levantó toda la asamblea y lo llevaron ante Pilato. [2] Y comenzaron a acusarlo, diciendo: «Hemos encontrado a este hombre incitando a nuestro pueblo a la rebelión, impidiéndole pagar los impuestos al Emperador y pretendiendo ser el rey Mesías». [3] Pilato lo interrogó, diciendo: «¿Eres tú el rey de los judíos?». «Tú lo dices», le respondió Jesús. [4] Pilato dijo a los sumos sacerdotes y a la multitud: «No encuentro en este hombre ningún motivo de condena». [5] Pero ellos insistían: «Subleva al pueblo con su enseñanza en toda la Judea. Comenzó en Galilea y ha llegado hasta aquí». [6] Al oír esto,

---

22,69. Dn 7,13.

Pilato preguntó si ese hombre era galileo. ⁷Y habiéndose asegurado de que pertenecía a la jurisdicción de Herodes, se lo envió. En esos días, también Herodes se encontraba en Jerusalén.

Jesús ante Herodes

⁸Herodes se alegró mucho al ver a Jesús. Hacía tiempo que deseaba verlo, por lo que había oído decir de él, y esperaba que hiciera algún prodigio en su presencia. ⁹Le hizo muchas preguntas, pero Jesús no le respondió nada. ¹⁰Entre tanto, los sumos sacerdotes y los escribas estaban allí y lo acusaban con vehemencia. ¹¹Herodes y sus guardias, después de tratarlo con desprecio y ponerlo en ridículo, lo cubrieron con un magnífico manto y lo enviaron de nuevo a Pilato. ¹²Y ese mismo día, Herodes y Pilato, que estaban enemistados, se hicieron amigos.

Jesús de nuevo ante Pilato

¹³Pilato convocó a los sumos sacerdotes, a los jefes y al pueblo, ¹⁴y les dijo: «Ustedes me han traído a este hombre, acusándolo de incitar al pueblo a la rebelión. Pero yo lo interrogué delante de ustedes y no encontré ningún motivo de condena en los cargos de que lo acusan; ¹⁵ni tampoco Herodes, ya que él lo ha devuelto a este tribunal. Como ven, este hombre no ha hecho nada que merezca la muerte. ¹⁶Después de darle un escarmiento, lo dejaré en libertad». ¹⁷

Jesús y Barrabás

Mt 27,15-26 / Mc 15,6-15 / Jn 18,39-40

¹⁸Pero la multitud comenzó a gritar: «¡Que muera este hombre! ¡Suéltanos a Barrabás!». ¹⁹A Barrabás lo habían encarcelado por una sedición que tuvo lugar en la ciudad y por homicidio.

²⁰Pilato volvió a dirigirles la palabra con la intención de poner en libertad a Jesús. ²¹Pero ellos seguían gritando: «¡Crucifícalo! ¡Crucifícalo!». ²²Por tercera vez les dijo: «¿Qué mal ha hecho este hombre? No en-

---

23,11. *Magnífico manto:* Se trata de un símbolo de realeza, empleado en este caso por Herodes como objeto de burla.

cuentro en él nada que merezca la muerte. Después de darle un escarmiento, lo dejaré en libertad». ²³ Pero ellos insistían a gritos, reclamando que fuera crucificado, y el griterío se hacía cada vez más violento. ²⁴ Al fin, Pilato resolvió acceder al pedido del pueblo. ²⁵ Dejó en libertad al que ellos pedían, al que había sido encarcelado por sedición y homicidio, y a Jesús lo entregó al arbitrio de ellos.

El camino hacia el Calvario
Mt 27,32 / Mc 15,21 / Jn 19,17

²⁶ Cuando lo llevaban, detuvieron a un tal Simón de Cirene, que volvía del campo, y lo cargaron con la cruz, para que la llevara detrás de Jesús. ²⁷ Lo seguían muchos del pueblo y un buen número de mujeres, que se golpeaban el pecho y se lamentaban por él. ²⁸ Pero Jesús, volviéndose hacia ellas, les dijo:

«¡Hijas de Jerusalén!, no lloren por mí; lloren más bien por ustedes y por sus hijos. ²⁹ Porque se acerca el tiempo en que se dirá: ¡Felices las estériles, felices los senos que no concibieron y los pechos que no amamantaron! ³⁰ Entonces *se dirá a las montañas: ¡Caigan sobre nosotros!, y a los cerros: ¡Sepúltennos!* ³¹ Porque si así tratan a la leña verde, ¿qué será de la leña seca?». ³² Con él llevaban también a otros dos malhechores, para ser ejecutados.

La crucifixión de Jesús
Mt 27,33-37 / Mc 15,22-24 / Jn 19,17-18

³³ Cuando llegaron al lugar llamado «del Cráneo», lo crucificaron junto con los malhechores, uno a su derecha y el otro a su izquierda. ³⁴ Jesús decía: «Padre, perdónalos, porque no saben lo que hacen». Después se repartieron sus vestiduras, sorteándolas entre ellos.

23,30. Os 10,8.

23,34. *Padre, perdónalos:* Al morir pidiendo el perdón para sus verdugos, Jesús elimina la ley del talión (Mt 5,43-47) y quiebra la espiral de la violencia. Desde entonces, una sangre derramada ya no requiere venganza (Gn 4,10), sino perdón. La intercesión, y no la acusación, está más cerca de Dios, y se muestra a la humanidad el único camino que lleva realmente a superar el reino del mal (Rom 12,17-21). *Se repartieron sus vestiduras:* Sal 22,19.

Injurias a Jesús crucificado

Mt 27,39-43 / Mc 15,29-32a

[35] El pueblo permanecía allí y miraba. Sus jefes, burlándose, decían: «Ha salvado a otros: ¡que se salve a sí mismo, si es el Mesías de Dios, el Elegido!». [36] También los soldados se burlaban de él y, acercándose para ofrecerle vinagre, [37] le decían: «Si eres el rey de los judíos, ¡sálvate a ti mismo!». [38] Sobre su cabeza había una inscripción: «Este es el rey de los judíos».

El buen ladrón

Mt 27,44 / Mc 15,32b

[39] Uno de los malhechores crucificados lo insultaba, diciendo: «¿No eres tú el Mesías? Sálvate a ti mismo y a nosotros». [40] Pero el otro lo increpaba, diciéndole: «¿No tienes temor de Dios, tú que sufres la misma pena que él? [41] Nosotros la sufrimos justamente, porque pagamos nuestras culpas, pero él no ha hecho nada malo». [42] Y decía: «Jesús, acuérdate de mí cuando vengas a establecer tu Reino». [43] Él le respondió: «Yo te aseguro que hoy estarás conmigo en el Paraíso».

La muerte de Jesús

Mt 27,45-56 / Mc 15,33-41 / Jn 19,29-30.25

[44] Era alrededor del mediodía. El sol se eclipsó y la oscuridad cubrió toda la tierra hasta las tres de la tarde. [45] El velo del Templo se rasgó por el medio. [46] Jesús, con un grito, exclamó: «Padre, *en tus manos encomiendo mi espíritu*». Y diciendo esto, expiró.

[47] Cuando el centurión vio lo que había pasado, alabó a Dios, exclamando: «Realmente este hombre era un justo». [48] Y la multitud que se había reunido para contemplar el espectáculo, al ver lo sucedido, regresaba golpeándose el pecho. [49] Todos sus amigos y las mujeres que lo habían acompañado desde Galilea permanecían a distancia, contemplando lo sucedido.

La sepultura de Jesús

Mt 27,57-61 / Mc 15,42-47 / Jn 19,38-42

[50] Llegó entonces un miembro del Consejo, llamado José, hombre recto y justo, [51] que había disentido con las decisiones y actitudes de los demás. Era de Arimatea, ciudad de Judea, y es-

---

23,46. Sal 31,6.

peraba el Reino de Dios. [52] Fue a ver a Pilato para pedirle el cuerpo de Jesús. [53] Después de bajarlo de la cruz, lo envolvió en una sábana y lo colocó en un sepulcro cavado en la roca, donde nadie había sido sepultado. [54] Era un día de Preparación, y ya comenzaba el sábado.

[55] Las mujeres que habían venido de Galilea con Jesús siguieron a José, observaron el sepulcro y vieron cómo había sido sepultado. [56] Después regresaron y prepararon los bálsamos y perfumes, pero el sábado observaron el descanso que prescribía la Ley.

LA RESURRECCIÓN Y LA ASCENSIÓN DE JESÚS

El anuncio de la resurrección
Mt 28,1-8 / Mc 16,1-8 / Jn 20,1-2

24 [1] El primer día de la semana, al amanecer, las mujeres fueron al sepulcro con los perfumes que habían preparado. [2] Ellas encontraron removida la piedra del sepulcro [3] y entraron, pero no hallaron el cuerpo del Señor Jesús.

[4] Mientras estaban desconcertadas a causa de esto, se les aparecieron dos hombres con vestiduras deslumbrantes. [5] Como las mujeres, llenas de temor, no se atrevían a levantar la vista del suelo, ellos les preguntaron: «¿Por qué buscan entre los muertos al que está vivo? [6] No está aquí, ha resucitado. Recuerden lo que él les decía cuando aún estaba en Galilea: [7] "Es necesario que el Hijo del hombre sea entregado en manos de los pecadores, que sea crucificado y que resucite al tercer día"». [8] Y las mujeres recordaron sus palabras.

El testimonio de las mujeres
[9] Cuando regresaron del sepulcro, refirieron esto a los Once y a todos los demás. [10] Eran María

---

24,2-3. El relato lucano presupone un sepulcro en la roca que estaba sellado con una piedra rodante (cf. también 23,53). Tales sepulcros se pueden encontrar en Palestina desde el siglo VI a. C.

24,4. Las *vestiduras deslumbrantes* acreditan a estos dos hombres como mensajeros celestiales (cf. 9,29). El número *dos* los legitima como testigos fidedignos (cf. Dt 19,15).

Magdalena, Juana y María, la madre de Santiago, y las demás mujeres que las acompañaban. Ellas contaron todo a los Apóstoles, [11] pero a ellos les pareció que deliraban y no les creyeron.

[12] Pedro, sin embargo, se levantó y corrió hacia el sepulcro, y al asomarse, no vio más que las sábanas. Entonces regresó lleno de admiración por lo que había sucedido.

La aparición de Jesús a los discípulos de Emaús
Mc 16,12-13

[13] Ese mismo día, dos de los discípulos iban a un pequeño pueblo llamado Emaús, situado a unos diez kilómetros de Jerusalén. [14] En el camino hablaban sobre lo que había ocurrido. [15] Mientras conversaban y discutían, el mismo Jesús se acercó y siguió caminando con ellos. [16] Pero algo impedía que sus ojos lo reconocieran. [17] Él les dijo: «¿Qué comentaban por el cami-

no?». Ellos se detuvieron, con el semblante triste, [18] y uno de ellos, llamado Cleofás, le respondió: «¡Tú eres el único forastero en Jerusalén que ignora lo que pasó en estos días!». [19] «¿Qué cosa?», les preguntó. Ellos respondieron: «Lo referente a Jesús, el Nazareno, que fue un profeta poderoso en obras y en palabras delante de Dios y de todo el pueblo, [20] y cómo nuestros sumos sacerdotes y nuestros jefes lo entregaron para ser condenado a muerte y lo crucificaron. [21] Nosotros esperábamos que fuera él quien librara a Israel. Pero a todo esto ya van tres días que sucedieron estas cosas. [22] Es verdad que algunas mujeres que están con nosotros nos han desconcertado: ellas fueron de madrugada al sepulcro [23] y, al no hallar el cuerpo de Jesús, volvieron diciendo que se les habían aparecido unos ángeles, asegurándoles que él está vivo. [24] Algunos de los nuestros fueron al sepulcro y encontraron

---

24,10-11. Aquí se agregan los nombres de las mujeres: María Magdalena, Juana y María la madre de Santiago. Las dos primeras son conocidas de los lectores desde 8,2-3.

24,12. A Pedro se le confiere una posición especial (cf. también Lc 24,34; Hch 12,14), pero no se dice nada acerca de su fe.

todo como las mujeres habían dicho. Pero a él no lo vieron».

²⁵ Jesús les dijo: «¡Hombres duros de entendimiento, cómo les cuesta creer todo lo que anunciaron los profetas! ²⁶ ¿No era necesario que el Mesías soportara esos sufrimientos para entrar en su gloria?». ²⁷ Y comenzando por Moisés y continuando con todos los Profetas, les interpretó en todas las Escrituras lo que se refería a él.

²⁸ Cuando llegaron cerca del pueblo adonde iban, Jesús hizo ademán de seguir adelante. ²⁹ Pero ellos le insistieron: «Quédate con nosotros, porque ya es tarde y el día se acaba». Él entró y se quedó con ellos. ³⁰ Y estando a la mesa, tomó el pan y pronunció la bendición; luego lo partió y se lo dio. ³¹ Entonces los ojos de los discípulos se abrieron y lo reconocieron, pero él había desaparecido de su vista. ³² Y se decían: «¿No ardía acaso nuestro corazón, mientras nos hablaba en el camino y nos explicaba las Escrituras?».

³³ En ese mismo momento, se pusieron en camino y regresaron a Jerusalén. Allí encontraron reunidos a los Once y a los demás que estaban con ellos, ³⁴ y estos les dijeron: «Es verdad, ¡el Señor ha resucitado y se apareció a Simón!». ³⁵ Ellos, por su parte, contaron lo que les había pasado en el camino y cómo lo habían reconocido al partir el pan.

La aparición de Jesús a los Apóstoles

Mt 28,16-20 / Mc 16,14-18 / Jn 20,19-21

³⁶ Todavía estaban hablando de esto, cuando Jesús se apareció en medio de ellos y les dijo: «La paz esté con ustedes». ³⁷ Atónitos y llenos de temor, creían ver un espíritu, ³⁸ pero Jesús les preguntó: «¿Por qué están turbados y se les presentan esas dudas? ³⁹ Miren mis manos y mis pies, soy yo mismo. Tóquenme y vean. Un espíritu no tiene carne ni huesos, como ven que yo tengo». ⁴⁰ Y diciendo esto, les mostró sus manos y sus pies. ⁴¹ Era tal la alegría y la admiración de los discípulos, que se resistían a creer. Pero Jesús les preguntó: «¿Tienen aquí algo para comer?». ⁴² Ellos le presentaron un trozo de pescado asado; ⁴³ él lo tomó y lo comió delante de todos.

Últimas instrucciones de Jesús

Hch 1,4.8

⁴⁴ Después les dijo: «Cuando todavía estaba con ustedes, yo les decía: Es necesario que se cumpla todo lo que está escrito de mí en la Ley de Moisés, en los Profetas y en los Salmos». ⁴⁵ Entonces les abrió la inteligencia para que pudieran comprender las Escrituras, ⁴⁶ y añadió: «Así estaba escrito: el Mesías debía sufrir y resucitar de entre los muertos al tercer día, ⁴⁷ y comenzando por Jerusalén, en su Nombre debía predicarse a todas las naciones la conversión para el perdón de los pecados.

⁴⁸ Ustedes son testigos de todo esto. ⁴⁹ Y yo les enviaré lo que mi Padre les ha prometido. Permanezcan en la ciudad, hasta que sean revestidos con la fuerza que viene de lo alto».

La ascensión de Jesús

Mc 16,19 / Hch 1,9.12

⁵⁰ Después Jesús los llevó hasta las proximidades de Betania y, elevando sus manos, los bendijo. ⁵¹ Mientras los bendecía, se separó de ellos y fue llevado al cielo. ⁵² Los discípulos, que se habían postrado delante de él, volvieron a Jerusalén con gran alegría, ⁵³ y permanecían continuamente en el Templo alabando a Dios.

24,42-43. En un gesto final de condescendencia, él come un trozo de pescado asado. Este relato, como el correspondiente del cuarto evangelio (Jn 21,13), pretende probar que la resurrección es un hecho real, quizá en respuesta a quienes decían que los discípulos se habían dejado alucinar por falsas impresiones o por su imaginación.

24,47. Lucas señala repetidamente que la salvación ha sido ofrecida en primer lugar al pueblo judío. Por eso él habla de la evangelización de los paganos únicamente después de la resurrección de Jesús.

24,53. La conclusión del evangelio conduce el relato a Jerusalén y a su Templo, es decir, al lugar donde había comenzado. En la apertura de la narración, Zacarías entraba en el Templo para recibir el anuncio de la llegada de los tiempos mesiánicos. Ahora, la escena final muestra a los apóstoles dando gracias en el Templo por el cumplimiento de aquella promesa divina. Esta vuelta al punto de partida sugiere que Jesús ha recorrido hasta el fin el camino que el Padre le había señalado.

EVANGELIO SEGÚN SAN JUAN

INTRODUCCIÓN

El evangelio de Juan comienza con un prólogo que parte de los orígenes (*Al principio*, 1,1) y concluye con una referencia al acontecimiento del que se tratará a lo largo de todo el relato posterior: *Nadie ha visto jamás a Dios; el que lo ha revelado es el Hijo único, que es Dios y está en el seno del Padre* (1,18).

El contenido del evangelio puede dividirse en dos partes. La *primera* (Jn 1,19–12,50) suele ser denominada «Libro de los signos», y traza la vida de Jesús desde su encuentro con Juan el Bautista hasta su entrada triunfal en Jerusalén.

La *segunda parte* (13,1–20,31) suele titularse «Libro de la Hora» o «Libro de la gloria», y consta de cuatro partes. La primera (13,1–17,26) narra la última cena de Jesús con sus discípulos y su discurso de despedida. La segunda (18,1–19,42) está dedicada al relato de la pasión. La tercera (20,1-29) incluye los relatos de las apariciones de Jesús resucitado. La última es una breve conclusión (20,30-31).

El último capítulo (Jn 21) ocupa un puesto aparte en el cuerpo del evangelio, y quizá tiene que ser clasificado de «epílogo». En efecto, el final del cap. 20 contiene una conclusión, en la que se expresa la intención que llevó al evangelista a componer este evangelio: *Jesús realizó además muchos otros signos en presencia de sus discípulos, que no se encuentran relatados en este Libro. Estos han sido escritos para que ustedes crean que Jesús es el Mesías, el Hijo de Dios, y creyendo, tengan Vida eterna en su Nombre* (20,30-31). El cap. 21, añadido después de esta primera conclusión, cambia de escenario. La escena se sitúa en Galilea, a orillas del lago de Tiberíades, mientras que los episodios anteriores tenían lugar en Jerusalén. En este epílogo, el tema que centra la atención del lector es la situación de Pedro respecto del discípulo amado, de la comunidad y del mismo Jesús (*Apacienta mis corderos*).

Tanto en el evangelio como en el epílogo, las conclusiones declaran la insuficiencia del texto escrito: *Jesús realizó además muchos otros signos*, dice la conclusión del evangelio (20,30), y la conclusión del epílogo añade: *Jesús hizo también muchas otras cosas. Si se las relatara detalladamente, pienso que no bastaría todo el mundo para contener los libros que se escribirían* (21,25). Por lo tanto, comprometerse en el acto de la escritura supone que se ha renunciado a la pretensión de totalidad.

No es frecuente encontrar en la Biblia un texto que atestigüe expresamente la voluntad de escribir un libro y de abrir los caminos a una lectura infinita del mismo. Pero hay alguna excepción, como la del evangelio de Lucas (Lc 1,1-4), y, sobre todo, la del cuarto evangelio, que en su primera conclusión pone de manifiesto claramente la voluntad de escribir un libro y expresa el proyecto de comunicación con sus destinatarios (20,30-31). Los lectores, en efecto, son llamados, mediante la lectura del texto evangélico, no solamente a creer en la persona de Jesús (*estos han sido escritos para que ustedes crean...*) sino a hacer de esta fe una experiencia existencial de comunión con la misma persona de Cristo (*y para que creyendo tengan vida en su Nombre*). De esta manera, el autor expresa su deseo de ser leído, con la ambición de que su obra pueda contribuir a suscitar o profundizar la fe de sus lectores.

En la segunda conclusión, el epiloguista no solamente reafirma su autoridad de discípulo testigo, sino que también es consciente de ofrecer al público un libro forzosamente incompleto, ya que *Jesús hizo también muchas otras cosas* que no habrían podido ser consignadas enteramente en ningún escrito. Pero él sabe, al mismo tiempo, que es necesario que el proceso de la escritura se acabe, y que el libro tenga su clausura, para que comience el espacio ilimitado de la lectura. Así el evangelio enriquecerá a sus lectores con una serie infinita de lecturas y relecturas, y de ese modo se enriquecerá él mismo en el proceso de la interpretación. No se podría expresar mejor el destino de una obra literaria y su vocación de vivir más allá de su propia composición.

El testimonio de los discípulos y la misión del Paráclito

La comunidad joánica se sabe llamada no solo a creer, sino también a dar testimonio de su fe, sabiendo que puede contar con la asistencia del Espíritu Santo. El hecho de soportar el asedio de un mundo hostil no la atemoriza ni le quita la esperanza, ya que la presencia del Espíritu le transmite la certeza de que no puede de sucumbir frente a todas las adversidades. Más aún, la comunidad no quedará librada a la fuerza de su propia memoria para *recordar* el mensaje de Jesús. El Paráclito mantendrá vivas sus palabras, y servirá de guía en el camino que lleva a la verdad plena (16,12-15).

En la hora de la despedida, Jesús había anunciado esta iluminación para el momento en que enviaría a sus discípulos el Paráclito que procede del Padre. Pero cuando se escribe y se lee el evangelio, lo que fue prometido para el futuro —la venida del Paráclito— es ya una realidad, y la comunidad siente que está viviendo el tiempo del Espíritu. Lo oscuro y enigmático en las palabras de Jesús y en sus gestos, que los discípulos no habían podido comprender antes de Pascua, se aclara y adquiere nueva luz con la venida del Espíritu Santo. Él ha sido enviado para clarificar lo que sin él no podía ser comprendido, y completar de ese modo una revelación que hasta entonces había sido parcial y oscura.

Pero esto no significa que el Espíritu traiga una nueva verdad, distinta de la revelada por Cristo. Su misión consistirá en *recordar* a los discípulos todo lo que Jesús había dicho y hecho, y enseñarles a comprender su verdadero sentido (14,26). Él *no hablará por sí mismo, sino que dirá lo que ha oído* (16,13). Así la palabra de Jesús comenzó a desplegar toda la fuerza de ese *recuerdo* en el corazón de los creyentes.

El Espíritu de Dios mantendrá despierto en la comunidad de los discípulos el testimonio de Jesús, que les recordará permanentemente que él ha denunciado el carácter pecaminoso del mundo (cf. 16,8-11). Los discípulos tienen que asumir este testimonio de Jesús y del Espíritu, y testimoniar ellos mismos en el mundo adverso que tienen que enfrentar.

El tema del evangelio

El evangelio de Juan gira en torno a un tema fundamental: Jesús es el Enviado de Dios, que vino a este mundo para hacernos conocer al Padre. Él no habla por sí mismo, sino que *da testimonio* de la Verdad que escuchó del Padre (3,11-13.31-34), y toda su vida es la revelación de la *gloria* que recibió de su Padre antes de la creación del mundo (17,1-5).

En el marco de esta revelación, aparece en el evangelio un tema fundamental: el del origen divino de Jesús, aparentemente incompatible con la humildad de sus orígenes humanos. La gente cree saber quién es Jesús: *nosotros sabemos de dónde es este; en cambio, cuando venga el Mesías, nadie sabrá de dónde es* (7,27). Para la gente, no hay en él ningún misterio. Pero el conocimiento del Jesús terreno por sí solo no sirve de nada sin la adhesión al misterio de su origen divino, misterio que es perceptible solo por la fe y que no puede ser captado más que a través de la carne. Jesús es la Palabra que se hizo carne: *Y nosotros hemos visto su gloria, la gloria que recibe del Padre como Hijo único, lleno de gracia y de verdad* (1,14).

Con más insistencia que los otros evangelistas, Juan acentúa la oposición entre Jesús —la *Luz*, el *Camino*, la *Verdad* y la *Vida*— y los que se niegan a creer en él, designados a veces con el nombre genérico de *los judíos*. Jesús no vino a *juzgar* al mundo, sino a salvarlo. Pero, por el simple hecho de manifestarse a los hombres, él los pone ante una alternativa: la de permanecer en sus propias tinieblas o la de creer en la luz. El que no cree en Jesús *ya* está condenado, mientras que el que cree en él *ya* ha pasado de la muerte a la Vida y tiene Vida eterna.

Jesús y las fiestas judías

A diferencia de los evangelios sinópticos, que mencionan una sola *subida* de Jesús a Jerusalén, este evangelio habla de tres Pascuas celebradas en la Ciudad santa. Más aún, casi toda la actividad de Jesús se desarrolla en el marco litúrgico de alguna festividad judía. Por tal motivo, un tema imposible de pasar por alto en la lectura de este evangelio es el lugar que ocupan en él esas fiestas. El punto de vista del evangelista consiste en mostrar que todas las fiestas celebradas en el Templo de Jerusalén encuentran su cumplimiento en Cristo, cuyo cuerpo resucitado será en adelante el verdadero Templo (2,21).

Esto se manifiesta ya en la primera subida a Jerusalén en las cercanías de la Pascua, cuando Jesús purifica el Templo (2,14).

Una nueva alusión a la Pascua sitúa en un ambiente pascual el milagro de la multiplicación de los panes (6,4).

La tercera Pascua, la de la muerte de Jesús, es anunciada incesantemente, como en una especie de *crescendo*, a partir de 11,55 (cf. 12,1; 13,1; 18,28; 19,14). Esta orientación hacia la Pascua no acaba en la fiesta judía, sino que culmina en la cruz. Jesús es condenado a muerte el día de preparación para la Pascua (19,14), cuando los corderos se degollaban en el Templo, y el evangelista ve en Jesús a aquel que sustituye a todas las víctimas pascuales del Antiguo Testamento. Jesucristo protege y libera al pueblo de la nueva alianza, lo mismo que en tiempos del éxodo el cordero había protegido con su sangre a los hijos de Israel y había inaugurado su liberación (Ex 12,1-14).

Otras fiestas judías sirven igualmente de marco a ciertos episodios del ministerio de Jesús. En 5,1, Jesús sube a Jerusalén para una fiesta que podría ser la de Pentecostés. El conjunto que rodea a esta fiesta (llamada en el Antiguo Testamento de «las Chozas» o de «los Tabernáculos») es uno de los más significativos. Esta fiesta recordaba la marcha de los israelitas por el desierto, cuando ellos vivían en chozas hechas de ramajes. Revivir la experiencia del desierto era revivir los beneficios de Dios a su pueblo, aquel Dios que lo había formado, protegido y alimentado a la salida de Egipto. Pero el beneficio que más se celebraba en la fiesta era el don de la roca que acompañó a Israel a lo largo de su camino y que, en medio de la aridez y de la sequía, le daba de beber el agua viva (Ex 17,4-6; cf. 1 Cor 10,4). Este trasfondo litúrgico y cultual nos permite comprender la declaración de Jesús en el último día de la fiesta: *El que tenga sed, venga a mí; y beba el que cree en mí* (7,37).

Jesús se encuentra también en el Templo para la fiesta de la «Dedicación» (10,22). Esta fiesta celebraba la purificación y la consagración del santuario por Judas Macabeo en el año 165 a. C. (cf. 1 Mc 1,54), después de las profanaciones que sufrió en tiempos de Antíoco IV Epífanes.

Fue precisamente en aquella ocasión cuando Jesús se declaró el consagrado y enviado del Padre (10,36). Una nueva alusión al hecho de que en adelante él sería el único verdadero Templo.

El evangelio de Juan y el helenismo

En tiempos de Jesús, los judíos que vivían fuera de Palestina eran mucho más numerosos que los residentes en la Tierra santa. De ellos se decía que vivían en la «diáspora», es decir, en la dispersión respecto de la comunidad madre de Jerusalén. Esta dispersión empezó en el siglo VI a. C., con la deportación a Babilonia y la huida ante la invasión (cf. Jr 43,7). Pero en el siglo I d. C. había colonias judías no solo en Mesopotamia sino en todo el Imperio romano: en Siria, Asia Menor, Grecia y Roma. Los judíos eran numerosos en Egipto y ocupaban todo un barrio en Alejandría.

En este marco sociocultural, la tradición joánica realizó una audaz tarea de inculturación, manifestando su interés por el uso de un lenguaje más universal que el lenguaje puramente judeocristiano (3,16). Aun sin dejar de reconocer que en la composición del cuarto evangelio hay una importante influencia judía, también es preciso afirmar que la confrontación con la cultura y el pensamiento helenísticos es vivida de manera positiva. Así, la expresión *Reino de Dios*, omnipresente en los evangelios sinópticos, no aparece más que dos veces en el cuarto evangelio, y precisamente en el encuentro de Jesús con Nicodemo, es decir, en el contexto de un diálogo interno del mundo judeocristiano. En la mayoría de los otros pasajes, en cambio, Jn prefiere usar términos como *verdad, conocimiento, vida y amor*, y símbolos universales como *luz, agua y pan*. Los responsables de la comunidad, comenzando por el mismo evangelista, hablan de este modo al mundo al que Dios amó tanto que *entregó a su Hijo único, para que todo el que cree en él no muera, sino que tenga Vida eterna* (3,3.5).

El plan del evangelio

La reconstrucción del plan del cuarto evangelio ha sido objeto de discusión. El siguiente esquema se limita a mostrar las grandes divisiones de la obra:

Prólogo (Jn 1,1-18)

Libro de los signos (Jn 1,19-12,50)

– Testimonio de Juan y primeros discípulos de Jesús (1,19-51)

– De Caná a Caná, del primer signo de Jesús al segundo (2,1–4,54)

– Signos y discursos de revelación de Jesús (5,1–10,42)

– Resurrección de Lázaro y decisión de matar a Jesús (11,1–12,50)

Libro de la Hora o Libro de la gloria (Jn 13–20)

– Última cena y discursos de despedida (13,1–17,26)

– La Pasión (18,1–19,42)

– La resurrección (20,1-29)

– Conclusión (20,30-31)

Epílogo (Jn 21)

EVANGELIO SEGÚN SAN JUAN

PRÓLOGO

1 Al principio existía la Palabra,
  y la Palabra estaba junto
    a Dios,
  y la Palabra era Dios.
² Al principio estaba junto a Dios.
³ Todas las cosas fueron hechas
  por medio de la Palabra
  y sin ella no se hizo nada
  de todo lo que existe.
⁴ En ella estaba la vida,
  y la vida era la luz
    de los hombres.
⁵ La luz brilla en las tinieblas,
  y las tinieblas no la vencieron.

⁶ Apareció un hombre enviado
    por Dios,
  que se llamaba Juan.
⁷ Vino como testigo,
  para dar testimonio de la luz,
  para que todos creyeran
    por medio de él.

⁸ Él no era la luz, sino el testigo
  de la luz.

⁹ La Palabra era la luz
    verdadera que,
  al venir a este mundo,
  ilumina a todo hombre.

1,6-8. Esta referencia a Juan puede considerarse una inserción al himno primitivo hecha por el evangelista. En un típico paralelismo de contraste, se contrapone la figura de Juan, el testigo de la luz, a la Luz verdadera, que es la Palabra encarnada. Así el lector estará mejor preparado para emprender la lectura del relato evangélico, que en el v. 19 comienza abruptamente con el *testimonio* profético del precursor de Jesús.

1,9. En Juan (Jn), el término *mundo* tiene un doble significado, positivo y negativo. Es una creación de Dios (1,10) y objeto de su amor, como lo declara expresamente 3,16: *Dios amó tanto al mundo que le entregó a su Hijo único.* Pero el mundo representa también a todos los que rechazan a Jesús y odian a sus discípulos (17,14-16).

¹⁰ Ella estaba en el mundo,
y el mundo fue hecho
por medio de ella,
y el mundo no la conoció.
¹¹ Vino a los suyos,
y los suyos no la recibieron.
¹² Pero a todos los que
la recibieron,
a los que creen en su Nombre,
les dio el poder de llegar a ser
hijos de Dios.
¹³ Ellos no nacieron de la sangre,
ni por obra de la carne,
ni de la voluntad del hombre,
sino que fueron engendrados
por Dios.

¹⁴ Y la Palabra se hizo carne
y habitó entre nosotros.
Y nosotros hemos visto
su gloria,
la gloria que recibe del Padre
como Hijo único,
lleno de gracia y de verdad.

¹⁵ Juan da testimonio de él,
al declarar:
«Este es aquel del que
yo dije:
El que viene después de mí
me ha precedido,
porque existía antes
que yo».
¹⁶ De su plenitud,
todos nosotros
hemos participado
y hemos recibido gracia
sobre gracia:
¹⁷ porque la Ley fue dada
por medio de Moisés,
pero la gracia y la verdad
nos han llegado
por Jesucristo.
¹⁸ Nadie ha visto jamás
a Dios;
el que lo ha revelado
es el Hijo único,
que es Dios y está en el seno
del Padre.

1,12. *A los que creen en su Nombre*: El Nombre de Jesús, en el cuarto evangelio, es Yo soy (8,24). Es decir, él se atribuye a sí mismo y afirma como propio el mismo nombre de Dios. A quienes creen en él, se les ha dado el poder de llegar a ser *hijos de Dios*.
1,14. La palabra *carne*, en el lenguaje de la Biblia, designa a todo el ser humano en su condición de ser débil y corruptible (3,6; Is 40,6-8; Mt 16,17).

1,16. *Gracia sobre gracia* puede significar que la gracia de la antigua alianza entre Dios y su pueblo elegido fue completada por la gracia de la nueva alianza, realizada por medio de Jesús; o bien, que la gracia de Jesús, concedida siempre más y más a los creyentes (10,10), corresponde a la que él recibió del Padre en toda su plenitud (v. 14).

EL TESTIMONIO DE JUAN EL BAUTISTA

Jesús, el Cordero de Dios

Mt 3,1-6 / Mc 1,2-6 / Lc 3,1-6 //
Mt 3,13-17 / Mc 1,9-11 / Lc 3,21-22

[19] Este es el testimonio que dio Juan, cuando los judíos enviaron sacerdotes y levitas desde Jerusalén, para preguntarle: «¿Quién eres tú?», [20] Él confesó y no lo ocultó, sino que dijo claramente: «Yo no soy el Mesías». [21] «¿Quién eres, entonces?», le preguntaron: «¿Eres Elías?». Juan dijo: «No». «¿Eres el Profeta?». «Tampoco», respondió. [22] Ellos insistieron: «¿Quién eres, para que podamos dar una respuesta a los que nos han enviado? ¿Qué dices de ti mismo?». [23] Y él les dijo: «Yo soy

*una voz que grita
en el desierto:*

*Allanen el camino
del Señor,*

como dijo el profeta Isaías».

[24] Algunos de los enviados eran fariseos, [25] y volvieron a preguntarle: «¿Por qué bautizas, entonces, si tú no eres el Mesías, ni Elías, ni el Profeta?». [26] Juan respondió: «Yo bautizo con agua, pero en medio de ustedes hay alguien al que ustedes no conocen: [27] él viene después de mí, y yo no soy digno de desatar la correa de su sandalia». [28] Todo esto sucedió en Betania, al otro lado del Jordán, donde Juan bautizaba.

[29] Al día siguiente, Juan vio acercarse a Jesús y dijo: «Este es el Cordero de Dios, que quita el pecado del mundo. [30] A él me refería cuando dije:

1,21. *Si tú no eres... ni Elías, ni el Profeta:* Una antigua tradición de Israel atestigua que al final de los tiempos volverá el profeta *Elías* para anunciar y preparar la venida del Mesías (cf. Mal 3,23-24; Eclo 48,10).

1,23. Is 40,3. Para referirse a la misión de Juan el Bautista, todos los evangelios remiten a este pasaje del profeta Isaías.

1,28. *Al otro lado del Jordán:* Mientras que la tradición sinóptica no especifica si Juan bautizaba en la costa occidental u oriental del Jordán, el cuarto evangelista aclara que él actuaba en la región de Perea, gobernada entonces por Herodes Antipas, el tetrarca que lo encarceló y mandó ejecutar.

Después de mí viene
un hombre
que me ha tomado
la delantera,
porque existía antes que yo.

[31] Yo no lo conocía, pero he venido a bautizar con agua para que él fuera manifestado a Israel». [32] Y Juan dio este testimonio: «He visto al Espíritu descender del cielo como una paloma y permanecer sobre él. [33] Yo no lo conocía, pero el que me envió a bautizar con agua me dijo: "Aquel sobre el que veas descender el Espíritu y permanecer sobre él, ese es el que bautiza en el Espíritu Santo". [34] Yo lo he visto y doy testimonio de que él es el Hijo de Dios».

Los primeros discípulos de Jesús

[35] Al día siguiente, estaba Juan otra vez allí con dos de sus discípulos [36] y, mirando a Jesús que pasaba, dijo: «Este es el Cordero de Dios». [37] Los dos discípulos, al oírlo hablar así, siguieron a Jesús. [38] Él se dio la vuelta y, viendo que lo seguían, les preguntó: «¿Qué quieren?». Ellos le respondieron: «Rabbí —que traducido significa Maestro—, ¿dónde vives?». [39] «Vengan y lo verán», les dijo. Fueron, vieron dónde vivía y se quedaron con él ese día. Eran alrededor de las cuatro de la tarde. [40] Uno de los dos que oyeron las palabras de Juan y siguieron a Jesús era Andrés, el hermano de Simón Pedro. [41] Al primero que encontró fue a su propio hermano Simón, y le dijo: «Hemos encontrado al Mesías», que traducido significa Cristo. [42] Entonces lo llevó adonde estaba Jesús. Jesús lo miró y le dijo: «Tú eres Simón, el hijo de Juan: tú te llamarás Cefas», que traducido significa Pedro.

[43] Al día siguiente, Jesús resolvió partir hacia Galilea. Encontró a Felipe y le dijo: «Sígueme». [44] Felipe era de Betsaida, la ciudad de Andrés y de Pedro. [45] Felipe encontró a Natanael y le dijo: «Hemos hallado a aquel de quien se habla en la Ley de Moisés y en los Profetas. Es Jesús, el

---

1,38. En su primer acercamiento a Jesús, los dos discípulos de Juan lo llaman con la palabra hebrea *Rab-* *bí*, que lo identifica como a uno de los tantos maestros de la Ley en Israel.

hijo de José de Nazaret». [46] Natanael le preguntó: «¿Acaso puede salir algo bueno de Nazaret?». «Ven y verás», le dijo Felipe. [47] Al ver llegar a Natanael, Jesús dijo: «Este es un verdadero israelita, un hombre sin doblez». [48] «¿De dónde me conoces?», le preguntó Natanael. Jesús le respondió: «Yo te vi antes que Felipe te llamara, cuando estabas debajo de la higuera». [49] Natanael le respondió: «Maestro, tú eres el Hijo de Dios, tú eres el Rey de Israel». [50] Jesús continuó: «Porque te dije: "Te vi debajo de la higuera", crees. Verás cosas más grandes todavía». [51] Y agregó: «Les aseguro que verán el cielo abierto, y a los ángeles de Dios subir y bajar sobre el Hijo del hombre».

EL LIBRO DE LOS «SIGNOS» DE JESÚS

EL VINO NUEVO Y EL NUEVO TEMPLO

Las bodas de Caná

2 Tres días después se celebraron unas bodas en Caná de Galilea, y la madre de Jesús estaba allí. [2] Jesús también fue invitado con sus discípulos. [3] Y como faltaba vino, la madre de Jesús le dijo: «No tienen vino». [4] Jesús le respondió: «Mujer, ¿qué tenemos que ver nosotros? Mi hora no ha llegado todavía». [5] Pero su madre dijo a los sirvientes: «*Hagan todo lo que él les diga*».

[6] Había allí seis tinajas de piedra destinadas a los ritos de purificación de los judíos, que contenían unos cien litros cada una. [7] Jesús dijo a los sirvientes: «Llenen de agua estas tinajas». Y las llenaron hasta el borde. [8] «Saquen ahora —agregó Jesús—, y

---

2,6. *Los judíos:* En el cuarto evangelio, la expresión *los judíos* tiene un sentido étnico (designa a los miembros del pueblo de Israel), pero con frecuencia asume también un sentido peyorativo. Judíos son obviamente Jesús, su madre y sus primeros discípulos. Pero también lo fueron los antagonistas que se enfrentaron con él en múltiples ocasiones, los sacerdotes del Templo y los miembros del Sanedrín que tramaron su muerte, y muchos que se convirtieron más tarde en perseguidores de la comunidad joánica.

lleven al encargado del banquete». Así lo hicieron. [9] El encargado probó el agua cambiada en vino y, como ignoraba su origen, aunque lo sabían los sirvientes que habían sacado el agua, llamó al esposo [10] y le dijo: «Siempre se sirve primero el buen vino y cuando todos han bebido bien, se trae el de inferior calidad. Tú, en cambio, has guardado el buen vino hasta este momento». [11] Este fue el primero de los signos de Jesús, y lo hizo en Caná de Galilea. Así manifestó su gloria, y sus discípulos creyeron en él. [12] Después de esto, bajó a Cafarnaún con su madre, sus hermanos y sus discípulos, y permanecieron allí unos pocos días.

Expulsión de los vendedores del Templo

Mt 21,12-13 / Mc 11,15-17 / Lc 19,45-46

[13] Se acercaba la Pascua de los judíos. Jesús subió a Jerusalén [14] y encontró en el Templo a los vendedores de bueyes, ovejas y palomas, y a los cambistas sentados delante de sus mesas. [15] Hizo un látigo de cuerdas y los echó a todos del Templo, junto con sus ovejas y sus bueyes; desparramó las monedas de los cambistas, derribó sus mesas [16] y dijo a los vendedores de palomas: «Saquen esto de aquí y no hagan de la casa de mi Padre una casa de comercio». [17] Y sus discípulos recordaron las palabras de la Escritura:

*El celo por tu Casa
me consumirá.*

Anuncio de la resurrección de Jesús

[18] Entonces los judíos le preguntaron: «¿Qué signo nos das para obrar así?». [19] Jesús les respondió: «Destruyan este

---

2,11. *El primero de los signos:* A diferencia de los evangelios sinópticos, que designan los milagros de Jesús con la palabra griega *dýnamis* («acto de poder»), Jn suele referirse a ellos con el término *signo*.

2,14. Con esta primera mención de la Pascua comienza el ciclo de las fiestas litúrgicas que jalonan el evangelio de Juan.

2,17. Sal 69,10.

2,18-20. Las autoridades judías del Templo piden a Jesús un signo que acredite su autoridad para actuar de una manera tan provocativa.

templo y en tres días lo volveré a levantar». ²⁰ Los judíos le dijeron: «Han sido necesarios cuarenta y seis años para construir este Templo, ¿y tú lo vas a levantar en tres días?». ²¹ Pero él se refería al templo de su cuerpo. ²² Por eso, cuando Jesús resucitó, sus discípulos recordaron que él había dicho esto, y creyeron en la Escritura y en la palabra que había pronunciado.

²³ Mientras estaba en Jerusalén, durante la fiesta de Pascua, muchos creyeron en su Nombre al ver los signos que realizaba. ²⁴ Pero Jesús no se fiaba de ellos, porque los conocía a todos ²⁵ y no necesitaba que lo informaran acerca de nadie: él sabía lo que hay en el interior del hombre.

EL RENACIMIENTO ESPIRITUAL

El diálogo de Jesús con Nicodemo

3 Había entre los fariseos un hombre llamado Nicodemo, que era uno de los notables entre los judíos. ² Fue de noche a ver a Jesús y le dijo: «Maestro, sabemos que tú has venido de parte de Dios para enseñar, porque nadie puede realizar los signos que tú haces, si Dios no está con él». ³ Jesús le respondió:

«Te aseguro que el que no
   renace de lo alto
no puede ver el Reino de Dios».

⁴ Nicodemo le preguntó: «¿Cómo un hombre puede nacer cuando ya es viejo? ¿Acaso puede entrar por segunda vez en el seno de su madre y volver a nacer?». ⁵ Jesús le respondió:

«Te aseguro
que el que no nace del agua
   y del Espíritu
no puede entrar en el Reino
   de Dios.
⁶ Lo que nace de la carne
   es carne,
lo que nace del Espíritu
   es espíritu.
⁷ No te extrañes de que te haya
   dicho:
"Ustedes tienen que renacer
   de lo alto".
⁸ El viento sopla donde quiere:

tú oyes su voz,
pero no sabes de dónde viene
ni adónde va.
Lo mismo sucede
con todo el que ha nacido del
    Espíritu».

⁹ «¿Cómo es posible todo esto?», le volvió a preguntar Nicodemo. ¹⁰ Jesús le respondió: «¿Tú, que eres maestro en Israel, no sabes estas cosas?

¹¹ Te aseguro
que nosotros hablamos
de lo que sabemos
y damos testimonio
de lo que hemos visto,
pero ustedes no aceptan
nuestro testimonio.
¹² Si no creen
cuando les hablo de las cosas
    de la tierra,
¿cómo creerán
cuando les hable de las cosas
    del cielo?

¹³ Nadie ha subido al cielo,
sino el que descendió del cielo,
el Hijo del hombre que está
    en el cielo.
¹⁴ De la misma manera
    que Moisés
levantó en alto la serpiente
    en el desierto,
también es necesario
que el Hijo del hombre
sea levantado en alto,
¹⁵ para que todos los que creen
    en él
tengan Vida eterna.
¹⁶ Porque Dios amó tanto
    al mundo,
que entregó a su Hijo único
para que todo el que cree
    en él no muera,
sino que tenga Vida eterna.
¹⁷ Porque Dios no envió
    a su Hijo
para juzgar al mundo,
sino para que el mundo
    se salve por él.

3,14. La mirada puesta en la *serpiente de bronce*, elevada por Moisés en el desierto, sanaba a quienes habían sido mordidos por las serpientes abrasadoras (Nm 21,4-9). Apoyado en este símbolo bíblico, el evangelista presenta a Jesús elevado en la cruz para la salvación del mundo (cf. 12,32-34). *El Hijo del hombre sea levantado en alto:* Aquí la alusión a la cruz es inequívoca. En esta acción, que pertenece a la crucifixión, el autor reconoce otro sentido. Pero la elevación en la cruz es además el signo de la exaltación de Jesús en la que es glorificado por el Padre. De ahí la asociación de los verbos *elevar* y *glorificar*.

18 El que cree en él,
no es condenado;
el que no cree,
ya está condenado,
porque no ha creído
en el nombre del Hijo único
de Dios.

19 En esto consiste el juicio:
la luz vino al mundo,
y los hombres prefirieron
las tinieblas a la luz,
porque sus obras eran malas.
20 Todo el que obra mal
odia la luz y no se acerca a ella,
por temor de que sus obras
sean descubiertas.
21 En cambio, el que obra
conforme a la verdad
se acerca a la luz,
para que se ponga
de manifiesto
que sus obras han sido
hechas en Dios».

El último testimonio de Juan el Bautista

22 Después de esto, Jesús fue con sus discípulos a Judea. Permaneció allí con ellos y bautizaba. 23 Juan seguía bautizando en Enón, cerca de Salim, porque había mucha agua en ese lugar y la gente acudía para hacerse bautizar. 24 Juan no había sido encarcelado todavía. 25 Se originó entonces una discusión entre los discípulos de Juan y un judío, acerca de la purificación. 26 Fueron a buscar a Juan y le dijeron: «Maestro, el que estaba contigo al otro lado del Jordán y del que tú has dado testimonio, también bautiza y todos acuden a él». 27 Juan respondió:

«Nadie puede atribuirse nada
que no haya recibido del cielo.
28 Ustedes mismos son testigos
de que he dicho:
"Yo no soy el Mesías,
pero he sido enviado delante
de él".
29 En las bodas, el que se casa
es el esposo;
pero el amigo del esposo,
que está allí y lo escucha,
se llena de alegría al oír su voz.
Por eso mi gozo es ahora
perfecto.
30 Es necesario que él crezca
y que yo disminuya.
31 El que viene de lo alto
está por encima de todos.
El que es de la tierra
pertenece a la tierra
y habla de la tierra.

El que vino del cielo [32] da testimonio de lo que ha visto y oído, pero nadie recibe su testimonio.

[33] El que recibe su testimonio certifica que Dios es veraz.

[34] El que Dios envió dice las palabras de Dios, porque Dios le da el Espíritu sin medida.

[35] El Padre ama al Hijo y ha puesto todo en sus manos.

[36] El que cree en el Hijo tiene Vida eterna. El que se niega a creer en el Hijo no verá la Vida, sino que la ira de Dios pesa sobre él».

El encuentro de Jesús con la samaritana

4 Cuando Jesús se enteró de que los fariseos habían oído decir que él tenía más discípulos y bautizaba más que Juan [2] —en realidad él no bautizaba, sino sus discípulos—, [3] dejó la Judea y volvió a Galilea. [4] Para eso tenía que atravesar Samaría.

[5] Llegó a una ciudad de Samaría llamada Sicar, cerca de las tierras que Jacob había dado a su hijo José. [6] Allí se encuentra el pozo de Jacob. Jesús, fatigado del camino, se había sentado junto al pozo. Era la hora del mediodía. [7] Una mujer de Samaría fue a sacar agua, y Jesús le dijo: «Dame de beber». [8] Sus discípulos habían ido a la ciudad a comprar alimentos. [9] La samaritana le respondió: «¡Cómo! ¿Tú, que eres judío, me pides de beber a mí, que soy samaritana?». Los judíos, en efecto, no se trataban con los samaritanos. [10] Jesús le respondió:

«Si conocieras el don de Dios y quién es el que te dice:

4,4. *Sicar*: Es posible que fuera la antigua Siquem (Gn 33,18-20; Jos 24,32; Os 6,9).

4,7. *Dame de beber*: El agua de los manantiales era un elemento muy apreciado en Palestina. En los largos meses sin lluvia, si no había alguna fuente cercana, se dependía del agua almacenada en las cisternas durante el invierno anterior.

4,9. Entre judíos y samaritanos existía una enemistad profunda, que tenía antiguas raíces históricas.

³⁸Yo los envié a cosechar
adonde ustedes
no han trabajado;
otros han trabajado,
y ustedes recogen el fruto
de sus esfuerzos».

³⁹Muchos samaritanos de esa ciudad habían creído en él por la palabra de la mujer, que atestiguaba: «Me ha dicho todo lo que hice». ⁴⁰Por eso, cuando los samaritanos se acercaron a Jesús, le rogaban que se quedara con ellos, y él permaneció allí dos días. ⁴¹Muchos más creyeron en él, a causa de su palabra. ⁴²Y decían a la mujer: «Ya no creemos por lo que tú has dicho; nosotros mismos lo hemos oído y sabemos que él es verdaderamente el Salvador del mundo».

Regreso de Jesús a Galilea

⁴³Transcurridos los dos días, Jesús partió hacia Galilea. ⁴⁴Él mismo había declarado que un profeta no goza de prestigio en su propio pueblo. ⁴⁵Pero cuando llegó, los galileos lo recibieron bien, porque habían visto todo lo que había hecho en Jerusalén durante la Pascua; ellos también, en efecto, habían ido a la fiesta.

Curación del hijo de un funcionario real
Mt 8,5-13 / Lc 7,1-10

⁴⁶Y fue otra vez a Caná de Galilea, donde había convertido el agua en vino. Había allí un funcionario real, que tenía su hijo enfermo en Cafarnaún. ⁴⁷Cuando supo que Jesús había llegado de Judea y se encontraba en Galilea, fue a verlo y le suplicó que bajara a curar a su hijo moribundo. ⁴⁸Jesús le dijo: «Si no ven signos y prodigios, ustedes no creen». ⁴⁹El funcionario le respondió: «Señor, baja antes que mi hijo se muera». ⁵⁰«Vuelve a tu casa, tu hijo vive», le dijo Jesús.

El hombre creyó en la palabra que Jesús le había dicho y se puso en camino. ⁵¹Mientras descendía, le salieron al encuentro

---

4,44. Cf. Mt 13,57; Lc 4,24.
4,46. *Caná de Galilea:* Cf. 2,1-12.
4,47. La palabra griega *pais* puede significar «hijo» o «servidor».

4,49. Como en las bodas de Caná, en un primer momento Jesús se niega a realizar el milagro, pero ante la reiteración del pedido se ve casi obligado a acceder (cf. Mc 7,24-30).

sus servidores y le anunciaron que su hijo vivía. [52] Él les preguntó a qué hora se había sentido mejor. «Ayer, a la una de la tarde, se le fue la fiebre», le respondieron. [53] El padre recordó que era la misma hora en que Jesús le había dicho: «Tu hijo vive». Y entonces creyó él y toda su familia. [54] Este fue el segundo signo que hizo Jesús cuando volvió de Judea a Galilea.

LA VIDA ETERNA

Curación de un enfermo en la piscina de Betsata

5 Después de esto, se celebraba una fiesta de los judíos y Jesús subió a Jerusalén. [2] Junto a la puerta de las Ovejas, en Jerusalén, hay una piscina llamada en hebreo Betsata, que tiene cinco pórticos. [3] Bajo estos pórticos yacía una multitud de enfermos, ciegos, lisiados y paralíticos, que esperaban la agitación del agua. [4] . [5] Había allí un hombre que estaba enfermo desde hacía treinta y ocho años. [6] Al verlo tendido, y sabiendo que hacía tanto tiempo que estaba así, Jesús le preguntó: «¿Quieres curarte?». [7] Él respondió: «Señor, no tengo a nadie que me sumerja en la piscina cuando el agua comienza a agitarse; mientras yo voy, otro desciende antes». [8] Jesús le dijo: «Levántate, toma tu camilla y camina». [9] Enseguida el hombre se curó, tomó su camilla y empezó a caminar. Era un sábado,

---

5,2. La *Puerta de las ovejas* se encontraba cerca del ángulo nordeste del Templo. Las excavaciones arqueológicas han descubierto dos piscinas de unos trece metros de profundidad, rodeadas de cuatro pórticos y con un quinto que las separa por la mitad. Con posterioridad a la destrucción de Jerusalén, los romanos restauraron el lugar y lo transformaron en un santuario dedicado a un dios sanador, como Serapis o Esculapio.

5,4. *Porque el Ángel del Señor descendía cada tanto a la piscina y movía el agua. El primero que entraba en la piscina después que el agua se agitaba, quedaba sano, cualquiera fuera su mal.* Este texto está omitido en los mejores manuscritos antiguos. Tal vez trata de explicar las virtudes terapéuticas del agua, provista de virtudes sobrenaturales.

¹⁰ y los judíos dijeron entonces al que acababa de ser curado: «Es sábado. No te está permitido llevar tu camilla». ¹¹ Él les respondió: «El que me curó me dijo: "Toma tu camilla y camina"». ¹² Ellos le preguntaron: «¿Quién es ese hombre que te dijo: "Toma tu camilla y camina"?». ¹³ Pero el enfermo lo ignoraba, porque Jesús había desaparecido entre la multitud que estaba allí. ¹⁴ Después, Jesús lo encontró en el Templo y le dijo: «Has sido curado; no vuelvas a pecar, de lo contrario te ocurrirán peores cosas todavía». ¹⁵ El hombre fue a decir a los judíos que era Jesús el que lo había curado. ¹⁶ Ellos atacaban a Jesús, porque hacía esas cosas en sábado. ¹⁷ Él les respondió: «Mi Padre trabaja siempre, y yo también trabajo». ¹⁸ Pero para los judíos esta era una razón más para matarlo, porque no solo violaba el sábado, sino que se hacía igual a Dios, llamándolo su propio Padre.

Discurso sobre la obra del Hijo: el juicio y la resurrección

¹⁹ Entonces Jesús tomó la palabra diciendo:

«Les aseguro
que el Hijo no puede
    hacer nada
por sí mismo
sino solamente lo que ve
    hacer al Padre;
lo que hace el Padre,
lo hace igualmente el Hijo.
²⁰ Porque el Padre ama al Hijo
y le muestra todo lo que hace.
Y le mostrará obras más
    grandes aún,
para que ustedes queden
    maravillados.

5,19-23. Al ser enviado por Dios, el Hijo representa al Padre y habla en lugar de él, porque como emisario está revestido de la autoridad de quien lo envía. Por eso, todo este discurso desarrolla dos temas centrales. En primer lugar, el Padre ha dado al Hijo la potestad de Juez soberano y el poder de comunicar la Vida eterna (vv. 19-30). En segundo lugar, el Padre ha dado testimonio del Hijo por medio de Juan el Bautista (vv. 33-35), a través de las obras realizadas por el mismo Jesús (vv. 36-38) y en toda la Escritura (vv. 39-47). En Jesús, Dios se ha revelado para dar vida al mundo (cf. 3,16-17).

²¹ Así como el Padre resucita
   a los muertos
   y les da vida,
   del mismo modo el Hijo
      da vida
   al que él quiere.
²² Porque el Padre no juzga
      a nadie:
   él ha puesto todo juicio
   en manos de su Hijo,
²³ para que todos honren al Hijo
   como honran al Padre.
   El que no honra al Hijo,
   no honra al Padre
      que lo envió.
²⁴ Les aseguro
   que el que escucha mi palabra
   y cree en aquel que
      me ha enviado,
   tiene Vida eterna
   y no está sometido al juicio,
   sino que ya ha pasado
   de la muerte a la Vida.
²⁵ Les aseguro
   que la hora se acerca,
      y ya ha llegado,
   en que los muertos oirán la voz
   del Hijo de Dios;
   y quienes la oigan, vivirán.
²⁶ Así como el Padre dispone
      de la Vida,
   del mismo modo
      ha concedido a su Hijo
   disponer de ella,

²⁷ y le dio autoridad para juzgar
   porque él es el Hijo del hombre.
²⁸ No se asombren:
   se acerca la hora
   en que todos los que están
      en las tumbas
   oirán su voz
²⁹ y saldrán de ellas:
   los que hayan hecho el bien,
   resucitarán para la Vida;
   los que hayan hecho el mal,
   resucitarán para el juicio.
³⁰ Nada puedo hacer
      por mí mismo.
   Yo juzgo de acuerdo
      con lo que oigo,
   y mi juicio es justo,
   porque lo que yo busco
   no es hacer mi voluntad,
   sino la de aquel que me envió.

El testimonio del Padre en favor de Jesús

³¹ Si yo diera testimonio
   de mí mismo,
   mi testimonio no valdría.
³² Pero hay otro que
   da testimonio de mí,
   y yo sé que ese testimonio
   es verdadero.
³³ Ustedes mismos mandaron
   preguntar a Juan,
   y él ha dado testimonio
   de la verdad.

³⁴ No es que yo dependa
del testimonio de un hombre;
si digo esto es para la
salvación de ustedes.
³⁵ Juan era la lámpara que arde
y resplandece,
y ustedes han querido gozar
un instante de su luz.
³⁶ Pero el testimonio que yo tengo
es mayor que el de Juan:
son las obras que el Padre
me encargó llevar a cabo.
Estas obras que yo realizo
atestiguan que mi Padre
me ha enviado.
³⁷ Y el Padre que me envió
ha dado testimonio de mí.
Ustedes nunca han
escuchado su voz
ni han visto su rostro,
³⁸ y su palabra no permanece
en ustedes,
porque no creen al que él envió.
³⁹ Ustedes examinan
las Escrituras,
porque en ellas piensan
encontrar
Vida eterna:
ellas dan testimonio de mí,
⁴⁰ y sin embargo, ustedes
no quieren venir a mí
para tener Vida.
⁴¹ Mi gloria no viene
de los hombres.

⁴² Además, yo los conozco:
el amor de Dios no está
en ustedes.
⁴³ He venido en nombre
de mi Padre
y ustedes no me reciben,
pero si otro viene
en su propio nombre,
a ese sí lo van a recibir.
⁴⁴ ¿Cómo es posible que crean,
ustedes que se glorifican
unos a otros
y no se preocupan
por la gloria que viene solo
de Dios?
⁴⁵ No piensen que soy yo
el que los acusaré ante el Padre;
el que los acusará será Moisés,
en el que ustedes han puesto
su esperanza.
⁴⁶ Si creyeran en Moisés,
también creerían en mí,
porque él ha escrito acerca
de mí.
⁴⁷ Pero si no creen lo que él
ha escrito,
¿cómo creerán lo que yo
les digo?».

La multiplicación de los panes
Mt 14,13-21 / Mc 6,32-44 / Lc 9,10-17

6 Después de esto, Jesús atravesó el mar de Galilea (o de Tiberíades). ² Lo seguía una gran multitud, al ver los signos que hacía curando a los enfermos. ³ Jesús subió a la montaña y se sentó allí con sus discípulos. ⁴ Se acercaba la Pascua, la fiesta de los judíos. ⁵ Al levantar los ojos, Jesús vio que una gran multitud acudía a él y dijo a Felipe: «¿Dónde compraremos pan para darles de comer?». ⁶ Él decía esto para ponerlo a prueba, porque sabía bien lo que iba a hacer. ⁷ Felipe le respondió: «Doscientos denarios no bastarían para que cada uno pudiera comer un pedazo de pan». ⁸ Uno de sus discípulos, Andrés, el hermano de Simón Pedro, le dijo: ⁹ «Aquí hay un niño que tiene cinco panes de cebada y dos pescados, pero ¿qué es esto para tanta gente?». ¹⁰ Jesús le respondió: «Háganlos sentar». Había mucho pasto en ese lugar. Todos se sentaron y eran unos cinco mil hombres. ¹¹ Jesús tomó los panes, dio gracias y los distribuyó a los que estaban sentados. Lo mismo hizo con los pescados, dándoles todo lo que quisieron. ¹² Cuando todos quedaron satisfechos, Jesús dijo a sus discípulos: «Recojan los pedazos que sobran, para que no se pierda nada». ¹³ Los recogieron y llenaron doce canastas con los pedazos que sobraron de los cinco panes de cebada. ¹⁴ Al ver el signo que Jesús acababa de hacer, la gente decía: «Este es, verdaderamente, el Profeta que debe venir al mundo». ¹⁵ Jesús, sabiendo que querían apoderarse de él para hacerlo rey, se retiró otra vez solo a la montaña.

Jesús camina sobre el agua
Mt 14,22-33 / Mc 6,45-52

¹⁶ Al atardecer, sus discípulos bajaron a la orilla del mar ¹⁷ y se embarcaron, para dirigirse a Cafarnaún, que está en la otra orilla. Ya era de noche y Jesús aún no se había reunido con

---

6,7. El *denario* era una moneda de plata con la imagen e inscripción del Emperador y podía constituir el jornal de un día de trabajo (cf. Mt 20,1-2).

6,16-21. Este relato, insertado en medio del texto, cumple una función importante, ya que sirve de unión entre dos escenas y dos lugares: la partición del pan en la orilla oriental del lago (es decir, en tierra pagana) y la conversación de Jesús con los judíos en Cafarnaún.

ellos. ¹⁸ El mar estaba agitado, porque soplaba un fuerte viento. ¹⁹ Cuando habían remado unos cinco kilómetros, vieron a Jesús acercarse a la barca caminando sobre el agua, y tuvieron miedo. ²⁰ Él les dijo: «Soy yo, no teman». ²¹ Ellos quisieron subirlo a la barca, pero esta tocó tierra enseguida en el lugar adonde iban.

Discurso sobre el Pan de Vida

²² Al día siguiente, la multitud que se había quedado en la otra orilla vio que Jesús no había subido con sus discípulos en la única barca que había allí, sino que ellos habían partido solos. ²³ Mientras tanto, unas barcas de Tiberíades atracaron cerca del lugar donde habían comido el pan, después que el Señor pronunció la acción de gracias. ²⁴ Cuando la multitud se dio cuenta de que Jesús y sus discípulos no estaban allí, subieron a las barcas y fueron a Cafarnaún en busca de Jesús. ²⁵ Al encontrarlo en la otra orilla, le preguntaron: «Maestro, ¿cuándo llegaste?». ²⁶ Jesús les respondió:

«Les aseguro
que ustedes me buscan,
no porque vieron signos,
sino porque han comido
    pan hasta saciarse.
²⁷ Trabajen, no por el alimento
    perecedero,
sino por el que permanece
    hasta la Vida eterna,
el que les dará el Hijo
    del hombre;
porque es él a quien Dios,
    el Padre,
marcó con su sello».

²⁸ Ellos le preguntaron: «¿Qué debemos hacer para realizar las obras de Dios?». ²⁹ Jesús les respondió: «La obra de Dios es que ustedes crean en aquel que él ha enviado». ³⁰ Y volvieron a preguntarle: «¿Qué signos haces para que veamos y creamos en ti? ¿Qué obra realizas? ³¹ Nuestros padres comieron el maná en el desierto, como dice la Escritura:

Les dio de comer el pan
    bajado del cielo».

³² Jesús respondió:

6,31. Sal 78,24; 105,40; cf. Ex 16.

«Les aseguro
que no es Moisés el que
    les dio el pan del cielo;
mi Padre les da el verdadero
    pan del cielo;
³³ porque el pan de Dios
es el que desciende del cielo
y da Vida al mundo».

³⁴ Ellos le dijeron: «Señor, danos siempre de ese pan». ³⁵ Jesús les respondió:

«Yo soy el pan de Vida.
El que viene a mí jamás
    tendrá hambre;
el que cree en mí jamás
    tendrá sed.
³⁶ Pero ya les he dicho:
ustedes me han visto
    y sin embargo no creen.
³⁷ Todo lo que me da el Padre
viene a mí,
y al que venga a mí
yo no lo rechazaré,
³⁸ porque he bajado del cielo,
no para hacer mi voluntad,
sino la de aquel que me envió.
³⁹ La voluntad del que
    me ha enviado
es que yo no pierda nada
de lo que él me dio,

sino que lo resucite
    en el último día.
⁴⁰ Esta es la voluntad de mi Padre:
que el que ve al Hijo
    y cree en él,
tenga Vida eterna
y que yo lo resucite
    en el último día».

⁴¹ Los judíos murmuraban de él, porque había dicho: «Yo soy el pan bajado del cielo». ⁴² Y decían: «¿Acaso este no es Jesús, el hijo de José? Nosotros conocemos a su padre y a su madre. ¿Cómo puede decir ahora: "Yo he bajado del cielo"?». ⁴³ Jesús tomó la palabra y les dijo: «No murmuren entre ustedes.

⁴⁴ Nadie puede venir a mí,
si no lo atrae el Padre
    que me envió;
y yo lo resucitaré
    en el último día.
⁴⁵ Está escrito en el libro
    de los Profetas:
Todos serán instruidos
    por Dios.
Todo el que oyó al Padre
y recibe su enseñanza,
viene a mí.

6,45. Is 54,13.

⁴⁶ Nadie ha visto nunca al Padre,
   sino el que viene de Dios:
   solo él ha visto al Padre.
⁴⁷ Les aseguro
   que el que cree,
   tiene Vida eterna.
⁴⁸ Yo soy el pan de Vida.
⁴⁹ Sus padres, en el desierto,
   comieron el maná y murieron.
⁵⁰ Pero este es el pan
   que desciende del cielo,
   para que aquel que lo coma
   no muera.
⁵¹ Yo soy el pan vivo bajado
   del cielo.
   El que coma de este pan
   vivirá eternamente,
   y el pan que yo daré
   es mi carne para la Vida
   del mundo».

⁵² Los judíos discutían entre sí, diciendo: «¿Cómo este hombre puede darnos a comer su carne?». ⁵³ Jesús les respondió:

«Les aseguro
   que si no comen la carne
   del Hijo del hombre
   y no beben su sangre,
   no tendrán Vida en ustedes.

⁵⁴ El que come mi carne
   y bebe mi sangre
   tiene Vida eterna,
   y yo lo resucitaré
   en el último día.
⁵⁵ Porque mi carne
   es la verdadera comida
   y mi sangre, la verdadera
   bebida.
⁵⁶ El que come mi carne
   y bebe mi sangre
   permanece en mí y yo en él.
⁵⁷ Así como yo,
   que he sido enviado
   por el Padre que tiene Vida,
   vivo por el Padre,
   de la misma manera,
   el que me come vivirá por mí.
⁵⁸ Este es el pan bajado del cielo;
   no como el que comieron sus
   padres y murieron.
   El que coma de este pan
   vivirá eternamente».

⁵⁹ Jesús enseñaba todo esto en la sinagoga de Cafarnaún. ⁶⁰ Después de oírlo, muchos de sus discípulos decían: «¡Es duro este lenguaje! ¿Quién puede escucharlo?». ⁶¹ Jesús, sabiendo lo que sus discípulos murmura-

---

6,52. La referencia a la Eucaristía se hace evidente cuando se habla de la necesidad de comer la carne y beber la sangre del Hijo del hombre para tener la vida eterna (vv. 53-58).

ban, les dijo: «¿Esto los escandaliza? [62] ¿Qué pasará, entonces, cuando vean al Hijo del hombre subir donde estaba antes?

[63] El Espíritu es el que da Vida,
la carne de nada sirve.
Las palabras que les dije
son Espíritu y Vida.

La profesión de fe de Pedro

Mc 8,27-30 / Mt 16,13-20 / Lc 9,18-21

[64] Pero hay entre ustedes algunos que no creen». En efecto, Jesús sabía desde el primer momento quiénes eran los que no creían y quién era el que lo iba a entregar. [65] Y agregó: «Por eso les he dicho que nadie puede venir a mí, si el Padre no se lo concede». [66] Desde ese momento, muchos de sus discípulos se alejaron de él y dejaron de acompañarlo. [67] Jesús preguntó entonces a los Doce: «¿También ustedes quieren irse?». [68] Simón Pedro le respondió: «Señor, ¿a quién iremos? Tú tienes palabras de Vida eterna. [69] Nosotros hemos creído y sabemos que eres el Santo de Dios». [70] Jesús continuó: «¿No soy yo, acaso, el que los eligió a ustedes, los Doce? Sin embargo, uno de ustedes es un demonio». [71] Jesús hablaba de Judas, hijo de Simón Iscariote, que era uno de los Doce, el que lo iba a entregar.

LA LUZ DEL MUNDO

Viaje de Jesús a Jerusalén

7 Después de esto, Jesús recorría la Galilea; no quería

7,2. La fiesta de las *Chozas* (o de *los Tabernáculos*) era la fiesta de acción de gracias por la cosecha y recordaba la protección divina durante la marcha de los israelitas por el desierto, después de la salida de Egipto. Durante la recolección (a fines de septiembre o comienzos de octubre), los campesinos se alojaban en cabañas hechas con ramas, y al final se entregaban a manifestaciones de alegría para expresar su gozo por la recolección de los frutos. Como sucedió con otras fiestas semejantes, Israel asumió esta celebración de los pueblos de agricultores y le dio un sentido vinculado con su historia religiosa: cada año los israelitas debían habitar en chozas durante una semana, para recordar cómo habían

transitar por Judea porque los judíos intentaban matarlo. ² Se acercaba la fiesta judía de las Chozas, ³ y sus hermanos le dijeron: «No te quedes aquí; ve a Judea, para que también tus discípulos de allí vean las obras que haces. ⁴ Cuando uno quiere hacerse conocer, no actúa en secreto; ya que tú haces estas cosas, manifiéstate al mundo». ⁵ Efectivamente, ni sus propios hermanos creían en él. ⁶ Jesús les dijo: «Mi tiempo no ha llegado todavía, mientras que para ustedes cualquier tiempo es bueno. ⁷ El mundo no tiene por qué odiarlos a ustedes; me odia a mí, porque atestiguo contra él que sus obras son malas. ⁸ Suban ustedes para la fiesta. Yo no subo a esa fiesta, porque mi tiempo no se ha cumplido todavía». ⁹ Después de decirles esto, permaneció en Galilea. ¹⁰ Sin embargo, cuando sus hermanos subieron para la fiesta, también él subió, pero en secreto, sin hacerse ver. ¹¹ Los judíos lo buscaban durante la fiesta y decían: «¿Dónde está ese?». ¹² Jesús era el comentario de la multitud. Unos opinaban: «Es un hombre de bien». Otros, en cambio, decían: «No, engaña al pueblo». ¹³ Sin embargo, nadie hablaba de él abiertamente, por temor a los judíos.

Enseñanza de Jesús en Jerusalén

¹⁴ Promediaba ya la celebración de la fiesta, cuando Jesús subió al Templo y comenzó a enseñar. ¹⁵ Los judíos, admirados, decían: «¿Cómo conoce las Escrituras sin haber estudiado?». ¹⁶ Jesús les respondió:

«Mi enseñanza no es mía,
sino de aquel que me envió.
¹⁷ El que quiere hacer
la voluntad de Dios
conocerá si esta enseñanza
es de Dios
o si yo hablo por mi cuenta.
¹⁸ El que habla por su cuenta
busca su propia gloria,

---

vivido sus padres en el desierto, cuando Yahvé los hizo salir de Egip-to (cf. Lv 23,4-36; Nm 29,12-38; Dt 13,13-16).

pero el que busca la gloria
de aquel que lo envió,
ese dice la verdad y no hay
nada de falso en él.
¹⁹ ¿Acaso Moisés no les dio
la Ley?
Pero ninguno de ustedes
la cumple.
¿Por qué quieren matarme?».

²⁰ La multitud respondió: «Estás poseído por el demonio: ¿quién quiere matarte?». ²¹ Jesús continuó: «Por una sola obra que realicé, ustedes están maravillados. ²² Moisés les dio la circuncisión —aunque ella no viene de Moisés, sino de los patriarcas— y ustedes la practican también en sábado. ²³ Si se circuncida a un hombre en sábado para no quebrantar la Ley de Moisés, ¿cómo ustedes se enojan conmigo porque he curado completamente a un hombre en sábado? ²⁴ No juzguen según las apariencias, sino conforme a la justicia».

Discusiones sobre el origen del Mesías

²⁵ Algunos de Jerusalén decían: «¿No es este aquel a quien querían matar? ²⁶ ¡Y miren cómo habla abiertamente y nadie le dice nada! ¡Habrán reconocido las autoridades que es verdaderamente el Mesías? ²⁷ Pero nosotros sabemos de dónde es este; en cambio, cuando venga el Mesías, nadie sabrá de dónde es». ²⁸ Entonces Jesús, que enseñaba en el Templo, exclamó:

«¿Así que ustedes me conocen
y saben de dónde soy?
Sin embargo, yo no vine
por mi propia cuenta;
pero el que me envió dice
la verdad,
y ustedes no lo conocen.
²⁹ Yo sí lo conozco,
porque vengo de él
y es él el que me envió».

³⁰ Entonces quisieron detenerlo, pero nadie puso las manos sobre él, porque todavía no había llegado su hora. ³¹ Muchos de la multitud creyeron en él y decían: «Cuando venga el Mesías, ¿podrá hacer más signos de los

---

7,21. Alusión probable a la curación de un paralítico relatada en 5,1-5.

que hace este hombre?». ³²Llegó
a oídos de los fariseos lo que la
gente comentaba de él, y enviaron guardias para detenerlo.

Anuncio de la partida
de Jesús

³³Después Jesús dijo:

«Poco tiempo estaré aún
    con ustedes
y me iré a aquel que
    me envió.
³⁴Me buscarán y
    no me encontrarán,
porque allí donde yo estoy
ustedes no pueden venir».

³⁵Los judíos comentaban entre ellos: «¿Adónde irá, para
que no podamos encontrarlo?
¿Acaso irá a reunirse con los judíos dispersos entre los paganos, para enseñar a los paganos? ³⁶¿Qué quiso decir con
estas palabras:

"Me buscarán
    y no me encontrarán,
y allí donde yo estoy
    ustedes no pueden venir"?».

Jesús, fuente de agua viva

³⁷El último día, el más solemne
de la fiesta, Jesús, poniéndose
de pie, exclamó:

«El que tenga sed, venga a mí;
y beba ³⁸el que cree en mí».

Como dice la Escritura:

De su seno brotarán
    manantiales
de agua viva.

³⁹Él se refería al Espíritu que
debían recibir los que creyeran
en él. Porque el Espíritu no había sido dado todavía, ya que
Jesús aún no había sido glorificado.

7,34. Estas palabras de Jesús se re-
piten en 8,21. Él las dirige también
a sus discípulos en 13,33, pero con
diferente significado. A los primeros les advierte que ellos dejaron
pasar el tiempo de encontrarlo. Los
discípulos, en cambio, no lo encontrarán *por un tiempo*, pero volverán a encontrarse con él después
de su resurrección (13,36; 14,3-7;
16,16).
7,38. La cita no está tomada literalmente de ninguna parte de la Escritura, sino que se refiere simultáneamente a diversos textos bíblicos y a
la tradición judía.

Nuevas discusiones sobre el origen del Mesías

⁴⁰ Algunos de la multitud que lo habían oído, opinaban: «Este es verdaderamente el Profeta». ⁴¹ Otros decían: «Este es el Mesías». Pero otros preguntaban: «¿Acaso el Mesías vendrá de Galilea? ⁴² ¿No dice la Escritura que el Mesías vendrá del linaje de David y de Belén, el pueblo de donde era David?». ⁴³ Y por causa de él, se produjo una división entre la gente. ⁴⁴ Algunos querían detenerlo, pero nadie puso las manos sobre él.

⁴⁵ Los guardias fueron a ver a los sumos sacerdotes y a los fariseos, y estos les preguntaron: «¿Por qué no lo trajeron?». ⁴⁶ Ellos respondieron: «Nadie habló jamás como este hombre». ⁴⁷ Los fariseos respondieron: «¿También ustedes se dejaron engañar? ⁴⁸ ¿Acaso alguno de los jefes o de los fariseos ha creído en él? ⁴⁹ En cambio, esa gente que no conoce la Ley está maldita».

⁵⁰ Nicodemo, uno de ellos, que había ido antes a ver a Jesús, les dijo: ⁵¹ «¿Acaso nuestra Ley permite juzgar a un hombre sin escucharlo antes para saber lo que hizo?». ⁵² Le respondieron: «¿Tú también eres galileo? Examina las Escrituras y verás que de Galilea no surge ningún profeta». ⁵³ Y cada uno regresó a su casa.

La mujer adúltera

8 Jesús fue al monte de los Olivos. ² Al amanecer volvió al Templo, y todo el pueblo acudía a él. Entonces se sentó y comenzó a enseñarles. ³ Los escribas y los fariseos le trajeron a una mujer que había sido sorprendida en adulterio y, poniéndola en medio de todos, ⁴ dijeron a Jesús: «Maestro, esta mujer ha sido sorprendida en flagrante adulterio. ⁵ Moisés, en la Ley, nos ordenó apedrear a esta clase de mujeres. Y tú, ¿qué dices?». ⁶ Decían esto para ponerlo a prueba, a fin de poder acusarlo. Pero Jesús, inclinándose, comenzó a escribir en el suelo con el dedo. ⁷ Como insistían, se enderezó y les dijo: «El que no tenga pecado, que arroje la primera piedra». ⁸ E inclinándose nuevamente, siguió escribiendo en el suelo. ⁹ Al oír estas palabras, todos se retiraron, uno tras otro, comenzando por los más ancianos. Jesús quedó solo con la mujer, que permanecía allí, [10] e incorporándose, le preguntó: «Mujer, ¿dónde están tus acusadores? ¿Nadie te ha condenado?». [11] Ella le respondió: «Nadie, Señor». «Yo tampoco te condeno —le dijo Jesús—. Vete, no peques más en adelante».

El testimonio de Jesús sobre sí mismo

[12] Jesús les dirigió una vez más la palabra, diciendo:

«Yo soy la luz del mundo.
El que me sigue no andará
    en tinieblas,
sino que tendrá la luz
    de la Vida».

[13] Los fariseos le dijeron: «Tú das testimonio de ti mismo: tu testimonio no vale». [14] Jesús les respondió:

«Aunque yo doy testimonio
    de mí,
mi testimonio vale
porque sé de dónde vine
    y adónde voy;

pero ustedes no saben
de dónde vengo ni adónde voy.
[15] Ustedes juzgan según
    la carne;
yo no juzgo a nadie,
[16] y si lo hago, mi juicio vale
porque no soy yo solo
    el que juzga,
sino yo y el Padre
    que me envió.
[17] En la Ley de ustedes
    está escrito
que el testimonio
    de dos personas
    es válido.
[18] Yo doy testimonio
    de mí mismo,
y también el Padre
    que me envió
    da testimonio de mí».

[19] Ellos le preguntaron: «¿Dónde está tu Padre?». Jesús respondió:

«Ustedes no me conocen
    ni a mí ni a mi Padre;
si me conocieran a mí,
    conocerían también
    a mi Padre».

[20] Él pronunció estas palabras en la sala del Tesoro, cuando enseñaba en el Templo. Y nadie

lo detuvo, porque aún no había llegado su hora.

Advertencia a los incrédulos

²¹ Jesús les dijo también:

«Yo me voy, y ustedes
me buscarán
y morirán en su pecado.
A donde yo voy,
ustedes no pueden ir».

²² Los judíos se preguntaban: «¿Pensará matarse para decir: "A donde yo voy, ustedes no pueden ir"?». ²³ Jesús continuó:

«Ustedes son de aquí abajo,
yo soy de lo alto.
Ustedes son de este mundo,
yo no soy de este mundo.
²⁴ Por eso les he dicho:
"Ustedes morirán
en sus pecados".
Porque si no creen que Yo Soy,
morirán en sus pecados».

²⁵ Los judíos le preguntaron: «¿Quién eres tú?». Jesús les respondió:

«Esto es precisamente lo que
les estoy diciendo
desde el comienzo.
²⁶ De ustedes, tengo mucho
que decir,
mucho que juzgar.
Pero aquel que me envió
es veraz,
y lo que aprendí de él
es lo que digo al mundo».

²⁷ Ellos no comprendieron que Jesús se refería al Padre. ²⁸ Después les dijo:

«Cuando ustedes hayan
levantado en alto
al Hijo del hombre,
entonces sabrán que Yo Soy
y que no hago nada
por mí mismo,
sino que digo lo que el Padre
me enseñó.
²⁹ El que me envió está
conmigo
y no me ha dejado solo,
porque yo hago siempre
lo que le agrada».

³⁰ Mientras hablaba así, muchos creyeron en él.

Los verdaderos descendientes

de Abraham

³¹ Jesús dijo a aquellos judíos que habían creído en él:

«Si ustedes permanecen
 fieles a mi palabra,
serán verdaderamente
 mis discípulos:
³² conocerán la verdad
y la verdad los hará libres».

³³ Ellos le respondieron: «Somos descendientes de Abraham y jamás hemos sido esclavos de nadie. ¿Cómo puedes decir entonces: "Ustedes serán libres"?». ³⁴ Jesús les respondió:

«Les aseguro
que todo el que peca
 es esclavo del pecado.
³⁵ El esclavo no permanece
 para siempre en la casa;
el hijo, en cambio,
 permanece para siempre.
³⁶ Por eso, si el Hijo los libera,
 ustedes serán realmente
 libres.
³⁷ Yo sé que ustedes son
 descendientes de Abraham,

pero tratan de matarme
porque mi palabra
 no penetra en ustedes.
³⁸ Yo digo
lo que he visto junto a mi Padre,
y ustedes hacen
lo que han aprendido
 de su padre».

El demonio, padre de la mentira

³⁹ Ellos le replicaron: «Nuestro padre es Abraham». Y Jesús les dijo:

«Si ustedes fueran hijos
 de Abraham,
obrarían como él.
⁴⁰ Pero ahora quieren matarme
 a mí,
al hombre que les dice
 la verdad
que ha oído de Dios.
Abraham no hizo eso.
⁴¹ Pero ustedes obran como
 su padre».

Ellos le dijeron: «Nosotros no hemos nacido de la prostitución; tenemos un solo Padre, que es Dios». Jesús prosiguió:

8,41. *Ustedes obran como su padre:* Jesús se refiere al demonio, y afirma que sus adversarios, a causa de su incredulidad, eran espiritualmente hijos del demonio, aunque fueran hijos de Abraham según la carne.

⁴² «Si Dios fuera su Padre,
ustedes me amarían,
porque yo he salido de Dios
y vengo de él.
No he venido por mí mismo,
sino que él me envió.
⁴³ ¿Por qué ustedes no
comprenden mi lenguaje?
Es porque no pueden
escuchar mi palabra.
⁴⁴ Ustedes tienen por padre
al demonio
y quieren cumplir los deseos
de su padre.
Desde el comienzo él
fue homicida
y no tiene nada que ver
con la verdad,
porque no hay verdad en él.
Cuando miente,
habla conforme a lo que es,
porque es mentiroso
y padre de la mentira.
⁴⁵ Pero a mí no me creen,
porque les digo la verdad.
⁴⁶ ¿Quién de ustedes probará
que tengo pecado?
Y si les digo la verdad,
¿por qué no me creen?
⁴⁷ El que es de Dios
escucha las palabras de Dios;
si ustedes no las escuchan,
es porque no son de Dios».

⁴⁸ Los judíos le replicaron: «¿No tenemos razón al decir que eres un samaritano y que estás endemoniado?». Jesús respondió:

⁴⁹ «Yo no estoy endemoniado,
sino que honro a mi Padre,
y ustedes me deshonran a mí.
⁵⁰ Yo no busco mi gloria;
hay alguien que la busca,
y es él el que juzga.
⁵¹ Les aseguro
que el que es fiel a mi palabra,
no morirá jamás».

Jesús y Abraham

⁵² Los judíos le dijeron: «Ahora sí estamos seguros de que estás endemoniado. Abraham murió, los profetas también, y tú dices:

"El que es fiel a mi palabra,
no morirá jamás".

⁵³ ¿Acaso eres más grande que nuestro padre Abraham, el cual murió? Y los profetas también murieron. ¿Quién pretendes ser tú?». ⁵⁴ Jesús respondió:

«Si yo me glorificara a mí
mismo,
mi gloria no valdría nada.

Es mi Padre el que
      me glorifica,
  el mismo al que ustedes
      llaman "nuestro Dios",
[55] y al que, sin embargo,
      no conocen.
  Yo lo conozco
  y si dijera: "No lo conozco",
      sería, como ustedes,
      un mentiroso.
  Pero yo lo conozco y soy fiel
      a su palabra.
[56] Abraham, el padre de ustedes,
      se estremeció de gozo,
      esperando ver mi Día:
      lo vio y se llenó de alegría».

[57] Los judíos le dijeron: «Todavía no tienes cincuenta años ¿y
has visto a Abraham?». [58] Jesús
respondió:

  «Les aseguro
  que desde antes que naciera
      Abraham,
  Yo Soy».

[59] Entonces tomaron piedras
para apedrearlo, pero Jesús se
escondió y salió del Templo.

Curación de un ciego de nacimiento

9 Al pasar, vio a un hombre
ciego de nacimiento. [2] Sus
discípulos le preguntaron:
«Maestro, ¿quién ha pecado, él
o sus padres, para que haya nacido ciego?». [3] «Ni él ni sus padres han pecado —respondió
Jesús—; nació así para que se
manifiesten en él las obras de
Dios.

[4] Debemos trabajar
      en las obras
  de aquel que me envió,
  mientras es de día;
  llega la noche,
  cuando nadie puede
      trabajar.
[5] Mientras estoy en el mundo,
  soy la luz del mundo».

8,56. *Mi Día* evoca la expresión *el Día del Señor* (Am 5,18; Mal 3,19-23), y Jesús se la apropia para referirse al hecho de su venida como el Enviado de Dios.
8,58. *Yo soy:* Cf. nota 8,24.
9,5. Antes Jesús se proclamó fuente de agua viva (7,37-39) y ahora se revela

como la *luz del mundo*. El agua y la luz eran los dos elementos esenciales en la fiesta de las Chozas, con que se realiza plenamente el significado sim-bólico de esta celebración litúrgica.
9,7. La *piscina de Siloé*, que todavía existe, se encuentra al sur de Jerusa-

⁶ Después que dijo esto, escupió en la tierra, hizo barro con la saliva y lo puso sobre los ojos del ciego, ⁷ diciéndole: «Ve a lavarte a la piscina de Siloé», que significa «Enviado». El ciego fue, se lavó y, al regresar, ya veía. ⁸ Los vecinos y los que antes lo habían visto mendigar, se preguntaban: «¿No es este el que se sentaba a pedir limosna?». ⁹ Unos opinaban: «Es el mismo». «No —respondían otros—, es uno que se le parece». Él decía: «Soy realmente yo». ¹⁰ Ellos le dijeron: «¿Cómo se te han abierto los ojos?». ¹¹ Él respondió: «Ese hombre que se llama Jesús hizo barro, lo puso sobre mis ojos y me dijo: "Ve a lavarte a Siloé". Yo fui, me lavé y vi». ¹² Ellos le preguntaron: «¿Dónde está?». Él respondió: «No lo sé».

¹³ El que había sido ciego fue llevado ante los fariseos. ¹⁴ Era sábado cuando Jesús hizo barro y le abrió los ojos. ¹⁵ Los fariseos, a su vez, le preguntaron cómo había llegado a ver. Él les respondió: «Me puso barro sobre los ojos, me lavé y veo». ¹⁶ Algunos fariseos decían: «Ese hombre no viene de Dios, porque no observa el sábado». Otros replicaban: «¿Cómo un pecador puede hacer semejantes signos?». Y se produjo una división entre ellos. ¹⁷ Entonces dijeron nuevamente al ciego: «Y tú, ¿qué dices del que te abrió los ojos?». El hombre respondió: «Es un profeta». ¹⁸ Sin embargo, los judíos no querían creer que ese hombre había sido ciego y que había llegado a ver, hasta que llamaron a sus padres ¹⁹ y les preguntaron: «¿Es este el hijo de ustedes, el que dicen que nació ciego? ¿Cómo es que ahora ve?». ²⁰ Sus padres respondieron: «Sabemos que es nuestro hijo y que nació ciego, ²¹ pero cómo es que ahora ve y quién le abrió los ojos, no lo sabemos. Pregúntenle a él: tiene edad para responder por su cuenta». ²² Sus padres dijeron esto por temor a los judíos, que

---

lén, dentro de la ciudad, y recoge el agua que recibe de la fuente de Guijón a través de un túnel excavado en tiempos del rey Ezequías (cf. 2 Re 20,20; Is 8,6; Neh 3,15).

9,24. *Glorifica a Dios* es una expresión que se usaba para conminar a alguien a decir la verdad y a reparar una ofensa hecha a Dios.

ya se habían puesto de acuerdo para excluir de la sinagoga al que reconociera a Jesús como Mesías. [23] Por esta razón dijeron: «Tiene bastante edad, pregúntenle a él».

[24] Los judíos llamaron por segunda vez al que había sido ciego y le dijeron: «Glorifica a Dios. Nosotros sabemos que ese hombre es un pecador». [25] «Yo no sé si es un pecador —respondió—; lo que sé es que antes yo era ciego y ahora veo». [26] Ellos le preguntaron: «¿Qué te ha hecho? ¿Cómo te abrió los ojos?». [27] Él les respondió: «Ya se lo dije y ustedes no me han escuchado. ¿Por qué quieren oírlo de nuevo? ¿También ustedes quieren hacerse discípulos suyos?». [28] Ellos lo injuriaron y le dijeron: «¡Tú serás discípulo de ese hombre; nosotros somos discípulos de Moisés! [29] Sabemos que Dios habló a Moisés, pero no sabemos de dónde es este». [30] El hombre les respondió: «Esto es lo asombroso: que ustedes no sepan de dónde es, a pesar de que me ha abierto los ojos. [31] Sabemos que Dios no escucha a los pecadores, pero sí al que lo honra y cumple su voluntad. [32] Nunca se oyó decir que alguien haya abierto los ojos a un ciego de nacimiento. [33] Si este hombre no viniera de Dios, no podría hacer nada». [34] Ellos le respondieron: «Tú naciste lleno de pecado, y ¿quieres darnos lecciones?». Y lo echaron.

[35] Jesús se enteró de que lo habían echado y, al encontrarlo, le preguntó: «¿Crees en el Hijo del hombre?». [36] Él respondió: «¿Quién es, Señor, para que crea en él?». [37] Jesús le dijo: «Tú lo has visto: es el que te está hablando». [38] Entonces él exclamó: «Creo, Señor», y se postró ante él. [39] Después Jesús agregó:

«He venido a este mundo
    para un juicio:
Para que vean los que no ven
y queden ciegos los que ven».

9,38. *Creo, Señor:* El que ha llegado a la luz de la visión, llega ahora a la luz de la fe; en cambio, aquellos que se glorían de poseer la verdad y se niegan a ver la luz, se hunden para siempre en las tinieblas.

⁴⁰Los fariseos que estaban con él oyeron esto y le dijeron: «¿Acaso también nosotros somos ciegos?». ⁴¹Jesús les respondió:

«Si ustedes fueran ciegos,
no tendrían pecado,
pero como dicen: "Vemos",
su pecado permanece».

El buen Pastor

Jn 16,25

10 «Les aseguro que el que no entra por la puerta en el corral de las ovejas, sino que salta por otro lado, es un ladrón y un asaltante. ²El que entra por la puerta es el pastor de las ovejas. ³El guardián le abre y las ovejas escuchan su voz. Él llama a las suyas por su nombre y las hace salir. ⁴Cuando las ha sacado a todas, va delante de ellas y las ovejas lo siguen, porque conocen su voz. ⁵Nunca seguirán a un extraño, sino que huirán de él, porque no conocen su voz». ⁶Jesús les hizo esta comparación, pero ellos no comprendieron lo que les quería decir. ⁷Entonces Jesús prosiguió:

«Les aseguro
que yo soy la puerta
de las ovejas.
⁸Todos aquellos que
han venido antes de mí
son ladrones y asaltantes,
pero las ovejas
no los han escuchado.
⁹Yo soy la puerta.
El que entra por mí se salvará;
podrá entrar y salir,
y encontrará su alimento.
¹⁰El ladrón no viene
sino para robar, matar
y destruir.
Pero yo he venido
para que las ovejas
tengan Vida,
y la tengan en abundancia.

¹¹Yo soy el buen Pastor.
El buen Pastor da su vida
por las ovejas.
¹²El asalariado, en cambio,
que no es el pastor

10,6. El lenguaje de Jesús resulta incomprensible, porque sus interlocutores *todavía no* poseen la clave que les permita comprender el significado profundo de sus palabras. Esta clave es la luz de la Pascua.

y al que no pertenecen
  las ovejas,
cuando ve venir al lobo
  las abandona y huye,
y el lobo las arrebata
  y las dispersa.
[13] Como es asalariado,
  no se preocupa por las ovejas.
[14] Yo soy el buen Pastor:
  conozco a mis ovejas,
  y mis ovejas me conocen a mí
[15] —como el Padre me conoce
    a mí
  y yo conozco al Padre—
  y doy mi vida por las ovejas.
[16] Tengo, además, otras ovejas
  que no son de este corral
  y a las que debo también
    conducir:
  ellas oirán mi voz,
  y así habrá un solo Rebaño
  y un solo Pastor.
[17] El Padre me ama
  porque yo doy mi vida
  para recobrarla.
[18] Nadie me la quita,
  sino que la doy por mí mismo.
  Tengo el poder de darla

y de recobrarla:
este es el mandato que recibí
  de mi Padre».

[19] A causa de estas palabras, se produjo una nueva división entre los judíos. [20] Muchos de ellos decían: «Está poseído por un demonio y delira. ¿Por qué lo escuchan?». [21] Otros opinaban: «Estas palabras no son de un endemoniado. ¿Acaso un demonio puede abrir los ojos a los ciegos?».

Jesús, Hijo de Dios

[22] Se celebraba entonces en Jerusalén la fiesta de la Dedicación. Era invierno, [23] y Jesús se paseaba por el Templo, en el Pórtico de Salomón. [24] Los judíos lo rodearon y le preguntaron: «¿Hasta cuándo nos vas a tener en vilo? Si eres el Mesías, dilo abiertamente». [25] Jesús les respondió:

«Ya se lo dije, pero ustedes
  no lo creen.

10,16. *Otras ovejas:* Jesús alude a su misión respecto de toda la humanidad, que él ha venido a reunir para conducirla al Padre (cf. 12,32).
10,22. La *fiesta de la Dedicación* recuerda la purificación del Templo realizada por Judas Macabeo en el año 165 a.C. (1 Mac 4,52-59) para reparar la profanación cometida por Antíoco IV Epífanes (1 Mac 1,54).

Las obras que hago
en nombre de mi Padre
dan testimonio de mí,
²⁶ pero ustedes no creen,
porque no son de mis ovejas.
²⁷ Mis ovejas escuchan mi voz,
yo las conozco
y ellas me siguen.
²⁸ Yo les doy Vida eterna:
ellas no perecerán jamás
y nadie las arrebatará
de mis manos.
²⁹ Mi Padre, que me las ha dado,
es superior a todos
y nadie puede arrebatar nada
de las manos de mi Padre.
³⁰ El Padre y yo somos
una sola cosa».

Jesús acusado de blasfemia

³¹ Los judíos tomaron piedras
para apedrearlo. ³² Entonces Jesús dijo: «Les hice ver muchas
obras buenas que vienen del Padre; ¿por cuál de ellas me quieren apedrear?». ³³ Los judíos le
respondieron: «No queremos
apedrearte por ninguna obra

buena, sino porque blasfemas,
ya que, siendo hombre, te haces
Dios». ³⁴ Jesús les respondió:

«¿No está escrito en la Ley:
Yo dije: Ustedes son dioses?
³⁵ Si la Ley llama dioses
a los que Dios dirigió
su Palabra
—y la Escritura no puede
ser anulada—,
³⁶ ¿cómo dicen: "Tú blasfemas",
a quien el Padre santificó
y envió al mundo,
porque dijo: "Yo soy Hijo
de Dios"?
³⁷ Si no hago las obras
de mi Padre,
no me crean;
³⁸ pero si las hago,
crean en las obras,
aunque no me crean a mí.
Así reconocerán y sabrán
que el Padre está en mí
y yo en el Padre».

10,28-29. Es habitual en este evangelio afirmar la unidad entre el Padre y el Hijo por medio de expresiones en las que una misma acción es atribuida unas veces al Padre y otras al Hijo: *nadie las arrebatará de mi mano*, dice Jesús (v. 28c), y luego añade: *nadie puede arrebatar nada de las manos de mi Padre* (29b; cf. v. 30).

10,34. Sal 82,6. La Escritura llama *dioses* a los jueces, porque *el juicio pertenece a Dios* (Dt 1,17).

³⁹ Ellos intentaron nuevamente detenerlo, pero él se les escapó de las manos.

⁴⁰ Jesús volvió a ir al otro lado del Jordán, al lugar donde Juan había bautizado, y se quedó allí.

⁴¹ Muchos fueron a verlo, y la gente decía: «Juan no ha hecho ningún signo, pero todo lo que dijo de este hombre era verdad». ⁴² Y en ese lugar muchos creyeron en él.

LA CERCANÍA DE LA «HORA» DE JESÚS

La resurrección de Lázaro

11 Había un hombre enfermo, Lázaro de Betania, del pueblo de María y de su hermana Marta. ² María era la misma que derramó perfume sobre el Señor y le secó los pies con sus cabellos. Su hermano Lázaro era el que estaba enfermo. ³ Las hermanas enviaron a decir a Jesús: «Señor, el que tú amas, está enfermo». ⁴ Al oír esto, Jesús dijo: «Esta enfermedad no es mortal; es para gloria de Dios, para que el Hijo de Dios sea glorificado por ella».

⁵ Jesús quería mucho a Marta, a su hermana y a Lázaro. ⁶ Sin embargo, cuando oyó que este se encontraba enfermo, se quedó dos días más en el lugar donde estaba. ⁷ Después dijo a sus discípulos: «Volvamos a Judea». ⁸ Los discípulos le dijeron: «Maestro, hace poco los judíos querían apedrearte, ¿y quieres volver allá?». ⁹ Jesús les respondió:

«¿Acaso no son doce
     las horas del día?
El que camina de día
     no tropieza,
porque ve la luz
     de este mundo;
¹⁰ en cambio, el que camina
     de noche tropieza,
porque la luz no está en él».

¹¹ Después agregó: «Nuestro amigo Lázaro duerme, pero yo voy a despertarlo». ¹² Sus discípulos le dijeron: «Señor, si duerme, se curará». ¹³ Ellos pensaban que hablaba del sueño, pero Jesús se refería a la muerte. ¹⁴ Entonces les dijo abiertamente: «Lázaro ha muerto, ¹⁵ y me alegro por ustedes de no haber estado

allí, a fin de que crean. Vayamos a verlo». ¹⁶ Tomás, llamado el Mellizo, dijo a los otros discípulos: «Vayamos también nosotros a morir con él».

¹⁷ Cuando Jesús llegó, se encontró con que Lázaro estaba sepultado desde hacía cuatro días. ¹⁸ Betania distaba de Jerusalén solo unos tres kilómetros. ¹⁹ Muchos judíos habían ido a consolar a Marta y a María, por la muerte de su hermano. ²⁰ Al enterarse de que Jesús llegaba, Marta salió a su encuentro, mientras María permanecía en la casa. ²¹ Marta dijo a Jesús: «Señor, si hubieras estado aquí, mi hermano no habría muerto. ²² Pero yo sé que aun ahora, Dios te concederá todo lo que le pidas». ²³ Jesús le dijo: «Tu hermano resucitará». ²⁴ Marta le respondió: «Sé que resucitará en la resurrección del último día». ²⁵ Jesús le dijo:

«Yo soy la Resurrección
   y la Vida.
El que cree en mí, aunque
   muera, vivirá;

²⁶ y todo el que vive y cree en mí,
   no morirá jamás.
¿Crees esto?».

²⁷ Ella le respondió: «Sí, Señor, creo que tú eres el Mesías, el Hijo de Dios, el que debía venir al mundo».

²⁸ Después fue a llamar a María, su hermana, y le dijo en voz baja: «El Maestro está aquí y te llama». ²⁹ Al oír esto, ella se levantó rápidamente y fue a su encuentro. ³⁰ Jesús no había llegado todavía al pueblo, sino que estaba en el mismo sitio donde Marta lo había encontrado. ³¹ Los judíos que estaban en la casa consolando a María, al ver que esta se levantaba de repente y salía, la siguieron, pensando que iba al sepulcro para llorar allí. ³² María llegó adonde estaba Jesús y, al verlo, se postró a sus pies y le dijo: «Señor, si hubieras estado aquí, mi hermano no habría muerto». ³³ Jesús, al verla llorar a ella, y también a los judíos que la acompañaban, conmovido y turbado, ³⁴ pre-

---

11,31-32. La llegada del *Maestro* saca a María de la inmovilidad en que el dolor la tenía paralizada. Jesús no entra en la casa donde reina el duelo, porque no es este el lugar donde él se reúne con los suyos.

guntó: «¿Dónde lo pusieron?».
Le respondieron: «Ven, Señor, y
lo verás». [35] Y Jesús lloró. [36] Los
judíos dijeron: «¡Cómo lo ama-
ba!». [37] Pero algunos decían:
«Este, que abrió los ojos del ciego de nacimiento, ¿no podía
impedir que Lázaro muriera?».
[38] Jesús, conmoviéndose nuevamente, llegó al sepulcro, que era
una cueva con una piedra encima, [39] y dijo: «Quiten la piedra».
Marta, la hermana del difunto,
le respondió: «Señor, huele mal;
ya hace cuatro días que está
muerto». [40] Jesús le dijo: «¿No te
he dicho que si crees, verás la
gloria de Dios?». [41] Entonces
quitaron la piedra, y Jesús, levantando los ojos al cielo, dijo:

«Padre, te doy gracias
     porque me oíste.
[42] Yo sé que siempre me oyes,
     pero lo he dicho por esta gente
     que me rodea,
     para que crean que tú
     me has enviado».

[43] Después de decir esto, gritó con voz fuerte: «¡Lázaro, ven
afuera!». [44] El muerto salió con los
pies y las manos atados con
vendas, y el rostro envuelto en
un sudario. Jesús les dijo: «Desátenlo para que pueda caminar».

La conspiración contra Jesús
Mt 26,1-5 / Mc 14,1-2 / Lc 22,1-2

[45] Al ver lo que hizo Jesús, muchos de los judíos que habían
ido a casa de María creyeron en
él. [46] Pero otros fueron a ver a
los fariseos y les contaron lo
que Jesús había hecho. [47] Los
sumos sacerdotes y los fariseos
convocaron un Consejo y dijeron: «¿Qué hacemos? Porque
este hombre realiza muchos
signos. [48] Si lo dejamos seguir
así, todos creerán en él, y los
romanos vendrán y destruirán
nuestro Lugar santo y nuestra
nación». [49] Uno de ellos, llamado Caifás, que era Sumo Sacerdote ese año, les dijo: «Ustedes
no comprenden nada. [50] ¿No les
parece preferible que un solo
hombre muera por el pueblo y
no que perezca la nación entera?». [51] No dijo eso por sí mismo, sino que profetizó como
Sumo Sacerdote que Jesús iba a
morir por la nación, [52] y no solamente por la nación, sino
también para congregar en la
unidad a los hijos de Dios que
estaban dispersos. [53] A partir de

ese día, resolvieron que debían matar a Jesús. ⁵⁴ Por eso él no se mostraba más en público entre los judíos, sino que fue a una región próxima al desierto, a una ciudad llamada Efraim, y allí permaneció con sus discípulos.

⁵⁵ Como se acercaba la Pascua de los judíos, mucha gente de la región había subido a Jerusalén para purificarse. ⁵⁶ Buscaban a Jesús y se decían unos a otros en el Templo: «¿Qué les parece, vendrá a la fiesta o no?». ⁵⁷ Los sumos sacerdotes y los fariseos habían dado orden de que si alguno conocía el lugar donde él se encontraba, lo hiciera saber para detenerlo.

La unción de Jesús en Betania

Mt 26,6-13 / Mc 14,3-9

12 Seis días antes de la Pascua, Jesús volvió a Betania, donde estaba Lázaro, al que había resucitado. ² Allí le prepararon un cena: Marta servía y Lázaro era uno de los comensales. ³ María, tomando una libra de perfume de nardo puro, de mucho precio, ungió con él los pies de Jesús y los secó con sus cabellos. La casa se impregnó con la fragancia del perfume. ⁴ Judas Iscariote, uno de sus discípulos, el que lo iba a entregar, dijo: ⁵ «¿Por qué no se vendió este perfume en trescientos denarios para dárselos a los pobres?». ⁶ Dijo esto, no porque se interesaba por los pobres, sino porque era ladrón y, como estaba encargado de la bolsa común, robaba lo que se ponía en ella. ⁷ Jesús le respondió: «Déjala. Ella tenía reservado este perfume para el día de mi sepultura. ⁸ A los pobres los tienen siempre con ustedes, pero a mí no me tendrán siempre».

⁹ Entre tanto, una gran multitud de judíos se enteró de que Jesús estaba allí, y fueron, no solo por Jesús, sino también para ver a Lázaro, al que había resucitado. ¹⁰ Entonces los sumos sacerdotes resolvieron matar también a Lázaro, ¹¹ porque muchos judíos se apartaban de ellos y creían en Jesús, a causa de él.

12,13. Sal 118,26.

La entrada mesiánica
de Jesús en Jerusalén

Mt 21,1-9 / Mc 11,1-10 / Lc 19,28-38

[12] Al día siguiente, la gran multitud que había venido para la fiesta se enteró de que Jesús se dirigía a Jerusalén. [13] Y, tomando hojas de palmera, salieron a su encuentro y lo aclamaban diciendo:

«¡Hosana! ¡Bendito el que
viene en nombre del Señor,
el rey de Israel!».

[14] Al encontrar un asno, Jesús montó sobre él, conforme a lo que está escrito:

[15] *No temas, hija de Sion;*
ya viene tu rey,
montado sobre la cría
de un asna.

[16] Al comienzo, sus discípulos no comprendieron esto. Pero cuando Jesús fue glorificado, recordaron que todo lo que le había sucedido era lo que estaba escrito acerca de él. [17] La multitud que había estado con Jesús cuando ordenó a Lázaro que saliera del sepulcro y lo resucitó, daba testimonio de él. [18] Por eso la gente salió a su encuentro, porque se enteraron del signo que había realizado. [19] Los fariseos se dijeron unos a otros: «¿Ven que no adelantamos nada? Todo el mundo lo sigue».

La glorificación de Jesús
por medio de la muerte

[20] Entre los que habían subido para adorar durante la fiesta, había unos griegos [21] que se acercaron a Felipe, el de Betsaida de Galilea, y le dijeron: «Señor, queremos ver a Jesús». [22] Felipe fue a decírselo a Andrés, y ambos se lo dijeron a Jesús. [23] Él les respondió:

«Ha llegado la hora
en que el Hijo del hombre
va a ser glorificado.
[24] Les aseguro que
si el grano de trigo que cae
en la tierra no muere,

12,15. Zac 9,9.
12,21. *Felipe* y *Andrés*, dos discípulos portadores de nombres griegos, son los más indicados para encontrarse con los griegos y llevarle el mensaje a Jesús.

queda solo; pero si muere,
da mucho fruto.
²⁵ El que tiene apego a su vida
la perderá;
y el que no está apegado
a su vida en este mundo,
la conservará para la Vida
eterna.
²⁶ El que quiera servirme,
que me siga,
y donde yo esté, estará
también mi servidor.
El que quiera servirme,
será honrado por mi Padre.
²⁷ Mi alma ahora está turbada.
¿Y qué diré:
"Padre, líbrame de esta hora"?
¡Si para eso he llegado
a esta hora!
²⁸ ¡Padre, glorifica tu Nombre!».

Entonces se oyó una voz del cielo: «Ya lo he glorificado y lo volveré a glorificar». ²⁹ La multitud que estaba presente y oyó estas palabras, pensaba que era un trueno. Otros decían: «Le ha hablado un ángel». ³⁰ Jesús respondió: «Esta voz no se oyó por mí, sino por ustedes.

³¹ Ahora ha llegado el juicio
de este mundo,
ahora el Príncipe
de este mundo
será arrojado afuera;
³² y cuando yo sea levantado
en alto sobre la tierra,
atraeré a todos hacia mí».

³³ Jesús decía esto para indicar cómo iba a morir. ³⁴ La multitud le respondió: «Sabemos por la Ley que el Mesías permanecerá para siempre. ¿Cómo puedes decir: "Es necesario que el Hijo del hombre sea levantado en alto"? ¿Quién es ese Hijo del hombre?». ³⁵ Jesús les respondió:

«La luz está todavía
entre ustedes,
pero por poco tiempo.
Caminen mientras tengan
la luz,
no sea que las tinieblas
los sorprendan:
porque el que camina en
tinieblas no sabe adónde va.
³⁶ Mientras tengan luz,
crean en la luz

12,36. *Hijos de la luz:* Cf. Ef 5,8; 1 Tes 5,5.

12,38. Is 53,1.

y serán hijos de la luz».

La fe y la incredulidad

Después de hablarles así, Jesús se fue y se ocultó de ellos. [37] A pesar de los muchos signos que hizo en su presencia, ellos no creyeron en él. [38] Así debía cumplirse el oráculo del profeta Isaías, que dice:

Señor, ¿quién ha creído
   en nuestra palabra?
¿A quién fue revelado el poder
   del Señor?

[39] Ellos no podían creer, porque como dijo también Isaías:

[40] Él ha cegado sus ojos
y ha endurecido su corazón,
para que sus ojos no vean
y su corazón no comprenda,
para que no se conviertan
ni yo los cure.

[41] Isaías dijo esto, porque vio la gloria de Jesús y habló acerca de él. [42] Sin embargo, muchos creyeron en él, aun entre las autoridades, pero a causa de los fariseos no lo manifestaban, para no ser expulsados de la sinagoga. [43] Preferían la gloria de los hombres a la gloria de Dios.

[44] Jesús exclamó:

«El que cree en mí,
en realidad no cree en mí,
sino en aquel que me envió.
[45] Y el que me ve,
ve al que me envió.
[46] Yo soy la luz,
y he venido al mundo
para que todo el que crea
   en mí
no permanezca
   en las tinieblas.
[47] Al que escucha
   mis palabras
y no las cumple,
yo no lo juzgo,
porque no vine a juzgar
   al mundo,
sino a salvarlo.

12,40. Is 6,10.

⁴⁸ El que me rechaza
y no recibe mis palabras,
ya tiene quien lo juzgue:
la palabra que yo
he anunciado
es la que lo juzgará
en el último día.
⁴⁹ Porque yo no hablé
por mí mismo:

el Padre que me ha enviado
me ordenó lo que debía decir
y anunciar;
⁵⁰ y yo sé que su mandato
es Vida eterna.
Las palabras que digo,
las digo como el Padre
me lo ordenó».

EL LIBRO DE LA «HORA» DE JESÚS

LA ÚLTIMA CENA

El lavatorio de los pies

13 Antes de la fiesta de Pascua, sabiendo Jesús que había llegado su hora de pasar de este mundo al Padre, él, que había amado a los suyos que quedaban en el mundo, los amó hasta el fin. ² Durante la Cena, cuando el demonio ya había inspirado a Judas Iscariote, hijo de Simón, el propósito de entregarlo, ³ sabiendo Jesús que el Padre había puesto todo en sus manos y que él había venido de Dios y volvía a Dios, ⁴ se levantó de la mesa, se sacó el manto y tomando una toalla se la ató a la cintura. ⁵ Luego echó agua en un recipiente y empezó a lavar los pies a los discípulos y a secárselos con la toalla que tenía en la cintura.

⁶ Cuando se acercó a Simón Pedro, este le dijo: «¿Tú, Señor, me vas a lavar los pies a mí?».

13,1. Juan hace suya una interpretación hebrea de la palabra *Pascua* en el sentido de «paso», aludiendo al paso de los israelitas a través del mar Rojo, cuando huían de los egipcios (cf. Ex 14). El paso de Jesús de este mundo al Padre es la nueva Pascua.

13,8. Lavar los pies a sus señores o a sus invitados era una tarea reservada a los servidores. Por lo tanto, es comprensible la reacción de Pedro.

⁷ Jesús le respondió: «No puedes comprender ahora lo que estoy haciendo, pero después lo comprenderás». ⁸ «No —le dijo Pedro—, ¡tú jamás me lavarás los pies a mí!». Jesús le respondió: «Si yo no te lavo, no podrás compartir mi suerte». ⁹ «Entonces, Señor —le dijo Simón Pedro—, ¡no solo los pies, sino también las manos y la cabeza!». ¹⁰ Jesús le dijo: «El que se ha bañado no necesita lavarse más que los pies, porque está completamente limpio. Ustedes también están limpios, aunque no todos». ¹¹ Él sabía quién lo iba a entregar, y por eso había dicho: «No todos ustedes están limpios».

¹² Después de haberles lavado los pies, se puso el manto, volvió a la mesa y les dijo: «¿Comprenden lo que acabo de hacer con ustedes? ¹³ Ustedes me llaman Maestro y Señor; y tienen razón, porque lo soy. ¹⁴ Si yo, que soy el Señor y el Maestro, les he lavado los pies, ustedes también deben lavarse los pies unos a otros.

¹⁵ Les he dado el ejemplo, para que hagan lo mismo que yo hice con ustedes.

¹⁶ Les aseguro
que el servidor no es
      más grande
que su señor,
ni el enviado más grande
      que el que lo envía.

¹⁷ Ustedes serán felices si, sabiendo estas cosas, las practican. ¹⁸ No lo digo por todos ustedes; yo conozco a los que he elegido. Pero es necesario que se cumpla la Escritura que dice:

El que comparte mi pan
se volvió contra mí.

¹⁹ Les digo esto desde ahora,
antes que suceda,
para que cuando suceda,
crean que Yo Soy.
²⁰ Les aseguro
que el que reciba al
      que yo envíe,
me recibe a mí,

13,18. Sal 41,10.
13,23. Era costumbre oriental comer recostándose en almohadones

y apoyándose sobre el brazo izquierdo.

y el que me recibe,
recibe al que me envió».

El anuncio de la traición de Judas

Mt 26,21-25 / Mc 14,18-21 /
Lc 22,21-23

²¹ Después de decir esto, Jesús se estremeció y manifestó claramente:

«Les aseguro
que uno de ustedes
me entregará».

²² Los discípulos se miraban unos a otros, no sabiendo a quién se refería. ²³ Uno de ellos —el discípulo al que Jesús amaba— estaba reclinado muy cerca de Jesús. ²⁴ Simón Pedro le hizo una seña y le dijo: «Pregúntale a quién se refiere». ²⁵ Él se reclinó sobre Jesús y le preguntó: «Señor, ¿quién es?». ²⁶ Jesús le respondió: «Es aquel al que daré el bocado que voy a mojar en el plato». Y mojando un bocado, se lo dio a Judas, hijo de Simón Iscariote. ²⁷ En cuanto recibió el bocado, Satanás entró en él. Jesús le dijo entonces: «Realiza pronto lo que tienes que hacer». ²⁸ Pero ninguno de los comensales comprendió por qué le decía esto. ²⁹ Como Judas estaba encargado de la bolsa común, algunos pensaban que Jesús quería decirle: «Compra lo que hace falta para la fiesta», o bien que le mandaba dar algo a los pobres. ³⁰ Y enseguida, después de recibir el bocado, Judas salió. Ya era de noche.

La despedida de Jesús: el anuncio de su glorificación

³¹ Después que Judas salió, Jesús dijo:

«Ahora el Hijo del hombre
ha sido glorificado
y Dios ha sido glorificado
en él.
³² Si Dios ha sido glorificado
en él,
también lo glorificará
en sí mismo,
y lo hará muy pronto.

13,26. Ofrecer a un convidado un trozo de pan mojado en salsa era una muestra de agasajo y amistad. Jesús lo hizo para mostrar al Discípulo amado quién era el traidor y hacer a Judas un último llamado al arrepentimiento.

³³ Hijos míos,
    ya no estaré mucho tiempo
       con ustedes.
Ustedes me buscarán,
    pero yo les digo ahora
lo mismo que dije
    a los judíos:
"A donde yo voy,
    ustedes no pueden venir".

El mandamiento nuevo

³⁴ Les doy un mandamiento
       nuevo:
    ámense los unos a los otros.
    Así como yo los he amado,
       ámense también ustedes
       los unos a los otros.
³⁵ En esto todos reconocerán
       que ustedes son
       mis discípulos:
    en el amor que se tengan
       los unos a los otros».

El anuncio de las negaciones de Pedro

Mt 26,33-35 / Mc 14,29-31 / Lc 22,33-34

³⁶ Simón Pedro le dijo: «Señor, ¿adónde vas?». Jesús le respondió: «A donde yo voy, tú no puedes seguirme ahora, pero más adelante me seguirás». ³⁷ Pedro le preguntó: «Señor, ¿por qué no puedo seguirte ahora? Yo daré mi vida por ti». ³⁸ Jesús le respondió: «¿Darás tu vida por mí? Te aseguro que no cantará el gallo antes que me hayas negado tres veces».

Jesús, camino hacia el Padre

14 «No se inquieten. Crean en Dios y crean también en mí.
² En la Casa de mi Padre
    hay muchas habitaciones;
    si no fuera así, se lo habría
       dicho a ustedes.
Yo voy a prepararles un lugar.
³ Y cuando haya ido y les haya
       preparado un lugar,
    volveré otra vez para llevarlos
       conmigo,
a fin de que donde yo esté,
    estén también ustedes.
⁴ Ya conocen el camino
    del lugar adonde voy».

14,6. Jesús es el *Camino*, porque nos conduce al Padre (1,18; 14,9); es la *Verdad*, porque nos revela al verdadero Dios (12,44-45); y es la *Vida*, porque la Vida eterna consiste en reconocer al Padre y a su Hijo Jesucristo (17,3). No existe otra vía de acceso al Padre fuera de Jesús.

⁵Tomás le dijo: «Señor, no sabemos adónde vas. ¿Cómo vamos a conocer el camino?». ⁶Jesús le respondió:

«Yo soy el Camino, la Verdad
    y la Vida.
Nadie va al Padre, sino por mí.
⁷Si ustedes me conocen,
    conocerán también
    a mi Padre.
Ya desde ahora lo conocen
    y lo han visto».

Jesús, revelación del Padre

⁸Felipe le dijo: «Señor, muéstranos al Padre y eso nos basta». ⁹Jesús le respondió: «Felipe, hace tanto tiempo que estoy con ustedes, ¿y todavía no me conocen?

El que me ha visto, ha visto
    al Padre.
¿Cómo dices: "Muéstranos
    al Padre"?
¹⁰¿No crees

que yo estoy en el Padre
    y que el Padre está en mí?
Las palabras que digo
    no son mías:
el Padre que habita en mí
    es el que hace las obras.
¹¹Créanme:
yo estoy en el Padre
    y el Padre está en mí.
Créanlo, al menos,
    por las obras.
¹²Les aseguro
que el que cree en mí
    hará también las obras
    que yo hago,
y aun mayores,
porque yo me voy al Padre.
¹³Y yo haré todo lo que ustedes
    pidan en mi Nombre,
para que el Padre sea
    glorificado en el Hijo.
¹⁴Si ustedes me piden algo
    en mi Nombre,
yo lo haré.

La promesa del Espíritu Santo

14,16-18. La palabra *Paráclito* procede de un verbo griego cuyo significado es particularmente amplio: «llamar», «exhortar», «invocar», «consolar». Jesús habla de *otro Paráclito* y con ello da a entender que ya hay uno: él mismo. Por eso, para no dejar huérfanos a sus discípulos, les promete otro *Paráclito*, que es *el Espíritu de la Verdad* . Este dará testimonio de Jesús en el corazón de los creyentes, los ayudará a comprender sus enseñanzas y hará posible que se cumpla la súplica de Jesús: *Padre, que todos sean uno como nosotros somos uno* (17,21-22).

¹⁵ Si ustedes me aman,
cumplirán mis
mandamientos.
¹⁶ Y yo rogaré al Padre,
y él les dará otro Paráclito
para que esté siempre
con ustedes:
¹⁷ el Espíritu de la Verdad,
a quien el mundo
no puede recibir,
porque no lo ve ni lo conoce.
Ustedes, en cambio,
lo conocen,
porque él permanece con
ustedes y estará en ustedes.
¹⁸ No los dejaré huérfanos,
volveré a ustedes.
¹⁹ Dentro de poco el mundo
ya no me verá,
pero ustedes sí me verán,
porque yo vivo y también
ustedes vivirán.
²⁰ Aquel día comprenderán
que yo estoy en mi Padre,
y que ustedes están en mí
y yo en ustedes.
²¹ El que recibe
mis mandamientos
y los cumple,
ese es el que me ama;
y el que me ama será amado
por mi Padre,
y yo lo amaré y me
manifestaré a él».

²² Judas —no el Iscariote— le
dijo: «Señor, ¿por qué te vas a
manifestar a nosotros y no al
mundo?». ²³ Jesús le respondió:

«El que me ama
será fiel a mi palabra,
y mi Padre lo amará;
iremos a él
y habitaremos en él.
²⁴ El que no me ama no es fiel
a mis palabras.
La palabra que ustedes
oyeron no es mía,
sino del Padre que me envió.
²⁵ Yo les digo estas cosas
mientras permanezco
con ustedes.
²⁶ Pero el Paráclito,
el Espíritu Santo,
que el Padre enviará
en mi Nombre,
les enseñará todo
y les recordará
lo que les he dicho.
²⁷ Les dejo la paz,
les doy mi paz,
pero no como la da el mundo.
¡No se inquieten ni teman!
²⁸ Me han oído decir:
"Me voy y volveré a ustedes".
Si me amaran,
se alegrarían de que vuelva
junto al Padre,

porque el Padre
es más grande que yo.
²⁹ Les he dicho esto antes
que suceda,
para que cuando se cumpla,
ustedes crean.
³⁰ Ya no hablaré mucho más
con ustedes,
porque está por llegar
el Príncipe de este mundo:
él nada puede hacer
contra mí,
³¹ pero es necesario
que el mundo sepa
que yo amo al Padre
y actúo como él
me ha ordenado.
Levántense, salgamos
de aquí.

Jesús, la verdadera vid

15 ¹ Yo soy la verdadera vid y
mi Padre es el viñador.
² Él corta todos mis sarmientos
que no dan fruto;
al que da fruto, lo poda
para que dé más todavía.
³ Ustedes ya están limpios
por la palabra que yo
les anuncié.
⁴ Permanezcan en mí,
como yo permanezco
en ustedes.

Así como el sarmiento
no puede dar fruto
si no permanece en la vid,
tampoco ustedes,
si no permanecen en mí.
⁵ Yo soy la vid,
ustedes los sarmientos.
El que permanece en mí,
y yo en él,
da mucho fruto,
porque separados de mí,
nada pueden hacer.
⁶ Pero el que no permanece
en mí,
es como el sarmiento
que se tira y se seca;
después se recoge, se arroja
al fuego y arde.
⁷ Si ustedes permanecen en mí
y mis palabras permanecen
en ustedes,
pidan lo que quieran
y lo obtendrán.
⁸ La gloria de mi Padre
consiste
en que ustedes den fruto
abundante,
y así sean mis discípulos.
⁹ Como el Padre me amó,
también yo los he amado
a ustedes.
Permanezcan en mi amor.

¹⁰ Si cumplen
   mis mandamientos,
permanecerán en mi amor,
como yo cumplí los
   mandamientos
   de mi Padre
y permanezco en su amor.
¹¹ Les he dicho esto
   para que mi gozo sea
   el de ustedes,
   y ese gozo sea perfecto.

El mandamiento del amor

¹² Este es mi mandamiento:
   Ámense los unos a los otros,
   como yo los he amado.
¹³ No hay amor más grande
   que dar la vida
   por los amigos.
¹⁴ Ustedes son mis amigos
   si hacen lo que yo les mando.
¹⁵ Ya no los llamo servidores,
   porque el servidor ignora
   lo que hace su señor;
   yo los llamo amigos,
   porque les he dado a conocer
   todo lo que oí de mi Padre.
¹⁶ No son ustedes los que
   me eligieron a mí,
   sino yo el que los elegí
   a ustedes,
   y los destiné para que vayan
   y den fruto,
   y ese fruto sea duradero.

Así todo lo que pidan
   al Padre en mi Nombre,
   él se lo concederá.
¹⁷ Lo que yo les mando
   es que se amen los unos
   a los otros.

El odio del mundo

¹⁸ Si el mundo los odia,
   sepan que antes
   me ha odiado a mí.
¹⁹ Si ustedes fueran del mundo,
   el mundo los amaría como
   cosa suya.
   Pero como no son del mundo,
   sino que yo los elegí
   y los saqué de él,
   el mundo los odia.
²⁰ Acuérdense de lo que les dije:
   el servidor no es más grande
   que su señor.
   Si me persiguieron a mí,
   también los perseguirán
   a ustedes;
   si fueron fieles a mi palabra,
   también serán fieles
   a la de ustedes.
²¹ Pero los tratarán así a causa
   de mi Nombre,
   porque no conocen
   al que me envió.
²² Si yo no hubiera venido
   ni les hubiera hablado,
   no tendrían pecado;

pero ahora su pecado
no tiene disculpa.
²³ El que me odia, odia también
a mi Padre.
²⁴ Si yo no hubiera hecho
entre ellos
obras que ningún otro
realizó,
no tendrían pecado.
Pero ahora las han visto,
y sin embargo, me odian a mí
y a mi Padre,
²⁵ para que se cumpla lo que
está escrito en la Ley:

Me han odiado sin motivo.

²⁶ Cuando venga el Paráclito
que yo les enviaré
desde el Padre,
el Espíritu de la Verdad
que proviene del Padre,
él dará testimonio de mí.
²⁷ Y ustedes también
dan testimonio,
porque están conmigo
desde el principio.

16 Les he dicho esto para
que no se escandalicen.
² Serán echados de las sinagogas,

más aún, llegará la hora
en que los mismos
que les den muerte
pensarán que tributan culto
a Dios.
³ Y los tratarán así
porque no han conocido
ni al Padre ni a mí.
⁴ Les he advertido esto
para que, cuando llegue
esa hora,
recuerden que ya lo
había dicho.

La misión del Espíritu Santo

No les dije estas cosas
desde el principio,
porque yo estaba con ustedes.
⁵ Ahora me voy al que me envió,
y ninguno de ustedes me
pregunta: "¿Adónde vas?".
⁶ Pero al decirles esto,
ustedes se han entristecido.
⁷ Sin embargo, les digo
la verdad:
les conviene que yo me vaya,
porque si no me voy,
el Paráclito no vendrá
a ustedes.
Pero si me voy,

16,1. *Para que no se escandalicen:* La idea de «escándalo», término que significa piedra u otro objeto de tro- piezo, en el evangelio de Juan está siempre relacionada con la fe en Je- sús (cf. 6,61: *¿Esto los escandaliza?*).

se lo enviaré.

⁸ Y cuando él venga,
   probará al mundo
   dónde está el pecado,
   dónde está la justicia
   y cuál es el juicio.
⁹ El pecado está en no haber
   creído en mí.
¹⁰ La justicia, en que yo me voy
   al Padre
   y ustedes ya no me verán.
¹¹ Y el juicio, en que el Príncipe
   de este mundo
   ya ha sido condenado.
¹² Todavía tengo muchas cosas
   que decirles,
   pero ustedes no las pueden
   comprender ahora.
¹³ Cuando venga el Espíritu
   de la Verdad,
   él los introducirá en toda
   la verdad,
   porque no hablará
   por sí mismo,
   sino que dirá lo que ha oído
   y les anunciará lo que
   irá sucediendo.
¹⁴ Él me glorificará,
   porque recibirá de lo mío
   y se lo anunciará a ustedes.
¹⁵ Todo lo que es del Padre
   es mío.
   Por eso les digo:
   "Recibirá de lo mío

y se lo anunciará a ustedes".

La vuelta de Jesús al Padre

¹⁶ Dentro de poco,
   ya no me verán,
   y poco después,
   me volverán a ver».

¹⁷ Entonces algunos de sus discípulos comentaban entre sí: «¿Qué significa esto que nos dice: "Dentro de poco ya no me verán, y poco después, me volverán a ver"? ¿Y qué significa: "Yo me voy al Padre"?». ¹⁸ Decían: «¿Qué es este poco de tiempo? No entendemos lo que quiere decir». ¹⁹ Jesús se dio cuenta de que deseaban interrogarlo y les dijo: «Ustedes se preguntan entre sí qué significan mis palabras:

"Dentro de poco,
   ya no me verán,
   y poco después,
   me volverán a ver".
²⁰ Les aseguro
   que ustedes van a llorar
   y se van a lamentar;
   el mundo, en cambio,
   se alegrará.
   Ustedes estarán tristes,

pero esa tristeza se
convertirá en gozo.
²¹ La mujer, cuando va a dar
a luz,
siente angustia porque
le llegó la hora;
pero cuando nace el niño,
se olvida de su dolor,
por la alegría que siente
al ver que ha venido
un hombre al mundo.
²² También ustedes ahora
están tristes,
pero yo los volveré a ver,
y tendrán una alegría
que nadie les podrá quitar.
²³ Aquel día
no me harán más preguntas.
Les aseguro
que todo lo que pidan
al Padre,
él se lo concederá
en mi Nombre.
²⁴ Hasta ahora, no han pedido
nada en mi Nombre.
Pidan y recibirán,
y tendrán una alegría
que será perfecta.

²⁵ Les he dicho todo esto
por medio de parábolas.
Llega la hora
en que ya no les hablaré
por medio de parábolas,
sino que les hablaré
claramente del Padre.
²⁶ Aquel día ustedes pedirán
en mi Nombre;
y no será necesario
que yo ruegue al Padre
por ustedes,
²⁷ ya que él mismo los ama,
porque ustedes me aman
y han creído que yo vengo
de Dios.
²⁸ Salí del Padre y vine al mundo.
Ahora dejo el mundo
y voy al Padre».

²⁹ Sus discípulos le dijeron:
«Por fin hablas claro y sin parábolas. ³⁰ Ahora conocemos que
tú lo sabes todo y no hace falta
hacerte preguntas. Por eso creemos que tú has salido de Dios».
³¹ Jesús les respondió:

«¿Ahora creen?

17,1-26. Toda esta súplica se llama
«oración sacerdotal», porque en ella
Jesús expresa claramente su función
de intermediario entre Dios y los seres humanos, función que llegó a su
culminación con el sacrificio de su
propia vida.

³² Se acerca la hora,
y ya ha llegado,
en que ustedes se dispersarán
cada uno por su lado,
y me dejarán solo.
Pero no, no estoy solo,
porque el Padre está conmigo.
³³ Les digo esto
para que encuentren la paz
en mí.
En el mundo tendrán
que sufrir;
pero tengan valor:
yo he vencido al mundo».

Oración de Jesús
por sí mismo

17 Después de hablar así, Jesús levantó los ojos al cielo, diciendo:

«Padre, ha llegado la hora:
glorifica a tu Hijo
para que el Hijo te glorifique
a ti,
² ya que le diste autoridad
sobre todos los hombres,
para que él diera Vida eterna
a todos los que tú le has dado.
³ Esta es la Vida eterna:
que te conozcan a ti,
el único Dios verdadero,
y a tu Enviado, Jesucristo.

⁴ Yo te he glorificado
en la tierra,
llevando a cabo la obra
que me encomendaste.
⁵ Ahora, Padre,
glorifícame junto a ti,
con la gloria que yo tenía
contigo
antes que el mundo existiera.

Oración de Jesús
por sus discípulos

⁶ Manifesté tu Nombre
a los que separaste del
mundo para confiármelos.
Eran tuyos y me los diste,
y ellos fueron fieles
a tu palabra.
⁷ Ahora saben
que todo lo que me has dado
viene de ti,
⁸ porque les comuniqué
las palabras que tú me diste:
ellos han reconocido
verdaderamente
que yo salí de ti,
y han creído que tú
me enviaste.
⁹ Yo ruego por ellos:
no ruego por el mundo,
sino por los que me diste,
porque son tuyos.
¹⁰ Todo lo mío es tuyo
y todo lo tuyo es mío,

y en ellos he sido glorificado.
¹¹ Ya no estoy más en el mundo,
pero ellos están en él;
y yo vuelvo a ti.
Padre santo,
cuídalos en tu Nombre
—el Nombre que tú me diste—
para que sean uno,
como nosotros.
¹² Mientras estaba con ellos,
yo los cuidaba en tu Nombre
—el Nombre que tú
me diste—,
yo los protegía
y no se perdió ninguno
de ellos,
excepto el que debía perderse,
para que se cumpliera
la Escritura.
¹³ Pero ahora voy a ti,
y digo esto estando
en el mundo,
para que mi gozo
sea el de ellos
y su gozo sea perfecto.
¹⁴ Yo les comuniqué tu palabra,
y el mundo los odió
porque ellos no son del mundo,
como tampoco yo soy
del mundo.
¹⁵ No te pido que los saques
del mundo,

sino que los preserves
del Maligno.
¹⁶ Ellos no son del mundo,
como tampoco yo soy
del mundo.
¹⁷ Conságralos en la verdad:
tu palabra es verdad.
¹⁸ Así como tú me enviaste
al mundo,
yo también los envío
al mundo.
¹⁹ Por ellos me consagro,
para que también ellos
sean consagrados
en la verdad.

Oración de Jesús por todos los que creen en él

²⁰ No ruego solamente
por ellos,
sino también por los que,
gracias a su palabra,
creerán en mí.
²¹ Que todos sean uno:
como tú, Padre, estás en mí
y yo en ti,
que también ellos estén
en nosotros,
para que el mundo crea
que tú me enviaste.
²² Yo les he dado la gloria
que tú me diste,

para que sean uno,
como nosotros somos uno
²³ —yo en ellos y tú en mí—
para que sean perfectamente
  uno
y el mundo conozca
que tú me has enviado,
y que los has amado a ellos
como me amaste a mí.
²⁴ Padre, quiero que los que
  tú me diste
estén conmigo donde
  yo esté,
para que contemplen
  la gloria que me has dado,

porque ya me amabas
antes de la creación
  del mundo.
²⁵ Padre justo,
el mundo no te ha conocido,
pero yo te conocí,
y ellos reconocieron
que tú me enviaste.
²⁶ Les di a conocer tu Nombre,
y se lo seguiré dando
  a conocer,
para que el amor con que
  tú me amaste
esté en ellos,
y yo también esté en ellos».

LA MUERTE DE JESÚS

El arresto de Jesús

Mt 26,30.36.47-56 /
Mc 14,26.32.43-52 / Lc 22,39.47-53

18 Después de haber dicho esto, Jesús fue con sus discípulos al otro lado del torrente Cedrón. Había en ese lugar una huerta y allí entró con ellos. ² Judas, el traidor, también conocía el lugar porque Jesús y sus discí-

pulos se reunían allí con frecuencia. ³ Entonces Judas, al frente de un destacamento de soldados y de los guardias designados por los sumos sacerdotes y los fariseos, llegó allí con faroles, antorchas y armas. ⁴ Jesús, sabiendo todo lo que le iba a suceder, se adelantó y les preguntó: «¿A quién buscan?». ⁵ Le

---

18,9. Cf. 6,39; 10,18; 17,12.
18,12. *Tribuno* era el oficial romano, jefe de la cohorte, unidad de un millar de soldados. Aquí designa probablemente al oficial designado co-

mo jefe del destacamento enviado para detener a Jesús (v. 3).
18,13. Anás era de familia saducea y ejerció el sumo sacerdocio entre los años 6 y 15. Depuesto por los roma-

respondieron: «A Jesús, el Nazareno». Él les dijo: «Soy yo». Judas, el que lo entregaba, estaba con ellos. [6]Cuando Jesús les dijo: «Soy yo», ellos retrocedieron y cayeron en tierra. [7]Les preguntó nuevamente: «¿A quién buscan?». Le dijeron: «A Jesús, el Nazareno». [8]Jesús repitió: «Ya les dije que soy yo. Si es a mí a quien buscan, dejen que estos se vayan». [9]Así debía cumplirse la palabra que él había dicho: «No he perdido a ninguno de los que me confiaste».

[10]Entonces Simón Pedro, que llevaba una espada, la sacó e hirió al servidor del Sumo Sacerdote, cortándole la oreja derecha. El servidor se llamaba Malco. [11]Jesús dijo a Simón Pedro: «Envaina tu espada. ¿Acaso no beberé el cáliz que me ha dado el Padre?».

Jesús ante Anás
Mt 26,57 / Mc 14,53 / Lc 22,54

[12]El destacamento de soldados, con el tribuno y los guardias judíos, se apoderaron de Jesús y lo ataron. [13]Lo llevaron primero ante Anás, porque era suegro de Caifás, Sumo Sacerdote aquel año. [14]Caifás era el que había aconsejado a los judíos: «Es preferible que un solo hombre muera por el pueblo».

La primera negación de Pedro
Mt 26,69-70 / Mc 14,66-68 / Lc 22,55-57

[15]Entre tanto, Simón Pedro, acompañado de otro discípulo, seguía a Jesús. Este discípulo, que era conocido del Sumo Sacerdote, entró con Jesús en el patio del Pontífice, [16]mientras Pedro permanecía fuera, en la puerta. El otro discípulo, el que era conocido del Sumo Sacerdote, salió, habló a la portera e hizo entrar a Pedro. [17]La portera dijo entonces a Pedro: «¿No eres tú también uno de los discípulos de ese hombre?». Él le respondió: «No lo soy». [18]Los servidores y los guardias se calentaban junto al fuego, que habían encendido porque hacía frío. Pedro

---

nos, siguió ejerciendo una influencia importante, porque la mayor parte de los sumos sacerdotes que vinieron después pertenecían a su familia.

también estaba con ellos, junto al fuego.

Jesús ante el Sumo Sacerdote

[19] El Sumo Sacerdote interrogó a Jesús acerca de sus discípulos y de su enseñanza. [20] Jesús le respondió: «He hablado abiertamente al mundo; siempre enseñé en la sinagoga y en el Templo, donde se reúnen todos los judíos, y no he dicho nada en secreto. [21] ¿Por qué me interrogas a mí? Pregunta a los que me han oído qué les enseñé. Ellos saben bien lo que he dicho». [22] Apenas Jesús dijo esto, uno de los guardias allí presentes le dio una bofetada, diciéndole: «¿Así respondes al Sumo Sacerdote?». [23] Jesús le respondió:

«Si he hablado mal,
    muestra en qué ha sido;
pero si he hablado bien,
    ¿por qué me pegas?».

[24] Entonces Anás lo envió atado ante el Sumo Sacerdote Caifás.

Nuevas negaciones de Pedro

[25] Simón Pedro permanecía junto al fuego. Los que estaban con él le dijeron: «¿No eres tú también uno de sus discípulos?». Él lo negó y dijo: «No lo soy». [26] Uno de los servidores del Sumo Sacerdote, pariente de aquel al que Pedro había cortado la oreja, insistió: «¿Acaso no te vi con él en la huerta?». [27] Pedro volvió a negarlo, y enseguida cantó el gallo.

Jesús ante Pilato

Mt 27,2.11-26 / Mc 15,1-15 /
Lc 23,1-7.13-19

[28] Desde la casa de Caifás llevaron a Jesús al pretorio. Era de madrugada. Pero ellos no entraron en el pretorio, para no contaminarse y poder así participar en la comida de Pascua. [29] Pilato salió adonde estaban ellos y les preguntó: «¿Qué acusación traen contra este hombre?». Ellos respondieron: [30] «Si no fuera un malhechor, no te lo hubiéramos entregado». [31] Pila-

---

18,28. La palabra *pretorio* no designaba necesariamente un lugar fijo, sino el sitio donde el gobernador instalaba su tribunal. Los judíos no entraron en el pretorio, porque todo el que entraba en casa de un pagano quedaba legalmente impuro, es decir, imposibilitado de celebrar la Pascua.

18,32. Cf. 3,14; 12,32.

to les dijo: «Tómenlo y júzguen-
lo ustedes mismos, según la Ley
que tienen». Los judíos le dijeron: «A nosotros no nos está
permitido dar muerte a nadie».
³² Así debía cumplirse lo que ha-
bía dicho Jesús cuando indicó
cómo iba a morir.

³³ Pilato volvió a entrar en el
pretorio, llamó a Jesús y le preguntó: «¿Eres tú el rey de los judíos?». ³⁴ Jesús le respondió:
«¿Dices esto por ti mismo u
otros te lo han dicho de mí?».
³⁵ Pilato replicó: «¿Acaso yo soy
judío? Tus compatriotas y los
sumos sacerdotes te han puesto en mis manos. ¿Qué es lo
que has hecho?». ³⁶ Jesús respondió:

«Mi realeza no es
    de este mundo.
Si mi realeza fuera
    de este mundo,
los que están a mi servicio
    habrían combatido
para que yo no fuera
    entregado a los judíos.

Pero mi realeza no es de aquí».

³⁷ Pilato le dijo: «¿Entonces tú
eres rey?». Jesús respondió:

«Tú lo dices:
yo soy rey.
Para esto he nacido
y he venido al mundo:
para dar testimonio
    de la verdad.
El que es de la verdad,
    escucha mi voz».

³⁸ Pilato le preguntó: «¿Qué es
la verdad?». Al decir esto, salió
nuevamente adonde estaban
los judíos y les dijo: «Yo no encuentro en él ningún motivo pa-
ra condenarlo. ³⁹ Y ya que ustedes tienen la costumbre de que
ponga en libertad a alguien, en
ocasión de la Pascua, ¿quieren
que suelte al rey de los judíos?».
⁴⁰ Ellos comenzaron a gritar, di-
ciendo: «¡A él no, a Barrabás!».
Barrabás era un bandido.

La flagelación

18,38. Pilato pregunta *¿Qué es la verdad?* en el preciso momento en que
Aquel que es la Verdad está frente a
él (cf. 14,6: *Yo soy... la Verdad...*).

19,5. *¡Aquí tienen al hombre!:* Según
parece, Pilato quiso presentar a Jesús como motivo de irrisión.

y la coronación de espinas

19 Pilato mandó entonces azotar a Jesús. ²Los soldados tejieron una corona de espinas y se la pusieron sobre la cabeza. Lo revistieron con un manto de color púrpura, ³ y acercándose, le decían: «¡Salud, rey de los judíos!», y lo abofeteaban.

⁴ Pilato volvió a salir y les dijo: «Miren, lo traigo afuera para que sepan que no encuentro en él ningún motivo de condena». ⁵ Jesús salió, llevando la corona de espinas y el manto de color púrpura. Pilato les dijo: «¡Aquí tienen al hombre!». ⁶ Cuando los sumos sacerdotes y los guardias lo vieron, gritaron: «¡Crucifícalo! ¡Crucifícalo!». Pilato les dijo: «Tómenlo ustedes y crucifíquenlo. Yo no encuentro en él ningún motivo para condenarlo». ⁷ Los judíos respondieron: «Nosotros tenemos una Ley, y según esa Ley debe morir porque él pretende ser Hijo de Dios».

⁸ Al oír estas palabras, Pilato se alarmó más todavía. ⁹ Volvió a entrar en el pretorio y preguntó a Jesús: «¿De dónde eres tú?». Pero Jesús no le respondió nada. ¹⁰ Pilato le dijo: «¿No quieres hablarme? ¿No sabes que tengo autoridad para soltarte y también para crucificarte?». ¹¹ Jesús le respondió: «Tú no tendrías sobre mí ninguna autoridad, si no la hubieras recibido de lo alto. Por eso, el que me ha entregado a ti ha cometido un pecado más grave».

Jesús condenado a muerte

¹² Desde ese momento, Pilato trataba de ponerlo en libertad. Pero los judíos gritaban: «Si lo sueltas, no eres amigo del César, porque el que se hace rey se opone al César». ¹³ Al oír esto, Pilato sacó afuera a Jesús y lo hizo sentar sobre un estrado, en el lugar llamado «el Empedrado», en hebreo, «Gábata».

19,13. *El Empedrado*, en griego *Lithóstrotos*, término que designa un lugar pavimentado con piedras (un enlosado), en hebreo *Gabbatá*. Se trata de la fortaleza Antonia, situada en la esquina noroccidental del recinto del Templo, o más bien del palacio de Herodes, construido sobre la colina occidental de la ciudad.

[14] Era el día de la Preparación de la Pascua, alrededor del mediodía. Pilato dijo a los judíos: «Aquí tienen a su rey». [15] Ellos vociferaban: «¡Fuera! ¡Fuera! ¡Crucifícalo!». Pilato les dijo: «¿Voy a crucificar a su rey?». Los sumos sacerdotes respondieron: «No tenemos otro rey que el César». [16] Entonces Pilato se lo entregó para que lo crucificaran, y ellos se lo llevaron.

La crucifixión de Jesús

Mt 27,32-33.37-38 / Mc 15,22.25-27 / Lc 23,33.38

[17] Jesús, cargando sobre sí la cruz, salió de la ciudad para dirigirse al lugar llamado «del Cráneo», en hebreo, «Gólgota». [18] Allí lo crucificaron; y con él a otros dos, uno a cada lado y Jesús en el medio. [19] Pilato redactó una inscripción que decía: «Jesús el Nazareno, rey de los judíos», y la hizo poner sobre la cruz. [20] Muchos judíos leyeron esta inscripción, porque el lugar donde Jesús fue crucificado quedaba cerca de la ciudad y la inscripción estaba en hebreo, latín y griego. [21] Los sumos sacerdotes de los judíos dijeron a Pilato: «No escribas: "El rey de los judíos", sino: "Este ha dicho: Yo soy el rey de los judíos"». [22] Pilato respondió: «Lo escrito, escrito está».

El sorteo de las vestiduras

Mt 27,35 / Mc 15,24 / Lc 23,34

[23] Después que los soldados crucificaron a Jesús, tomaron sus vestiduras y las dividieron en cuatro partes, una para cada uno. Tomaron también la túnica, y como no tenía costura, porque estaba hecha de una sola pieza de arriba abajo, [24] se dijeron entre sí: «No la rompamos. Vamos a sortearla, para ver a quién le toca». Así se cumplió la Escritura que dice:

Se repartieron mis vestiduras y sortearon mi túnica.

Esto fue lo que hicieron los soldados.

Jesús y su madre

19,28. Sal 69,22.

19,30a. *Todo se ha cumplido:* Es decir, la voluntad de Dios expresada en las Escrituras.

²⁵ Junto a la cruz de Jesús, estaba su madre y la hermana de su madre, María, mujer de Cleofás, y María Magdalena. ²⁶ Al ver a la madre y cerca de ella al discípulo a quien él amaba, Jesús le dijo: «Mujer, aquí tienes a tu hijo». ²⁷ Luego dijo al discípulo: «Aquí tienes a tu madre». Y desde aquella hora, el discípulo la recibió en su casa.

La muerte de Jesús
Mt 27,48-50 / Mc 15,36-37 / Lc 23,46

²⁸ Después, sabiendo que ya todo estaba cumplido, y para que la Escritura se cumpliera hasta el final, Jesús dijo:

Tengo sed.

²⁹ Había allí un recipiente lleno de vinagre; empaparon en él una esponja, la ataron a una rama de hisopo y se la acercaron a la boca. ³⁰ Después de beber el vinagre, dijo Jesús: «Todo se ha cumplido». E inclinando la cabeza, entregó su espíritu.

La herida del costado

³¹ Era el día de la Preparación de la Pascua. Los judíos pidieron a Pilato que hiciera quebrar las piernas de los crucificados y mandara retirar sus cuerpos, para que no quedaran en la cruz durante el sábado, porque ese sábado era muy solemne. ³² Los soldados fueron y quebraron las piernas a los dos que habían sido crucificados con Jesús. ³³ Cuando llegaron a él, al ver que ya estaba muerto, no le quebraron las piernas, ³⁴ sino que uno de los soldados le atravesó el costado con la lanza, y enseguida brotó sangre y agua. ³⁵ El que vio esto lo atestigua: su testimonio es verdadero y él sabe que dice la verdad, para que también ustedes crean. ³⁶ Esto sucedió para que se cumpliera la Escritura que dice:

19,32. La rotura de la rótula, de la tibia y el peroné de los crucificados (en latín, *crurifragium*) les impedía apoyarse sobre los pies y les producía la muerte por asfixia. Con las piernas quebradas, la mayoría de los ajusticiados moría en el acto por *shock* traumático.

19,36. Ex 12,46; Sal 4,21.

19,37. Zac 12,10.

19,42. El día de la Preparación, en griego *Parasceve*, era el viernes, y

*No le quebrarán ninguno
de sus huesos.*

[37] Y otro pasaje de la Escritura dice:

*Verán al que ellos mismos
traspasaron.*

La sepultura de Jesús
Mt 27,57-60 / Mc 15,42-46 /
Lc 23,50-54

[38] Después de esto, José de Arimatea, que era discípulo de Jesús —pero secretamente, por temor a los judíos—, pidió autorización a Pilato para retirar el cuerpo de Jesús. Pilato se la concedió, y él fue a retirarlo.

[39] Fue también Nicodemo, el mismo que anteriormente había ido a verlo de noche, y trajo una mezcla de mirra y áloe, que pesaba unos treinta kilos. [40] Tomaron entonces el cuerpo de Jesús y lo envolvieron con vendas, agregándole la mezcla de perfumes, según la costumbre de sepultar que tienen los judíos. [41] En el lugar donde lo crucificaron había una huerta, y en ella, una tumba nueva, en la que todavía nadie había sido sepultado. [42] Como era para los judíos un día de Preparación y el sepulcro estaba cerca, pusieron allí a Jesús.

LA RESURRECCIÓN DE JESÚS

El sepulcro vacío
Mt 28,1-8 / Mc 16,1-8 / Lc 24,1-11

20 El primer día de la semana, de madrugada, cuando todavía estaba oscuro, María Magdalena fue al sepulcro y vio que la piedra había sido sacada. [2] Corrió al encuentro de Simón Pedro y del otro discípulo al que Jesús amaba, y les dijo: «Se han llevado del sepulcro al Señor y no sabemos dónde lo han puesto».

[3] Pedro y el otro discípulo salieron y fueron al sepulcro. [4] Corrían los dos juntos, pero el otro discípulo corrió más rápida-

en él se preparaba todo lo necesario para el sábado.

mente que Pedro y llegó antes. ⁵Asomándose al sepulcro, vio las vendas en el suelo, aunque no entró. ⁶Después llegó Simón Pedro, que lo seguía, y entró en el sepulcro: vio las vendas en el suelo ⁷y también el sudario que había cubierto su cabeza; este no estaba con las vendas, sino enrollado en un lugar aparte. ⁸Luego entró el otro discípulo, que había llegado antes al sepulcro: él vio y creyó. ⁹Todavía no habían comprendido que, según la Escritura, él debía resucitar de entre los muertos. ¹⁰Los discípulos regresaron entonces a su casa.

La aparición de Jesús a María Magdalena
Mt 28,9-10 / Mc 16,9-11

¹¹María se había quedado fuera, llorando junto al sepulcro. Mientras lloraba, se asomó al sepulcro ¹²y vio a dos ángeles vestidos de blanco, sentados uno a la cabecera y otro a los pies del lugar donde había sido puesto el cuerpo de Jesús. ¹³Ellos le dijeron: «Mujer, ¿por qué lloras?». María respondió: «Porque se han llevado a mi Señor y no sé dónde lo han pues-

to». ¹⁴Al decir esto se dio la vuelta y vio a Jesús, que estaba allí, pero no lo reconoció. ¹⁵Jesús le preguntó: «Mujer, ¿por qué lloras? ¿A quién buscas?». Ella, pensando que era el cuidador de la huerta, le respondió: «Señor, si tú lo has llevado, dime dónde lo has puesto y yo iré a buscarlo». ¹⁶Jesús le dijo: «¡María!». Ella lo reconoció y le dijo en hebreo: «¡Rabuní!», es decir, «¡Maestro!». ¹⁷Jesús le dijo: «No me retengas, porque todavía no he subido al Padre. Ve a decir a mis hermanos: "Subo a mi Padre, el Padre de ustedes; a mi Dios, el Dios de ustedes"». ¹⁸María Magdalena fue a anunciar a los discípulos que había visto al Señor y que él le había dicho esas palabras.

Apariciones de Jesús a los discípulos
Mc 16,14-18 / Lc 24,36-49

¹⁹Al atardecer de ese mismo día, el primero de la semana, estando cerradas las puertas del lugar donde se encontraban los discípulos, por temor a los judíos, llegó Jesús y, poniéndose en medio de ellos, les dijo: «¡La paz esté con ustedes!».

²⁰ Mientras decía esto, les mostró sus manos y su costado. Los discípulos se llenaron de alegría cuando vieron al Señor. ²¹ Jesús les dijo de nuevo: «¡La paz esté con ustedes!

Como el Padre me envió a mí,
yo también los envío
a ustedes».

²² Al decirles esto, sopló sobre ellos y añadió:

«Reciban el Espíritu Santo.
²³ Los pecados serán perdonados
a los que ustedes
se los perdonen,
y serán retenidos
a los que ustedes
se los retengan».

²⁴ Tomás, uno de los Doce, de sobrenombre el Mellizo, no estaba con ellos cuando llegó Jesús. ²⁵ Los otros discípulos le dijeron: «¡Hemos visto al Señor!». Él les respondió: «Si no veo la marca de los clavos en sus manos, si no pongo el dedo en el lugar de los clavos y la mano en su costado, no lo creeré». ²⁶ Ocho días más tarde, estaban de nuevo los discípulos reunidos en la casa, y estaba con ellos Tomás. Entonces apareció Jesús; estando cerradas las puertas, se puso en medio de ellos y les dijo: «¡La paz esté con ustedes!». ²⁷ Luego dijo a Tomás: «Trae aquí tu dedo: aquí están mis manos. Acerca tu mano: métela en mi costado. En adelante no seas incrédulo, sino hombre de fe». ²⁸ Tomás respondió: «¡Señor mío y Dios mío!». ²⁹ Jesús le dijo:

«Ahora crees, porque me has
visto.
¡Felices los que creen sin
haber visto!».

Conclusión

³⁰ Jesús realizó además muchos otros signos en presencia de sus discípulos, que no se encuentran relatados en este Libro. ³¹ Estos han sido escritos

---

20,28. De labios de Tomás nos viene, después de la resurrección, esta confesión de fe cristiana. Se trata de una afirmación, no de una exclamación, y es la única expresión del Nuevo Testamento en que se asocian los títulos *Señor* y *Dios*.

para que ustedes crean que Jesús es el Mesías, el Hijo de Dios, y creyendo, tengan Vida en su Nombre.

APÉNDICE

Aparición junto al mar de Tiberíades

21 Después de esto, Jesús se apareció otra vez a los discípulos a orillas del mar de Tiberíades. Sucedió así: ² estaban juntos Simón Pedro, Tomás, llamado el Mellizo, Natanael, el de Caná de Galilea, los hijos de Zebedeo y otros dos discípulos. ³ Simón Pedro les dijo: «Voy a pescar». Ellos le respondieron: «Vamos también nosotros». Salieron y subieron a la barca. Pero esa noche no pescaron nada.

⁴ Al amanecer, Jesús estaba en la orilla, aunque los discípulos no sabían que era él. ⁵ Jesús les dijo: «Muchachos, ¿tienen algo para comer?». Ellos respondieron: «No». ⁶ Él les dijo: «Tiren la red a la derecha de la barca y encontrarán». Ellos la tiraron y se llenó tanto de peces que no podían arrastrarla. ⁷ El discípulo al que Jesús amaba dijo a Pedro: «¡Es el Señor!». Cuando Simón

---

21,11. Los peces son *ciento cincuenta y tres*. La mayor parte de los intérpretes piensan que de algún modo esta cifra sugiere la idea de universalidad.

21,13. Este gesto de Jesús (la entrega del pan y del pescado) está descrito con la solemnidad propia del lenguaje eucarístico. La referencia a la multiplicación de los panes es inevitable. Aunque no hay indicios de que el narrador haya querido hablar de una celebración eucarística, el relato debía suscitar la asociación con el pan de la Eucaristía: el Señor resucitado sigue dando a sus discípulos el alimento del pan.

21,15-17. Este diálogo entre Jesús y Pedro es una evocación de la triple negación de Pedro, pero a la vez indica el puesto de Pedro en la comunidad de los seguidores de Jesús. *¿Me amas?... Te quiero:* Jesús y Pedro utilizan dos verbos distintos: *agapaô* («amar») no es un impulso que proviene de los sentimientos, ya que no siempre concuerda con los impulsos naturales, sino que indica un amor gratuito, total, inteligente y voluntario. Este amor *(agápe)* compromete a toda la personalidad, no solo las emociones sino también el pensamiento y la voluntad. El otro verbo es *filéo*, que denota más bien un

Pedro oyó que era el Señor, se ciñó la túnica, que era lo único que llevaba puesto, y se tiró al agua. [8] Los otros discípulos fueron en la barca, arrastrando la red con los peces, porque estaban solo a unos cien metros de la orilla.

[9] Al bajar a tierra vieron que había fuego preparado, un pescado sobre las brasas y pan. [10] Jesús les dijo: «Traigan algunos de los pescados que acaban de sacar». [11] Simón Pedro subió a la barca y sacó la red a tierra, llena de peces grandes: eran ciento cincuenta y tres y, a pesar de ser tantos, la red no se rompió. [12] Jesús les dijo: «Vengan a comer». Ninguno de los discípulos se atrevía a preguntarle: «¿Quién eres?», porque sabían que era el Señor. [13] Jesús se acercó, tomó el pan y se lo dio, e hizo lo mismo con el pes-

---

afecto entrañable, en el cual las emociones desempeñan un papel más importante que el intelecto o la voluntad. Jesús nunca enseñó que amáramos a los enemigos en el sentido de sentir afecto por ellos (*filéin*); quiso, más bien, que los amáramos con el amor con que Dios amó al mundo (*agapaô*, 3,16), reconociendo el mal que hay en ellos y haciendo lo posible por erradicar ese mal.

21,15. Sin renegar de la autoridad propia del discípulo amado, este capítulo suplementario centra su mirada en Simón Pedro, instituido pastor del rebaño por voluntad expresa del Resucitado. El diálogo en el que Jesús confía a Pedro esta misión apela al amor como la única justificación de cualquier cargo jerárquico. *Apacienta mis corderos:* En cuanto a la misión confiada a Pedro, el uso del posesivo *mis* corderos u ovejas muestra que el rebaño no pertenece a Pedro. Él tiene solamente la responsabilidad de dirigirlo, pero ellos pertenecen al único Buen Pastor que da su vida y llama a cada uno por su nombre (10,3).

21,18. Estas palabras son un anuncio sobre la suerte futura de Pedro, que en ese momento tenía libertad de acción, pero que más tarde quedaría librado al arbitrio de sus enemigos.

21,19. *Sígueme:* Pedro es invitado a seguir a Jesús de una forma personal, cercana y singular. Con ello, la tradición joánica se acerca a otros testimonios del Nuevo Testamento, que designan a Pedro como el primero de los testigos de la resurrección y el que preside la predicación apostólica (cf. Lc 24,34; 1 Cor 15,4-5). Véanse también los discursos kerigmáticos petrinos en el libro de los Hechos (2,22-36; 3,12-26; 4,8-12; 5,29-32; 10,34-43) y la notable tradición petrina de Mateo (cf. Mt 14,28-31; 16,17-19; 17,24-27).

21,20. El hecho de que Pedro mire hacia atrás (*volviéndose*) sugiere que

cado. ¹⁴ Esta fue la tercera vez que Jesús resucitado se apareció a sus discípulos.

Diálogo de Jesús con Pedro

¹⁵ Después de comer, Jesús dijo a Simón Pedro: «Simón, hijo de Juan, ¿me amas más que estos?». Él le respondió: «Sí, Señor, tú sabes que te quiero». Jesús le dijo: «Apacienta mis corderos». ¹⁶ Le volvió a decir por segunda vez: «Simón, hijo de Juan, ¿me amas?». Él le respondió: «Sí, Señor, sabes que te quiero». Jesús le dijo: «Apacienta mis ovejas». ¹⁷ Le preguntó por tercera vez: «Simón, hijo de Juan, ¿me quieres?». Pedro se entristeció de que por tercera vez le preguntara si lo quería, y le dijo: «Señor, tú lo sabes todo; sabes que te quiero». Jesús le dijo: «Apacienta mis ovejas.

¹⁸ Te aseguro
que cuando eras joven,
tú mismo te vestías
e ibas adonde querías.
Pero cuando seas viejo,

---

va delante del discípulo amado. La paradoja consiste en que, a partir de ahora, el discípulo amado se encuentra no solamente tras las huellas de Jesús, sino también detrás de Pedro. De esta manera, en el momento de concluir el libro, el narrador pone la autoridad del discípulo en dependencia de una autoridad primera, la de Simón Pedro, poco manifiesta a lo largo del relato, pero rehabilitada con motivo de su martirio.

21,23. *¿Qué te importa?*: Esta respuesta evasiva tiene como finalidad reprimir la curiosidad de Pedro sobre el futuro de Juan.
21,25. *No bastaría todo el mundo*: Insondable riqueza del misterio de Cristo, que desborda las palabras y las frases que se acaban de leer. Por lo tanto, el final del libro no significa el final de la lectura, sino que remite a una interpretación renovada incesantemente. El libro queda abierto a la lectura, la relectura y la interpretación.

extenderás tus brazos,
y otro te atará
y te llevará adonde no quieras».

¹⁹ De esta manera, indicaba con qué muerte Pedro debía glorificar a Dios. Y después de hablar así, le dijo: «Sígueme».

El futuro de Juan

²⁰ Pedro, volviéndose, vio que lo seguía el discípulo al que Jesús amaba, el mismo que durante la Cena se había reclinado sobre Jesús y le había preguntado: «Señor, ¿quién es el que te va a entregar?». ²¹ Cuando Pedro lo vio, preguntó a Jesús: «Señor, ¿y qué será de este?». ²² Jesús le respondió: «Si yo quiero que él quede hasta mi venida, ¿qué te importa? Tú sígueme». ²³ Entonces se divulgó entre los hermanos el rumor de que aquel discípulo no moriría, pero Jesús no había dicho a Pedro: «Él no morirá», sino: «Si yo quiero que él quede hasta mi venida, ¿qué te importa?».

Conclusión

²⁴ Este mismo discípulo es el que da testimonio de estas cosas y el que las ha escrito, y sabemos que su testimonio es verdadero.

²⁵ Jesús hizo también muchas otras cosas. Si se las relatara detalladamente, pienso que no bastaría todo el mundo para contener los libros que se escribirían.

HECHOS DE LOS APÓSTOLES

INTRODUCCIÓN

En el Prólogo al libro de los Hechos de los Apóstoles, su autor remite expresamente a un *primer Libro* escrito por él mismo, donde se narra lo que hizo y enseñó Jesús desde el comienzo hasta el momento de su Ascensión al cielo (1,1-2). El libro a que alude es el tercer evangelio, y su autor concibió y compuso estos dos libros como partes integrantes de una única obra. Solo hacia el año 150, cuando los cristianos reunieron los cuatro evangelios en un mismo volumen, estas dos partes quedaron separadas.

Los *hechos* relatados en el libro muestran cómo los Apóstoles dieron cumplimiento al programa que el Señor resucitado les fijó antes de su partida: *Recibirán la fuerza del Espíritu Santo que descenderá sobre us-*tedes, y serán mis testigos en Jerusalén, en toda Judea y Samaría, y hasta los confines de la tierra* (1,8). En el Evangelio, el ministerio terreno de Jesús comienza en Nazaret (Lc 4,16-21) y culmina en Jerusalén con la Pascua del Señor (Lc 9,51). Y es precisamente de Jerusalén desde donde se inicia la acción evangelizadora de la Iglesia narrada en el libro de los Hechos.

Para caracterizar esta obra, suelen utilizarse el término *díptico* y la abreviatura Lc-Hch (Lucas-Hechos). Tal designación tiene la ventaja de indicar que, por una parte, el lector puede considerar el conjunto como una unidad real y, por otra, tomar nota de su división en dos segmentos claramente identificados.

Aunque cada una tiene su propia coherencia, estas dos obras se presentan como dos historias que se continúan: primero, la vida de Jesús con el grupo de sus discípulos; después, el nacimiento de la Iglesia. En este díptico, cada uno de los dos volúmenes gira en torno al relato de la ascensión de Jesús: culminación del Evangelio y comienzo de la misión evangelizadora de los discípulos. La parcial repetición del relato de la ascensión, lejos de tener que atribuirla a un descuido de la redacción o a distintas fuentes, cumple la función de «gozne» entre los dos relatos y hace que aparezca el particular cuidado con que Lucas ha sabido encadenar las dos historias.

El proyecto divino de salvación se realiza en varias etapas. A lo largo del relato, Lc muestra que quien conduce los acontecimientos es Dios, respetando las contingencias y mediaciones humanas. El cambio fundamental se produce con la resurrección y ascensión de Jesús. El lector se encuentra en una situación particular frente al complejo juego de relaciones que se establecen entre los dos tomos de la obra a Teófilo.

Para escribir este libro, el autor empleó una abundante documentación: las tradiciones de la Iglesia de Jerusalén y de la comunidad de Antioquía, el testimonio personal de Pablo y, en particular, un «diario de viaje» que narraba la actividad misionera del Apóstol, donde el empleo del «nosotros» podría indicar que su autor era un testigo presencial de los acontecimientos. Esto hace que el libro de los Hechos de los Apóstoles sea una fuente de información imprescindible para conocer los primeros tiempos de la Iglesia.

Sin embargo, Lucas no es un simple cronista que pretende escribir la historia completa de los orígenes cristianos, o presentar la penetración del cristianismo en el mundo pagano como un fenómeno puramente histórico. Su finalidad es poner de manifiesto la acción del Espíritu Santo, que va edificando la Iglesia por medio de la predicación de los Apóstoles y hace fructificar la Palabra de Dios en lugares cada vez más lejanos.

HECHOS DE LOS APÓSTOLES

Prólogo

1 En mi primer Libro, querido Teófilo, me referí a todo lo que hizo y enseñó Jesús, desde el comienzo, ² hasta el día en que subió al cielo, después de haber dado, por medio del Espíritu Santo, sus últimas instrucciones a los Apóstoles que había elegido.

La promesa del Espíritu Santo

³ Después de su Pasión, Jesús se manifestó a ellos dándoles numerosas pruebas de que vivía, y durante cuarenta días se les apareció y les habló del Reino de Dios. ⁴ En una ocasión, mientras estaba comiendo con ellos, les recomendó que no se alejaran de Jerusalén y esperaran la promesa del Padre: «La promesa —les dijo— que yo les he anunciado. ⁵ Porque Juan bautizó con agua, pero ustedes serán bautizados en el Espíritu Santo, dentro de pocos días». ⁶ Los que estaban reunidos le preguntaron: «Señor, ¿es ahora cuando vas a restaurar el reino de Israel?». ⁷ Él les respondió: «No les corresponde a ustedes conocer el tiempo y el momento que el Padre ha establecido con su propia autoridad. ⁸ Pero recibirán la fuerza del Espíritu Santo

---

1,1. Se ha propuesto la hipótesis de que el nombre *Teófilo*, aquí como en Lc 1,3, estaría utilizado para designar en forma simbólica a todos los cristianos «amigos de Dios». Pero en aquella época existía la costumbre de dedicar los libros a personas reales, muy conocidas por el autor.
1,3-11. Lucas narra otra vez la ascensión de Jesús para enlazar con su evangelio el libro de los Hechos.

1,5. *Bautizados en el Espíritu Santo:* Esta expresión designa figurativamente la efusión del Espíritu en Pentecostés.
1,6. Los apóstoles, que compartían algunas expectativas mesiánicas demasiado terrenas, pensaban que el Mesías iba a restaurar de inmediato la dinastía davídica y la gloria temporal de Israel (cf. Mt 20,20-21).

que descenderá sobre ustedes, y serán mis testigos en Jerusalén, en toda Judea y Samaria, y hasta los confines de la tierra».

La ascensión de Jesús

[9] Dicho esto, los Apóstoles lo vieron elevarse, y una nube lo ocultó de la vista de ellos. [10] Como permanecían con la mirada puesta en el cielo mientras Jesús subía, se les aparecieron dos hombres vestidos de blanco, [11] que les dijeron: «Hombres de Galilea, ¿por qué siguen mirando al cielo? Este Jesús que les ha sido quitado y fue elevado al cielo, vendrá de la misma manera que lo han visto partir».

LA EVANGELIZACIÓN DEL MUNDO JUDÍO

El grupo de los Apóstoles

[12] Los Apóstoles regresaron entonces del monte de los Olivos a Jerusalén: la distancia entre ambos sitios es la que está permitida recorrer en día sábado. [13] Cuando llegaron a la ciudad, subieron a la sala donde solían reunirse. Eran Pedro, Juan, Santiago, Andrés, Felipe y Tomás, Bartolomé, Mateo, Santiago, hijo de Alfeo, Simón el Zelote y Judas, hijo de Santiago. [14] Todos ellos, íntimamente unidos, se dedicaban a la oración, en compañía de algunas mujeres, de María, la madre de Jesús, y de sus hermanos.

La elección de Matías

[15] Uno de esos días, Pedro se puso de pie en medio de los hermanos —los que estaban reunidos eran alrededor de ciento veinte personas— y dijo: [16] «Hermanos, era necesario que se cumpliera la Escritura en la que el Espíritu Santo, por boca de David, habla de Judas, que fue el jefe de los que apresaron a Jesús. [17] Él era uno de los nuestros y había recibido su parte en nuestro ministerio. [18] Pero después de haber comprado un campo con el precio de su crimen, cayó de cabeza, y su cuer-

---

1,12. El descanso sabático permitía recorrer en sábado un kilómetro aproximadamente.

1,16-19. Cf. Mt 27,3-8.

po se abrió, dispersándose sus entrañas. [19] El hecho fue tan conocido por todos los habitantes de Jerusalén, que ese campo fue llamado en su idioma Hacéldama, que quiere decir: "Campo de sangre". [20] En el libro de los Salmos está escrito:

*Que su casa quede desierta
y nadie la habite.*

Y más adelante:

Que otro ocupe su cargo.

[21] Es necesario que uno de los que han estado en nuestra compañía durante todo el tiempo que el Señor Jesús permaneció con nosotros, [22] desde el bautismo de Juan hasta el día de la ascensión, sea constituido junto con nosotros testigo de su resurrección».

[23] Se propusieron dos: José, llamado Barsabás, de sobrenombre el Justo, y Matías. [24] Y oraron así: «Señor, tú que conoces los corazones de todos, muéstranos a cuál de los dos elegiste [25] para desempeñar el ministerio del apostolado, dejado por Judas al irse al lugar que le correspondía». [26] Echaron suertes, y la elección cayó sobre Matías, que fue agregado a los once Apóstoles.

La venida del Espíritu Santo

2 Al llegar el día de Pentecostés, estaban todos reunidos

1,20-22. Esta cita está tomada de dos Salmos diferentes (Sal 69,26; 109,8), de ahí la importancia de la relación que los separa y los une. El trágico final de Judas y la necesidad de su reemplazo para completar el número de los Doce son interpretados por Pedro como el cumplimiento de un anuncio profético. En ambos casos existe una necesidad *(es necesario)*, que no proviene de la voluntad humana sino de un designio divino: el puesto del que ha desertado debe quedar desierto (Sal 69,26),

pero su cargo de testigo de la resurrección debe ser desempeñado por otro (109,2).

1,26. *Echaron suertes:* Este recurso era frecuente en el pueblo judío para conocer la voluntad de Dios siempre que se trataba de tomar decisiones de cierta importancia.

2,1. *Pentecostés:* Esta Fiesta, celebrada cincuenta días después de la Pascua, era originariamente una fiesta de la cosecha y en ella se ofrecían los primeros frutos de la tierra (Ex 23,16). Más tarde pasó a

en el mismo lugar. ² De pronto, vino del cielo un ruido, semejante a una fuerte ráfaga de viento, que resonó en toda la casa donde se encontraban. ³ Entonces vieron aparecer unas lenguas como de fuego, que descendieron por separado sobre cada uno de ellos. ⁴ Todos quedaron llenos del Espíritu Santo, y comenzaron a hablar en distintas lenguas, según el Espíritu les permitía expresarse.

⁵ Había en Jerusalén judíos piadosos, venidos de todas las naciones del mundo. ⁶ Al oírse este ruido, se congregó la multitud y se llenó de asombro, porque cada uno los oía hablar en su propia lengua. ⁷ Con gran admiración y estupor decían: «¿Acaso estos hombres que hablan no son todos galileos?

⁸ ¿Cómo es que cada uno de nosotros los oye en su propia lengua? ⁹ Partos, medos y elamitas, los que habitamos en la Mesopotamia o en la misma Judea, en Capadocia, en el Ponto y en Asia Menor, ¹⁰ en Frigia y Panfilia, en Egipto, en la Libia Cirenaica, los peregrinos de Roma, ¹¹ judíos y prosélitos, cretenses y árabes, todos los oímos proclamar en nuestras lenguas las maravillas de Dios».

Primer discurso de Pedro

¹² Unos a otros se decían con asombro: «¿Qué significa esto?». ¹³ Algunos, burlándose, comentaban: «Han tomado demasiado vino». ¹⁴ Entonces Pedro, poniéndose de pie con los Once, levantó la voz y dijo: «Hombres de Judea y todos los que habitan en Jerusalén, presten atención,

---

conmemorar la alianza de Dios con su pueblo en el Sinaí y el don de la Ley por medio de Moisés. El Pentecostés cristiano, por su parte, conmemora y celebra el don del Espíritu Santo, que es la Ley de la nueva alianza.

2,2. Este bautismo *en el Espíritu Santo* (Lc 3,16) es el acta de nacimiento de la Iglesia. El viento impetuoso y las lenguas de fuego simbolizan el poder del Espíritu.

2,11. Los *prosélitos* eran los paganos incorporados al judaísmo. No deben ser confundidos con los *temerosos de Dios*, que simpatizaban con el judaísmo y asistían a la sinagoga, pero no aceptaban la circuncisión ni se comprometían a cumplir todos los preceptos de la Ley (cf. 10,2.22; 13,16.26).

porque voy a explicarles lo que ha sucedido. ¹⁵ Estos hombres no están ebrios, como ustedes suponen, ya que no son más que las nueve de la mañana, ¹⁶ sino que se está cumpliendo lo que dijo el profeta Joel:

¹⁷ En los últimos días,
    dice el Señor,
    derramaré mi Espíritu
    sobre todos los hombres
    y profetizarán sus hijos
    y sus hijas;
    los jóvenes verán visiones
    y los ancianos tendrán sueños
    proféticos.
¹⁸ *Más aún, derramaré*
    mi Espíritu
    sobre mis servidores
    y servidoras,
    y ellos profetizarán.
¹⁹ *Haré prodigios arriba,*
    en el cielo,
    y signos abajo, en la tierra:
    verán sangre, fuego y
    columnas de humo.
²⁰ *El sol se convertirá en tinieblas*
    y la luna en sangre,
    antes que llegue el Día
    del Señor,
    día grande y glorioso.

²¹ *Y todo el que invoque el*
    nombre del Señor se salvará.

²² Israelitas, escuchen: A Jesús de Nazaret, el hombre que Dios acreditó ante ustedes realizando por su intermedio los milagros, prodigios y signos que todos conocen, ²³ a ese hombre que había sido entregado conforme al plan y a la previsión de Dios, ustedes lo hicieron morir, clavándolo en la cruz por medio de los infieles. ²⁴ Pero Dios lo resucitó, librándolo de las angustias de la muerte, porque no era posible que ella tuviera dominio sobre él. ²⁵ En efecto, refiriéndose a él, dijo David:

Veía sin cesar al Señor
    delante de mí,
    porque él está a mi derecha
    para que yo no vacile.
²⁶ *Por eso se alegra mi corazón*
    y mi lengua canta llena de gozo.
    También mi cuerpo
    descansará en la esperanza,
²⁷ *porque tú no entregarás*
    mi alma al Abismo,
    ni dejarás que tu servidor
    sufra la corrupción.

2,17-21. Jl 3,1-5.   **2,25-28.** Sal 16,8-11.

²⁸ *Tú me has hecho conocer*
los caminos de la vida
y me llenarás de gozo
en tu presencia.

²⁹ Hermanos, permítanme decirles con toda franqueza que el patriarca David murió y fue sepultado, y su tumba se conserva entre nosotros hasta el día de hoy. ³⁰ Pero como él era profeta, sabía que Dios le *había jurado que un descendiente suyo se sentaría en su trono.* ³¹ Por eso previó y anunció la resurrección del Mesías, cuando dijo que *no fue entregado al Abismo* ni su cuerpo *sufrió la corrupción.* ³² A este Jesús, Dios lo resucitó, y todos nosotros somos testigos. ³³ Exaltado por el poder de Dios, él recibió del Padre el Espíritu Santo prometido, y lo ha comunicado como ustedes ven y oyen. ³⁴ Porque no es David el que subió a los cielos; al contrario, él mismo afirma:

Dijo el Señor a mi Señor:
Siéntate a mi derecha,

³⁵ *hasta que ponga a todos*
tus enemigos
debajo de tus pies.

³⁶ Por eso, todo el pueblo de Israel debe reconocer que a ese Jesús que ustedes crucificaron, Dios lo ha hecho Señor y Mesías».

Las primeras conversiones

³⁷ Al oír estas cosas, todos se conmovieron profundamente, y dijeron a Pedro y a los otros Apóstoles: «Hermanos, ¿qué debemos hacer?». ³⁸ Pedro les respondió: «Conviértanse y háganse bautizar en el nombre de Jesucristo para que les sean perdonados los pecados, y así recibirán el don del Espíritu Santo. ³⁹ Porque la promesa ha sido hecha a ustedes y a sus hijos, y a todos *aquellos que están lejos*: a cuantos *el Señor*, nuestro Dios, *quiera llamar*». ⁴⁰ Y con muchos otros argumentos les daba testimonio y los exhortaba a que se pusieran a salvo de esta generación perversa. ⁴¹ Los que recibieron su palabra se hicieron bau-

---

2,30. 2 Sm 7,12.
2,31. Sal 16,10.

2,39. Is 57,19; Jl 3,5.

tizar; y ese día se unieron a ellos alrededor de tres mil.

La primera comunidad cristiana

[42] Todos se reunían asiduamente para escuchar la enseñanza de los Apóstoles y participar en la vida común, en la fracción del pan y en las oraciones. [43] Un santo temor se apoderó de todos ellos, porque los Apóstoles realizaban muchos prodigios y signos. [44] Todos los creyentes se mantenían unidos y ponían lo suyo en común: [45] vendían sus propiedades y sus bienes, y distribuían el dinero entre ellos, según las necesidades de cada uno. [46] Íntimamente unidos, frecuentaban a diario el Templo, partían el pan en sus casas, y comían juntos con alegría y sencillez de corazón; [47] ellos alababan a Dios y eran queridos por todo el pueblo. Y cada día,

el Señor acrecentaba la comunidad con aquellos que debían salvarse.

La curación de un paralítico

3 En una ocasión, Pedro y Juan subían al Templo para la oración de la tarde. [2] Allí encontraron a un paralítico de nacimiento, que ponían diariamente junto a la puerta del Templo llamada «la Hermosa», para pedir limosna a los que entraban. [3] Cuando él vio a Pedro y a Juan entrar en el Templo, les pidió una limosna. [4] Entonces Pedro, fijando la mirada en él, lo mismo que Juan, le dijo: «Míranos». [5] El hombre los miró fijamente esperando que le dieran algo. [6] Pedro le dijo: «No tengo plata ni oro, pero te doy lo que tengo: en el nombre de Jesucristo de Nazaret, levántate y camina». [7] Y tomándolo de la mano derecha,

---

2,42. *Fracción del pan* (o *partir el pan*) era una expresión usada por los primeros cristianos para designar la celebración eucarística (cf. Lc 24,30; 1 Cor 10,16).

2,44-45. Dentro del ámbito de las iglesias se daba un mínimo de circulación de bienes, libre y espontánea,

para aliviar las necesidades de los fieles, al menos entre los discípulos de Jesús.

2,46. La cena eucarística formaba una unidad con la comida ordinaria. Esta comida, según subraya el autor, transcurría en medio de la *alegría* y *sencillez de corazón*.

lo levantó; de inmediato, se le fortalecieron los pies y los tobillos. ⁸ Dando un salto, se puso de pie y comenzó a caminar, y entró con ellos en el Templo, caminando, saltando y glorificando a Dios. ⁹ Toda la gente lo vio caminar y alabar a Dios. ¹⁰ Reconocieron que era el mendigo que pedía limosna sentado a la puerta del Templo llamada «la Hermosa», y quedaron asombrados y llenos de admiración por lo que le había sucedido.

Segundo discurso de Pedro

¹¹ Como él no soltaba a Pedro y a Juan, todo el pueblo, lleno de asombro, corrió hacia ellos, que estaban en el pórtico de Salomón. ¹² Al ver esto, Pedro dijo al pueblo: «Israelitas, ¿de qué se asombran? ¿Por qué nos miran así, como si fuera por nuestro poder o por nuestra santidad, que hemos hecho caminar a este hombre? ¹³ *El Dios de Abraham, de Isaac y de Jacob, el Dios de nuestros padres, glorificó a su servidor* Jesús, a quien ustedes entregaron, renegando de él

delante de Pilato, cuando este había resuelto ponerlo en libertad. ¹⁴ Ustedes renegaron del Santo y del Justo, y pidiendo como una gracia la liberación de un homicida, ¹⁵ mataron al autor de la vida. Pero Dios lo resucitó de entre los muertos, de lo cual nosotros somos testigos. ¹⁶ Por haber creído en su Nombre, ese mismo Nombre ha devuelto la fuerza al que ustedes ven y conocen. Esta fe que proviene de él, es la que lo ha curado completamente, como ustedes pueden comprobar. ¹⁷ Ahora bien, hermanos, yo sé que ustedes actuaron por ignorancia, lo mismo que sus jefes. ¹⁸ Pero así Dios cumplió lo que había anunciado por medio de todos los profetas: que su Mesías debía padecer.

¹⁹ Por lo tanto, hagan penitencia y conviértanse, para que sus pecados sean perdonados. ²⁰ Así el Señor les concederá el tiempo del consuelo y enviará a Jesús, el Mesías destinado para ustedes. ²¹ Él debe permanecer en el cielo hasta el momento de la restauración universal, que

---

3,25. Gn 12,3; 22,18.

Dios anunció antiguamente por medio de sus santos profetas. ²² Moisés, en efecto, dijo: *El Señor Dios suscitará para ustedes, de entre sus hermanos, un profeta semejante a mí, y ustedes obedecerán a todo lo que él les diga.* ²³ *El que no escuche a ese profeta será excluido del pueblo.* ²⁴ Y todos los profetas que han hablado a partir de Samuel, anunciaron también estos días. ²⁵ Ustedes son los herederos de los profetas y de la Alianza que Dios hizo con sus antepasados, cuando dijo a Abraham: *En tu descendencia serán bendecidos todos los pueblos de la tierra.* ²⁶ Ante todo para ustedes Dios resucitó a su Servidor, y lo envió para bendecirlos y para que cada uno se aparte de sus iniquidades».

Pedro y Juan ante el Sanedrín

4 Mientras los Apóstoles hablaban al pueblo, se presentaron ante ellos los sacerdotes, el jefe de los guardias del Templo y los saduceos, ² irritados de que predicaran y anunciaran al pueblo la resu-

rrección de los muertos cumplida en la persona de Jesús. ³ Estos detuvieron a los Apóstoles y los encarcelaron hasta el día siguiente, porque ya era tarde. ⁴ Muchos de los que habían escuchado la Palabra abrazaron la fe, y así el número de creyentes, contando solo los hombres, se elevó a unos cinco mil.

⁵ Al día siguiente, se reunieron en Jerusalén los jefes de los judíos, los ancianos y los escribas, ⁶ con Anás, el Sumo Sacerdote, Caifás, Juan, Alejandro y todos los miembros de las familias de los sumos sacerdotes. ⁷ Hicieron comparecer a los Apóstoles y los interrogaron: «¿Con qué poder o en nombre de quién ustedes hicieron eso?». ⁸ Pedro, lleno del Espíritu Santo, dijo: «Jefes del pueblo y ancianos, ⁹ ya que hoy se nos pide cuenta del bien que hicimos a un enfermo y de cómo fue curado, ¹⁰ sepan ustedes y todo el pueblo de Israel: este hombre está aquí sano delante de ustedes por el nombre de nuestro Señor Jesucristo de Nazaret, al que us-

---

4,11. Sal 118,22.

tedes crucificaron y Dios resucitó de entre los muertos. [11] Él es *la piedra que ustedes, los constructores, han rechazado, y ha llegado a ser la piedra angular.* [12] Porque en ningún otro hay salvación, ni existe bajo el cielo otro Nombre dado a los hombres, por el cual podamos salvarnos».

[13] Los miembros del Sanedrín estaban asombrados de la seguridad con que Pedro y Juan hablaban, a pesar de ser personas poco instruidas y sin cultura. Reconocieron que eran los que habían acompañado a Jesús, [14] pero no podían replicarles nada, porque el hombre que había sido curado estaba de pie, al lado de ellos. [15] Entonces les ordenaron salir del Sanedrín y comenzaron a deliberar, [16] diciendo: «¿Qué haremos con estos hombres? Porque no podemos negar que han realizado un signo bien patente, que es notorio para todos los habitantes de Jerusalén. [17] A fin de evitar que la cosa se divulgue más entre el pueblo, debemos amenazarlos, para que de ahora en adelante no hablen de ese Nombre». [18] Los llamaron y les prohibieron terminantemente que dijeran una sola palabra o enseñaran en el nombre de Jesús. [19] Pedro y Juan les respondieron: «Juzguen si está bien a los ojos del Señor que les obedezcamos a ustedes antes que a Dios. [20] Nosotros no podemos callar lo que hemos visto y oído».

[21] Después de amenazarlos nuevamente, los dejaron en libertad, ya que no sabían cómo castigarlos, por temor al pueblo que alababa a Dios al ver lo que había sucedido. [22] El hombre milagrosamente curado tenía más de cuarenta años.

La primera persecución contra la Iglesia

[23] Una vez en libertad, los Apóstoles regresaron adonde estaban sus hermanos, y les contaron todo lo que les habían dicho los sumos sacerdotes y los ancianos. [24] Al oírlos, todos levantaron la voz y oraron a Dios unánimemente: «Señor, tú hiciste el cielo y la tierra, el mar y todo lo que hay en ellos; [25] tú, por medio del Espíritu Santo, pusiste estas

---

4,13. Sal 2,1-2.

palabras en labios de nuestro padre David, tu servidor:

*¿Por qué se amotinan
las naciones
y los pueblos hacen vanos
proyectos?*
26 *Los reyes de la tierra
se rebelaron
y los príncipes se aliaron
contra el Señor y contra
su Ungido.*

27 Porque realmente se aliaron en esta ciudad Herodes y Poncio Pilato con *las naciones* paganas y *los pueblos* de Israel, contra tu santo servidor Jesús, a quien tú has *ungido*. **28** Así ellos cumplieron todo lo que tu poder y tu sabiduría habían determinado de antemano. **29** Ahora, Señor, mira sus amenazas, y permite a tus servidores anunciar tu Palabra con toda libertad: **30** extiende tu mano para que se realicen curaciones, signos y prodigios en el nombre de tu santo servidor Jesús». **31** Cuando terminaron de orar, tembló el lugar donde estaban reunidos; todos quedaron

llenos del Espíritu Santo y anunciaban decididamente la Palabra de Dios.

La comunión fraterna de bienes

32 La multitud de los creyentes tenía un solo corazón y una sola alma. Nadie consideraba sus bienes como propios, sino que todo era común entre ellos. **33** Los Apóstoles daban testimonio con mucho poder de la resurrección del Señor Jesús y gozaban de gran estima. **34** Ninguno padecía necesidad, porque todos los que poseían tierras o casas las vendían **35** y ponían el dinero a disposición de los Apóstoles, para que se distribuyera a cada uno según sus necesidades. **36** Y así José, llamado por los Apóstoles Bernabé —que quiere decir hijo del consuelo—, un levita nacido en Chipre **37** que poseía un campo, lo vendió, y puso el dinero a disposición de los Apóstoles.

El caso de Ananías y Safira

5 Un hombre llamado Ananías, junto con su mujer, Sa-

4,33. *Con mucho poder:* Se refiere a los milagros que confirman el testimonio de los apóstoles (cf. 3,12; 5,12).

fira, vendió una propiedad, ²y de acuerdo con ella, se guardó parte del dinero y puso el resto a disposición de los Apóstoles. ³Pedro le dijo: «Ananías, ¿por qué dejaste que Satanás se apoderara de ti hasta el punto de engañar al Espíritu Santo, guardándote una parte del dinero del campo? ⁴¿Acaso no eras dueño de quedarte con él? Y después de venderlo, ¿no podías guardarte el dinero? ¿Cómo se te ocurrió hacer esto? No mentiste a los hombres sino a Dios». ⁵Al oír estas palabras, Ananías cayó muerto. Un gran temor se apoderó de todos los que se enteraron de lo sucedido. ⁶Vinieron unos jóvenes, envolvieron su cuerpo y lo llevaron a enterrar.

⁷Unas tres horas más tarde, llegó su mujer, completamente ajena a lo ocurrido. ⁸Pedro le preguntó: «¿Es verdad que han vendido el campo en tal suma?». Ella respondió: «Sí, en esa suma». ⁹Pedro le dijo: «¿Por qué se han puesto de acuerdo para tentar así al Espíritu del Señor? Mira junto a la puerta las pisadas de los que acaban de enterrar a tu marido; ellos también te van a llevar a ti». ¹⁰En ese mismo momento, ella cayó muerta a sus pies; los jóvenes, al entrar, la encontraron muerta, la llevaron y la enterraron junto a su marido. ¹¹Un gran temor se apoderó entonces de toda la Iglesia y de todos los que oyeron contar estas cosas.

Crecimiento de la Iglesia

¹²Los Apóstoles hacían muchos signos y prodigios en el pueblo. Todos solían congregarse unidos en un mismo espíritu, bajo el pórtico de Salomón, ¹³pero ningún otro se atrevía a unirse al grupo de los Apóstoles, aunque el pueblo hablaba muy bien de ellos. ¹⁴Aumentaba cada vez más el número de los que creían en el Señor, tanto hombres como mujeres. ¹⁵Y

5,4. Esta declaración de Pedro muestra que la puesta en común de los bienes era una acción libre, que presuponía la buena disposición para compartir los propios recursos a fin de satisfacer las necesidades de los miembros de la comunidad más indigentes. De hecho, Ananías podía haber vendido el campo y guardarse el dinero (cf. 2,44-45; 4,34-37).

hasta sacaban a los enfermos a las calles, poniéndolos en catres y camillas, para que cuando Pedro pasara, por lo menos su sombra cubriera a alguno de ellos. [16] La multitud acudía también de las ciudades vecinas a Jerusalén, trayendo enfermos o poseídos por espíritus impuros, y todos quedaban curados.

Arresto y liberación de los Apóstoles

[17] Intervino entonces el Sumo Sacerdote con todos sus partidarios, los de la secta de los saduceos. Llenos de envidia, [18] hicieron arrestar a los Apóstoles y los enviaron a la prisión pública. [19] Pero durante la noche, el Ángel del Señor abrió las puertas de la prisión y los hizo salir. Luego les dijo: [20] «Vayan al Templo y anuncien al pueblo todo lo que se refiere a esta nueva Vida». [21] Los Apóstoles, obedeciendo la orden, entraron en el Templo en las primeras horas del día, y se pusieron a enseñar.

Los Apóstoles ante el Sanedrín

Entre tanto, llegaron el Sumo Sacerdote y sus partidarios, convocaron al Sanedrín y a todo el Senado del pueblo de Israel, y mandaron a buscarlos a la cárcel. [22] Cuando llegaron los guardias a la prisión, no los encontraron. Entonces volvieron y dijeron: [23] «Encontramos la prisión cuidadosamente cerrada y a los centinelas de guardia junto a las puertas, pero cuando las abrimos, no había nadie dentro». [24] Al oír esto, el jefe del Templo y los sumos sacerdotes quedaron perplejos y no podían explicarse qué había sucedido. [25] En ese momento llegó uno, diciendo: «Los hombres que ustedes arrestaron, están en el Templo y enseñan al pueblo».

[26] El jefe de la guardia salió con sus hombres y trajeron a los Apóstoles, pero sin violencia, por temor de ser apedreados por el pueblo. [27] Los hicieron comparecer ante el Sanedrín, y el Sumo Sacerdote les dijo: [28] «Nosotros les habíamos prohibido expresamente predicar en ese Nombre, y ustedes han llenado Jerusalén con su doctrina. ¡Así quieren hacer recaer sobre nosotros la sangre de ese hombre!». [29] Pedro, junto con los Apóstoles, respondió: «Hay que obedecer a Dios

antes que a los hombres. ³⁰ El Dios de nuestros padres ha resucitado a Jesús, al que ustedes hicieron morir suspendiéndolo del patíbulo. ³¹ A él, Dios lo exaltó con su poder, haciéndolo Jefe y Salvador, a fin de conceder a Israel la conversión y el perdón de los pecados. ³² Nosotros somos testigos de estas cosas, nosotros y el Espíritu Santo que Dios ha enviado a quienes le obedecen». ³³ Al oír estas palabras, ellos se enfurecieron y querían matarlos.

La intervención de Gamaliel

³⁴ Pero un fariseo, llamado Gamaliel, que era doctor de la Ley, respetado por todo el pueblo, se levantó en medio del Sanedrín. Después de hacer salir por un momento a los Apóstoles, ³⁵ dijo a los del Sanedrín: «Israelitas, cuídense bien de lo que van a hacer con esos hombres. ³⁶ Hace poco apareció Teudas, que pretendía ser un personaje, y lo siguieron unos cuatrocientos hombres; sin embargo, lo mataron, sus partidarios se dispersaron, y ya no queda nada. ³⁷ Después de él, en la época del censo, apareció Judas de Galilea, que también arrastró mucha gente: igualmente murió, y todos sus partidarios se dispersaron. ³⁸ Por eso, ahora les digo: No se metan con esos hombres y déjenlos en paz, porque si lo que ellos intentan hacer viene de los hombres, se destruirá por sí mismo, ³⁹ pero si verdaderamente viene de Dios, ustedes no podrán destruirlos y correrán el riesgo de embarcarse en una lucha contra Dios».

Los del Sanedrín siguieron su consejo: ⁴⁰ llamaron a los Apóstoles, y después de hacerlos azotar, les prohibieron hablar en el nombre de Jesús y los sol-

---

5,34. *Gamaliel*, maestro de Pablo (22,3), era un fariseo de tendencia menos rigorista en la interpretación de la Ley.

5,36. Según el historiador judío Flavio Josefo, *Teudas* se consideraba profeta y prometía a sus seguidores hacerles cruzar por el cauce seco del río Jordán, como en tiempos de Josué (cf. Jos 3,14-17).

5,37. *Judas el Galileo* provocó una insurrección a causa del censo realizado en todo el Imperio romano en los años 4 a. C. o 6 d. C., para asegurarse el pago de los impuestos.

taron. [41] Los Apóstoles, por su parte, salieron del Sanedrín, dichosos por haber sido considerados dignos de padecer ultrajes a causa del Nombre de Jesús. [42] Y todos los días, tanto en el Templo como en las casas, no cesaban de enseñar y de anunciar la Buena Noticia de Cristo Jesús.

La institución de los Siete

6 En aquellos días, como el número de discípulos aumentaba, los helenistas comenzaron a murmurar contra los hebreos porque se desatendía a sus viudas en la distribución diaria de los alimentos. [2] Entonces los Doce convocaron a todos los discípulos y les dijeron: «No es justo que descuidemos el ministerio de la Palabra de Dios para ocuparnos de servir las mesas. [3] Es preferible, hermanos, que busquen entre ustedes a siete hombres de buena fama, llenos del Espíritu Santo y de sabiduría, y nosotros les encargaremos esta tarea. [4] De esa manera, podremos dedicarnos a la oración y al ministerio de la Palabra». [5] La asamblea aprobó esta propuesta y eligieron a Esteban, hombre lleno de fe y del Espíritu Santo, a Felipe y a Prócoro, a Nicanor y a Timón, a Pármenas y a Nicolás, prosélito de Antioquía. [6] Los presentaron a los Apóstoles, y estos, después de orar, les impusieron las manos.

[7] Así la Palabra de Dios se extendía cada vez más, el número de discípulos aumentaba considerablemente en Jerusalén y muchos sacerdotes abrazaban la fe.

5,41. El *Nombre* es un apelativo usado por los judíos para referirse a Dios sin pronunciar el nombre de Yahvé. Designar así a Jesús era una manera de confesar que él es *el Señor*.

6,1. La Iglesia de Jerusalén aparece dividida en dos grupos. Los *helenistas* eran judíos de habla griega, que habían vivido en la diáspora, fuera de Palestina, y habían vuelto a Jerusalén, donde tenían sus propias sinagogas, en las que se leía la Biblia en griego. Los dos grupos vivían en tensión, como lo muestra el conflicto provocado por la desatención de las viudas.

6,5. La institución de los Siete, todos con nombres griegos, otorga al grupo helenista sus propios responsables. El relato se centra después en Esteban, su jefe de filas.

El arresto de Esteban

[8] Esteban, lleno de gracia y de poder, hacía grandes prodigios y signos en el pueblo. [9] Algunos miembros de la sinagoga llamada «de los Libertos», como también otros, originarios de Cirene, de Alejandría, de Cilicia y de la provincia de Asia, se presentaron para discutir con él. [10] Pero como no encontraban argumentos, frente a la sabiduría y al espíritu que se manifestaba en su palabra, [11] sobornaron a unos hombres para que dijeran que le habían oído blasfemar contra Moisés y contra Dios. [12] Así consiguieron excitar al pueblo, a los ancianos y a los escribas, y llegando de improviso, lo arrestaron y lo llevaron ante el Sanedrín. [13] Entonces presentaron falsos testigos, que declararon: «Este hombre no hace otra cosa que hablar contra el Lugar santo y contra la Ley. [14] Nosotros le hemos oído decir que Jesús de Nazaret destruirá este Lugar y cambiará las costumbres que nos ha transmitido Moisés». [15] En ese momento, los que estaban sentados en el Sanedrín tenían los ojos clavados en él y vieron que el rostro de Esteban parecía el de un ángel.

El discurso de Esteban

[7] El Sumo Sacerdote preguntó a Esteban: «¿Es verdad lo que estos dicen?». [2] Él respondió: «Hermanos y padres, escuchen: El Dios de la gloria se apareció a nuestro padre Abraham, cuando aún estaba en la Mesopotamia, antes de establecerse en Jarán, [3] y le dijo: *"Abandona tu tierra natal y la casa de tu padre y ve al país que yo te indicaré"*. [4] Abraham salió de Caldea para establecerse en Jarán. Después de la muerte de su padre, Dios le ordenó que se

---

6,9. Los *libertos* eran probablemente descendientes de los judíos llevados a Roma por el general romano Pompeyo en el año 63 a. C. Vendidos allí como esclavos, habían vuelto a Jerusalén después de recuperar su libertad.
6,13-14. Las mismas falsas acusaciones contra Jesús son ahora lanzadas contra Esteban, y también son parecidos los resultados de ambos procesos. La diferencia está en los medios del castigo infligido a uno y otro: a Jesús, la crucifixión; a Esteban, la lapidación (cf. Mt 26,59-66).
7,3. Gn 12,1.

trasladara a este país, donde ustedes ahora están viviendo. ⁵Él no le dio nada en propiedad, ni siquiera un palmo de tierra, pero prometió *darle en posesión este país, a él, y después de él a sus descendientes,* aunque todavía *no tenía hijos.* ⁶Y Dios le anunció que *sus descendientes emigrarían a una tierra extranjera, y serían esclavizados y maltratados durante cuatrocientos años.* ⁷*Pero yo juzgaré al pueblo que los esclavizará* —dice el Señor— *y después quedarán en libertad y me tributarán culto en este mismo lugar.* ⁸Le dio luego *la alianza sellada con la circuncisión* y así *Abraham,* cuando nació su hijo Isaac, *lo circuncidó al octavo día;* Isaac hizo lo mismo con Jacob, y Jacob con los doce patriarcas.

⁹Los patriarcas, *movidos por la envidia, vendieron a su hermano José para que fuera llevado a Egipto.* Pero *Dios estaba con él*

¹⁰y lo salvó de todas sus tribulaciones, le dio sabiduría, *y lo hizo grato al Faraón, rey de Egipto, el cual lo nombró gobernador de su país y lo puso al frente de su casa real.* ¹¹*Luego sobrevino una época de hambre* y de extrema miseria *en toda la tierra de Egipto y de Canaán,* y nuestros padres no tenían qué comer. ¹²Jacob, *al enterarse de que en Egipto había trigo,* decidió enviar allí a nuestros padres. Esta fue la primera visita. ¹³Cuando llegaron por segunda vez, *José se dio a conocer a sus hermanos,* y el mismo Faraón se enteró del origen de José. ¹⁴Este mandó llamar a su padre Jacob y a toda su familia, *unas setenta y cinco personas.* ¹⁵Jacob *se radicó entonces en Egipto y allí murió,* lo mismo que nuestros padres. ¹⁶*Sus restos fueron trasladados* a Siquem y sepultados *en la tumba que Abraham había comprado* por una suma de dinero *a los hijos de Emor, que habitaban en Siquem.*

7,5. Gn 15,2.
7,6-7. Gn 15,13-14; Ex 3,12.
7,8. Gn 21,4.
7,9. Gn 37,11-28.
7,10. Gn 41,40-41.
7,11. Gn 41,54-55.

7,12. Gn 42,2.
7,13. Gn 45,1.
7,14. Gn 46,27.
7,15. Gn 46,6; 49,33.
7,16. Gn 50,13; Jos 24,32.

¹⁷ Al acercarse el tiempo en que debía cumplirse la promesa que Dios había hecho a Abraham, el pueblo *creció y se multiplicó* en Egipto, ¹⁸ hasta que *vino un nuevo rey que no sabía nada acerca de José.* ¹⁹ Este rey, *empleando la astucia* contra nuestro pueblo, *maltrató a nuestros padres y los obligó a que abandonaran a sus hijos recién nacidos para que no sobrevivieran.* ²⁰ En ese tiempo nació Moisés, *que era muy hermoso delante de Dios. Durante tres meses* fue criado en la casa de su padre, ²¹ y al ser abandonado, *la hija del Faraón lo recogió* y lo crio como a su propio hijo. ²² Así Moisés fue iniciado en toda la sabiduría de los egipcios y llegó a ser poderoso en palabras y obras.

²³ Al cumplir cuarenta años, sintió un vivo deseo de visitar a *sus hermanos, los israelitas.* ²⁴ Y como vio que maltrataban a uno de ellos salió en su defensa, y vengó al oprimido *matando al egipcio.* ²⁵ Moisés pensaba que sus hermanos iban a comprender que Dios, por su intermedio, les daría la salvación. Pero ellos no lo entendieron así. ²⁶ Al día siguiente sorprendió a dos israelitas que se estaban peleando y trató de reconciliarlos, diciéndoles: "Ustedes son hermanos, ¿por qué se hacen daño?". ²⁷ Pero *el que maltrataba a su compañero* rechazó a Moisés y le dijo: *"¿Quién te ha nombrado jefe o árbitro nuestro?* ²⁸ *¿Acaso piensas matarme como mataste ayer al egipcio?".* ²⁹ Al oír esto, Moisés huyó *y fue a vivir al país de Madián,* donde tuvo dos hijos.

³⁰ Al cabo de cuarenta años *se le apareció un ángel en el desierto del monte* Sinaí, *en la llama de una zarza* ardiente. ³¹ Moisés quedó maravillado ante tal aparición y, *al acercarse para ver mejor, oyó la voz del Señor que le decía:* ³² *"Yo soy el Dios de tus padres, el Dios de Abraham, de Isaac y de Jacob".* Moisés, atemorizado, *no se atrevía a mirar.* ³³ Entonces el Señor le dijo: *"Quítate las sandalias porque*

7,17-19. Ex 1,7-8.10-11.
7,20. Ex 2,2.
7,21. Ex 2,5.10.

7,23-24. Ex 2,11-12.
7,27-29. Ex 2,13-15.
7,30-34. Ex 3,1-10.

estás pisando un lugar sagrado. [34] *Yo he visto la opresión de mi Pueblo que está en Egipto, he oído sus gritos de dolor, y por eso he venido a librarlos. Ahora prepárate, porque he decidido enviarte a Egipto".*

[35] Y a este Moisés, a quien ellos rechazaron diciendo: *¿Quién te ha nombrado jefe o árbitro nuestro?,* Dios lo envió como jefe y libertador con la ayuda del ángel que se apareció en la zarza. [36] Él los liberó, obrando *milagros y signos en Egipto,* en el mar Rojo y *en el desierto, durante cuarenta años.* [37] Y este mismo Moisés dijo a los israelitas: *Dios suscitará de entre ustedes un profeta semejante a mí.* [38] Y cuando el pueblo estaba *congregado* en el desierto, él hizo de intermediario en el monte Sinaí, entre el ángel que le habló y nuestros padres, y recibió las palabras de vida que luego nos comunicó. [39] Pero nuestros padres no solo se negaron a obedecerle, sino que lo rechazaron y, *sintiendo una gran nostalgia por Egipto,* [40] dijeron a Aarón: *"Fabrícanos dioses que vayan al frente de nosotros, porque no sabemos qué le ha pasado a ese Moisés, ese hombre que nos hizo salir de Egipto".* [41] Entonces, *fabricaron un ternero de oro, ofrecieron un sacrificio* al ídolo y festejaron la obra de sus manos. [42] Pero Dios se apartó de ellos y los entregó al culto de los astros, como está escrito en el libro de los Profetas:

Israelitas,
¿acaso ustedes me ofrecieron
*   víctimas y sacrificios*
*   durante los cuarenta años que*
*   estuvieron en el desierto?*
[43] *Por el contrario, llevaron*
*   consigo*
la carpa de Moloc y la estrella
*   del dios Refán,*
esos ídolos que ustedes
*   fabricaron para adorarlos.*
Por eso yo los deportaré más
*   allá de Babilonia.*

[44] En el desierto, nuestros padres tenían la Morada del Testimonio. Así lo había dipuesto

---

7,35-36. Ex 2,14; 7,3.
7,37. Dt 18,15.
7,39-41. Ex 32,1.23.

7,42-43. Am 5,25-27 (texto griego).
7,44. Ex 25,40.

Dios, cuando ordenó a Moisés que la *hiciera conforme al modelo* que había visto. [45] Nuestros padres recibieron como herencia esta Morada y, bajo la guía de Josué, la introdujeron en el país conquistado a los pueblos que Dios iba expulsando a su paso. Así fue hasta el tiempo de David.

[46] David, que gozó del favor de Dios, le pidió la gracia de *construir una Morada para* el *Dios de Jacob*. [47] Pero fue *Salomón* el que le *edificó una casa*, [48] si bien es cierto que el Altísimo no habita en casas hechas por la mano del hombre. Así lo dice el Profeta:

[49] *El cielo es mi trono,*
y la tierra la tarima de mis pies.
¿Qué casa me edificarán
ustedes,
dice el Señor,
o dónde podrá estar mi lugar
de reposo?
[50] *¿No fueron acaso mis manos*
las que hicieron todas las cosas?

[51] ¡Hombres rebeldes, paganos de corazón y cerrados a la verdad! Ustedes siempre resisten al Espíritu Santo y son iguales a sus padres. [52] ¿Hubo algún profeta a quien ellos no persiguieran? Mataron a los que anunciaban la venida del Justo, el mismo que acaba de ser traicionado y asesinado por ustedes, [53] los que recibieron la Ley por intermedio de los ángeles y no la cumplieron».

La lapidación de Esteban

[54] Al oír esto, se enfurecieron y rechinaban los dientes contra él. [55] Esteban, lleno del Espíritu Santo y con los ojos fijos en el cielo, vio la gloria de Dios, y a Jesús, que estaba de pie a la derecha de Dios. [56] Entonces exclamó: «Veo el cielo abierto y al Hijo del hombre de pie a la derecha de Dios». [57] Ellos comenzaron a vociferar y, tapándose los oídos, se precipitaron sobre él como un solo hombre; [58] y arrastrándolo fuera de la ciudad, lo apedrearon. Los testigos se quitaron los mantos, confiándolos a un joven llamado Saulo.

7,46. Sal 132,5.
7,47. 1 Re 6,2.
7,52. El Justo es Cristo (cf. 3,14; 22,14).

7,53. Según la tradición rabínica, la Ley fue promulgada por medio de los ángeles (cf. Gal 3,19; Heb 2,2).

⁵⁹Mientras lo apedreaban, Esteban oraba, diciendo: «Señor Jesús, recibe mi espíritu». ⁶⁰Después, poniéndose de rodillas, exclamó en voz alta: «Señor, no les tengas en cuenta este pecado». Y al decir esto, expiró.

Nueva persecución contra la Iglesia

8 Saulo aprobó la muerte de Esteban. Ese mismo día, se desencadenó una violenta persecución contra la Iglesia de Jerusalén. Todos, excepto los Apóstoles, se dispersaron por las regiones de Judea y Samaría. ²Unos hombres piadosos enterraron a Esteban y lo lloraron con gran pesar. ³Saulo, por su parte, perseguía a la Iglesia; iba de casa en casa y arrastraba a hombres y mujeres, llevándolos a la cárcel.

Felipe en Samaría

⁴Los que se habían dispersado iban por todas partes anunciando la Palabra. ⁵Felipe bajó a la ciudad de Samaría y allí predicaba a Cristo. ⁶Al oírlo y al ver los milagros que hacía, todos recibían unánimemente las palabras de Felipe. ⁷Porque los espíritus impuros, dando grandes gritos, salían de muchos que estaban poseídos, y buen número de paralíticos y lisiados quedaron curados. ⁸Y fue grande la alegría de aquella ciudad.

Simón el mago

⁹Desde hacía un tiempo, vivía en esa ciudad un hombre llamado Simón, el cual con sus artes mágicas tenía deslumbrados a los samaritanos y pretendía ser un gran personaje. ¹⁰Todos, desde el más pequeño al más grande, lo

---

7,58. *Saulo* es el nombre hebreo de Pablo, el apóstol de los paganos (cf. 13,9).

7,59. *Señor Jesús, recibe mi espíritu:* Esta invocación hace pensar indefectiblemente en las últimas palabras de Jesús: *Padre, en tus manos encomiendo mi espíritu* (Lc 23,46, que es una cita casi literal de Sal 31,6). La diferencia está en que la oración de Esteban no se dirige al Padre, sino a Jesús.

8,1. Esta persecución provoca la dispersión de los helenistas convertidos a la fe en Jesucristo. A partir de entonces, los helenistas evangelizan Samaría (v. 5), fundan la iglesia de Antioquía (11,19-21) y anuncian por primera vez la Buena Noticia a los griegos. Es en esta iglesia donde Saulo encontrará su lugar (11,25-26) y desde donde comenzará su actividad misionera (13,1-3).

seguían y decían: «Este hombre es la Fuerza de Dios, esa que es llamada Grande». [11] Y lo seguían, porque desde hacía tiempo los tenía seducidos con su magia. [12] Pero cuando creyeron a Felipe, que les anunciaba la Buena Noticia del Reino de Dios y el nombre de Jesucristo, todos, hombres y mujeres, se hicieron bautizar. [13] Simón también creyó y, una vez bautizado, no se separaba de Felipe. Al ver los signos y los grandes prodigios que se realizaban, él no salía de su asombro.

[14] Cuando los Apóstoles que estaban en Jerusalén oyeron que los samaritanos habían recibido la Palabra de Dios, les enviaron a Pedro y a Juan. [15] Estos, al llegar, oraron por ellos para que recibieran el Espíritu Santo. [16] Porque todavía no había descendido sobre ninguno de ellos, sino que solamente estaban bautizados en el nombre del Señor Jesús. [17] Entonces les impusieron las manos y recibieron el Espíritu Santo.

[18] Al ver que por la imposición de las manos de los Após-toles se confería el Espíritu Santo, Simón les ofreció dinero, [19] diciéndoles: «Les ruego que me den ese poder a mí también, para que aquel a quien yo imponga las manos reciba el Espíritu Santo». [20] Pedro le contestó: «Maldito sea tu dinero y tú mismo, porque has creído que el don de Dios se compra con dinero. [21] Tú no tendrás ninguna participación en ese poder, porque tu corazón no es recto a los ojos de Dios. [22] Arrepiéntete de tu maldad y ora al Señor: quizá él te perdone este mal deseo de tu corazón, [23] porque veo que estás sumido en la amargura de la hiel y envuelto en los lazos de la iniquidad». [24] Simón respondió: «Rueguen más bien ustedes al Señor, para que no me suceda nada de lo que acabas de decir». [25] Y los Apóstoles, después de haber dado testimonio y predicado la Palabra del Señor, mientras regresaban a Jerusalén, anunciaron la Buena Noticia a numerosas aldeas samaritanas.

8,18-20. El hecho protagonizado por Simón dio origen a la palabra *simonía*, que designa la pretensión de comprar con dinero los bienes espirituales.

El bautismo de un etíope

[26] El Ángel del Señor dijo a Felipe: «Levántate y ve hacia el sur, por el camino que baja de Jerusalén a Gaza: es un camino desierto». [27] Él se levantó y partió. Un eunuco etíope, ministro del tesoro y alto funcionario de Candace, la reina de Etiopía, había ido en peregrinación a Jerusalén [28] y se volvía, sentado en su carruaje, leyendo al profeta Isaías. [29] El Espíritu dijo a Felipe: «Acércate y camina junto a su carro». [30] Felipe se acercó y, al oír que leía al profeta Isaías, le preguntó: «¿Comprendes lo que estás leyendo?». [31] Él respondió: «¿Cómo lo puedo entender, si nadie me lo explica?». Entonces le pidió a Felipe que subiera y se sentara junto a él. [32] El pasaje de la Escritura que estaba leyendo era el siguiente:

Como oveja fue llevado
al matadero;

y como cordero que no se queja
ante el que lo esquila,
así él no abrió la boca.
[33] *En su humillación,*
le fue negada la justicia.
¿Quién podrá hablar
de su descendencia,
ya que su vida es arrancada
de la tierra?

[34] El etíope preguntó a Felipe: «Dime, por favor, ¿de quién dice esto el Profeta? ¿De sí mismo o de algún otro?». [35] Entonces Felipe tomó la palabra y, comenzando por este texto de la Escritura, le anunció la Buena Noticia de Jesús. [36] Siguiendo su camino, llegaron a un lugar donde había agua, y el etíope dijo: «Aquí hay agua, ¿qué me impide ser bautizado?». [37] . [38] Y ordenó que detuvieran el carro; ambos descendieron hasta el agua, y Felipe lo bautizó. [39] Cuando salieron del agua, el Espíritu del Señor arrebató a Felipe, y el etíope no lo

---

8,32-33. Is 53,7-8 (cf. nota 3,13-14).
8,37. *Felipe dijo: «Si crees de todo corazón, es posible». «Creo, afirmó, que Jesucristo es el Hijo de Dios.»* Este texto, que es una glosa muy antigua inspirada en la liturgia bautismal, falta en los mejores manuscritos.

8,38. El eunuco, por estar castrado, no podía convertirse en prosélito ni ser admitido como miembro pleno del pueblo de Dios. El bautismo, que lo introducía en la comunidad cristiana, no tenía en cuenta esta exclusión.

vio más, pero seguía gozoso su camino. ⁴⁰Felipe se encontró en Azoto, y en todas las ciudades por donde pasaba iba anunciando la Buena Noticia, hasta que llegó a Cesarea.

La vocación de Pablo

9 Saulo, que todavía respiraba amenazas de muerte contra los discípulos del Señor, se presentó al Sumo Sacerdote ²y le pidió cartas para las sinagogas de Damasco, a fin de traer encadenados a Jerusalén a los seguidores del Camino del Señor que encontrara, hombres o mujeres. ³Y mientras iba caminando, al acercarse a Damasco, una luz que venía del cielo lo envolvió de improviso con su resplandor. ⁴Y cayendo en tierra, oyó una voz que le decía: «Saulo, Saulo, ¿por qué me persigues?». ⁵Él preguntó: «¿Quién eres tú, Señor?». «Yo soy Jesús, a quien tú persigues —le respondió la voz—. ⁶Ahora levántate, y entra en la ciudad: allí te dirán qué debes hacer». ⁷Los que lo acompañaban quedaron sin palabra, porque oían la voz, pero no veían a nadie. ⁸Saulo

se levantó del suelo y, aunque tenía los ojos abiertos, no veía nada. Lo tomaron de la mano y lo llevaron a Damasco. ⁹Allí estuvo tres días sin ver, y sin comer ni beber.

El bautismo de Pablo

¹⁰Vivía entonces en Damasco un discípulo llamado Ananías, a quien el Señor dijo en una visión: «¡Ananías!». Él respondió: «Aquí estoy, Señor». ¹¹El Señor le dijo: «Ve a la calle llamada Recta, y busca en casa de Judas a un tal Saulo de Tarso. ¹²Él está orando, y ha visto en una visión a un hombre llamado Ananías que entraba y le imponía las manos para devolverle la vista». ¹³Ananías respondió: «Señor, oí decir a muchos que este hombre hizo un gran daño a tus santos en Jerusalén. ¹⁴Y ahora está aquí con plenos poderes de los jefes de los sacerdotes para llevar presos a todos los que invocan tu Nombre». ¹⁵El Señor le respondió: «Ve a buscarlo, porque es un instrumento elegido por mí para llevar mi Nombre a todas las naciones, a los reyes y al pueblo de Israel. ¹⁶Yo le haré ver cuánto tendrá que padecer por mi

Nombre». [17] Ananías fue a la casa, le impuso las manos y le dijo: «Saulo, hermano mío, el Señor Jesús —el mismo que se te apareció en el camino— me envió a ti para que recobres la vista y quedes lleno del Espíritu Santo». [18] En ese momento, cayeron de sus ojos una especie de escamas y recobró la vista. Se levantó y fue bautizado. [19] Después comió algo y recobró sus fuerzas.

La permanencia de Pablo en Damasco

Saulo permaneció algunos días con los discípulos que vivían en Damasco, [20] y luego comenzó a predicar en las sinagogas que Jesús es el Hijo de Dios. [21] Todos los que lo oían quedaban sorprendidos y decían: «¿No es este aquel mismo que perseguía en Jerusalén a los que invocan este Nombre, y que vino aquí para llevarlos presos ante los jefes de los sacerdotes?». [22] Pero Saulo, cada vez con más vigor, confundía a los judíos que vivían en Damasco, demostrándoles que Jesús es realmente el Mesías. [23] Al cabo de un tiempo, los judíos se pusieron de acuerdo para quitarle la vida, [24] pero Saulo se enteró de lo que tramaban contra él. Y como los judíos vigilaban noche y día las puertas de la ciudad, para matarlo, [25] sus discípulos lo tomaron durante la noche, y lo descolgaron por el muro, metido en un canasto.

Pablo en Jerusalén

[26] Cuando llegó a Jerusalén, trató de unirse a los discípulos, pero todos le tenían desconfianza porque no creían que también él fuera un verdadero discípulo. [27] Entonces Bernabé, haciéndose cargo de él, lo llevó hasta donde se encontraban los Apóstoles, y les contó en qué forma Saulo había visto al Señor en el camino, cómo le había hablado, y con cuánta valentía había predicado en Damasco en el nombre de Jesús. [28] Desde ese momento, empezó a convivir con los discípulos en Jerusalén y predicaba decididamente en el nombre del Señor. [29] Hablaba también con los judíos de lengua griega y discutía con ellos, pero estos tramaban su muerte. [30] Sus hermanos, al enterarse, lo condujeron a Cesarea y de allí lo enviaron a Tarso.

³¹ La Iglesia, entre tanto, gozaba de paz en toda Judea, Galilea y Samaría. Se iba consolidando, vivía en el temor del Señor y crecía en número, asistida por el Espíritu Santo.

Pedro en Lida

³² Pedro, en una gira por todas las ciudades, visitó también a los santos que vivían en Lida. ³³ Allí encontró a un paralítico llamado Eneas, que estaba postrado en cama desde hacía ocho años. ³⁴ Pedro le dijo: «Eneas, Jesucristo te devuelve la salud: levántate y arregla tú mismo la cama». Él se levantó enseguida, ³⁵ y al verlo, todos los habitantes de Lida y de la llanura de Sarón se convirtieron al Señor.

Pedro en Jope

³⁶ Entre los discípulos de Jope había una mujer llamada Tabitá, que quiere decir «gacela». Pasaba su vida haciendo el bien y repartía abundantes limosnas. ³⁷ Pero en esos días se enfermó y murió. Después de haberla lavado, la colocaron en la habitación de arriba. ³⁸ Como Lida está cerca de Jope, los discípulos, enterados de que Pedro estaba allí, enviaron a dos hombres para pedirle que acudiera cuanto antes. ³⁹ Pedro salió enseguida con ellos. Apenas llegó, lo llevaron a la habitación de arriba. Todas las viudas lo rodearon y, llorando, le mostraban las túnicas y los abrigos que les había hecho Tabitá cuando vivía con ellas. ⁴⁰ Pedro hizo salir a todos afuera, se puso de rodillas y comenzó a orar. Volviéndose luego hacia el cadáver, dijo: «Tabitá, levántate». Ella abrió los ojos y, al ver a Pedro, se incorporó. ⁴¹ Él la tomó de la mano y la hizo levantar. Llamó entonces a los hermanos y a las viudas, y se la devolvió con vida. ⁴² La noticia se extendió por toda la ciudad de Jope, y muchos creyeron en el Señor. ⁴³ Pedro permaneció algún tiempo en Jope, en la casa de un curtidor llamado Simón.

El centurión Cornelio

10 Había en Cesarea un hombre llamado Cornelio, centurión de la cohorte itálica. ² Era un hombre piadoso y temeroso de Dios, lo mismo que toda su familia; hacía abundantes limosnas al pueblo y oraba a Dios sin cesar. ³ Este hombre tuvo una visión: un día, cerca de las tres de la tarde, vio claramente al Ángel de Dios que entraba en su casa y le decía: «Cornelio». ⁴ Este lo miró lleno de temor, y le preguntó: «¿Qué quieres de mí, Señor?». El Ángel le dijo: «Tus oraciones y tus limosnas han llegado hasta Dios y él se ha acordado de ti. ⁵ Envía ahora algunos hombres a Jope en busca de Simón, llamado Pedro, ⁶ que se hospeda en la casa de un tal Simón, un curtidor que vive a la orilla del mar». ⁷ En cuanto el Ángel se alejó, Cornelio llamó a dos de sus servidores y a un soldado piadoso de los que estaban a sus órdenes. ⁸ Después de haberles contado lo sucedido, los envió a Jope.

La visión de Pedro

⁹ Al día siguiente, mientras estos se acercaban a la ciudad, Pedro, alrededor del mediodía, subió a la terraza para orar. ¹⁰ Como sintió hambre, pidió de comer. Mientras le preparaban la comida, cayó en éxtasis y tuvo una visión: ¹¹ vio que el cielo se abría y que bajaba a la tierra algo parecido a un gran mantel, sostenido de sus cuatro puntas. ¹² Dentro de él había toda clase de cuadrúpedos, reptiles y aves del cielo. ¹³ Y oyó una voz que le decía: «Vamos, Pedro, mata y come». ¹⁴ Pero Pedro respondió: «De ninguna manera, Señor, yo nunca he comido nada manchado ni impuro». ¹⁵ La voz le habló de nuevo, diciendo: «No consideres manchado lo que Dios purificó». ¹⁶ Esto se repitió tres veces, y luego todo fue llevado otra vez al cielo. ¹⁷ Mientras Pedro, desconcertado, se preguntaba qué podía significar la visión que acababa de tener, llegaron los hombres enviados por Cornelio. Estos averiguaron dónde vivía Simón y se presentaron ante la puerta de la casa. ¹⁸ Golpearon y preguntaron si se hospedaba allí Simón, llamado Pedro. ¹⁹ Como Pedro seguía reflexionando sobre el significado de la visión, el Espíritu Santo le dijo: «Allí hay tres hombres que te buscan.

10,15. Cf. Mc 7,14-23.

²⁰ Baja y no dudes en irte con ellos, porque soy yo quien los he enviado». ²¹ Pedro bajó y se acercó a ellos, diciendo: «Yo soy el que ustedes buscan. ¿Para qué vinieron?». ²² Ellos respondieron: «El centurión Cornelio, hombre justo y temeroso de Dios, que goza de la estima de todos los judíos, recibió de un ángel de Dios la orden de conducirte a su casa para escuchar tus palabras». ²³ Entonces Pedro los hizo pasar y les ofreció hospedaje. Al día siguiente, se puso en camino con ellos, acompañado por unos hermanos de la ciudad de Jope.

Pedro en Cesarea

²⁴ Al otro día, llegaron a Cesarea. Cornelio los esperaba, y había reunido a su familia y a sus amigos íntimos. ²⁵ Cuando Pedro entró, Cornelio fue a su encuentro y se postró a sus pies. ²⁶ Pero Pedro lo hizo levantar, diciéndole: «Levántate, porque yo no soy más que un hombre». ²⁷ Y mientras seguía conversando con él, entró y se encontró con un grupo numeroso de personas, que estaban reunidas allí. ²⁸ Dirigiéndose a ellas, les dijo: «Ustedes saben que está prohibido a un judío tratar con un extranjero o visitarlo. Pero Dios acaba de mostrarme que no hay que considerar manchado o impuro a ningún hombre. ²⁹ Por eso, cuando ustedes me llamaron, vine sin dudar. Y ahora quisiera saber para qué me llamaron». ³⁰ Cornelio le respondió: «Hace tres días me encontraba orando en mi casa, alrededor de las tres de la tarde, cuando se me apareció un hombre con vestiduras resplandecientes, ³¹ y me dijo: "Cornelio, tu oración ha sido escuchada y Dios se ha acordado de tus limosnas. ³² Manda a buscar a Simón, llamado Pedro, que está en Jope, a la orilla del mar, en la casa de

10,23. *Jope* dista unos cincuenta kilómetros de Cesarea, y no era posible regresar el mismo día. El grupo podía marcharse, pero solo al día siguiente. Por eso, Pedro invita a los enviados y les da hospedaje. Hospedar a alguien significaba proporcionarle dónde dormir y qué comer. Los criados de Cornelio y el soldado piadoso que los acompañaba probablemente no eran judíos. Esto significa —y Lucas lo da a entender— que Pedro había comido con los paganos.

Simón el curtidor". ³³ Enseguida te mandé a buscar y has hecho bien en venir. Ahora estamos reunidos delante de Dios, para escuchar lo que el Señor te ha mandado decirnos».

Discurso de Pedro

³⁴ Entonces Pedro, tomando la palabra, dijo: «Verdaderamente, comprendo que Dios no hace acepción de personas, ³⁵ y que en cualquier nación, todo el que le teme y practica la justicia es agradable a él. ³⁶ Él envió su Palabra a los israelitas, *anunciándoles la Buena Noticia de la paz* por medio de Jesucristo, que es el Señor de todos. ³⁷ Ustedes ya saben qué ha ocurrido en toda Judea, comenzando por Galilea, después del bautismo que predicaba Juan: ³⁸ cómo *Dios ungió a Jesús de Nazaret con el Espíritu Santo*, llenándolo de poder. Él pasó haciendo el bien y curando a todos los que habían caído en poder del demonio, porque Dios estaba con él. ³⁹ Nosotros somos testigos de todo lo que hizo en el país de los judíos y en Jerusalén. Y ellos lo mataron, suspendiéndolo de un patíbulo, ⁴⁰ pero Dios lo resucitó al tercer día y le concedió que se manifestara, ⁴¹ no a todo el pueblo, sino a testigos elegidos de antemano por Dios: a nosotros, que comimos y bebimos con él, después de su resurrección. ⁴² Y nos envió a predicar al pueblo y a atestiguar que él fue constituido por Dios Juez de vivos y muertos. ⁴³ Todos los profetas dan testimonio de él, declarando que los que creen en él reciben el perdón de los pecados, en virtud de su Nombre».

El bautismo de los primeros paganos

⁴⁴ Mientras Pedro estaba hablando, el Espíritu Santo descendió sobre todos los que escuchaban la Palabra. ⁴⁵ Los fieles de origen judío que habían venido con Pedro quedaron maravillados al ver que el Espíritu Santo era derramado también sobre los paganos. ⁴⁶ En efecto, los oían hablar di-

---

10,36. Is 52,7.
10,46. Oír y entender distintas lenguas, y glorificar a Dios, son una nota característica de las manifestaciones del Espíritu Santo. Esta venida del Espíritu Santo suele ser lla-

versas lenguas y proclamar la grandeza de Dios. Pedro dijo: [47] «¿Acaso se puede negar el agua del bautismo a los que recibieron el Espíritu Santo como nosotros?». [48] Y ordenó que fueran bautizados en el nombre del Señor Jesucristo. Entonces le rogaron que se quedara con ellos algunos días.

El informe de Pedro a la Iglesia de Jerusalén

11 Los Apóstoles y los hermanos de Judea se enteraron de que también los paganos habían recibido la Palabra de Dios. [2] Y cuando Pedro regresó a Jerusalén, los creyentes de origen judío lo interpelaron, [3] diciéndole: «¿Cómo entraste en la casa de gente no judía y comiste con ellos?». [4] Pedro comenzó a contarles detalladamente lo que había sucedido: [5] «Yo estaba orando en la ciudad de Jope, cuando

caí en éxtasis y tuve una visión. Vi que bajaba del cielo algo parecido a un gran mantel, sostenido de sus cuatro puntas, que vino hasta mí. [6] Lo miré atentamente y vi que había en él cuadrúpedos, animales salvajes, reptiles y aves. [7] Y oí una voz que me dijo: "Vamos, Pedro, mata y come". [8] "De ninguna manera, Señor —respondí—, yo nunca he comido nada manchado ni impuro". [9] Por segunda vez, oí la voz del cielo que me dijo: "No consideres manchado lo que Dios purificó". [10] Esto se repitió tres veces, y luego todo fue llevado otra vez al cielo. [11] En ese momento, se presentaron en la casa donde estábamos tres hombres que habían sido enviados desde Cesarea para buscarme. [12] El Espíritu Santo me ordenó que fuera con ellos sin dudar. Me acompañaron también los seis hermanos aquí presentes

---

mada «Pentecostés de los paganos» (cf. 2,1-4).

11,4-7. Pedro explica a los apóstoles y a los demás hermanos lo que había sucedido: Dios no quiere que haya comidas consideradas impuras, ni personas que se vuelvan impuras por

el hecho de comerlas. Por eso las relaciones entre judíos y paganos y, sobre todo, las comidas en común, son ahora posibles. Dios ha enviado su Espíritu Santo a los paganos, porque quiere que también ellos formen parte de la comunidad de salvación.

y llegamos a la casa de aquel hombre. [13] Este nos contó en qué forma se le había aparecido un ángel, diciéndole: "Envía a alguien a Jope, a buscar a Simón, llamado Pedro. [14] Él te anunciará un mensaje de salvación para ti y para toda tu familia". [15] Apenas comencé a hablar, el Espíritu Santo descendió sobre ellos, como lo hizo al principio sobre nosotros. [16] Me acordé entonces de la Palabra del Señor: "Juan bautizó con agua, pero ustedes serán bautizados en el Espíritu Santo". [17] Por lo tanto, si Dios les dio a ellos la misma gracia que a nosotros, por haber creído en el Señor Jesucristo, ¿cómo podía yo oponerme a Dios?». [18] Después de escuchar estas palabras, se tranquilizaron y alabaron a Dios, diciendo: «También a los paganos Dios les ha concedido el don de la conversión que conduce a la Vida».

La fundación de la Iglesia de Antioquía

[19] Mientras tanto, los que se habían dispersado durante la persecución que se desató a causa de Esteban, llegaron hasta Fenicia, Chipre y Antioquía, y anunciaban la Palabra únicamente a los judíos. [20] Sin embargo, había entre ellos algunos hombres originarios de Chipre y de Cirene que, al llegar a Antioquía, también anunciaron a los paganos la Buena Noticia del Señor Jesús. [21] La mano del Señor los acom-

---

11,16. Cf. 1,5.

11,18. Los apóstoles y testigos del mensaje de Pedro alaban a Dios y aprueban su modo de actuar: también a los paganos Dios les ha concedido el don del Espíritu Santo, que lleva a la Vida.

11,20. *Antioquía*, después de Roma y Alejandría, era la tercera ciudad más importante del Imperio romano. Ciudad comercial, próspera y rica, tenía también una cultura floreciente. La ciudad de Antioquía fue un factor determinante para la difusión del Evangelio y la maduración de la fe cristiana. Allí comenzaron los grandes viajes misioneros de Pablo, y allí volvió el Apóstol al término de cada etapa, con excepción de la última, que concluyó en Jerusalén. Estas «misiones» no fueron obra de la improvisación, sino que respondieron a un proyecto bien definido. De ellas nacieron varias de las iglesias a las que Pablo dirigió después algunas de sus cartas.

pañaba y muchos creyeron y se convirtieron. ²² Al enterarse de esto, la Iglesia de Jerusalén envió a Bernabé a Antioquía. ²³ Cuando llegó y vio la gracia que Dios les había concedido, él se alegró mucho y exhortaba a todos a permanecer fieles al Señor con un corazón firme. ²⁴ Bernabé era un hombre bondadoso, lleno del Espíritu Santo y de mucha fe. Y una gran multitud se adhirió al Señor. ²⁵ Entonces partió hacia Tarso en busca de Saulo, ²⁶ y cuando lo encontró, lo llevó a Antioquía. Ambos vivieron todo un año en esa Iglesia y enseñaron a mucha gente. Y fue en Antioquía donde por primera vez los discípulos recibieron el nombre de «cristianos».

Bernabé y Pablo en Jerusalén

²⁷ En esos días, unos profetas llegaron de Jerusalén a Antioquía. ²⁸ Uno de ellos, llamado Agabo, movido por el Espíritu, se levantó y anunció que el hambre asolaría toda la tierra. Esto ocurrió bajo el reinado de Claudio. ²⁹ Los discípulos se decidieron a enviar una ayuda a los hermanos de Judea, cada uno según sus posibilidades. ³⁰ Y así lo hicieron, remitiendo las limosnas a los presbíteros por intermedio de Bernabé y de Saulo.

La persecución de Herodes y el arresto de Pedro

12 Por aquel entonces, el rey Herodes hizo arres-

11,22. La elección de Bernabé como delegado de la Iglesia madre de Jerusalén era muy oportuna: su ascendencia levítica representaba una garantía para los hebreos, y su nacimiento en un país de la diáspora una seguridad para los helenistas.

11,25. *Tarso* era la capital de la provincia de Cilicia y el lugar originario de Pablo.

11,26. Los griegos y romanos entendían la palabra *Cristo* como nombre propio. Por eso llamaban *cristianos* a los creyentes en Cristo, como solía

hacerse con un filósofo y su escuela filosófica (por ejemplo, eran epicúreos los de la escuela de Epicuro).

11,27. Los *profetas* ocupaban un lugar prominente en las comunidades primitivas. En lo atinente al carisma profético, cf. 1 Cor 12,10; 14,1-3.

11,30. Desde el comienzo de la Iglesia, los *presbíteros* o ancianos aparecen asociados a los apóstoles en la comunidad de Jerusalén.

12,1. Se trata de Herodes Agripa I, que reinó en Judea y Samaría entre los años 41 y 44.

tar a algunos miembros de la Iglesia para maltratarlos. [2] Mandó ejecutar a Santiago, hermano de Juan, [3] y al ver que esto agradaba a los judíos, también hizo arrestar a Pedro. Eran los días de «los panes Ácimos». [4] Después de arrestarlo, lo hizo encarcelar, poniéndolo bajo la custodia de cuatro relevos de guardia, de cuatro soldados cada uno. Su intención era hacerlo comparecer ante el pueblo después de la Pascua. [5] Mientras Pedro estaba bajo custodia en la prisión, la Iglesia no cesaba de orar a Dios por él.

La liberación milagrosa de Pedro

[6] La noche anterior al día en que Herodes pensaba hacerlo comparecer, Pedro dormía entre dos soldados, atado con dos cadenas, y los otros centinelas vigilaban la puerta de la prisión. [7] De pronto, apareció el Ángel del Señor y una luz resplandeció en el calabozo. El Ángel sacudió a Pedro y lo hizo levantar, diciéndole: «¡Levántate rápido!». Entonces las cadenas se le cayeron de las manos. [8] El Ángel le dijo: «Tienes que ponerte el cinturón y las sandalias», y Pedro lo hizo. Después le dijo: «Cúbrete con el manto y sígueme». [9] Pedro salió y lo seguía; no se daba cuenta de que era cierto lo que estaba sucediendo por intervención del Ángel, sino que creía tener una visión. [10] Pasaron así el primero y el segundo puesto de guardia, y llegaron a la puerta de hierro que daba a la ciudad. La puerta se abrió sola delante de ellos. Salieron y anduvieron hasta el extremo de una calle, y enseguida el Ángel se alejó de él.

[11] Pedro, volviendo en sí, dijo: «Ahora sé que realmente el Señor envió a su Ángel y me libró de las manos de Herodes y de

---

12,3. *Panes ácimos:* Cf. Ex 12,15-20.
12,12. *Juan llamado Marcos,* primo de Bernabé, fue discípulo de Pablo y después de Pedro (cf. 12,25; 13,5; 1 Pe 5,13). La tradición reconoce en él al autor del segundo evangelio.

12,15. *Su Ángel:* Eco de una creencia popular que consideraba a los ángeles custodios como un doble de sus protegidos.

todo cuanto esperaba el pueblo judío». [12] Y al advertir lo que le había sucedido, se dirigió a la casa de María, la madre de Juan, llamado Marcos, donde un grupo numeroso se hallaba reunido en oración. [13] Cuando golpeó la puerta de calle, acudió una sirvienta llamada Rosa; [14] esta, al reconocer su voz, se alegró tanto, que en lugar de abrir, entró corriendo a anunciar que Pedro estaba en la puerta. [15] «Estás loca», le respondieron. Pero ella insistía que era verdad. Ellos le dijeron: «Será su ángel». [16] Mientras tanto, Pedro seguía llamando. Cuando abrieron y vieron que era él, no salían de su asombro. [17] Pedro les hizo señas con la mano para que se callaran, y les relató cómo el Señor lo había sacado de la cárcel, añadiendo: «Hagan saber esto a Santiago y a los hermanos». Y saliendo de allí, se fue a otro lugar.

[18] Cuando amaneció, se produjo un gran alboroto entre los soldados, porque no podían explicarse qué había pasado con Pedro. [19] Herodes lo hizo buscar, pero como no lo encontraron, después de haber interrogado a los guardias, dio orden de ejecutarlos. Luego descendió de Judea a Cesarea, y permaneció allí.

La muerte de Herodes

[20] Herodes estaba en grave conflicto con los habitantes de Tiro y Sidón. Estos se pusieron de acuerdo para ir a verlo, y después de haberse conquistado a Blasto, el camarero del rey, solicitaron la reconciliación, ya que importaban sus víveres del territorio del rey. [21] El día fijado, Herodes se sentó en su trono con la vestidura real y les dirigió la palabra. [22] El pueblo comenzó a gritar: «¡Es un dios el que habla, no un hombre!». [23] Pero en ese mismo instante, el Ángel del Señor lo hirió, por no haber dado gloria a Dios, y Herodes murió carcomido por los gusanos.

El regreso de Bernabé y Pablo a Antioquía

[24] Mientras tanto, la Palabra de Dios se difundía incesantemente. [25] Bernabé y Saulo, una vez cumplida su misión, volvieron de Jerusalén a Antioquía, llevando consigo a Juan, llamado Marcos.

LA EVANGELIZACIÓN DEL MUNDO PAGANO

EL PRIMER VIAJE MISIONERO DE PABLO

La misión de Pablo y Bernabé

13 En la Iglesia de Antioquía había profetas y doctores, entre los cuales estaban Bernabé y Simeón, llamado el Negro, Lucio de Cirene, Manahén, amigo de infancia del tetrarca Herodes, y Saulo. ²Un día, mientras celebraban el culto del Señor y ayunaban, el Espíritu Santo les dijo: «Resérvenme a Saulo y a Bernabé para la obra a la cual los he llamado». ³Ellos, después de haber ayunado y orado, les impusieron las manos y los despidieron. ⁴Saulo y Bernabé, enviados por el Espíritu Santo, fueron a Seleucia y de allí se embarcaron para Chipre. ⁵Al llegar a Salamina anunciaron la Palabra de Dios en las sinagogas de los judíos y Juan colaboraba con ellos.

El mago Elimas

⁶Recorrieron toda la isla y llegaron hasta Pafos, donde encontraron a un mago judío llamado Barjesús, que se hacía pasar por profeta ⁷y estaba vinculado al procónsul Sergio Pablo, hombre de gran prudencia. Este hizo llamar a Bernabé y a Saulo, porque deseaba escuchar la Palabra de Dios. ⁸Pero los discípulos chocaron con la oposición de Barjesús —llamado Elimas, que significa «mago»—, el cual quería impedir que el procónsul abrazara la fe. ⁹Saulo, llamado también Pablo, lleno del Espíritu Santo, clavó los ojos en él, ¹⁰y le dijo: «Hombre falso y lleno de maldad, hijo del demonio, enemigo de la justicia, ¿cuándo dejarás de torcer los rectos caminos del Señor? ¹¹Ahora la mano del Señor va a caer sobre ti: quedarás ciego y privado por un tiempo de la luz

---

13,1. El carisma de *doctor* capacita al que lo posee para dar una enseñanza doctrinal y moral, normalmente fundada en las Escrituras (cf. 1 Cor 12,28).

del sol». En ese mismo momento, se vio envuelto en oscuridad y tinieblas, y andaba a tientas buscando a alguien que le tendiera la mano. [12] Al ver lo que había sucedido, el procónsul, profundamente impresionado por la doctrina del Señor, abrazó la fe.

La llegada a Antioquía de Pisidia

[13] Desde Pafos, donde se embarcaron, Pablo y sus compañeros llegaron a Perge de Panfilia. Juan se separó y volvió a Jerusalén, [14] pero ellos continuaron su viaje, y de Perge fueron a Antioquía de Pisidia. El sábado entraron en la sinagoga y se sentaron. [15] Después de la lectura de la Ley y de los Profetas, los jefes de la sinagoga les mandaron a decir: «Hermanos, si tienen que dirigir al pueblo alguna exhortación, pueden hablar».

Discurso de Pablo

[16] Entonces Pablo se levantó y, pidiendo silencio con un gesto, dijo: «Escúchenme, israelitas y todos los que temen a Dios. [17] El Dios de este Pueblo, el Dios de Israel, eligió a nuestros padres y los convirtió en un gran Pueblo, cuando todavía vivían como extranjeros en Egipto. Luego, con el poder de su brazo, los hizo salir de allí [18] y *los cuidó* durante cuarenta años *en el desierto*. [19] Después, *en el país de Canaán, destruyó a siete naciones y les dio en posesión* sus tierras, [20] al cabo de unos cuatrocientos cincuenta años. A continuación, les dio Jueces hasta el profeta Samuel. [21] Pero ellos pidieron un rey y Dios les dio a Saúl, hijo de Quis, de la tribu de Benjamín, por espacio de cuarenta años. [22] Y cuando Dios desechó a Saúl, les suscitó como rey a David, de quien dio este testimonio: *He encontrado en Da-*

13,16. Este primer discurso misionero de Pablo se sitúa en un momento crucial del relato: el nombre de Saulo se convierte en Pablo (v. 9) y el binomio Bernabé-Saulo se convierte en Pablo-Bernabé (compárese 11,25 con 13,13).

13,18. Dt 1,31.
13,19. Dt 7,1.
13,22. El texto combina muy libremente varios pasajes de la Escritura (cf. 1 Sm 13,4; Sal 89,21).

vid, el hijo de Jesé, *a un hombre conforme a mi corazón que cumplirá siempre mi voluntad.* ²³ De la descendencia de David, como lo había prometido, Dios hizo surgir para Israel un Salvador, que es Jesús. ²⁴ Como preparación a su venida, Juan había predicado un bautismo de penitencia a todo el pueblo de Israel. ²⁵ Y al final de su carrera, Juan decía: "Yo no soy el que ustedes creen, pero sepan que después de mí viene aquel a quien yo no soy digno de desatar las sandalias".

²⁶ Hermanos, este mensaje de salvación está dirigido a ustedes: los descendientes de Abraham y los que temen a Dios. ²⁷ En efecto, la gente de Jerusalén y sus jefes no reconocieron a Jesús, ni entendieron las palabras de los profetas que se leen cada sábado, pero las cumplieron sin saberlo, condenando a Jesús. ²⁸ Aunque no encontraron nada en él que mereciera la muerte, pidieron a Pilato que lo condenara. ²⁹ Después de cumplir todo lo que estaba escrito

de él, lo bajaron del patíbulo y lo pusieron en el sepulcro. ³⁰ Pero Dios lo resucitó de entre los muertos ³¹ y durante un tiempo se apareció a los que habían subido con él de Galilea a Jerusalén, los mismos que ahora son sus testigos delante del pueblo.

³² Y nosotros les anunciamos a ustedes esta Buena Noticia: la promesa que Dios hizo a nuestros padres ³³ fue cumplida por él en favor de sus hijos, que somos nosotros, resucitando a Jesús, como está escrito en el Salmo segundo: *Tú eres mi Hijo; yo te he engendrado hoy.* ³⁴ Que Dios lo ha resucitado de entre los muertos y que no habrá de someterse a la corrupción, es lo que el mismo Dios ha declarado diciendo: *Cumpliré las santas promesas hechas a David, aquellas que no pueden fallar.* ³⁵ Por eso también dice en otro pasaje: *No permitirás que tu Santo sufra la corrupción.* ³⁶ Sin embargo, David, después de haber cumplido la voluntad de Dios en su tiempo, murió, fue a reunirse con sus padres y *sufrió*

13,25. Cf. Mt 3,11.
13,33. Sal 2,7.
13,34. Is 55,3.
13,35. Sal 16,10.

la corrupción. [37] Pero aquel a quien Dios resucitó *no sufrió la corrupción.*

[38] Ustedes deben saber que la remisión de los pecados les ha sido anunciada por él. Y la justificación que ustedes no podían alcanzar por la Ley de Moisés, gracias a él, [39] la alcanza todo el que cree. [40] Tengan cuidado de que no les suceda lo que dijeron los profetas:

[41] *¡Ustedes, los que desprecian,*
llénense de estupor y ocúltense!
Porque en estos días
voy a realizar algo,
que si alguien lo contara
no lo podrían creer».

[42] A la salida, les pidieron que retomaran el mismo tema el sábado siguiente. [43] Cuando se disolvió la asamblea, muchos judíos y prosélitos que adoraban a Dios siguieron a Pablo y a Bernabé. Estos conversaban con ellos, exhortándolos a per-

manecer fieles a la gracia de Dios.

Pablo y Bernabé entre los paganos

[44] Casi toda la ciudad se reunió el sábado siguiente para escuchar la Palabra de Dios. [45] Al ver esa multitud, los judíos se llenaron de envidia y con injurias contradecían las palabras de Pablo. [46] Entonces Pablo y Bernabé, con gran firmeza, dijeron: «A ustedes debíamos anunciar en primer lugar la Palabra de Dios, pero ya que la rechazan y no se consideran dignos de la Vida eterna, nos dirigimos ahora a los paganos. [47] Así nos ha ordenado el Señor:

Yo te he establecido
para ser la luz de las naciones,
para llevar la salvación
hasta los confines de la tierra».

[48] Al oír esto, los paganos, llenos de alegría, alabaron la Pala-

---

13,43-46. Pablo y Bernabé se ganan a muchos judíos y prosélitos, pero provocan la resistencia de otros judíos. Esta resistencia hace que los misioneros se dirijan a los paganos,

sin dejar de subrayar, como siempre, que la Palabra de Dios debe ser dirigida en primer lugar a los judíos (cf. 28,23-28).
13,47. Is 49,6.

bra del Señor, y todos los que estaban destinados a la Vida eterna abrazaron la fe. [49] Así la Palabra del Señor se iba extendiendo por toda la región. [50] Pero los judíos instigaron a unas mujeres piadosas que pertenecían a la aristocracia y a los principales de la ciudad, provocando una persecución contra Pablo y Bernabé, y los echaron de su territorio. [51] Estos, sacudiendo el polvo de sus pies en señal de protesta contra ellos, se dirigieron a Iconio. [52] Los discípulos, por su parte, quedaron llenos de alegría y del Espíritu Santo.

La evangelización de Iconio

14 En Iconio, Pablo y Bernabé entraron en la sinagoga de los judíos, como lo hacían habitualmente, y predicaron de tal manera que un gran número de judíos y paganos abrazaron la fe. [2] Pero los judíos que no creyeron, incitaron a los paganos y los indispusieron en contra de los hermanos. [3] A pesar de todo, Pablo y Bernabé prolongaron su estadía y hablaban con toda libertad, confiados en el Señor que confirmaba el mensaje de su gracia, dándoles el poder de realizar signos y prodigios. [4] Los habitantes de la ciudad se dividieron en dos bandos, uno en favor de los judíos y otro en favor de los Apóstoles. [5] Pero como los paganos y los judíos, dirigidos por sus jefes, intentaron maltratar y apedrear a los Apóstoles, [6] estos, al enterarse, huyeron a Listra y a Derbe, ciudades de Licaonia, y a sus alrededores; [7] y allí anunciaron la Buena Noticia.

Curación de un paralítico

[8] Había en Listra un hombre que tenía las piernas paralizadas. Como era tullido de nacimiento, nunca había podido caminar, [9] y sentado, escuchaba hablar a Pablo. Este, mirándolo fijamente, vio que tenía la fe necesaria para ser curado, [10] y le

---

14,5-6. Como era su costumbre, los misioneros predicaron primero en la sinagoga, donde encontraron de parte de algunos judíos una fuerte oposición, que los expulsó de la ciudad. A pesar de todo, un buen número de judíos y griegos abrazaron la fe y fundaron una comunidad cristiana (cf. 16,2).

dijo en voz alta: «Levántate, y permanece erguido sobre tus pies». Él se levantó de un salto y comenzó a caminar. [11] Al ver lo que Pablo acababa de hacer, la multitud comenzó a gritar en dialecto licaonio: «Los dioses han descendido hasta nosotros en forma humana», [12] y daban a Bernabé el nombre de Júpiter, y a Pablo el de Mercurio porque era el que llevaba la palabra. [13] El sacerdote del templo de Júpiter que estaba a la entrada de la ciudad, trajo al atrio unos toros adornados de guirnaldas y, junto con la multitud, se disponía a sacrificarlos. [14] Cuando los apóstoles Pablo y Bernabé se enteraron de esto, rasgaron sus vestiduras y se precipitaron en medio de la muchedumbre, gritando: [15] «Amigos, ¿qué están haciendo? Nosotros somos seres humanos como ustedes, y hemos venido a anunciarles que deben abandonar esos ídolos para convertirse al Dios viviente que hizo el cielo y la tierra, el mar y todo lo que hay en

ellos. [16] En los tiempos pasados, él permitió que las naciones siguieran sus propios caminos. [17] Sin embargo, nunca dejó de dar testimonio de sí mismo, prodigando sus beneficios, enviando desde el cielo lluvias y estaciones fecundas, dando el alimento y llenando de alegría los corazones». [18] Pero a pesar de todo lo que dijeron, les costó mucho impedir que la multitud les ofreciera un sacrificio.

Fin de la misión de Pablo y Bernabé

[19] Vinieron de Antioquía y de Iconio algunos judíos que lograron convencer a la multitud. Entonces apedrearon a Pablo y, creyéndolo muerto, lo arrastraron fuera de la ciudad. [20] Pero él se levantó y, rodeado de sus discípulos, regresó a la ciudad. Al día siguiente, partió con Bernabé rumbo a Derbe. [21] Después de haber evangelizado esta ciudad y haber hecho numerosos discípulos, volvieron a Listra, a Iconio y a Antioquía de Pisidia. [22] Con-

---

14,12. *Júpiter* (griego Zeus) y *Mercurio* (griego Hermes) formaban una pareja de dioses. Los habitantes de Listra identifican a Pablo con Mercurio, porque este era el portavoz de los dioses.

fortaron a sus discípulos y los exhortaron a perseverar en la fe, recordándoles que es necesario pasar por muchas tribulaciones para entrar en el Reino de Dios. [23] En cada comunidad establecieron presbíteros, y con oración y ayuno, los encomendaron al Señor en el que habían creído. [24] Atravesaron Pisidia y llegaron a Panfilia. [25] Luego anunciaron la Palabra en Perge y descendieron a Atalía. [26] Allí se embarcaron para Antioquía, donde habían sido encomendados a la gracia de Dios para realizar la misión que acababan de cumplir. [27] A su llegada, convocaron a los miembros de la Iglesia y les contaron todo lo que Dios había hecho con ellos y cómo había abierto la puerta de la fe a los paganos. [28] Después permanecieron largo tiempo con los discípulos.

LA ASAMBLEA DE JERUSALÉN Y EL SEGUNDO VIAJE MISIONERO DE PABLO

La controversia de Antioquía

15 Algunas personas venidas de Judea enseñaban a los hermanos que, si no se hacían circuncidar según el rito establecido por Moisés, no podían salvarse. [2] A raíz de esto, se produjo una agitación: Pablo y Bernabé discutieron vivamente con ellos, y por fin, se decidió que ambos, junto con algunos otros, subieran a Jerusalén para tratar esta cuestión con los Apóstoles y los presbíteros. [3] Los que habían

---

14,23. Después de evangelizar una ciudad, Pablo aseguraba la perseverancia en la fe organizando la comunidad, y, en particular, constituyendo un colegio de *presbíteros*. A estos les correspondía administrar los asuntos internos de la comunidad (11,30), controlar la doctrina (15,2-4), orar y transmitir la gracia divina (5,14-15) y apacentar el rebaño de Dios (20,28; 1 Pe 5,1-3).

15,1-2. La referencia a la circuncisión no se refiere solamente a la señal visible en la carne, sino que tiene un sentido más amplio: circuncisión y circuncidarse se refieren a la alianza con Dios, por la que el pueblo de Israel se obligaba a cumplir los mandamientos de la Ley.

sido enviados por la Iglesia partieron y atravesaron Fenicia y Samaría, contando detalladamente la conversión de los paganos. Esto causó una gran alegría a todos los hermanos.

La controversia de Jerusalén

⁴ Cuando llegaron a Jerusalén, fueron bien recibidos por la Iglesia, por los Apóstoles y los presbíteros, y relataron todo lo que Dios había hecho con ellos. ⁵ Pero se levantaron algunos miembros de la secta de los fariseos que habían abrazado la fe, y dijeron que era necesario circuncidar a los paganos convertidos y obligarlos a observar la Ley de Moisés. ⁶ Los Apóstoles y los presbíteros se reunieron para deliberar sobre este asunto.

Discurso de Pedro

⁷ Al cabo de una prolongada discusión, Pedro se levantó y dijo: «Hermanos, ustedes saben que Dios, desde los primeros días, me eligió entre todos ustedes para anunciar a los paganos la Palabra del Evangelio, a fin de que ellos abracen la fe. ⁸ Y Dios, que

conoce los corazones, dio testimonio en favor de ellos, enviándoles el Espíritu Santo, lo mismo que a nosotros. ⁹ Él no hizo ninguna distinción entre ellos y nosotros, y los purificó por medio de la fe. ¹⁰ ¿Por qué ahora ustedes tientan a Dios, pretendiendo imponer a los discípulos un yugo que ni nuestros padres ni nosotros pudimos soportar? ¹¹ Por el contrario, creemos que tanto ellos como nosotros somos salvados por la gracia del Señor Jesús». ¹² Después, toda la asamblea hizo silencio para oír a Bernabé y a Pablo, que comenzaron a relatar los signos y prodigios que Dios había realizado entre los paganos por intermedio de ellos.

Discurso de Santiago

¹³ Cuando dejaron de hablar, Santiago tomó la palabra, diciendo: «Hermanos, les ruego que me escuchen: ¹⁴ Simón les ha expuesto cómo Dios dispuso desde el principio elegir entre las naciones paganas un Pueblo consagrado a su Nombre. ¹⁵ Con esto concuerdan las palabras de los profetas que dicen:

¹⁶ *Después de esto, yo volveré*
y levantaré la choza derruida
de David;
restauraré sus ruinas
y la reconstruiré,
¹⁷ *para que el resto de los*
hombres busque al Señor,
lo mismo que todas las naciones
que llevan mi Nombre.
Así dice el Señor,
que da ¹⁸ *a conocer estas cosas*
desde la eternidad.

¹⁹ Por eso considero que no se debe inquietar a los paganos que se convierten a Dios, ²⁰ sino que solamente se les debe escribir, pidiéndoles que se abstengan de lo que está contaminado por los ídolos, de la inmoralidad sexual, de la carne de animales muertos sin desangrar y de la sangre. ²¹ Desde hace muchísimo tiempo, en efecto, Moisés tiene en cada ciudad sus predicadores que leen la Ley en la sinagoga todos los sábados».

La carta apostólica

²² Entonces los Apóstoles, los presbíteros y la Iglesia entera, decidieron elegir a algunos de ellos y enviarlos a Antioquía con Pablo y Bernabé. Eligieron a Judas, llamado Barsabás, y a Silas, hombres eminentes entre los hermanos, ²³ y les encomendaron llevar la siguiente carta: «Los Apóstoles y los presbíteros saludamos fraternalmente a los hermanos de origen pagano, que están en Antioquía, en Siria y en Cilicia. ²⁴ Habiéndonos enterado de que algunos de los nuestros, sin mandato de nuestra parte, han sembrado entre ustedes la inquietud y provocado el desconcierto, ²⁵ hemos decidido de común acuerdo elegir a unos delegados y enviárselos junto con nuestros queridos Bernabé y Pablo, ²⁶ los cuales han consagrado su vida al nombre de nuestro Señor Jesucristo. ²⁷ Por eso les enviamos a Judas y a Si-

---

15,16-18. Am 9,11-12.
15,20. Santiago toma la palabra y acepta la decisión de Pedro: imponer a los paganos la circuncisión y la Ley judía sería poner un grave obstáculo a su conversión. No obstan-

te, propone exponer por escrito algunas normas de conducta para los paganos convertidos, con el fin de asegurar la convivencia con los judeocristianos en las comunidades mixtas.

las, quienes les transmitirán de viva voz este mismo mensaje. [28] El Espíritu Santo, y nosotros mismos, hemos decidido no imponerles ninguna carga más que las indispensables, a saber: [29] que se abstengan de la carne inmolada a los ídolos, de la sangre, de la carne de animales muertos sin desangrar y de las inmoralidades sexuales. Harán bien en cumplir todo esto. Adiós».

Los delegados de los Apóstoles en Antioquía

[30] Los delegados, después de ser despedidos, descendieron a Antioquía, donde convocaron a la asamblea y le entregaron la carta. [31] Esta fue leída y todos se alegraron por el aliento que les daba. [32] Judas y Silas, que eran profetas, exhortaron a sus hermanos y los confirmaron, hablándoles largamente. [33] Al cabo de un tiempo, los hermanos los enviaron nuevamente a la comunidad que los había delegado, despidiéndolos en paz. [34] [35] Pablo y Bernabé permanecieron en Antioquía, enseñando y anunciando la Buena Noticia de la Palabra del Señor, junto con muchos otros.

La separación de Pablo y Bernabé

[36] Algún tiempo después, Pablo dijo a Bernabé: «Volvamos a visitar a los hermanos que están en las ciudades donde ya hemos anunciado la Palabra del Señor, para ver cómo se encuentran». [37] Bernabé quería llevar consigo también a Juan, llamado Marcos. [38] Pero Pablo consideraba que no debía llevar a quien los había abandonado cuando estaban en Panfilia y no había trabajado con ellos. [39] La discusión fue tan viva que terminaron por separarse; Bernabé, llevando consigo a Marcos, se embarcó rumbo a Chipre. [40] Pablo, por su parte, eligió por compañero a Silas y partió, encomendado por sus hermanos a la gracia del Señor. [41] Así atravesó la Siria y la Cilicia, confirmando a las comunidades.

15,34. Como Silas creyó que debía quedarse, Judas partió solo. Este texto no figura en los mejores manuscritos.

Pablo y Timoteo

16 Pablo llegó luego a Derbe y más tarde a Listra, donde había un discípulo llamado Timoteo, hijo de una judía convertida a la fe y de padre pagano. [2] Timoteo gozaba de buena fama entre los hermanos de Listra y de Iconio. [3] Pablo quería llevarlo consigo, y por eso lo hizo circuncidar en consideración a los judíos que había allí, ya que todo el mundo sabía que su padre era pagano. [4] Por las ciudades donde pasaban, transmitían las decisiones tomadas en Jerusalén por los Apóstoles y los presbíteros, recomendando que las observaran. [5] Así, las Iglesias se consolidaban en la fe, y su número crecía día tras día.

La travesía de Asia Menor

[6] Como el Espíritu Santo les había impedido anunciar la Palabra en la provincia de Asia, atravesaron Frigia y la región de Galacia. [7] Cuando llegaron a los límites de Misia, trataron de entrar en Bitinia, pero el Espíritu de Jesús no se lo permitió. [8] Pasaron entonces por Misia y descendieron a Tróade. [9] Durante la noche, Pablo tuvo una visión. Vio a un macedonio de pie, que le rogaba: «Ven hasta Macedonia y ayúdanos». [10] Apenas tuvo

---

16,1. A partir de este momento, Timoteo aparece constantemente asociado a la obra evangelizadora de Pablo.
16,3. Pablo se oponía a que los cristianos venidos del paganismo fueran circuncidados. Sin embargo, para facilitar su obra evangelizadora entre los judíos, hizo una excepción con Timoteo, cuya madre era una judía convertida a la fe cristiana (cf. Gal 2,3).
16,6. *Galacia* era una provincia romana situada en el centro de Asia Menor. A ella estaba anexada una parte de Frigia.
16,8. *Tróade* era una ciudad de la costa del mar Egeo, situada a unos cuarenta kilómetros de la antigua y legendaria Troya. Su puerto, junto al estrecho de los Dardanelos, favorecía el comercio entre Asia Menor y Macedonia. En su tercer viaje misionero, Pablo vuelve de nuevo a Tróade, procedente de Filipos (20,6).
16,10. El relato pasa repentinamente de la tercera a la primera persona del plural (vv. 10-17). Este modo de hablar *(nosotros)* ocupa un total de 29 versículos en el libro de los Hechos: 16,10-17; 20,5-15; 21,1-18; 27,1-28,16. Sobre este uso del plural se han dado distintas explicaciones. Unos suponen que el autor de los Hechos fue compañero de Pablo en ciertas etapas de sus viajes, y que

esa visión, tratamos de partir para Macedonia, convencidos de que Dios nos llamaba para que la evangelizáramos.

La fundación de la Iglesia de Filipos

[11] Nos embarcamos en Tróade y fuimos derecho a Samotracia, y al día siguiente a Neápolis. [12] De allí fuimos a Filipos, ciudad importante de esta región de Macedonia y colonia romana. Pasamos algunos días en esta ciudad, [13] y el sábado nos dirigimos a las afueras de la misma, a un lugar que estaba a orillas del río, donde suponíamos que habría un sitio para orar. Nos sentamos y dirigimos la palabra a las mujeres que se habían reunido allí. [14] Había entre ellas una, llamada Lidia, negociante en púrpura, de la ciudad de Tiatira, que adoraba a Dios. Mientras escuchaba, el Señor le abrió el corazón para que aceptara las palabras de Pablo. [15] Después de bautizarse, junto con su familia, nos pidió: «Si ustedes consideran que he creído verdaderamente en el Señor, vengan a alojarse en mi casa». Y nos obligó a hacerlo.

La adivina de Filipos

[16] Un día, mientras nos dirigíamos al lugar de oración, nos salió al encuentro una muchacha poseída de un espíritu de adivinación, que daba mucha ganancia a sus patrones adivinando la suerte. [17] Ella comenzó a seguirnos, a Pablo y a nosotros, gritando: «Esos hombres son los servidores del Dios Altísimo, que les anuncian a ustedes el camino de la salvación». [18] Así lo hizo durante varios días, hasta que al fin Pablo se cansó y, dán-

---

copió parte de su «diario» cuando pasa al uso del plural; otros opinan que el autor halló el «nosotros» en una de sus fuentes y que lo dejó como tal en su relato, aun sin haber acompañado a Pablo; otros, finalmente, piensan que se trata de un sutil procedimiento literario, utilizado por el autor para dar mayor inmediatez a los hechos narrados.

16,12. *Filipos* era una colonia romana al norte de Grecia, en la provincia de Macedonia. Pablo fundó allí la primera comunidad cristiana establecida en Europa. Los judíos de Filipos eran tan poco numerosos que ni siquiera tenían una sinagoga. Por eso se reunían junto al río, para practicar las abluciones rituales.

dose vuelta, dijo al espíritu: «Yo te ordeno en nombre de Jesucristo que salgas de esta mujer», y en ese mismo momento el espíritu salió de ella.

El arresto de Pablo y de Silas

[19] Pero sus patrones, viendo desvanecerse las esperanzas de lucro, se apoderaron de Pablo y de Silas, los arrastraron hasta la plaza pública ante las autoridades, [20] y llevándolos delante de los magistrados, dijeron: «Esta gente está sembrando la confusión en nuestra ciudad. Son unos judíos [21] que predican ciertas costumbres que nosotros, los romanos, no podemos admitir ni practicar». [22] La multitud se amotinó en contra de ellos, y los magistrados les hicieron arrancar la ropa y ordenaron que los azotaran. [23] Después de haberlos golpeado despiadadamente, los encerraron en la prisión, ordenando al carcelero que los vigilara con mucho cuidado. [24] Habiendo recibido esta orden, el carcelero los encerró en una cel-

da interior y les sujetó los pies en el cepo.

La conversión del carcelero

[25] Cerca de la medianoche, Pablo y Silas oraban y cantaban las alabanzas de Dios, mientras los otros prisioneros los escuchaban. [26] De pronto, la tierra comenzó a temblar tan violentamente que se conmovieron los cimientos de la cárcel, y en un instante, todas las puertas se abrieron y las cadenas de los prisioneros se soltaron. [27] El carcelero se despertó sobresaltado y, al ver abiertas las puertas de la prisión, desenvainó su espada con la intención de matarse, creyendo que los prisioneros se habían escapado. [28] Pero Pablo le gritó: «No te hagas ningún mal, estamos todos aquí». [29] El carcelero pidió unas antorchas, entró precipitadamente en la celda y, temblando, se echó a los pies de Pablo y de Silas. [30] Luego los hizo salir y les preguntó: «Señores, ¿qué debo hacer para alcanzar la salvación?». [31] Ellos le respon-

16,37. La ley penaba severamente a los que azotaban a un ciudadano romano.

dieron: «Cree en el Señor Jesús y te salvarás, tú y toda tu familia». [32] Enseguida le anunciaron la Palabra del Señor, a él y a todos los de su casa. [33] A esa misma hora de la noche, el carcelero los atendió y curó sus llagas. Inmediatamente después, fue bautizado junto con toda su familia. [34] Luego los hizo subir a su casa y preparó la mesa para festejar con los suyos la alegría de haber creído en Dios.

La liberación de Pablo y de Silas

[35] Cuando amaneció, los magistrados enviaron a los inspectores para que dijeran al carcelero: «Deja en libertad a esos hombres». [36] El carcelero comunicó entonces a Pablo: «Los magistrados me mandan decir que los deje en libertad; por lo tanto, salgan y vayan en paz». [37] Pero Pablo respondió a los inspectores: «Ellos nos hicieron azotar públicamente sin juicio previo, a nosotros que somos ciudadanos romanos, y nos pusieron en la cárcel. ¡Y ahora nos quieren hacer salir a escondidas! ¡De ninguna manera! Que vengan ellos en persona a de-

jarnos en libertad». [38] Los inspectores repitieron estas palabras a los magistrados; estos, al enterarse de que eran ciudadanos romanos, se asustaron [39] y fueron a tratar amigablemente con ellos. Luego los pusieron en libertad y los invitaron a alejarse de la ciudad. [40] Cuando salieron de la prisión, Pablo y Silas fueron a la casa de Lidia, donde volvieron a ver a los hermanos y los exhortaron. Después partieron.

Dificultades de Pablo con los judíos de Tesalónica

17 Atravesaron Anfípolis y Apolonia, y llegaron a Tesalónica, donde los judíos tenían una sinagoga. [2] Pablo, como de costumbre, se dirigió a ellos y discutió durante tres sábados, basándose en la Escritura. [3] Explicaba los textos y demostraba que el Mesías debía sufrir y resucitar de entre los muertos. «Y el Mesías —afirmaba— es este Jesús que yo les anuncio». [4] Algunos se convencieron y se unieron al grupo de Pablo y de Silas, lo mismo que un gran número de adoradores de Dios, de paganos y no pocas mujeres influyentes. ⁵ Llenos de envidia, los judíos reunen un grupo de gente de la calle y promovieron un alboroto, sembrando la agitación en la ciudad. Entonces se presentaron delante de la casa de Jasón en busca de Pablo y de Silas, para conducirlos ante la asamblea del pueblo. ⁶ Como no los encontraron, arrastraron a Jasón y a algunos hermanos ante los magistrados de la ciudad, gritando: «Esos que han revolucionado todo el mundo, han venido también aquí ⁷ y Jasón los ha recibido en su casa. Toda esta gente contraviene los edictos del Emperador, pretendiendo que hay otro rey, llamado Jesús». ⁸ Estos gritos impresionaron mucho a la multitud y a los magistrados, ⁹ y solamente después de haber exigido una fianza de parte de Jasón y de los otros, los pusieron en libertad.

Nuevas dificultades de Pablo en Berea

¹⁰ Esa misma noche, los hermanos hicieron partir a Pablo y a Silas hacia Berea. En cuanto llegaron, se dirigieron a la sinagoga de los judíos. ¹¹ Como estos

eran mejores que los de Tesalónica, acogieron la Palabra con sumo interés, y examinaban todos los días las Escrituras para verificar la exactitud de lo que oían. ¹² Muchos de ellos abrazaron la fe, lo mismo que algunos paganos, entre los cuales había mujeres de la aristocracia y un buen número de hombres. ¹³ Pero, cuando los judíos de Tesalónica se enteraron de que Pablo había anunciado la Palabra de Dios también en Berea, fueron allí a perturbar a la multitud sembrando la agitación. ¹⁴ Entonces los hermanos hicieron partir inmediatamente a Pablo en dirección al mar; Silas y Timoteo, en cambio, permanecieron allí. ¹⁵ Los que acompañaban a Pablo lo condujeron hasta Atenas, y luego volvieron con la orden de que Silas y Timoteo se reunieran con él lo más pronto posible.

Pablo en Atenas

¹⁶ Mientras los esperaba en Atenas, Pablo sentía que la indignación se apoderaba de él, al contemplar la ciudad llena de ídolos. ¹⁷ Discutía en la sinagoga con los judíos y con los que

adoraban a Dios, y también lo hacía diariamente en la plaza pública con los que pasaban por allí. [18] Incluso, algunos filósofos epicúreos y estoicos dialogaban con él. Algunos comentaban: «¿Qué estará diciendo este charlatán?», y otros: «Parece ser un predicador de divinidades extranjeras», porque Pablo anunciaba a Jesús y la resurrección. [19] Entonces lo llevaron con ellos al Areópago y le dijeron: «¿Podríamos saber en qué consiste la nueva doctrina que tú enseñas? [20] Las cosas que nos predicas nos parecen extrañas y quisiéramos saber qué significan». [21] Porque todos los atenienses y los extranjeros que residían allí, no tenían otro pasatiempo que el de transmitir o escuchar la última novedad.

Discurso de Pablo en el Areópago

[22] Pablo, de pie, en medio del Areópago, dijo: «Atenienses, veo que ustedes son, desde todo punto de vista, los más religiosos de todos los hombres. [23] En efecto, mientras me paseaba mirando los monumentos sagrados que ustedes tienen, encontré entre otras cosas un altar con esta inscripción: «Al dios desconocido». Ahora, yo vengo a anunciarles eso que ustedes adoran sin conocer. [24] El Dios que ha hecho el mundo y todo lo que hay en él no habita en templos hechos por manos de hombre, porque es el Señor del cielo y de la tierra. [25] Tampoco puede ser servido por manos humanas como si tuviera necesidad de algo, ya que él da a todos la vida, el aliento y todas las cosas. [26] Él hizo salir de un solo principio a todo el género humano para que habite sobre toda la tierra, y señaló de antemano a cada pueblo sus épocas y sus fronteras, [27] para que ellos busquen a Dios, aunque sea a tientas, y puedan encontrarlo. Porque en realidad, él no está lejos de cada uno de nosotros.

17,19. *Areópago* era el nombre de la colina situada al sur de la plaza pública llamada *Ágora* y designaba también al tribunal de Atenas, donde los jueces dictaban sus sentencias.

17,23. Los paganos dedicaban altares a los «dioses desconocidos», para no atraer sobre sí el castigo de alguna divinidad ignorada.

[28] En efecto, en él vivimos, nos movemos y existimos, como muy bien lo dijeron algunos poetas de ustedes: "Nosotros somos también de su raza". [29] Y si nosotros somos de la raza de Dios, no debemos creer que la divinidad es semejante al oro, la plata o la piedra, trabajados por el arte y el genio del hombre. [30] Pero ha llegado el momento en que Dios, pasando por alto el tiempo de la ignorancia, manda a todos los hombres, en todas partes, que se arrepientan. [31] Porque él ha establecido un día para juzgar al universo con justicia, por medio de un Hombre que él ha destinado y acreditado delante de todos, haciéndolo resucitar de entre los muertos». [32] Al oír las palabras «resurrección de los muertos», unos se burlaban y otros decían: «Otro día te oiremos hablar sobre esto». [33] Así fue como Pablo se alejó de ellos. [34] Sin embargo, algunos lo siguieron y abrazaron la fe. Entre ellos estaban Dionisio el Areopagita, una mujer llamada Dámaris y algunos otros.

La fundación de la Iglesia de Corinto

18 Después de esto, Pablo dejó Atenas y fue a Corinto. [2] Allí encontró a un judío llamado Áquila, originario del Ponto, que acababa de llegar de Italia con su mujer Priscila, a raíz de un edicto de Claudio que obligaba a todos los judíos a salir de Roma. Pablo fue a verlos, [3] y como ejercía el mismo oficio, se alojó en su casa y trabajaba con ellos haciendo tiendas de campaña. [4] Todos los sábados, Pablo discutía en la sinagoga y trataba de persuadir tanto a los judíos como a los paganos. [5] Cuando Silas y Timoteo llegaron de Macedonia, Pablo se dedicó por entero a la predi-

---

17,28. *Nosotros somos también de su raza:* Este verso pertenece al poeta griego Arato, del siglo III a. C.

17,34. *Dionisio el Areopagita* era un miembro del Areópago.

18,1. Corinto era capital de la provincia senatorial de Acaya.

18,2. El *edicto* de Claudio fue promulgado en el año 49. *Áquila* y *Priscila*, llamada también *Prisca*, fueron colaboradores de Pablo en Éfeso (18,18-19; 1 Cor 16,19) y luego en Roma (Rom 16,2; 2 Tim 4,19).

cación de la Palabra, dando testimonio a los judíos de que Jesús es el Mesías. [6] Pero como ellos lo contradecían y lo injuriaban, sacudió su manto en señal de protesta, diciendo: «Que la sangre de ustedes caiga sobre sus cabezas. Yo soy inocente de eso; en adelante me dedicaré a los paganos». [7] Entonces, alejándose de allí, fue a lo de un tal Ticio Justo, uno de los que adoraban a Dios y cuya casa lindaba con la sinagoga. [8] Crispo, el jefe de la sinagoga, creyó en el Señor, junto con toda su familia. También muchos habitantes de Corinto, que habían escuchado a Pablo, abrazaron la fe y se hicieron bautizar. [9] Una noche, el Señor dijo a Pablo en una visión: «No temas. Sigue predicando y no te calles. [10] Yo estoy contigo. Nadie pondrá la mano sobre ti para dañarte, porque en esta ciudad hay un pueblo numeroso que me está reservado». [11] Pablo se radicó allí un año y medio, enseñando la Palabra de Dios.

Pablo ante el procónsul Galión

[12] Durante el gobierno del procónsul Galión en Acaya, los judíos se confabularon contra Pablo y lo condujeron ante el tribunal, [13] diciendo: «Este hombre induce a la gente a que adore a Dios de una manera contraria a la Ley». [14] Pablo estaba por hablar, cuando Galión dijo a los judíos: «Si se tratara de algún crimen o de algún delito grave, sería razonable que los atendiera. [15] Pero tratándo-

---

18,6. *Sacudió su manto:* Este gesto es una señal de ruptura con un auditorio que se muestra recalcitrante.

18,12. Una inscripción, cuyos fragmentos han sido encontrados en Delfos, permite aclarar la fecha en que Pablo compareció en Corinto ante el procónsul Galión, hermano del filósofo Séneca. Esta inscripción contiene el texto de un decreto del emperador Claudio, publicado durante la primera mitad del duodécimo año de su reinado, es decir, entre el 25 de enero y el 1 de agosto de 52. El texto menciona a Galión, cuyo proconsulado duró muy verosímilmente desde la primavera de 51 a la de 52. Si Pablo permaneció en Corinto un año y medio, la estancia el Apóstol tuvo lugar en un período que se extiende entre el fin de 49 y el verano de 51, o finales de 50 y la primavera de 52.

se de discusiones sobre palabras y nombres, y sobre la Ley judía, el asunto les concierne a ustedes; yo no quiero ser juez en estas cosas». ¹⁶ Y los hizo salir del tribunal. ¹⁷ Entonces todos se apoderaron de Sóstenes, el jefe de la sinagoga, y lo golperon ante el tribunal. Pero a Galión todo esto lo tuvo sin cuidado.

El regreso de Pablo a Antioquía

¹⁸ Pablo permaneció todavía un cierto tiempo en Corinto. Después se despidió de sus hermanos y se embarcó hacia Siria en compañía de Priscila y de Áquila. En Cencreas, a raíz de un voto que había hecho, se hizo cortar el cabello. ¹⁹ Cuando llegaron a Éfeso, Pablo se separó de sus compañeros para ir a la sinagoga y dialogar con los judíos. ²⁰ Estos le rogaron que se quedara más tiempo, pero Pablo no accedió, ²¹ sino que se despidió de ellos, diciéndoles: «Volveré otra vez, si Dios quiere». Y partió de Éfeso. ²² Desembarcó en Cesarea, subió para saludar a la Iglesia y luego bajó a Antioquía.

EL TERCER VIAJE MISIONERO DE PABLO

Comienzo del viaje

²³ Después de haber permanecido un tiempo allí, partió de nuevo y recorrió sucesivamente la región de Galacia y la Frigia, animando a todos los discípulos.

La actividad de Apolo en Éfeso y en Corinto

²⁴ Un judío llamado Apolo, originario de Alejandría, había llegado a Éfeso. Era un hombre elocuente y muy versado en las Escrituras. ²⁵ Había sido inicia-

---

18,18. *Cencreas* era el puerto principal de Corinto, sobre la costa del mar Egeo. El *voto* que hizo Pablo consistía probablemente en raparse la cabeza y abstenerse de tomar vino durante treinta días, al término de los cuales se ofrecía un sacrificio (cf. nota 21,27).
18,19. *Éfeso* era la capital de la provincia romana de Asia y una de las ciudades más florecientes del Imperio.

do en el Camino del Señor y, lleno de fervor, exponía y enseñaba con precisión lo que se refiere a Jesús, aunque no conocía otro bautismo más que el de Juan. ²⁶ Comenzó a hablar con decisión en la sinagoga. Después de oírlo, Priscila y Áquila lo llevaron con ellos y le explicaron más exactamente el Camino de Dios. ²⁷ Como él pensaba ir a Acaya, los hermanos lo alentaron, y escribieron a los discípulos para que lo recibieran de la mejor manera posible. Desde que llegó a Corinto fue de gran ayuda, por la gracia de Dios, para aquellos que habían abrazado la fe, ²⁸ porque refutaba vigorosamente a los judíos en público, demostrando por medio de las Escrituras que Jesús es el Mesías.

Los discípulos de Juan el Bautista en Éfeso

19 Mientras Apolo permanecía en Corinto, Pablo, atravesando la región interior, llegó a Éfeso. Allí encontró a algunos discípulos ² y les preguntó: «Cuando ustedes abrazaron la fe, ¿recibieron el Espíritu Santo?». Ellos le dijeron: «Ni siquiera hemos oído decir que hay un Espíritu Santo». ³ «Entonces, ¿qué bautismo recibieron?», les preguntó Pablo. «El de Juan», respondieron. ⁴ Pablo les dijo: «Juan bautizaba con un bautismo de penitencia, diciendo al pueblo que creyera en el que vendría después de él, es decir, en Jesús». ⁵ Al oír estas palabras, ellos se hicieron bautizar en el nombre del Señor Jesús. ⁶ Pablo les impuso las manos, y descendió sobre ellos el Espíritu Santo. Entonces comenzaron a hablar en distintas lenguas y a profetizar. ⁷ Eran en total unos doce hombres.

La fundación de la Iglesia de Éfeso

⁸ Pablo fue luego a la sinagoga y durante tres meses predicó abiertamente, hablando sobre el Reino de Dios y tratando de persuadir a sus oyentes. ⁹ Pero como algunos se obstinaban y se nega-

---

19,9. *Tirano* era un profesor de filosofía o de retórica.

ban a creer, denigrando el Camino del Señor delante de la asamblea, Pablo rompió con ellos. Luego tomó aparte a sus discípulos y dialogaba diariamente en la escuela de Tirano. ¹⁰ Así lo hizo durante dos años, de modo que todos los habitantes de la provincia de Asia, judíos y paganos, tuvieron ocasión de escuchar la Palabra del Señor.

Los exorcistas judíos

¹¹ Por intermedio de Pablo, Dios realizaba milagros poco comunes, ¹² hasta tal punto que, al aplicarse sobre los enfermos pañuelos o lienzos que habían tocado el cuerpo de Pablo, aquellos se curaban y quedaban libres de los malos espíritus. ¹³ Algunos exorcistas ambulantes judíos hicieron la prueba de pronunciar el nombre del Señor Jesús sobre los poseídos por los malos espíritus, diciendo: «Yo los conjuro por ese Jesús que anuncia Pablo». ¹⁴ Un cierto Sevas, Sumo Sacerdote judío, tenía siete hijos que practicaban estos exorcismos. ¹⁵ El espíritu malo les respondió: «Yo conozco a Jesús y sé quién es Pablo, pero ustedes, ¿quiénes son?». ¹⁶ Y el hombre poseído por el espíritu malo, abalanzándose sobre los exorcistas, los dominó a todos y los maltrató de tal manera que debieron escaparse de esa casa desnudos y cubiertos de heridas. ¹⁷ Todos los habitantes de Éfeso, tanto judíos como paganos, se enteraron de este hecho y, llenos de temor, glorificaban el nombre del Señor Jesús. ¹⁸ Muchos de los que habían abrazado la fe venían a confesar abiertamente sus prácticas, ¹⁹ y un buen número de los que se habían dedicado a la magia traían sus libros y los quemaban delante de todos. Se estimó que el valor de estos libros alcanzaba a unas cincuenta mil monedas de plata. ²⁰ Así, por el poder del Señor, la Palabra se difundía y se afianzaba.

Los proyectos de Pablo

²¹ Después de esto, Pablo se propuso ir a Jerusalén pasando por

---

19,11. Cf. nota 4,33.

19,18. Se trata de prácticas mágicas a las que eran muy afectos los habitantes de Éfeso.

Macedonia y Acaya. «Primero iré allí —decía— y luego tendré que ir también a Roma». ²² Envió a Macedonia a dos de sus colaboradores, Timoteo y Erasto, y él permaneció en Asia un tiempo más.

El motín de los orfebres de Éfeso

²³ Fue entonces cuando se produjeron graves desórdenes a causa del Camino del Señor. ²⁴ Un orfebre llamado Demetrio fabricaba reproducciones en plata del templo de Diana, proporcionando así abundante trabajo a los artesanos. ²⁵ Demetrio los reunió, junto con los que hacían trabajos similares, y les dijo: «Ustedes saben perfectamente que nuestro bienestar depende de esta industria. ²⁶ Pero ahora ustedes mismos ven y oyen que no solamente en Éfeso, sino también en casi toda la provincia de Asia, ese Pablo ha conquistado y seducido a mucha gente, pretendiendo que los dioses fabricados por mano de hombre no son dioses. ²⁷ De esa manera, no solamente nuestra profesión está amenazada de caer en el descrédito, sino que el templo mismo de la gran diosa Diana corre el riesgo de ser tenido por nada, y aquella a quien adoran toda el Asia y el mundo entero, terminará por quedar despojada de su prestigio». ²⁸ Al oír estas palabras, la multitud se enfureció y comenzó a gritar: «¡Viva la gran Diana de los efesios!», ²⁹ y se produjo un gran desorden en la ciudad. Todos irrumpieron en el teatro, arrastrando a los macedonios Gayo y Aristarco, compañeros de viaje de Pablo. ³⁰ Pablo quería presentarse delante de la asamblea, pero sus discípulos se lo impidieron. ³¹ Hasta algunos magistrados de la ciudad, que eran amigos suyos, le rogaron que no se expusiera yendo al teatro. ³² Todo el mundo gritaba al mismo tiempo, ya que la confusión reinaba en la concurrencia, y la mayor parte ni siquiera sabía por qué se había reunido. ³³ En-

---

19,24. *Diana*, en griego *Artemisa*, era venerada en Éfeso como diosa de la fertilidad. Su *templo*, el famoso *Arte-* misión, era una de las siete maravillas del mundo.

tonces hicieron salir de entre la multitud a Alejandro, a quien los judíos empujaban hacia delante. Este, pidiendo silencio con la mano, quería dar una explicación a la asamblea. [34] Pero en cuanto advirtieron que era un judío, todos se pusieron a gritar unánimemente durante dos horas: «¡Viva la gran Diana de los efesios!». [35] Por fin, el secretario de la ciudad consiguió calmar a la multitud, diciendo: «Efesios, ¿qué hombre de este mundo ignora que la ciudad de Éfeso es la guardiana del templo de la gran diosa Diana y de su estatua venida del cielo? [36] Siendo esta una verdad innegable, deben quedarse tranquilos y no actuar apresuradamente. [37] Esos hombres que ustedes trajeron, no han cometido ningún sacrilegio ni han dicho ninguna blasfemia contra nuestra diosa. [38] Y si Demetrio y sus artesanos tienen una queja contra alguien, para eso están los tribunales y los procónsules ante quienes se pueden presentar las acusaciones. [39] Si us-

tedes tienen que debatir algún otro asunto, se decidirá en la asamblea legal. [40] Porque corremos el riesgo de ser acusados de sediciosos, a causa de lo que acaba de suceder, ya que no tenemos ningún motivo para justificar este tumulto». Y con estas palabras, disolvió la asamblea.

Partida de Pablo hacia Grecia

20 Cuando cesó el tumulto, Pablo llamó a los discípulos y, después de haberlos exhortado, se despidió de ellos y partió hacia Macedonia. [2] Atravesó toda esa región, exhortando vivamente a sus hermanos, y llegó a Grecia, [3] donde permaneció tres meses. Cuando iba a embarcarse para Siria, los judíos tramaron una conspiración contra él, y por eso, decidió volver por Macedonia. [4] Lo acompañaban Sópatro de Berea, hijo de Pirro; Aristarco y Segundo de Tesalónica; Gayo de Derbe, Timoteo, y también Tíquico y Trófimo de la provincia de Asia. [5] Estos se adelantaron y nos es-

---

20,5-15. El relato prosigue en primera persona del plural (cf. nota 16,10).

peraron en Tróade. [6] Nosotros, partimos de Filipos por mar después de la fiesta de los panes Ácimos, y cinco días más tarde, nos reunimos con ellos en Tróade, donde pasamos una semana.

La visita de Pablo a Tróade

[7] El primer día de la semana, cuando nos reunimos para partir el pan, Pablo, que debía salir al día siguiente, dirigió la palabra a la asamblea y su discurso se prolongó hasta la medianoche. [8] La habitación donde nos habíamos reunido estaba muy iluminada. [9] Un muchacho llamado Eutico, que se había sentado en el borde de la ventana, tenía mucho sueño y se dormía mientras Pablo hablaba, hasta que, vencido por el sueño, se cayó desde el tercer piso. Cuando lo levantaron, estaba muerto. [10] Pablo bajó, se echó sobre él y, abrazándolo, dijo: «No se alarmen, porque está vivo». [11] Volvió a subir, partió el pan y comió. Luego siguió

hablando mucho tiempo hasta el amanecer; y después salió. [12] En cuanto al muchacho, lo llevaron a su casa con vida, y todos se sintieron muy reconfortados.

El viaje desde Tróade a Mileto

[13] Nosotros nos adelantamos en barco, navegando en dirección a Asos, donde debíamos recoger a Pablo. Él lo había dispuesto así, porque iba a hacer el viaje por tierra. [14] Cuando nos juntamos en Asos, Pablo se embarcó con nosotros y nos dirigimos a Mitilene. [15] Partimos de allí al día siguiente y llegamos frente a Quío. Al otro día, fuimos a Samos y, después de hacer escala en Trogilio, al día siguiente llegamos a Mileto. [16] Pablo había decidido pasar de largo por Éfeso, para no retrasarse demasiado en Asia. Se apresuraba apurado porque, de ser posible, quería estar en Jerusalén el día de Pentecostés.

20,6. Cf. 2 Cor 2,12.
20,7. *El primer día de la semana:* La asamblea dominical comenzaba al

atardecer del día anterior, según la costumbre judía.

La despedida de Pablo a los presbíteros de Éfeso

[17] Desde Mileto, mandó llamar a los presbíteros de la Iglesia de Éfeso. [18] Cuando estos llegaron, Pablo les dijo: «Ya saben cómo me he comportado siempre con ustedes desde el primer día que puse el pie en la provincia de Asia. [19] He servido al Señor con toda humildad y con muchas lágrimas, en medio de las pruebas a que fui sometido por las insidias de los judíos. [20] Ustedes saben que no he omitido nada que pudiera serles útil: les prediqué y les enseñé tanto en público como en privado, [21] instando a judíos y a paganos a convertirse a Dios y a creer en nuestro Señor Jesús.

[22] Y ahora, como encadenado por el Espíritu, voy a Jerusalén sin saber lo que me sucederá allí. [23] Solo sé que, de ciudad en ciudad, el Espíritu Santo me va advirtiendo cuántas cadenas y tribulaciones me esperan. [24] Pero poco me importa la vida, mientras pueda cumplir mi carrera y la misión que recibí del Señor Jesús: la de dar testimonio de la Buena Noticia de la gracia de Dios. [25] Y ahora sé que ustedes, entre quienes pasé predicando el Reino, no volverán a verme. [26] Por eso hoy declaro delante de todos que no tengo nada que reprocharme respecto de ustedes. [27] Porque no hemos omitido nada para anunciarles plenamente los designios de Dios. [28] Velen por ustedes, y por todo el rebaño sobre el cual el Espíritu Santo los ha constituido guardianes para apacentar a la Iglesia de Dios, que él adquirió al precio de su propia sangre. [29] Yo sé que después de mi partida se introducirán entre ustedes lobos rapaces que no perdonarán al rebaño. [30] Y aun de entre ustedes mismos, surgirán hombres que tratarán de arrastrar a los discípulos con doctrinas perniciosas. [31] Velen, entonces, y recuerden que durante tres años, de noche

---

20,17. En el v. 28, estos mismos *presbíteros* son llamados «guardianes» o «inspectores», en griego *epískopos*, de donde procede la palabra *obispo*. De hecho, en el Nuevo Testamento los términos *presbítero* y *obispo* son intercambiables, y no hay que ver en ellos la diferencia que llegaron a tener más tarde.

y de día, no he cesado de aconsejar con lágrimas a cada uno de ustedes.

³² Ahora los encomiendo al Señor y a la Palabra de su gracia, que tiene poder para construir el edificio y darles la parte de la herencia que les corresponde, con todos los que han sido santificados. ³³ En cuanto a mí, no he deseado ni plata ni oro ni los bienes de nadie. ³⁴ Ustedes saben que con mis propias manos he atendido a mis necesidades y a las de mis compañeros. ³⁵ De todas las maneras posibles, les he mostrado que así, trabajando duramente, se debe ayudar a los débiles, y que es preciso recordar las palabras del Señor Jesús: "La felicidad está más en dar que en recibir"». ³⁶ Después de decirles esto, se arrodilló y oró junto a ellos. ³⁷ Todos se pusieron a llorar, abrazaron a Pablo y lo besaron afectuosamente, ³⁸ apenados sobre todo porque les había dicho que ya no volverían a verlo. Después lo acompañaron hasta el barco.

El viaje de Pablo a Jerusalén

21 Después de separarnos de ellos, nos embarcamos y fuimos derecho a Cos; al día siguiente, llegamos a Rodas y de allí pasamos a Pátara. ² Como encontramos un barco que iba a Fenicia, subimos a bordo y partimos. ³ Avistamos la isla de Chipre y, dejándola a nuestra izquierda, seguimos navegando en dirección a Siria, hasta que por fin atracamos en el puerto de Tiro, donde el barco debía descargar. ⁴ Allí encontramos a algunos discípulos y permanecimos una semana con ellos. Estos, iluminados por el Espíritu, aconsejaban a Pablo que no subiera a Jerusalén, ⁵ pero llegado el momento de partir, proseguimos nuestro viaje. Todos nos acompañaron hasta las afueras de la ciudad, incluso las mujeres y los niños. En la playa nos arrodillamos para orar, ⁶ y habiéndonos despedido,

---

20,35. *Hay más dicha en dar que en recibir:* Pablo cita una palabra del Señor Jesús que no se encuentra en el evangelio de Lucas, y ni siquiera en los otros evangelios. Este hecho muestra que Lucas no reduce las palabras de Cristo a las que ha reproducido en su primer volumen.

21,1. Continúa la narración en primera persona del plural.

nosotros subimos al barco y ellos se volvieron a sus casas. [7] De Tiro fuimos a Tolemaida, poniendo así término a la travesía. Allí saludamos a los hermanos y nos detuvimos un día con ellos. [8] Al día siguiente, volvimos a partir y llegamos a Cesarea, donde fuimos a ver a Felipe, el predicador del Evangelio, uno de los Siete, y nos alojamos en su casa. [9] Él tenía cuatro hijas solteras que profetizaban. [10] Permanecimos allí muchos días, y durante nuestra estadía bajó de Judea un profeta llamado Agabo. [11] Este vino a vernos, tomó el cinturón de Pablo, se ató con él los pies y las manos, y dijo: «El Espíritu Santo dice: Así atarán los judíos en Jerusalén al dueño de este cinturón y lo entregarán a los paganos». [12] Al oír estas palabras, los hermanos del lugar y nosotros mismos rogamos a Pablo que no subiera a Jerusalén. [13] Pablo respondió: «¿Por qué lloran así y destrozan mi corazón? Yo estoy dispuesto, no solamente a dejarme encade-nar, sino también a morir en Jerusalén por el nombre del Señor Jesús». [14] Y como no conseguíamos persuadirlo, no insistimos más y dijimos: «Que se haga la voluntad del Señor».

La llegada a Jerusalén

[15] Algunos días después, terminados nuestros preparativos, subimos a Jerusalén. [16] Iban con nosotros algunos discípulos de Cesarea, que nos hicieron alojar en casa de un tal Mnasón de Chipre, un discípulo de la primera hora. [17] Cuando llegamos a Jerusalén, los hermanos nos recibieron con alegría. [18] Al día siguiente, Pablo fue con nosotros a casa de Santiago, donde también se reunieron todos los presbíteros. [19] Después de saludarlos, Pablo expuso detalladamente todo lo que Dios había hecho entre los paganos a través de su ministerio. [20] Ellos alabaron a Dios por lo que acababan de oír, pero le advirtieron: «Tú sabes, hermano, que milla-

---

21,8. Cf. nota 8,5.
21,10. *Agabo:* Cf. 11,27-28.
21,11. Esta es una acción simbólica, semejante a las que realizaban los profetas del Antiguo Testamento (cf. Is 20,1-6; Jr 19,1-2.10-11).

res de judíos han abrazado la fe, y que todos ellos son celosos cumplidores de la Ley. ²¹ Ahora bien, ellos han oído decir que con tus enseñanzas apartas de Moisés a todos los judíos que viven entre los paganos, diciéndoles que no circunciden a sus hijos y no sigan más sus costumbres. ²² ¿Qué haremos entonces? Porque seguramente se van a enterar de tu llegada. ²³ Tienes que hacer lo que te vamos a decir: Aquí tenemos a cuatro hombres que están obligados por un voto: ²⁴ llévalos contigo, purifícate con ellos y paga lo que corresponde para que se hagan cortar el cabello. Así todo el mun-

do sabrá que no es verdad lo que han oído acerca de ti, sino que tú también eres un fiel cumplidor de la Ley. ²⁵ En cuanto a los paganos que abrazaron la fe, les hemos enviado nuestras decisiones, a saber: que se abstengan de la carne inmolada a los ídolos, de la sangre, de la carne de animales muertos sin desangrar y de las inmoralidades sexuales». ²⁶ Al día siguiente, Pablo tomó consigo a esos hombres, se purificó con ellos y entró en el Templo. Allí hizo saber cuándo concluiría el plazo fijado para la purificación, es decir, cuándo debía ofrecerse la oblación por cada uno de ellos.

EL CAUTIVERIO DE PABLO Y SU VIAJE A ROMA

El arresto de Pablo

²⁷ Casi al final de los siete días, cuando los judíos venidos de Asia vieron a Pablo en el Templo, amotinaron a la multitud y se apoderaron de él, ²⁸ gritando: «¡Socorro, israelitas! Este es el

hombre que predica a todos y en todas partes contra nuestro pueblo, contra la Ley y contra este Templo, y ahora ha llegado a introducir en él a los paganos, profanando este lugar santo». ²⁹ Decían esto porque antes ha-

21,27. El texto parece indicar que antes de ofrecer el sacrificio en cumplimiento de un voto (v. 23) era necesa-

rio someterse *siete días* a diversos ritos de purificación.

bían visto con él en la ciudad a Trófimo de Éfeso, y creían que Pablo lo había introducido en el Templo. ³⁰ La ciudad entera se alborotó, y de todas partes acudió el pueblo. Se apoderaron de Pablo, lo sacaron fuera del Templo y cerraron inmediatamente las puertas. ³¹ Ya iban a matarlo, cuando llegó al tribuno de la cohorte la noticia de que toda Jerusalén estaba convulsionada. ³² Enseguida el tribuno, con unos soldados y centuriones, se precipitó sobre los manifestantes. Al ver al tribuno y a los soldados, dejaron de golpear a Pablo. ³³ El tribuno se acercó, tomó a Pablo y mandó que lo ataran con dos cadenas; después preguntó quién era y qué había hecho. ³⁴ Todos gritaban al mismo tiempo, y a causa de la confusión, no pudo sacar nada en limpio. Por eso hizo conducir a Pablo a la fortaleza. ³⁵ Al llegar a la escalinata, los soldados tuvieron que alzarlo debido a la violencia de la multitud, ³⁶ porque el pueblo en masa lo seguía, gritando: «¡Que lo maten!». ³⁷ Cuando lo iban a introducir en la fortaleza, Pablo dijo al tribuno: «¿Puedo decirte una palabra?». «¿Tú sabes griego? —le preguntó el tribuno—. ³⁸ Entonces, ¿no eres el egipcio que hace unos días provocó un motín y llevó al desierto a cuatro mil terroristas?». ³⁹ «Yo soy judío —dijo Pablo, originario de Tarso—, ciudadano de una importante ciudad de Cilicia. Te ruego que me permitas hablar al pueblo». ⁴⁰ El tribuno se lo permitió, y Pablo, de pie sobre la escalinata, hizo una señal al pueblo con la mano. Se produjo un gran silencio, y Pablo comenzó a hablarles en hebreo.

Discurso de Pablo a los judíos de Jerusalén

22 «Hermanos y padres —les dijo—, escuchen lo que hoy les voy a decir en mi defensa». ² Al oír que hablaba

---

21,33. Cf. 20,23; 21,11.
21,38. Esta rebelión, de carácter extremista y nacionalista, también es mencionada por el historiador judío Flavio Josefo.

21,40. En realidad, Pablo se expresó en arameo, el idioma que hablaba el pueblo.

en hebreo, el silencio se hizo aún más profundo. Pablo prosiguió: [3] «Yo soy judío, nacido en Tarso de Cilicia, pero me he criado en esta ciudad y he sido iniciado a los pies de Gamaliel en la estricta observancia de la Ley de nuestros padres. Estaba lleno de celo por Dios, como ustedes lo están ahora. [4] Perseguí a muerte a los que seguían este Camino, llevando encadenados a la prisión a hombres y mujeres; [5] el Sumo Sacerdote y el Consejo de los ancianos son testigos de esto. Ellos mismos me dieron cartas para los hermanos de Damasco, y yo me dirigí allá con el propósito de traer encadenados a Jerusalén a los que encontrara en esa ciudad, para que fueran castigados. [6] En el camino y al acercarme a Damasco, hacia el mediodía, una intensa luz que venía del cielo brilló de pronto a mi alrededor. [7] Caí en tierra y oí una voz que me decía: "Saulo, Saulo, ¿por qué me persigues?". [8] Le respondí: "¿Quién eres, Señor?", y la voz me dijo: "Yo soy Jesús de Nazaret, a quien tú persigues". [9] Los que me acompañaban vieron la luz, pero no oyeron la voz del que me hablaba. [10] Yo le pregunté: "¿Qué debo hacer, Señor?". El Señor me dijo: "Levántate y ve a Damasco donde se te dirá lo que debes hacer". [11] Pero como yo no podía ver a causa del resplandor de esa luz, los que me acompañaban me llevaron de la mano hasta Damasco. [12] Un hombre llamado Ananías, fiel cumplidor de la Ley, que gozaba de gran prestigio entre los judíos del lugar, [13] vino a verme y, acercándose a mí, me dijo: "Hermano Saulo, recobra la vista". Y en ese mismo instante, pude verlo. [14] Él siguió diciendo: "El Dios de nuestros padres te ha destinado para que conozcas su voluntad, para ver al Justo y escuchar su Palabra, [15] porque tú darás testimonio ante todos los hombres de lo que has visto y oído. [16] Y ahora, ¿qué esperas? Levántate, recibe el bautismo y purifícate de tus pecados, invocando su Nombre". [17] De vuelta a Jerusalén, mien-

---

22,6. Cf. nota 9,1.

tras oraba en el Templo, caí en éxtasis [18] y vi al Señor que me decía: "Aléjate rápidamente de Jerusalén, porque ellos no recibirán el testimonio que tú darás de mí". [19] Entonces respondí: "Ellos saben, Señor, que yo iba de una sinagoga a otra para encarcelar y azotar a los que creen en ti. [20] Y saben que cuando derramaban la sangre de Esteban, tu testigo, yo también estaba presente, aprobando su muerte y cuidando la ropa de los verdugos". [21] Pero él me dijo: "Vete, porque quiero enviarte lejos, a las naciones paganas"».

La ciudadanía romana de Pablo

[22] Hasta aquí los judíos lo escucharon, pero al oír estas palabras comenzaron a gritar diciendo: «¡Elimina a este hombre. No merece vivir!». [23] Todos vociferaban, agitaban sus mantos y tiraban tierra al aire. [24] El tribuno hizo entrar a Pablo en la fortaleza y ordenó que lo azotaran para saber por qué razón gritaban así contra él. [25] Cuando lo sujetaron con las correas, Pablo dijo al centurión de turno: «¿Les está permitido azotar a un ciudadano romano sin haberlo juzgado?». [26] Al oír estas palabras, el centurión fue a informar al tribuno: «¿Qué vas a hacer? —le dijo—. Este hombre es ciudadano romano». [27] El tribuno fue a preguntar a Pablo: «¿Tú eres ciudadano romano?». Y él le respondió: «Sí». [28] El tribuno prosiguió: «A mí me costó mucho dinero adquirir esa ciudadanía». «En cambio, yo la tengo de nacimiento», dijo Pablo. [29] Inmediatamente, se retira-

---

22,20. *Testigo* es la traducción de la palabra griega *mártir*. Poco a poco, esta última palabra iba a adquirir un significado bien preciso: el testimonio que se da mediante la efusión de la propia sangre por fidelidad a Cristo (cf. Ap 2,13; 6,9; 17,6).

22,25. Cf. nota 16,37.

22,28. Al declararse ciudadano romano *de nacimiento*, Pablo indica

que había heredado ese título de sus antepasados. Estos lo habían adquirido por algún servicio prestado a la causa del Imperio romano. El derecho de ciudadanía comportaba numerosos privilegios, entre otros, el de considerar incompetente a cualquier tribunal inferior y apelar al juicio del Emperador (cf. 25,10-12).

ron los que iban a azotarlo, y el tribuno se alarmó al enterarse de que había hecho encadenar a un ciudadano romano. [30] Al día siguiente, queriendo saber con exactitud de qué lo acusaban los judíos, el tribuno le hizo sacar las cadenas, y convocando a los sumos sacerdotes y a todo el Sanedrín, hizo comparecer a Pablo delante de ellos.

Pablo ante el Sanedrín

23 Con los ojos fijos en el Sanedrín, Pablo dijo: «Hermanos, hasta hoy yo he obrado con rectitud de conciencia delante de Dios». [2] Pero el Sumo Sacerdote Ananías ordenó a sus asistentes que le pegaran en la boca. [3] Entonces Pablo replicó: «A ti te golpeará Dios, hipócrita. ¡Tú te sientas allí para juzgarme según la Ley y, violando la Ley, me haces golpear!». [4] Los asistentes le advirtieron: «Estás insultando al Sumo Sacerdote de Dios». [5] «Yo no sabía, hermanos, que era el Sumo Sacerdote —respondió Pablo—, porque está escrito: *No maldecirás al jefe de tu pueblo*».

[6] Pablo, sabiendo que había dos partidos, el de los saduceos y el de los fariseos, exclamó en medio del Sanedrín: «Hermanos, yo soy fariseo, hijo de fariseos, y ahora me están juzgando a causa de nuestra esperanza en la resurrección de los muertos». [7] Apenas pronunció estas palabras, surgió una disputa entre fariseos y saduceos, y la asamblea se dividió. [8] Porque los saduceos niegan la resurrección y la existencia de los ángeles y de los espíritus; los fariseos, por el contrario, admiten una y otra cosa. [9] Se produjo un griterío, y algunos escribas del partido de los fariseos se pusieron de pie y protestaron enérgicamente: «Nosotros no encontramos nada de malo en este hombre. ¿Y si le hubiera hablado algún espíritu o un ángel...?». [10] Como la disputa se hacía cada vez más violenta, el tribuno, temiendo por la integridad de Pablo, mandó descender a los soldados para que lo sacaran de allí y lo llevaran de nuevo a la fortaleza. [11] A la noche siguiente, el Señor se apareció a Pablo y le

---

23,5. Ex 22,27.   **23,8.** Cf. Mt 22,23.

dijo: «Ánimo, así como has dado testimonio de mí en Jerusalén, también tendrás que darlo en Roma».

La conjuración de los judíos contra Pablo

[12] Al amanecer, los judíos se confabularon y se comprometieron bajo juramento a no comer ni beber, hasta no haber matado a Pablo. [13] Los comprometidos en la conjuración eran más de cuarenta. [14] Fueron al encuentro de los sumos sacerdotes y los ancianos, y les dijeron: «Nosotros nos hemos comprometido bajo juramento a no probar nada antes de haber matado a Pablo. [15] Pónganse de acuerdo con el Sanedrín, y propongan al tribuno que lo haga comparecer delante de ustedes con el pretexto de examinar más exactamente su causa; nosotros, por nuestra parte, estaremos preparados para matarlo en el camino». [16] Pero un sobrino de Pablo, al enterarse de la emboscada, se dirigió a la fortaleza y entró para prevenir a Pablo. [17] Este, llamando a uno de los centuriones, le dijo: «Acompaña a este muchacho hasta donde está el tribuno, porque tiene algo que comunicarle». [18] El centurión lo llevó y dijo al tribuno: «El prisionero Pablo me pidió que te trajera a este muchacho, porque tiene algo que decirte». [19] El tribuno, tomándolo de la mano, lo llevó aparte y le preguntó: «¿Qué tienes que comunicarme?». [20] El muchacho le respondió: «Los judíos, bajo pretexto de examinar más a fondo la causa, se han puesto de acuerdo para pedirte que mañana presentes a Pablo ante el Sanedrín. [21] No les creas. Es una emboscada que le preparan más de cuarenta de ellos, comprometidos bajo juramento a no comer ni beber hasta haberlo matado. Ya están dispuestos y solo esperan tu consentimiento». [22] El tribuno despidió al muchacho, haciéndole esta recomendación: «No digas a nadie que me has contado esto».

El traslado de Pablo a Cesarea

[23] Después llamó a dos centuriones y les dijo: «Preparen doscientos soldados, setenta jinetes y doscientos lanceros, para

que salgan en dirección a Cesarea a las nueve de la noche. [24] Preparen también caballos para Pablo, y llévenlo sano y salvo hasta el gobernador Félix». [25] Y escribió una carta que decía: [26] «Claudio Lisias saluda al ilustre gobernador Félix. [27] Aquí te envío a un hombre que fue detenido por los judíos, y cuando ya lo iban a matar, enterándome de que era ciudadano romano, intervine con mis soldados y pude rescatarlo. [28] Queriendo saber exactamente de qué lo acusaban, lo hice comparecer delante del Tribunal judío, [29] pero comprobé que se lo acusaba por cuestiones relativas a la Ley de los judíos, y que no había ningún cargo por el que mereciera la muerte o la prisión. [30] Informado de que se tramaba una conspiración contra este hombre, he querido enviarlo allí enseguida, ordenando también a sus acusadores que te expongan los cargos que tengan contra él. Adiós». [31] De acuerdo con la orden recibida, los soldados tomaron a Pablo y lo condujeron de noche a Antipátride. [32] Al día siguiente, dejaron que los jinetes partieran con él, y ellos se volvieron a la fortaleza. [33] Llegados a Cesarea, los jinetes entregaron la carta al gobernador y le presentaron a Pablo. [34] El gobernador leyó la carta y preguntó de qué provincia era. Al saber que era de Cilicia, [35] dijo: «Te oiré cuando lleguen tus acusadores». Y lo hizo poner bajo custodia en el pretorio de Herodes.

El proceso de Pablo ante Félix

24 Cinco días después, el Sumo Sacerdote Ananías bajó con algunos ancianos y un abogado llamado Tértulo, para presentar delante del gobernador la acusación que tenían contra Pablo. [2] Hicieron comparecer a Pablo, y Tértulo presentó la acusación en estos términos: «Ilustre Félix: La profunda paz de que gozamos gracias a ti y las reformas que nuestra nación debe a tu gobierno, [3] constituyen para nosotros, siempre y en todas partes, un motivo de inmensa gratitud. [4] Como no queremos importunarte demasiado, te ruego que nos escuches un momento con tu habitual cordialidad. [5] Hemos comprobado que este hombre es una verdadera peste: él suscita disturbios entre todos los judíos del mundo y es uno de los dirigentes de la secta de los nazarenos. [6] Ha intentado incluso profanar el Templo, y por eso, nosotros lo detuvimos. Queríamos juzgarlo de acuerdo con nuestra Ley, [7] pero intervino el tribuno Lisias, que lo arrancó violentamente de nuestras manos [8] y ordenó a sus acusadores que comparecieran delante de ti. Si lo interrogas, tú mismo reconocerás que nuestros cargos contra él son bien fundados». [9] Los judíos ratificaron esto, asegurando que era verdad.

Discurso de Pablo ante el gobernador romano

[10] Cuando el gobernador hizo señas a Pablo de que hablara, este respondió: «Con entera confianza voy a defender mi causa, porque sé que gobiernas esta nación desde hace varios años. [11] Como tú mismo puedes averiguarlo, no hace todavía doce días que subí en peregrinación a Jerusalén [12] y nunca se me vio ni en el Templo, ni en las sinagogas, ni en la ciudad, discutiendo con alguien o amotinando a la gente. [13] Ellos tampoco pueden probarte aquello de lo que me acusan ahora. [14] Pero sí te confieso que sirvo al Dios de mis padres, siguiendo el Camino que mis acusadores consideran una secta. Creo en todo lo que está contenido en la Ley y escrito en los Profetas, [15] y tengo la misma esperanza en Dios que ellos tienen: la esperanza de que habrá una resurrección de justos y pecadores. [16] Por eso trato de conservar siempre una conciencia irreprochable delante de Dios y de los hombres. [17] Después de unos cuantos años, vine a traer limosnas a mis compatriotas y a presentar ofrendas. [18] Así fue cómo algunos judíos de la provincia de Asia me encontraron en el Templo: yo me había purificado y no estaba provocando ninguna clase de amotinamiento ni de tumulto. [19] Son ellos los que hubieran debido presentarse ante ti para acusarme, si tenían alguna queja contra mí. [20] Por lo menos, que digan los que están aquí de qué delito me encontraron culpable cuando compa-

recí delante del Sanedrín. ²¹ A no ser que se trate de lo único que dije, puesto de pie en medio de ellos: "Hoy ustedes me juzgan a causa de la resurrección de los muertos"».

La cautividad de Pablo en Cesarea

²² Félix, que estaba muy bien informado de todo lo concerniente al Camino del Señor, postergó la causa, diciendo: «Cuando descienda de Jerusalén el tribuno Lisias, me expediré en este asunto». ²³ Después ordenó al centurión que custodiara a Pablo, pero dejándole una cierta libertad y sin impedir que sus amigos lo atendieran. ²⁴ Algunos días después, se presentó Félix con su mujer Drusila, que era judía. Él mandó llamar a Pablo y lo oyó hablar acerca de la fe en Jesucristo. ²⁵ Pero cuando Pablo se puso a tratar sobre la justicia, la continencia y el juicio futuro, Félix, lleno de temor, le respondió: «Por ahora puedes irte; te volveré a llamar en la primera ocasión». ²⁶ Al mismo tiempo, él esperaba que Pablo le diera dinero, y por eso lo hacía llamar frecuentemente para conversar con él. ²⁷ Al cabo de dos años, Porcio Festo sucedió a Félix; y como este quería congraciarse con los judíos, dejó a Pablo en la prisión.

La apelación de Pablo al Emperador

25 Tres días después de haberse hecho cargo de su provincia, Festo subió de Cesarea a Jerusalén. ² Los sumos sacerdotes y los judíos más importantes acusaron entonces a Pablo en su presencia, ³ y le pidieron la gracia de que lo hiciera trasladar a Jerusalén. En realidad preparaban una emboscada para matarlo en el camino. ⁴ Pero Festo respondió que Pablo debía quedar bajo custodia en Cesarea, y que él mismo iría allí inmediatamente. ⁵ «Que los de más autoridad entre ustedes —añadió— vengan conmigo y presenten su

24,27. *Festo* procedió de manera ilegal, porque la prisión preventiva no podía durar más de dos años.

acusación, si tienen algo contra él». ⁶ Festo permaneció en Jerusalén unos ocho o diez días, y luego bajó a Cesarea. Al día siguiente, se sentó en el tribunal e hizo comparecer a Pablo. ⁷ En cuanto llegó, los judíos venidos de Jerusalén lo rodearon, y presentaron contra él numerosas y graves acusaciones que no podían probar. ⁸ Pablo se defendía diciendo: «Yo no he cometido ninguna falta contra la Ley de los judíos, ni contra el Templo, ni contra el Emperador». ⁹ Festo, queriendo congraciarse con los judíos, se dirigió a Pablo y le dijo: «¿Quieres subir a Jerusalén para ser juzgado allí en mi presencia?». ¹⁰ Pablo respondió: «Estoy delante del tribunal del Emperador, y es aquí donde debo ser juzgado. Yo no hice ningún mal a los judíos, como tú lo sabes perfectamente. ¹¹ Si soy culpable y he cometido algún delito que merezca la muerte, no me niego a morir, pero si las acusaciones que ha-

cen los judíos contra mí carecen de fundamento, nadie tiene el derecho de entregarme a ellos. Apelo al Emperador». ¹² Festo, después de haber consultado con su Consejo, respondió: «Ya que apelaste al Emperador, comparecerás ante él».

Encuentro de Festo y Agripa

¹³ Algunos días más tarde, el rey Agripa y Berenice llegaron a Cesarea y fueron a saludar a Festo. ¹⁴ Como ellos permanecieron varios días, Festo expuso al rey el caso de Pablo, diciéndole: «Félix ha dejado a un prisionero, ¹⁵ y durante mi estadía en Jerusalén, los sumos sacerdotes y los ancianos de los judíos presentaron quejas pidiendo su condena. ¹⁶ Yo les respondí que los romanos no tienen la costumbre de entregar a un hombre antes de enfrentarlo con sus acusadores y darle la oportunidad de defenderse. ¹⁷ Ellos vinieron aquí y, sin ninguna demora, me senté en el tribunal e hice

---

25,10-12. Cf. nota 22,28.

25,13. Agripa y Berenice eran hijos de Herodes Agripa I.

comparecer a ese hombre al día siguiente. ¹⁸ Pero cuando se presentaron los acusadores, estos no alegaron contra él ninguno de los cargos que yo sospechaba. ¹⁹ Lo que había entre ellos eran no sé qué discusiones sobre su religión, y sobre un tal Jesús que murió y que Pablo asegura que vive. ²⁰ No sabiendo bien qué partido tomar en un asunto de esta índole, le pregunté a Pablo si quería ir a Jerusalén para ser juzgado allí. ²¹ Pero como este apeló al juicio de Su Majestad imperial, yo ordené que lo dejaran bajo custodia hasta que lo enviara al Emperador». ²² Agripa dijo entonces a Festo: «A mí también me gustaría escuchar a ese hombre». «Mañana lo escucharás», respondió Festo.

Pablo ante el rey Agripa

²³ Al día siguiente, Agripa y Berenice llegaron con gran pompa y entraron en la sala de audiencias, rodeados de los tribunos y de los hombres más importantes de la ciudad. A una orden de Festo, trajeron a Pablo. ²⁴ Festo tomó la palabra, diciendo: «Rey Agripa y todos los que están aquí presentes, ustedes ven a este hombre, por quien toda la comunidad judía ha venido a verme, tanto aquí como en Jerusalén, insistiendo a gritos que no había que dejarlo vivir más. ²⁵ Yo no he encontrado en él nada que merezca la muerte; pero ya que él mismo ha apelado al Emperador, he decidido enviárselo. ²⁶ Como no tengo nada preciso que escribir sobre él al Soberano, lo hice comparecer ante ustedes, especialmente ante ti, rey Agripa; así, después de este interrogatorio, yo tendré algo para informar. ²⁷ Porque me parece absurdo enviar a un prisionero sin indicar al mismo tiempo los cargos que se le imputan».

Discurso de Pablo ante el rey Agripa

26 Agripa dijo a Pablo: «Estás autorizado a defenderte». Entonces Pablo, extendiendo la mano, comenzó su defensa, diciendo: ² «Rey Agripa, me considero dichoso de

---

25,19. Cf. 23,6; 24,21.

tener que defenderme hoy, delante de ti, de las acusaciones que me hacen los judíos, ³porque tú conoces todas las costumbres y controversias de los judíos. Por eso te ruego que me escuches con paciencia. ⁴Todos los judíos saben cómo he vivido desde los primeros días de mi juventud, en medio de mi pueblo y en la misma Jerusalén. ⁵Ellos me conocen desde hace mucho tiempo y, si quieren, pueden atestiguar que he vivido como fariseo, es decir, siguiendo la secta más rígida de nuestra religión. ⁶Y si ahora soy sometido a juicio, es por mi esperanza en la promesa hecha por Dios a nuestros padres, ⁷la promesa que nuestras doce tribus esperan ver cumplida, sirviendo a Dios fervientemente día y noche. A causa de esta esperanza, rey Agripa, soy acusado por los judíos. ⁸¿Por qué les parece increíble que Dios resucite a los muertos?

⁹Yo, por mi parte, consideraba que debía combatir por todos los medios el nombre de Jesús de Nazaret. ¹⁰Así lo hice en Jerusalén: yo mismo encarcelé a un gran número de santos con la autorización de los sumos sacerdotes, y cuando se los condenaba a muerte, mi voto era favorable. ¹¹Recorría frecuentemente las sinagogas, y los castigaba para obligarlos a renegar de su fe. Lleno de rabia contra ellos, los perseguía hasta en las ciudades extranjeras.

¹²Una vez, cuando me dirigía a Damasco con plenos poderes y con la orden de los sumos sacerdotes, ¹³en el camino, hacia el mediodía, vi una luz más brillante que el sol, que venía del cielo y me envolvía a mí y a los que me acompañaban. ¹⁴Todos caímos en tierra, y yo oí una voz que me decía en hebreo: "Saulo, Saulo, ¿por qué me persigues? Te lastimas al dar coces contra el aguijón". ¹⁵Yo respondí: "¿Quién eres, Señor?". Él me dijo: "Soy Jesús, a quien tú persigues. ¹⁶Levántate y permanece de pie, porque me he aparecido a ti para hacerte ministro y testigo de las cosas que has visto y de aquellas en que yo me

---

26,17. Jr 1,5-8.

manifestaré a ti. [17] *Te libraré de los judíos y de las naciones paganas. A ellas te envío* [18] *para que les abras los ojos, y se conviertan de las tinieblas a la luz* y del imperio de Satanás al verdadero Dios, y por la fe en mí, obtengan el perdón de los pecados y su parte en la herencia de los santos".

[19] Desde ese momento, rey Agripa, nunca fui infiel a esa visión celestial. [20] Por el contrario, dirigiéndome primero a los habitantes de Damasco, luego a los de Jerusalén y de todo el país de Judea, y finalmente a los paganos, les prediqué que era necesario arrepentirse y convertirse a Dios, manifestando su conversión con obras. [21] Por todo esto, los judíos me detuvieron en el Templo y trataron de matarme. [22] Pero con la protección de Dios, he podido hasta el día de hoy seguir dando testimonio ante los pequeños y los grandes. Y nunca dije nada fuera de lo que los Profetas y Moisés anunciaron que iba a suceder, [23] es decir, que el Mesías debía sufrir y que, siendo el primero en resucitar de entre los muertos, anunciaría la luz a nuestro pueblo y a los paganos».

Reacciones del auditorio

[24] Cuando Pablo llegó a este punto de su defensa, Festo dijo en voz alta: «Estás loco, Pablo; tu excesivo estudio te ha hecho perder la cabeza». [25] A lo que Pablo respondió: «No estoy loco, ilustre Festo, sino que digo la verdad y hablo con sensatez. [26] El rey está al corriente de todas estas cosas, por eso me dirijo a él con toda confianza: no creo que ignore nada de esto, porque no son cosas que sucedieron en un lugar oculto. [27] ¿Crees en los profetas, rey Agripa? Yo sé que crees en ellos». [28] Agripa contestó a Pablo: «¡Un poco más, y me convences que me haga cristiano!». [29] «No importa que se necesite poco o mucho para lograrlo —dijo Pablo—. ¡Quiera Dios que no solo

---

26,18. Is 42,7.16; cf. 9,17-18; 22,16; Col 1,12-14.
26,26. Aquí se trata de acontecimientos relacionados con la Pasión y resurrección de Jesús, y con la consiguiente expansión del cristianismo mediante la predicación apostólica, que son hechos públicamente notorios.

tú, sino todos los que me escuchan hoy, lleguen a ser como yo…, pero sin estas cadenas!». [30] Entonces el rey se levantó, lo mismo que el gobernador, Berenice y los que estaban con ellos. [31] Al retirarse, comentaban entre sí: «Este hombre no ha hecho nada que merezca la muerte o la prisión». [32] Y Agripa dijo a Festo: «Podría ser dejado en libertad, si él mismo no hubiera apelado al Emperador».

El viaje de Pablo a Roma

27 [1] Cuando se decidió que debíamos embarcarnos para Italia, confiaron a Pablo y a otros prisioneros a un centurión de la cohorte imperial, llamado Julio. [2] Subimos a bordo de un barco de Adramicio que se dirigía a las costas de Asia, y zarpamos. Iba con nosotros Aristarco, un macedonio de Tesalónica. [3] Al día siguiente, llegamos a Sidón. Julio trató a Pablo con mucha consideración y le permitió ir a ver a sus amigos y ser atendido por ellos. [4] De allí, partimos y navegamos al resguardo de la isla de Chipre, porque soplaban vientos contrarios; [5] después, atravesando el mar de Cilicia y de Panfilia, llegamos a Mira de Licia. [6] Allí, el centurión encontró un barco alejandrino que iba a zarpar rumbo a Italia, y nos hizo embarcar en él. [7] Durante varios días, navegamos lentamente y, a duras penas, llegamos a la altura de Cnido. Como el viento era desfavorable, navegamos al resguardo de la isla de Creta hacia el cabo Salmoné, [8] y después de haberlo bordeado con gran dificultad, llegamos a un punto llamado Buenos Puertos, cerca de la ciudad de Lasea.

La tempestad

[9] Ya había transcurrido bastante tiempo y la navegación se hacía peligrosa, porque había pasado la época del Ayuno solemne. Entonces Pablo les ad-

---

27,1. Este relato está escrito con mucha precisión técnica en materia de navegación.

27,9. *Ayuno solemne:* Así se llamaba a la fiesta judía de la Expiación, que caía alrededor del 24 de septiembre. En esa época se suspendía la navegación hasta los primeros días de marzo.

virtió: [10] «Amigos, veo que la navegación no podrá continuar sin riesgo y sin graves pérdidas, no solo para la carga y el barco, sino también para nuestras propias vidas». [11] Pero el centurión confiaba más en el capitán y en el patrón del barco que en las palabras de Pablo; [12] y como el puerto no se prestaba para invernar, la mayoría opinó que era mejor partir y llegar cuanto antes a Fenice, un puerto de Creta que mira hacia el suroeste y el noroeste, para pasar allí el invierno. [13] En ese preciso momento, se levantó una brisa del sur y creyeron que podrían realizar este proyecto. Zarparon y comenzaron a bordear la isla de Creta. [14] Pero muy pronto se desencadenó un huracán llamado Euraquilón, que provenía de la isla. [15] Como el barco no podía resistir al viento, fue arrastrado y nos dejamos llevar a la deriva. [16] Navegando a cubierto de una pequeña isla, llamada Cauda, a duras penas conseguimos recoger el bote salvavidas. [17] Después de subirlo, se utilizaron los cables de refuerzo para asegurar el casco de la nave. Luego, por temor de encallar en los bancos de Sirtes, se bajó el ancla, dejándola suelta, y así navegamos a la deriva.

[18] Al día siguiente, como la tormenta todavía arreciaba, los marineros comenzaron a arrojar el cargamento. [19] Al tercer día, echaron al agua con sus propias manos los aparejos del barco. [20] Desde hacía varios días no se veía el sol ni las estrellas, y la tormenta seguía con la misma violencia, de modo que ya habíamos perdido toda esperanza de salvación. [21] Como ya hacía tiempo que no comíamos, Pablo, de pie en medio de todos, les dijo: «Amigos, debían haberme hecho caso: si no hubiéramos partido de Creta, nos hubiéramos ahorrado este riesgo y estas graves pérdidas. [22] De todas maneras, les ruego que tengan valor porque ninguno de ustedes perecerá; solamente se perderá el barco. [23] Esta noche se me apareció un ángel del Dios al que yo pertenezco y al que sirvo, [24] y me dijo: "No temas, Pablo. Tú debes comparecer ante el Emperador y Dios te concede la vida de to-

dos los que navegan contigo". ²⁵ Por eso, amigos, tengan valor. Yo confío que Dios cumplirá lo que me ha dicho. ²⁶ Pero tendremos que encallar contra una isla».

El naufragio

²⁷ En la decimocuarta noche, todavía íbamos a la deriva por el Adriático, cuando hacia la medianoche, los marineros presintieron la cercanía de tierra firme. ²⁸ Echaron la sonda al mar y comprobaron que había una profundidad de alrededor de unos treinta y seis metros. Un poco más adelante, la echaron de nuevo y vieron que había unos veintisiete metros. ²⁹ Temiendo que fuéramos a chocar contra unos escollos, soltaron cuatro anclas por la popa, esperando ansiosamente que amaneciera. ³⁰ Los marineros intentaron escaparse del barco, arrojando al mar el bote salvavidas, con el pretexto de soltar las anclas de proa. ³¹ Pero Pablo dijo al centurión y a los soldados: «Si esos marine-

ros no permanecen a bordo, ustedes no podrán salvarse». ³² Entonces los soldados cortaron las amarras del bote y lo dejaron caer. ³³ Mientras esperábamos que amaneciera, Pablo recomendó a todos que comieran algo, diciéndoles: «Hace catorce días que están a la expectativa, sin comer nada. ³⁴ Les aconsejo que coman algo, porque están exponiendo su salud. Nadie perderá un solo cabello de su cabeza». ³⁵ Después que dijo esto, tomó pan, dio gracias a Dios delante de todos, lo partió y se puso a comer. ³⁶ Los demás se animaron y también comenzaron a comer. ³⁷ Éramos en total doscientas setenta y seis personas a bordo. ³⁸ Una vez satisfechos, comenzaron a aligerar el barco tirando el trigo al mar. ³⁹ Cuando amaneció, los marineros no reconocieron la costa; solo distinguían una bahía con una playa, e hicieron lo posible para llevar la nave en esa dirección. ⁴⁰ Desataron las anclas y las dejaron caer al mar; al mis-

---

27,27. El mar Adriático comprendía antiguamente la parte del Mediterráneo situada entre Grecia y Sicilia.

mo tiempo, aflojaron las amarras de los timones. Después desplegaron al viento la vela artimón y enfilaron hacia la playa. ⁴¹ Pero chocaron contra un banco de arena, y el barco encalló. La proa se hundió en la arena y quedó inmóvil, mientras que la popa se deshacía por la violencia de las olas. ⁴² Entonces los soldados decidieron matar a los prisioneros, por temor de que alguno se escapara a nado. ⁴³ Pero el centurión, que quería salvar a Pablo, impidió que lo hicieran, y ordenó que primero se tiraran al mar los que sabían nadar para llegar a tierra. ⁴⁴ Los demás lo harían valiéndose de tablas o de los restos del navío. Así todos llegaron a tierra sanos y salvos.

La estadía en Malta

28 Cuando estuvimos a salvo, nos enteramos de que la isla se llamaba Malta. ² Sus habitantes nos demostraron una cordialidad nada común y nos recibieron a todos alrededor de un gran fuego que habían encendido a causa de la lluvia y del frío. ³ Pablo recogió unas ramas secas y las echó al fuego. El calor hizo salir una serpiente que se enroscó en su mano. ⁴ Cuando los habitantes del lugar vieron el reptil enroscado en su mano, comenzaron a decir entre sí: «Este hombre es seguramente un asesino: se ha salvado del mar, y ahora la justicia divina no le permite sobrevivir». ⁵ Pero él tiró la serpiente al fuego y no sufrió ningún mal. ⁶ Ellos esperaban que se hinchara o cayera muerto. Después de un largo rato, viendo que no le pasaba nada, cambiaron de opinión y decían: «Es un dios». ⁷ Había en los alrededores una propiedad perteneciente al principal de la isla, llamado Publio. Este nos recibió y nos brindó cordial hospitalidad durante tres días. ⁸ El padre de Publio estaba en cama con fiebre y disentería. Pablo fue a verlo, oró, le impuso las manos y lo curó. ⁹ A raíz de esto, se presentaron los otros enfermos de la isla y fueron curados. ¹⁰ Nos colmaron luego de toda clase de atenciones y, cuando nos embarcamos, nos proveyeron de lo necesario.

El viaje desde Malta a Roma

[11] Al cabo de tres meses nos embarcamos en un navío que había permanecido en la isla durante el invierno; era un barco alejandrino que tenía la insignia de Cástor y Pólux. [12] Hicimos escala en Siracusa, donde permanecimos tres días. [13] De allí, bordeando la costa llegamos a Regio. Al día siguiente, se levantó un viento del sur, y en dos días llegamos a Pozzuoli, [14] donde encontramos a unos hermanos que nos invitaron a permanecer una semana con ellos. Luego llegamos a Roma.

El encuentro de Pablo con los judíos de Roma

[15] Los hermanos de esta ciudad, informados de nuestra llegada, nos salieron al encuentro y nos alcanzaron a la altura del «Foro de Apio» y en las «Tres Tabernas». Pablo, al verlos, dio gracias a Dios y se sintió reconfortado. [16] Cuando llegamos a Roma, recibió autorización para alojarse en una casa particular con un soldado que lo custodiara. [17] Tres días después convocó a los judíos principales, y cuando se reunieron les dijo: «Hermanos, sin haber hecho nada contra el pueblo ni contra las costumbres de nuestros padres, fui arrestado en Jerusalén y puesto en manos de los romanos. [18] Después de interrogarme, quisieron dejarme en libertad, porque no encontraban en mí nada que mereciera la muerte; [19] pero ante la oposición de los judíos, me vi obligado a apelar al Emperador, sin querer por esto acusar en nada a mi pueblo. [20] Por eso he querido verlos y hablarles, ya que a causa de la esperanza de Israel llevo estas cadenas». [21] Ellos le respondieron: «Nosotros no hemos recibido de Judea ninguna carta referente a ti, y ninguno de los hermanos que vinieron nos han contado nada que te sea desfavorable. [22] Pero ahora quisiéramos oírte exponer lo que piensas, porque sabemos que esta secta encuentra oposición en todas partes».

28,11. *Cástor y Pólux* eran los dioses protectores de los navegantes.

28,16. Este tipo de custodia permitía al prisionero cierta libertad de movimiento.

Los judíos de Roma frente a la predicación de Pablo

²³ Entonces fijaron un día para encontrarse con él, y fueron a verlo en mayor número al lugar donde se alojaba. Pablo les habló durante todo el día sobre el Reino de Dios, dándoles toda clase de testimonio y tratando de persuadirlos para que creyeran en Jesucristo, a partir de la Ley de Moisés y de los Profetas. ²⁴ Unos se convencían con sus palabras, pero otros se resistían a creer, ²⁵ y mientras ellos se retiraban sin haberse puesto de acuerdo, Pablo dijo esta sola frase: «Son muy ciertas las palabras que el Espíritu Santo dijo a los padres de ustedes, por medio del profeta Isaías:

²⁶ *Ve a decir a este pueblo:*
   Por más que oigan,
      no comprenderán,
   por más que vean,
      no conocerán.
²⁷ *Porque el corazón de*
      este pueblo se ha endurecido,
   se taparon los oídos
      y cerraron los ojos,
   por temor de que sus ojos vean,
   que sus oídos oigan,
   que su corazón comprenda,
   que se conviertan,
   y que yo los cure.

²⁸ Sepan entonces que esa salvación de Dios va a ser anunciada a los paganos. Ellos sí que la escucharán». ²⁹

Epílogo

³⁰ Pablo vivió dos años enteros por sus propios medios, recibiendo a todos los que querían verlo, ³¹ proclamando el Reino de Dios y enseñando con toda libertad, y sin encontrar ningún obstáculo lo concerniente al Señor Jesucristo.

28,26-27. Is 6,9-10 (cf. Mt 1,14-15).
28,29. Algunos manuscritos agregan: *Al oír estas palabras, los judíos se retiraron discutiendo acaloradamente.*
28,30. Al cumplirse los dos años de la custodia militar, Pablo quedó en libertad. Así lo determinaba la ley en caso de que no prosperara la acusación (cf. nota 24,27; Flm v. 22).
28,31. La predicación del *Reino de Dios* en Roma, la capital del Imperio, expresa simbólicamente que el Evangelio había llegado hasta *los extremos de la tierra,* según el mandato de Jesús (1,8).

GRANDES RELATOS DE LOS EVANGELIOS

Pasaje	Mt	Mc	Lc	Jn
Nacimiento de Jesús	1,18		2,1	
Anunciación-encarnación	1,18		1,26	1,1
Circuncisión: el nombre de Jesús			2,21	
Epifanía	2,1			
Infancia y vida oculta en Nazaret	2,13		2,22	
Bautismo de Jesús	3,13	1,9	3,21	
Tentación de Jesús	4,1	1,12	4,1	
Anuncio y signos del Reino en Galilea	5-18	2-9	4,14	
Bienaventuranzas	5,1		6,20	
Sal y luz del mundo	5,13			
Padrenuestro	6,9		11,2	
No juzgar a otros	7,1		6,37	
Parábola de los dos cimientos	7,24		6,46	
Curación de un leproso	8,1	1,40	5,12	
Curación del asistente del oficial	8,5		7,1	
Tempestad apaciguada	8,23	4,35	8,22	
Curación de un paralítico	9,1	2,1	5,17	
Vino nuevo en odres viejos	9,16	2,21	5,36	
Elección de los doce apóstoles	10,1	3,13	6,12	
Jesús y el sábado	12,1	2,23	6,1	

Pasaje	Mt	Mc	Lc	Jn
Parábolas del tesoro, la perla y la red	12,44			
La verdadera familia de Jesús	12,46			
Parábola del sembrador	13,1	4,1	8,4	
Parábola de la cizaña y el trigo	13,24			
Parábolas de la levadura y la mostaza	13,31	4,30	13,18	
Multiplicación de los panes	14,13	6,30	9,12	6,1
Caminar sobre el agua	14,22	6,45		6,16
La mujer cananea	15,21	7,24		
Declaración de Pedro sobre Jesús	16,13	8,27	9,18	
Ascensión	16,19		24,50	
Transfiguración del Señor	17,1	9,2	9,28	
El más importante en el Reino	18,1	9,33	9,28	
Parábola del siervo sin compasión	18,21			
La subida de Jesús a Jerusalén	19-20	10	9,51	
Parábola de los jornaleros en la viña	20,1			
Entrada mesiánica en Jerusalén	21,1	11,1	19,29	
Parábola de los dos hijos	21,28			
Parábola de las bodas	22,1			
El mandamiento más importante	22,34			
Discípulos de Emaús	24,13			
Parábola de las diez muchachas	25,1			
Parábola de los talentos	25,14		19,11	
Juicio final	25,31			
La última cena	26,17	14,12	22,7	13,2
Pasión y muerte de Jesús	26-27	14-15	22-23	13-19
La negaciones de Pedro	26,69	14,66	22,54	18,15
Crucifixión de Jesús	27,32	15,21	28,32	19,17

Pasaje	Mt	Mc	Lc	Jn
Resurrección y apariciones	28	16	24	20-21
Jesús envía a sus discípulos	28,16	16,14	24,44	
Pesca milagrosa			5,1	21,1
Parábola del buen samaritano			10,29	
El amigo de noche			11,5	
Parábola del rico estúpido			12,13	
Parábola de la higuera estéril			13,6	
Parábola de la gran cena			14,15	
Parábola de la moneda perdida			15,8	
Parábola del hijo pródigo			15,11	
Parábola del administrador astuto			16,1	
Lázaro y el rico			16,19	
Los diez leprosos			17,11	
Parábola de la viuda y el juez			18,1	
El fariseo y el publicano			18,9	
Bodas de Caná				2,1
El hijo del funcionario real				4,46
El paralítico de Betsata				5,1
La mujer sorprendida en adulterio				8,1
El ciego de nacimiento				9,1
Jesús, el Buen Pastor				10,7
La resurrección de Lázaro				11,1
Unción de Jesús en Betania				12,1
Lavatorio de los pies				13,1
El mandamiento nuevo				13,31

LECTIO DIVINA

La lectio divina es un método de acercamiento a la Biblia, leída como Palabra de Dios. Tiene como objetivo que el orante establezca un encuentro personal con Jesucristo, Palabra del Padre, y así su vida sea conforme a la voluntad de Dios.

«Es necesario que todos conserven un contacto continuo con la Sagrada Escritura a través de la "lectio divina". Y recuerden que la lectura debe ir acompañada de la oración» (Vaticano II, *Dei Verbum* 25).

Para orar con el método de la lectio divina, tanto si es en soledad o con otras personas, pueden seguir estos pasos:

REÚNANSE

Comiencen pidiendo la luz y la fuerza del Espíritu Santo. Pueden hacerlo mediante una oración espontánea del líder, cantando juntos un estribillo, etc.

Busquen el pasaje de las Escrituras sobre el que van a reflexionar; un salmo, el evangelio del domingo correspondiente, un pasaje de los profetas, etc.

1. LECTIO (LECTURA)

¿Qué dice el texto?

«Habla, Señor, que tu servidor escucha»
(1 Sm 3,10)

• Lea y relea el texto con atención y respeto. No lea solo con los ojos, no lea como mero espectador. Que su lectura sea escucha; de-

je que la lectura le «afecte». Procure imprimir el texto en su corazón.

- Advierta la palabra, la imagen, el mensaje que queda repicando en usted. Cuando la haya encontrado, es el momento de pasar a la meditación.

2. MEDITATIO (MEDITACIÓN)

¿Qué dice de mí este texto?

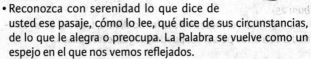

«María guardaba todas estas cosas, meditándolas en su corazón»
(Lc 2,19)

- Reconozca con serenidad lo que dice de usted ese pasaje, cómo lo lee, qué dice de sus circunstancias, de lo que le alegra o preocupa. La Palabra se vuelve como un espejo en el que nos vemos reflejados.
- Cuando perciba la invitación de Dios, será consciente de que necesita ayuda para la misión encomendada. Es el momento de la oración.

3. ORATIO (ORACIÓN)

¿Qué me hace decirle a Dios este texto?

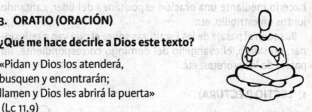

«Pidan y Dios los atenderá, busquen y encontrarán; llamen y Dios les abrirá la puerta»
(Lc 11,9)

- Diríjase directamente a Aquel cuya Palabra ha escuchado y acogido en su corazón. Deje que brote la súplica, la alabanza, la intercesión, la acción de gracias, etc.
- Sentirá que su oración no se cierra en los límites de una relación exclusiva con Dios. Acoja la realidad eclesial, la vida del mundo. Sus anhelos son también los suyos.

4. CONTEMPLATIO (CONTEMPLACIÓN)

«Permanezcan en mi amor»
(Jn 15,9)

• Acepte la mirada del Dios que le ama.
Acepte que le entregue nuevos ojos para mirar al ser humano, al mundo, para
verle a él y conocer su voluntad.
• En este momento no hay pregunta. Es permanecer en calma ante Dios, consentir en ser
mirados, quedando abrazados a la Palabra que nos salva.

5. ACTIO (COMPROMISO)

¿Qué compromiso me sugiere este texto?

«Vete y haz tú lo mismo»
(Lc 10,30-37)

• La luz recibida del Espíritu y la fortaleza de la Palabra
le enseñarán a contemplar las cosas desde Dios y a
acoger en la vida lo que es conforme al Evangelio de
Jesús.
• Dios Padre le necesita como carta viva escrita por Cristo y dirigida a sus hermanos. Cuenta con usted para llevar a cabo el
proceso de transformación que su Palabra está provocando en
el interior de la historia.

Puede concluirse la lectio divina compartiendo con los demás
nuestra meditación y recitando juntos alguna oración conocida.

4. CONTEMPLATIO (CONTEMPLACIÓN)

"Permanezcan en mi amor"
(Jn 15,9)

- Acógeda ancha del Dios que se ama.
- Acoge que le lleguen nuevos ojos y la
  mirada se ha hecho una al amigo, para
  se le a de conocer su voluntad.
- En este encuentro no hay preguntas, las permanece en calma ante Dios, consintiéndose
  mirado, que le ha aspirado a la Palabra que nos salva.

5. ACTIO (COMPROMISO)

¿Qué comparte mente me sugiere este texto?

"Ve y haz tú lo mismo"
(Lc 10,30-37)

La luz recibida del Espíritu y la fortaleza de la Palabra
le empujan a contemplar las cosas desde Dios y a
acoger en la vida lo que es conforme al Evangelio de
Jesús.

"Dios Padre le necesita como carta viva escrita para Cristo para edificar a sus hermanos. Cuenta con usted para llevar a cabo el
proceso de transformación que su Palabra está proyectando en
el interior de la historia.

Puede conducirse la lectio divina comparando con los demás
nuestra meditación y realizando juntos alguna oración concreta.

Comparte≈Fe

Apoye a la Colecta para la Iglesia en América Latina

UNA IGLESIA UNA MISIÓN

USCCB National Collections
se enorgullece de
apoyar el V Encuentro

www.usccb.org/nationalcollections

CONFERENCIA DE OBISPOS CATÓLICOS DE LOS ESTADOS UNIDOS

CATHOLIC
HOME
MISSIONS
APPEAL

FORTALECIENDO
LA IGLESIA
EN CASA

V ENCUENTRO

DISCÍPULOS MISIONEROS: TESTIGOS DEL AMOR DE DIOS
MISSIONARY DISCIPLES: WITNESSES OF GOD'S LOVE

PADRINOS

Our Sunday Visitor

CATHOLIC RELIEF SERVICES

LOYOLA PRESS.
UN MINISTERIO JESUITA

Aplicación Móvil para el V Encuentro

¡Descarga para tu tableta o teléfono inteligente!